그동안 현대 교회는 벨직 신앙고백서를 너무나 소홀하게 취급해 왔습니다. 이는 신자의 영혼을 파고드는 견고하고 건전한 교리에 대한 현대인들의 존중이 빈약함을 보여 주는 것입니다. 저자의 메시지는 신자로 하여금 건전한 교리를 인식하고 감사하게 합니다. 벨직 신앙고백서에 견고하게 기초한 이 설교들은 명료하고 명석할 뿐 아니라 성경적이며, 종교개혁적인 진리를 잘 해석하고 있어서 신자의 지성에 큰 유익이 됩니다. 동시에 신자의 영혼에 활력을 불어넣어 줄 것입니다. 기쁜 마음으로 이 책을 추천합니다.

조엘 비키 퓨리턴리폼드 신학대학원 총장

벨직 신앙고백서에 대한 신호섭 박사의 설교를 열정적으로 추천합니다. 그는 사려 깊은 성경학자이며, 종교개혁자들과 청교도들의 역사와 신학에 정통합니다. 저자는 본서를 통해 목자의 마음으로 하나님 백성들의 믿음이 성장하도록 격려합니다. 각각의 설교는 저자가 고찰하고자 하는 신앙고백서의 특별한 조항들에 대한 성경 본문의 주해입니다. 예를 들면, 칭의 교리를 다루는 23항을 고찰할 때 로마서 4장 4-8절을 성경 본문으로 택하여 복음의 진리를 충분히 해설합니다. 본서는 종교개혁자들이 다시 발견하고 강조했던 복음의 진리에 대한 독자들의 이해와 그에 따른 감사를 더욱 넘치게 하는 탁월한 저작입니다.

필립 입슨 영국 런던신학교 전 학장, 존 오웬 신학연구센터 소장

2016년 12월 한국을 방문했을 때, 서울에서 열린 '도르트 신경 강해 컨퍼런스'에서 통역을 해주던 신호섭 박사를 만났습니다. 능숙하고 탁월한 통역에 깊은 인상을 받았고, 이후로 그와 즐거운 교제를 나누고 있습니다. 저와 아내는 한국에 머무르는 동안, 한국 개혁주의 교회 공동체가 보여 준 따뜻한 환대를 지금도 기억하고 있습니다. 우리는 주일에 함께 예배를 드리면서 하나님 말씀의 설교를 듣고, 한국에서 번역 출간된 저의 책에 기초한 도르트 신경 강해를 들으며 성도의 교제를 나누었습니다.

많은 개혁주의 그리스도인들이 도르트 신경에 지대한 관심을 보이는 이때에 저자가 벨직 신앙고백서에 대한 일련의 강해설교를 출간한다는 소식을 듣고 매우 기뻤습니다. 벨직 신앙고백서는 소위 국제적인 개혁주의 공동체의 세 일치 신조 가운데 첫째 신조로 알려져 있습니다. 둘째는 하이델베르크 교리문답이고, 셋째는 도르트 신경입니다. 이 세 신앙고백문서는 성경 진리의 신뢰할 만한 요약으로 개혁주의 교회를 잘 섬겨 왔으며, 객관적인 진리가 더 이상 존재하지 않는다고 믿는 이 시대와 문화 속에서 계속 중요한 가치를 발휘해 왔습니다.

진리는 주관적이며 순전히 상대적이라는 개념이 사회 전반에 만연해 있고, 심지어 교회에서도 점점 더 세력을 얻고 있습니다. 우리는 교회의 많은 지체들이 "온갖 교훈의 풍조에 밀려 요동하는" 혼란스러운 시대를 살아가고 있습니다(엡 4:14). 그러므로 오늘날 우리가 벨

기에라고 부르는 곳에서 16세기에 살았던 개혁주의 목사 귀도 드 브레가 작성한 벨직 신앙고백서를 설교하는 저자의 강해에 귀 기울이는 것은 매우 유익합니다. 16세기는 복음의 진리를 위해 자기 목숨을 기꺼이 내놓았던 이 신실한 그리스도의 종을 포함하여 수많은 개신교도들이 목숨을 잃은 엄청난 박해의 시대였습니다. 피로 물든 이 보물 같은 신앙고백서를 기초로 하여 저자가 전하는 설교가 그의 회중과 한국의 다른 많은 교회 회중들에게 큰 축복이 되기를 기도합니다. 이 설교를 위한 저의 기도는 바울이 한 기도와 같습니다. "믿음으로 말미암아 그리스도께서 너희 마음에 계시게 하시옵고 너희가 사랑 가운데서 뿌리가 박히고 터가 굳어져서 능히 모든 성도와 함께 지식에 넘치는 그리스도의 사랑을 알고 그 너비와 길이와 높이와 깊이가 어떠함을 깨달아 하나님의 모든 충만하신 것으로 너희에게 충만하게 하시기를 구하노라"(엡 3:17-19).

코르넬리스 프롱크 북미자유개혁교회 명예목사

벨직 신앙고백서는 종교개혁 운동이 위험한 혁명 혹은 정치와 사회를 위협하는 운동이 아니라, 그리스도인 신자들이 하나님의 말씀에 따라 살기를 열망하는 운동이라는 진술로 시작합니다. 벨직 신앙고백서는 성경 메시지의 요약이며, 1561년부터 개혁교회들을 일치시키는 고백 문서가 되었습니다. 종교개혁 운동은 경건과 관련하여 꽤나 다양하며 사소한 이슈에서 약간의 불일치가 있음에도 불구하고, 벨직 신앙고백서가 종교개혁 신앙을 일치시키는 문서라는 사실에 대부분 동의합니다. 벨직 신앙고백서는 개혁주의 그리스도인들을 하나로 묶고 국제적인 칼빈주의와 전 지구적인 개혁주의 교회들을 세우는 데 있어서 교리를 정의해 주는 훌륭한 방식의 문서 가운데 하나입니다.

이 고백서를 많은 신자들의 지성과 마음에 가깝게 하기 위해 본서를 출간한 신호섭 박사의 노력을 치하합니다. 각각의 신앙 조항들을 신중히 설명하며, 성경 본문을 해설하고, 신자들의 일상생활에 적용하게 해주는 이 책의 메시지는 모든 교회가 공유해야 할 보물입니다. 하나님께서 본서를 통해 한국의 개혁주의 교회와 신자 개개인을 강하게 해주실 것을 기도하며 기쁘게 추천합니다.

헤르만 셀더하위스 화란 아펠도른 신학대학 총장, 레포 500 소장

개혁파 교회는 지금까지도 하이델베르크 요리문답(1563), 도르트 신조(1618-1619), 벨직 신앙고백서(1561)를 일치된 신앙고백 문서로 받고 있습니다. 이 문서들은 종교개혁 이후 로마 가톨릭의 박해가 극심했던 시기에 만들어진 신앙고백 문서라는 공통된 특징을 가지고 있습니다. 이 문서를 만들었던 이들은 핍박과 죽음의 위협 속에서도 바른 신앙을 고백하기를 열망했습니다. 벨직 신앙고백서를 작성한 귀도 드 브레의 삶은 더욱 그러했습니다. 귀도는 1522년 지금의 벨기에 남서쪽에 위치한 베르겐에서 태어났습니다. 그의 집안은

유리 위에 그림을 그리는 글라스 페인팅을 가업으로 이어오고 있었고, 귀도는 글라스 페인팅을 배우기 위해서 십 대에 영국 유학을 다녀오기도 했습니다. 귀도의 집안은 독실한 로마 가톨릭이었습니다. 하지만 귀도는 십대 후반에 루터의 종교개혁 신앙을 접했고, 이후에는 스위스 제네바에 위치한 제네바 아카데미에서 칼뱅의 지도를 받으면서 칼빈주의 신앙으로 전향했습니다. 벨직 신앙고백서는 1561년에 자신의 조국 네덜란드를 점령하여 개혁교회를 탄압하는 스페인 왕 필립 2세를 설득하기 위해 귀도가 작성하고 헌정한 문서입니다. 그의 노력에도 불구하고 개혁교회에 대한 박해는 더욱 심해졌습니다. 귀도는 네덜란드의 독립전쟁인 80년 전쟁의 첫 전투라 할 수 있는 발랑시엔 전투 이후, 스페인 군에게 잡혀서 1567년 5월 31일에 순교했습니다. 당시 발랑시엔 교회의 목사로서 섬겼던 귀도는 교수형을 당하기 12일 전에 하나님을 향한 자신의 믿음과 신뢰의 고백을 기록해 아내에게 보내기도 했습니다.

신앙고백은 단순한 성경의 해석이나 교리의 논리적인 진술이 아닙니다. 신앙에 대한 객관적인 진술인 동시에, 신앙 공동체인 교회의 증언이자 한 진실한 신자의 삶의 증거입니다. 교리를 설교해야 할 가장 중요한 이유가 무엇이냐고 묻는다면, 신자들이 순교자들처럼 진실한 신앙을 깨닫고 그에 합당하게 살도록 돕기 위함이라고 답할 수 있을 것입니다. 교리는 죽은 문장이 아니라 여전히 살아서 펄펄 뛰는 심장 같은 영적 생명의 원천입니다. 교리를 설교하는 것, 특히 역사적인 개혁파 신앙고백서를 설교하는 것은 성경의 바른 가르침을 비롯하여 신앙 선배들의 결기와 신앙의 순수성을 전달하는 가장 좋은 방법이라 할 수 있습니다.

오랫동안 신학대학원에서 교의학을 가르쳐온 학자이자 목회자인 신호섭 목사가 쓴 『벨직 신앙고백서 강해』는 교리 설교를 잘 담아낸 역작입니다. 저자가 본 교회 성도를 위해 벨직 신앙고백서를 40주 동안 설교한 것을 엮은 이 책이 교리 설교의 좋은 모델이 될 것이라 확신합니다. 개혁주의 신학 전통에 속한 많은 교회들이 이 책을 통해 신앙고백서를 설교하는 흐름이 다시금 새로운 전통으로 자리 잡게 되기를 기대합니다.

신원하 고려신학대학원 원장

한국 사회의 인구 절벽에다 주일학교의 소멸이 한국 교회의 현주소입니다. 세월이 갈수록 한국 교회는 노령화할 것이요 결국은 서구 교회의 전례를 답습할 것입니다. 이런 외적 현상이 악재인 것은 분명하지만 이보다 더 심각한 것은 질적 저하입니다. 한국 교회가 '신조 아닌 성경'을 외치면서 여기까지 왔지만, 교인들의 평균적인 성경 지식조차 크게 저하되고 말았습니다. 이런 상황에 처한 한국 교회를 어떻게 다시 회복시킬 수 있을까요? 교리의 주인이신 하나님만이 하실 수 있는 이 일을 본서는 잘 수종 들고 있습니다.

본서는 신조가 성경에서 왔으며, 신조 없이는 성경을 바로 이해하기도 어렵다는 것을 보여 주는 좋은 책입니다. 저자는 신조와 교리에 대한 상투적인 거부나 오해를 타이르듯 찬찬히 다독거립니다. 동시에 이에 대한 반발로 신조 해설로 교리를 설교하려는 열심이 오히려 반발을 일으킬 수 있다는 것도 경고합니다. 그러면서 자신의 부드럽고 실제적인 교리 설교를 제시하면서 신조의 중요성을 돋보이게 하는 재치를 보입니다. 즉 교리 설교는 가장 성경적인 설교요, 성경 전부를 풍성하게 이해하도록 인도하는 첨경임을 밝힙니다. 벨직 신앙고백서의 저자인 귀도 드 브레가 엄청난 핍박을 견딜 수 있었던 힘은 교리에서 왔으며, 그는 그 힘으로 순교까지 했습니다. 이 고백서는 성경의 교리를 고난 중에서 증거하는 간절함으로 힘이 넘칩니다. 저자는 드 브레의 이 외침을 잘 전달하고 있습니다.

이 책은 한국인이 최초로 해설한 벨직 신앙고백서 설교일 것입니다. 저자는 일찍부터 신조에 깊은 관심을 가지고 종교개혁이 새롭게 발견한 성경의 교리를 가르쳐 왔습니다. 저자의 문체는 유려합니다. 친절하게 각 장 마지막에 토론을 위한 질문을 제시하여 반추할 기회를 제공합니다. 또 칼뱅의 말을 인용하면서 성경과 신앙고백서와 개인의 저작을 아름답게 어우르는 묘미를 보입니다. 또한 대륙 개혁교회의 고백서가 잉글랜드 장로교회의 고백서와 다를 바가 없이 같은 성경 말씀 위에서 같은 신앙을 고백하는 삶의 안내자라는 것도 잘 보여 줍니다. 1차 독자인 목회자들뿐만 아니라, 2차 독자인 모든 성도들까지 겨냥한 저자의 여망은 가히 성공적입니다. 본서가 안내하는 건강한 성경의 교리 위에서 한국 교회의 장래가 점점 밝아 오기를 기대합니다. 유해무 고려신학대학원 교의학 교수

벨직 신앙고백서는 1567년 개신교회의 순교자로 소천한 귀도 드 브레가 당시 스페인의 천주교 정부에 의해 박해받던 프란덜스와 네덜란드 교회들의 변호를 위해 1561년에 작성한 개혁파적인 신앙고백서입니다.

귀도의 이 초안을 저지대의 개혁파 교회들이 1566년 안트베르프 대회, 1571년 엠덴 대회, 1574년 도르트 대회와 1581년 미델부르그 대회에서 수납하고, 1619년에 불어, 화란어, 라틴어 본들과의 비교를 거쳐 도르트 전국대회에서 개정했습니다. 벨직 신앙고백서는 지금까지 화란 개혁교회와 개혁파 전통의 교회에서 하이델베르크 요리문답과 도르트 결정문과 함께 '교회의 일치를 위한 3가지 신조'로 받아들여지고 고백되는 귀한 개혁파 신조입니다. 그러므로 개혁파 교회의 신조는 벨직 신앙고백서(1561)이고, 요리문답은 하이델베르크 요리문답(1563)이며, 개혁파 교회의 교리적 문제를 더 상세히 정리한 것은 도르트 회의의 결정문(1619)이라고 할 수 있습니다. 그 내용은 장로교회의 신조라고 할 수 있는 웨스트민스터 신앙고백서(1646)와 같습니다. 이 모두가 성경에 충실하게 우리가 믿는 바를 고백하려고 한 시도들입니다.

우리나라 장로교회는 처음부터 웨스트민스터 신앙고백서를 공부했으나, 개혁교회의 신조들도 늘 중시해 왔습니다. 그동안 박형룡 교수와 박윤선 교수를 비롯한 여러 교수가 이

에 대한 소개를 해왔습니다. 허순길 교수의 강해서『벨기에 신앙고백 해설』, 캐나다의 개혁파 목사인 클라렌스 바우만의 강해서『벨직 신앙고백서 해설』, 화란 깜뻔 신학교 출신의 개혁파 목사로 화란과 캐나다에서 목회한 클라스 스탐의 강해서『만유의 그리스도』, 그리고 화란 출신의 캐나다 개혁파 목사인 칼 쇼올스의 강해서『우리는 믿고 고백한다』가 소개되었습니다.

신호섭 목사가 아주 상세히 강해한 내용을 책으로 펴내어 이제 우리도 벨직 신앙고백서와 더 깊이 대화할 수 있게 되어 아주 기쁩니다. 벨직 신앙고백서와 대화하며 이를 강해한 목사들의 강해서가 더 많아지기를 바라며, 이미 나온 강해서들과 함께 저자가 선물로 준『벨직 신앙고백서 강해』를 우리 모두 열심히 읽어야 할 것입니다.

이승구 합동신학대학원대학교 조직신학 교수

16세기 종교개혁은 구교의 혼합주의에서 사도 바울의 건전한 교훈으로 돌아가고자 한 진리 운동이었습니다. 직분이나 제도의 개혁도 수반되었지만, 성경적으로 바른 진리를 회복하고자 한 말씀 운동이었습니다. 그래서 16세기와 17세기 어간에 개혁파 교회 안에도 백 수십 개에 달하는 각종 신앙고백 문서들이 만들어졌습니다. 영미권의 장로교회는 1640년대에 만들어진 웨스트민스터 표준문서를 신앙의 기준으로 받아들이고 있습니다. 하지만 화란 개혁교회는 '일치를 위한 3대 신앙 표준문서'로써 벨직 신앙고백서(1561), 하이델베르크 교리문답(1563), 도르트 신경(1619)을 신앙의 표준으로 공인하여 지금까지 따르고 있습니다. 이 세 문서와 웨스트민스터 표준문서에 담긴 신학은 '칼빈주의'라는 공통점을 가집니다.

최근 들어 조국 교회에서 교리 공부와 신앙고백서에 대한 관심이 높아지고 있는 것은 실로 고무적인 일입니다. 그러나 벨직 신앙고백서는 아직도 관심이나 자료 출간 면에서 홀대받고 있습니다. 특히 교회 강단에서 이 신앙고백서를 다루는 경우는 희박합니다. 벨직 신앙고백서는 순교자 귀도 드 브레가 1561년에 만들고, 1567년에 순교함으로서 그 피로 인을 친 고귀한 신앙고백서입니다. '하나님에 대한 지식'으로부터 시작하여 '종말론'에 이르기까지 37개에 달하는 조항은 성경적이고 개혁주의적인 내용으로 채워져 있습니다.

이 귀중한 순교자의 신앙고백서를 신호섭 목사가 40회에 걸쳐 올곧은교회에서 강론하고 이후에 책으로 펴냈습니다. 저자는 이미『개혁주의 전가교리』,『불확실의 시대, '오직'을 말하다』등의 저서와 수십 권에 이르는 개혁주의 양서 번역 작업으로 개혁주의 독자들에게 많은 기여를 해왔는데, 이처럼 방대한 벨직 신앙고백서 강해집을 출간하게 된 것은 크게 환영할 만한 일입니다. 저자가 밝힌 대로, 본서는 벨직 신앙고백서의 자구를 따라가면서 강론하기보다는 신앙고백서가 매 조항에서 고백하는 주제를 따라가되 성경적으로 입증하고 설명해 나가는 방식을 취합니다. 이는 귀도 드 브레가 염원한 '오직 성경으로'의 정신에도 부합합니다. 저자는 강론을 제시할 뿐 아니라 매 강론 말미에 생각하고 토론할 주제들을 제시해 놓았습니다. 더욱이 저자가 벨직 신앙고백서 본문을 사역하여 사용한 점도 귀합니다.

본서는 칼뱅과 여러 개혁 신학자들의 해당 저작들에 대한 고려를 바탕에 두고 있으며, 내용상 신학적인 면을 감출 수는 없지만 개혁주의 신자들이 공통의 일치에 따라 믿어야 할 바를 해설한다는 점에서 단지 신학도나 목회자들뿐만 아니라 일반 신자들도 필독해야 할 책으로 기쁘게 추천합니다. 수년 전, 벨직 신앙고백서에 심취하여 연구하고 두 편의 논문을 쓰면서 저는 귀도 드 브레의 숭고한 신앙적 생애와 신앙고백서에 담긴 저지대 지방 신자들의 공통된 신앙고백을 통해 깊은 감동을 받았습니다. 이제 저자의 강론을 통해 벨직 신앙고백서가 정리해 주는 개혁주의 신앙의 요체를 만끽할 수 있게 되었습니다. 본서가 모든 독자들의 손에 들려 애독되고, 그들의 신앙 성장과 성숙에 도움이 되며, 개혁주의 공동체를 견고하게 세우는 도구로 쓰임받기를 소망합니다.

이상웅 총신대학교신학대학원 조직신학 교수

설교, 특별히 교리 설교에 대한 관심은 비단 목회자에게만 국한되지 않습니다. 바르고 단단한 진리 위에 서기 원하는 모든 교회와 성도들의 관심이기도 합니다. 성경의 가르침을 잘 정리한 교리를 배우는 일은 성경을 배우는 일이며 동시에 늘 복음을 상기하는 일입니다. 저자는 종교개혁 시대의 중요한 역사적 신앙고백서 중 하나인 벨직 신앙고백서의 모든 교리의 조항을 40여 회에 걸쳐 설교했고 그것을 이 책에 담았습니다.

저는 평소에 "아는 것보다 사는 것이 더 중요하다"고 말해 왔는데, 그것은 말만 화려한 사람이 아니라 복음의 능력을 삶으로 담아내는 진실한 사람을 강조하기 위함이었습니다. 그러나 동일한 이유로, 바로 그런 진실한 사람이 되기 위해서는 바르게 아는 것이 전제되어야 함은 지극히 당연한 일이라 믿습니다. 객관적 교리에 기초하지 않은 주관적 열심은 위험할 수 있기 때문입니다. 이 책은 객관적 교리의 토대를 우리에게 제공해 줍니다. 『벨직 신앙고백서 강해』는 참된 교리에 기초한 진실한 위로와 격려, 삶에 대한 실천적 권면으로 가득 차 있습니다. 차분한 어조로 풀어내는 저자의 쉽고 따뜻한 설명은, 교리 공부는 어렵고 딱딱하다는 오해를 불식시킵니다. 저는 교리 설교를 잘하는 분들을 보면 늘 부럽습니다. 신호섭 목사의 이 따뜻한 설교는 그의 회중뿐만 아니라 다른 많은 교회의 회중까지 들어야 할 메시지라 생각합니다. 이 책은 삼위 하나님과 우리의 구원, 교회와 국가, 종말에 벌어질 사건 등 성경에 담긴 근본적이고도 중요한 진리를 빠짐없이 담고 있습니다. 따라서 성경에 담긴 교리 전반에 대한 이해를 원하는 모든 성도들과 신학도들, 교리 설교에 관심 있는 모든 목회자들에게 이 책을 기쁘게 추천합니다.

이찬수 분당우리교회 담임목사

교리와 설교의 만남이라는 점에서 설레는 마음으로 본서를 읽었습니다. 교리와 설교, 이 둘은 꼭 만나야 하지만, 현실적으로는 거리감이 꽤 느껴지는 커플입니다. 설교자의 친구는 대체로 성경 본문과 주석이지, 교리서는 아닙니다. 교의학 교과서는 신학교 졸업과 동시에 설교자의 손에서 멀어지는 게 현실입니다. 책장 구석에 꽂혀 있던 고백서를 설교단으로 끌어내 준 저자의 시도에 감사를 표합니다.

본서는 교리를 어떻게 설교할 것인지에 대한 좋은 모범을 제공합니다. 저자는 서문에서 교리 설교가 나아갈 방향을 분명하게 제시합니다. "이 책은 벨직 신앙고백서를 강의하지 않고, 벨직 신앙고백서의 주제를 설교합니다. 그러나 벨직 신앙고백서가 설교를 주도하지 않고 성경 본문이 주도합니다." 이에 전적으로 공감합니다. 교리 설교도 모든 설교와 마찬가지로, 그 본문은 성경입니다. 교리 설교라고 해서 교리서가 본문이 될 수는 없습니다. 이에 기초하여 저자는 매 설교마다 그 설교에 담아낼 교리 부분을 제시하지만, 그보다 앞서 그 교리를 담아낼 수 있는 성경 본문을 소개하고, 그것을 설교의 중심에 세웁니다. 가야 할 길을 가리키기만 하고 실제로 걷지 못하는 경우가 많은데, 저자는 자신이 제시한 교리 설교의 정석을 그대로 걸어갑니다.

또한 본서는 제가 좋아하는 3대지 설교 구조로 되어 있어서 더욱 반갑습니다. 3대지 설교는 오래도록 사랑받아 온 고전적인 설교 틀입니다. 성도들이 이해하기 쉽고, 설교자가 메시지를 진행시켜 나가는 데도 큰 도움을 줍니다. 저자는 첫째, 둘째, 셋째라는 신호를 통해 담백하게 메시지를 정리해 나갑니다. 굵은 글씨로 표기된 대지만 봐도 설교의 흐름을 짐작할 수 있습니다. 각 장의 말미에 실린 '생각해 볼 문제'를 통해 소그룹 교재로도 활용할 수 있습니다. 교리 설교에 대한 의욕을 불러일으켜 준 저자에게 심심한 감사를 표합니다.

교리가 성도들의 신앙 골격을 형성한다면, 교리는 설교를 통해 성도들에게 공급되어야 합니다. 목회자가 성도들에게 영적인 양식을 공급하는 주된 통로는 설교입니다. 성경 공부와 소그룹 모임도 있지만, 주된 통로는 설교입니다. 하지만 상당수 성도들에게는 설교가 유일한 통로라는 것을 유념해야 합니다. 분주한 삶과 열심의 부족으로 인해 여타 교육 프로그램에 참여하기 어려운 성도들도 많기 때문입니다. 그런 성도들일수록 교리적인 골격이 절실하게 필요합니다. 그러므로 교리 교육의 통로도 설교가 되어야 합니다. 본서는 교리적 골격이 절실한 성도들은 물론이고, 교리를 설교하기 원하는 설교자들에게도 좋은 길잡이가 되어 줄 것입니다.

채경락 고신대학교 신학과 교수

벨직 신앙고백서 강해

벨직 신앙고백서 강해

THE BELGIC CONFESSION

신호섭

참된 교회의 표지를 가장 선명하게 보여 주는
역사적 개혁교회의 신앙고백서

좋은씨앗

서문

교리(doctrine)는 하나님의 말씀의 가르침입니다. 디모데가 목회하던 에베소에는 다른 교리를 가르치는 자들이 있었습니다(딤전 1:3). 이들은 바른 말씀, 즉 바른 교리인 '디다스칼리아'를 따르지 않는 자들이었습니다(딤전 6:3). 디모데전서(6:3)와 디모데후서(1:13)에서는 이 교리를 "바른 말[씀]"과 동일시합니다. 목회서신에서 말하는 '바른 교훈'은 '바른 교리'를 뜻합니다. 즉, 교리는 하나님의 말씀입니다.

반면에 교의(dogma)는 성경의 교리를 체계적으로 요약해 놓은 신앙의 조항이라 할 수 있습니다. 이 학문을 유럽에서는 화란을 중심으로 '교의학'이라 부르고, 영미권에서는 '조직신학'이라 부릅니다. 전통적으로 서론, 신론, 인간론, 기독론, 구원론, 교회론, 종말론으로 분류되며, 역사적으로는 각종 신앙고백서와 교리문답서가 이에 해당됩니다.

이런 의미에서 목사의 모든 설교는 교리적이어야 합니다. 교리적 설교는 두 가지를 의미합니다. 하나는 모든 설교에 성경의 근본 교리가 녹아들어 있어야 하고, 다른 하나는 교리를 체계적으로 요약해 놓은 신앙의 조항인 역사적 개혁파 신앙고백서와 신조와 교리문답의 중심 사상이 포함되어 있어야 합니다. 설교는 죄인을 구원하고 거룩하게 하는 은혜의 방편입니다. 그런데 이와 다른 내용을 전한다면 그것은 설교일 수 없습니다. 한국교회의 적지 않은 강단에서 여전히 기복주의, 번영주의, 율법주의, 윤리적 설교 등이 성행하고 있습니다만 이런 설교는 진정한 의미에서 설교가 아닙니다.

김영봉 목사는 『설교자의 일주일』에서 강의, 연설, 훈화, 해설, 잔소리와 잡담, 선동과 선전은 설교가 아니라고 말합니다. 참된 설교는 하나님의 말씀이 선언하는 교리를 전파하는 것입니다. 바울은 디모데에게 말씀을 전파하라고 권면합니다(딤후 4:1-2). 설교자는 평생 말씀을 붙들고 그 말씀을 전파하는 사람입니다. 순경 중이든 역경 중이든, 말씀의 교리를 주해하고 해설하고 설명하고 선포하고 호소하고 적용하는 사람입니다. 그러므로 성경을 받아들이는 것과 성경에 기초한 교의와 신조를 받아들이는 것에는 아무런 모순이 없습니다. 성경이 교리와 신앙고백을 요구하기 때문입니다.

예수 그리스도께서 제자들에게 "너희는 나를 누구라 하느냐"고 물으시자, 시몬 베드로가 "주는 그리스도시요 살아 계신 하나님의 아들이시니이다"라고 고백했습니다(마 16:15-16). 예수님이 교리문답을 하신 것입니다. 주님이 물으시고 제자들이 대답했습니다. 신앙의 고백과 교리의 문답은 철저하게 성경적입니다. 따라서 "성경 자체가 신조의 필요성을 가르친다는 사실을 고려한다면, 신조를 부정하고 성경만을 소유한다는 주장은 비논리적이다"라고 말한 칼 트루먼의 진술은 전적으로 옳습니다.

이 외에도 우리가 교리 설교를 해야 할 이유는 많습니다. 역사적으로 볼 때, 교리는 거룩하고 보편적인 공교회가 고백한 것이기 때문입니다. 그 가운데 하나가 사도신경입니다. 사도신경은 내재적이며 경륜적인 삼위일체 교리를 웅변적으로 고백하고 있습니다. 우리는 사도신경을 설교할 뿐만 아니라 고백해야 합니다. 이런 방식으로 공교회의 신앙 조항을 분명히 하는 것입니다.

이런 공교회의 고백과 설교는 참되고 순수한 진리의 말씀과 교회를 이단으로부터 보호해 줍니다. 교회의 설교가 교리적이지 않으면, 신자들의 신앙이 기복적으로 흐를 가능성이 높습니다. 또한 신앙의 사유화에 갇혀서 자기 마음대로 생각하고 판단하며 결정하고 행동하는 신앙을 가질 공산이 큽니다. 어떤 이들은 단순히 교회에 다니는 것만으로(attending) 또는 교회에 속해 있다는 것만으로(belonging) 구원을 받은 것으로 생각하는 경향이 있습니다. 말하자면, 명목적인 그리스도인이 늘어나고 있습니다.

교리 설교는 성도로 하여금 자신이 구원받은 사람인지, 하나님의 뜻과 소명에 맞게 살아가고 있는지를 성찰하게 합니다. 교리 설교는 교회 공동체의 삶과 신자 개개인의 신앙에 여러모로 유익합니다. 또한 교리 설교는 직분의 동등성과 직분의 질서를 균형 있게 가르침으로, 교회의 권력이 한 곳이나 한 사람에게 쏠리지 않게 하여 건강한 교회를 유지하게 합니다. 따라서 직분자를 세울 때 신중하며, 목사와 장로와 집사와 같은 직분자에게는 엄중하고 진지한 자격을 요구합니다. 직분자들은 높은 수준의 교리적 신앙을 가져야 합니다.

근래에 들어 교리에 대한 관심이 늘어나고 있습니다. 신자들이 소요리문답을 공부하고, 신앙고백서를 연구하며, 교리 강해서를 읽는 일은 매우 고무적입니다. 하지만 근본적으로 목사의 설교가 교리적으로 바뀌어야 합니다. 목회자의 설교가 바른 교훈으로 바뀌어야 교회와 성도가 건강해집니다. 최근 우리 교회에서 교리반을 운영하며 웨스트민스터 표준문서 가운데 하나인 예배모범을 가르치고 있는데, 한 성도가 이런 공부를 처음으로 접했다고 말했습니다. 성도가 한 번도 들어 보지 못했다는 것은 교회에서 한 번도 가르치지 않았다는 것을 의미합니다. 목회자들의 설교가 변하지 않으면, 참된 개혁 신앙은 요원합니다.

저는 이 책의 1차 독자를 설교자와 목회자, 그리고 장차 설교 사역을 감당할 목회자 후보생을 염두에 두고 썼습니다. 교리에 대한 관심이 많아지고 교리 공부가 한창 유행했을 때, 많은 교회에서 부교역자들과 신학생들이 교리를 가르쳤습니다. 하지만 성공하는 사례는 극소수였습니다. 많은 설교자들이 교리 설교를 어려워했습니다. 또한 교리 설교를 듣는 성도들이나 학생들도 이내 지루해하고 힘들어했습니다. 대부분의 설교자들이 교리 설교를 하지 않고, 교리 공부를 시켰기 때문입니다.

무조건 교리를 가르친다고 해서 교리 설교가 되는 것은 아닙니다. 대부분 설교자들이 설교 시간에 교리를 가르칩니다. 하지만 그것이 설교가 되어야지, 강의나 공부가 되어서는 안 됩니다. 대부분의 설교자들이 바로 이 지점에서 실패합니다. 이 책은 제가 섬기는 교회에서 40주 동안 행한 교리 강해 설교를 엮은 것입니다. 저는 이전에 동일한 실패를 경험한 선배로서 교리 설교의 이론과 실제에 대해 권위 있게 말할 수 있습니다.

이 책은 벨직 신앙고백서 강의가 아니라, 벨직 신앙고백서 주제 설교입니다. 그러나 벨직 신앙고백서가 설교를 주도하지 않고 성경 본문이 주도합니다. 즉, 하나님의 말씀인 성경 본문이 제목을 정하고 대지를 주도합니다. 모든 대지는 성경 본문에서 자연스럽게 나온 것입니다. 물론 성경 본문을 선택하는 일에는 많은 기도와 묵상과 주의가 필요합니다. 성경 본문이 주도하는 설교에 벨직 신앙고백서 각 장의 항목이 설교문 전체에 골고루 스며듭니다. 그래야만 설교가 설교다워지고, 지루한 강의나 강연으로 빠지지 않게 됩니다. 물론 모든 강의가 지루한 것은 아닙니다. 또한 교리 설교가 지루한 것은 교리 자체의 문제가 아니라 설교자의 문제입니다.

이 책의 2차 독자는 교리 설교에 진지한 관심이 있는 모든 성도입니다. 저는 교회의 회중들이 어떻게 하면 교리 설교를 잘 듣게 할 수 있을지를 많이 고민했습니다. 이 책은 2대지 또는 3대지 설교로 구성되어 있습니다. 이유는 두 가지입니다. 하나는 설교를 듣는 회중들이 기억하기 쉽게 하기 위해서이고, 다른 하나는 지금 설교자가 어디쯤 와 있는지를 회중들이 알고 예측할 수 있게 하기 위해서입니다. 이런 방식의 설교는 호불호가 있지만, 적어도 교리 설교가 미궁에 빠지는 일을 막아 줄 것입니다.

독자들은 '읽는 설교'인 이 책을 통해 '삼위일체 하나님'부터 '마지막 심판'에 이르기까지 기독교 신앙의 근본 교리를 학습함으로 신앙의 체계를 견고하게 세울 수 있습니다. 기존 신자들은 신앙의 교리를 체계적으로 재학습할 수 있고, 새 신자들은 하나님에 대해 무엇을 믿고 어떻게 행해야 하며, 주님께서 피 흘려 사신 교회에서 어떻게 생활해야 할지를 배울 수 있습니다. 그것만으로도 이 책의 가치는 충분합니다.

이 책에 수록된 설교의 마지막 부분은 실천적 권면으로 가득합니다. 벨직 신앙고백서를 작성한 귀도 드 브레는 이 신앙고백으로 인해 스페인 왕 필립 2세의 비호 아래 있던 로마 가톨릭 정부로부터 심한 핍박과 박해를 받았고, 1567년 5월 31일에 교수형을 당했습니다. 그의 신앙고백은 자기 목숨과 바꾼 것입니다. 귀도 드 브레는 자신의 신앙고백이 진실한 것임을 피로 증거했습니다. 벨직 신앙고백서는 극심한 핍박 속에서도 여호와 하나님의 신앙을 지킨 순교자의 고백입니다.

오늘날 우리는 이런 종류의 핍박을 당하지 않습니다. 우리가 힘들다고 하지만 얼마나 풍요롭게 살고 있습니까? 우리는 신앙생활을 하면서 얼마나 많은 핑계를 대며 자기 합리화를 합니까? 순교자의 피로 작성된 이 신앙고백서 앞에서 심히 부끄러움을 느끼지 않을 수 없습니다. 이 책을 읽을 때마다, 극심한 핍박 속에서도 꿋꿋이 신앙을 지켰던 위대한 신앙의 선배들을 떠올리며 더욱 열심히 신앙생활을 하기 바랍니다.

    이 책은 신구약 학자의 전문적인 성경 본문 주해서가 아닙니다. 그러므로 분문의 치밀한 주해가 담겨 있지는 않습니다. 본문의 정교한 주해는 각종 주석과 강해서를 참조하기 바랍니다. 저는 교리 연구에 대한 관심이 높아지고 있는 이때에, 교리 설교를 어떻게 해야 할지 난감해하며 어려워하는 설교자들에게 하나의 모범(example)을 제공하고자 했습니다. 또한 교리 공부를 어려워하는 성도들에게 읽는 설교를 통해 교리와 신앙고백서를 보다 쉽게 전달하고자 했습니다. 하지만 이 책이 다루는 주제가 결코 가볍거나 쉽지는 않습니다. 우리의 설교는 연구와 학습을 통해 더욱 성경적이고 교리적으로 건강하게 개혁되고 발전해야 합니다. 이 책이 한국의 교회 강단에 미력하나마 도움이 되기를 소망합니다.

    바쁘신 중에도 한국의 교회와 성도들을 생각하며 기쁘게 추천의 글을 써 주신 조엘 비키, 필립 입슨, 코르넬리스 프롱크, 헤르만 셀더하위스 박사님과 신원하, 유해무, 이승구, 이상웅, 채경락 교수님과 이찬수 목사님께 감사드립니다. 또한 목사의 설교를 위해 항상 기도해 주시고 은혜롭게 설교를 들어 주시는 올곧은교회 성도들과 특별히 목사에게 충분히 연구하고 저술할 시간을 배려하며 격려하고 지지해 주시는 올곧은교회 당회원들인 성두용, 신홍문 장로님께 감사드립니다.

2019년 3월
올곧은교회 목양실에서
신호섭 목사

차례

추천사 · 001

서문 · 012

벨직 신앙고백서 · 023

개혁주의 신앙과 교리 · 052

1부 믿음의 대상이신 하나님과 성경에 대하여

1. 우리는 믿습니다 · 065
2. 우리가 믿는 하나님 · 075
3. 우리가 믿는 하나님의 존재와 속성 · 083
4. 하나님의 두 권의 책 · 099
5. 기록된 하나님의 말씀 · 107
6. 정경: 구약과 신약 · 117
7. 성경의 권위 · 127
8. 성경의 충분성 · 137

2부 하나님에 대하여

9. 사랑의 삼위 하나님 · 149
10. 하나님의 영광의 광채 · 161
11. 성령님은 누구신가? · 171

12. 하나님의 영광스러운 창조 · 181
13. 선한 천사의 창조와 타락 · 191
14. 섭리하시는 하나님 · 203

3부   인간에 대하여

15. 사람은 무엇인가? · 217
16. 원죄와 부패 그리고 전가 · 229

4부   예수 그리스도에 대하여

17. 하나님의 영원한 선택 · 245
18. 타락한 사람의 구속 · 257
19. 하나님 아들의 사람 되심 · 269
20. 그리스도의 신성과 인성 · 281

5부 구원에 대하여

21. 하나님의 자비와 공의 · 295
22. 우리를 위한 그리스도의 만족 · 305
23. 그리스도 안에 있는 믿음 · 317
24. 믿음으로 말미암는 칭의 · 329
25. 성화와 선행 · 341
26. 그리스도와 율법 · 355
27. 그리스도의 중보 · 367

6부 교회에 대하여

28. 보편적 그리스도의 교회 · 383
29. 참된 교회에 가입해야 할 의무 · 395
30. 참된 교회와 거짓된 교회 · 407
31. 교회의 정치와 직무 · 421

32. 교회의 직분자 · **435**

33. 교회의 질서와 권징 · **447**

34. 교회의 성례 · **457**

35. 거룩한 세례의 성례 (1) · **469**

36. 거룩한 세례의 성례 (2) · **483**

37. 주의 만찬의 성례 · **495**

38. 국가 정부와 교회 · **509**

7부   종말에 대하여

39. 마지막 심판 · **523**

벨직 신앙고백서

The Belgic Confession

* 이 책에 실린 벨직 신앙고백서 본문은 저자가 직접 번역한 것이므로, 무단 전재와 무단 복제를 금합니다.

1항
오직 한 분 하나님을 믿는다

우리 모두는 우리가 하나님이라고 부르는 오직 단 한 분의 단일하시며 영적인 존재로 계시는 하나님을 마음으로 믿고 입술로 고백합니다. 또한 우리는 하나님이 영원하시고 다 이해될 수 없으시며, 보이지 않으시고 변하지 않으시며, 무한하시고 전능하시며, 완전히 지혜로우시고 공의로우시며, 선하시고 모든 선이 흘러나오는 원천이심을 믿습니다.

2항
하나님은 우리에게 자신을 어떤 수단으로 알리시는가?

우리는 두 가지 수단으로 하나님을 알 수 있습니다. 첫째, 온 우주의 창조와 보존과 통치를 통해서 하나님을 알 수 있습니다. 이는 사도 바울이 말한 바와 같이, 우리 눈 앞에 펼쳐진 가장 고상한 책으로서 피조세계 안에 있는 크고 작은 모든 것들이 수많은 글자들처럼 하나님의 보이지 않는 것들, 즉 하나님의 능력과 신성을 묵상하도록 우리를 인도합니다. 이 모든 것들은 사람들을 깨우치기에 충분하므로 사람들은 핑계할 여지가 없습니다.
  둘째, 하나님은 거룩하시고 신적인 그분의 말씀을 통해 우리에게 자신을 더욱 분명하고 충분하게 알려 주십니다. 즉, 이 세상에서 우리에게 필요한 만큼 그분의 영광과 우리의 구원에 대해 알려 주십니다.

3항
기록된 하나님의 말씀

우리는 사도 베드로가 말한 바와 같이, 하나님의 말씀은 사람의 뜻에 의해 보내졌거나 전달된 것이 아니라 성령의 감동하심을 받은 하나님의 거룩한 사람들이 받아 말한 것임을 고백합니다. 그리고 그 후에 하나님은 우리와 우리의 구원을 위한 특별한 돌보심으로서 그분의 종들, 즉 선지자들과 사도들에게 명령하셔서 하나님의 계시하신 말씀을 기록하게 하셨습니다. 또한 하나님은 그분의 손가락으로 율법의 두 돌판을 기록하셨습니다. 따라서 우리는 이러한 기록들을 거룩하고 신적인 성경이라고 부릅니다.

4항
정경

우리는 성경이 구약과 신약 두 부분으로 구성되어 있으며, 이 책들은 정경이고 이에 대해 어떤 이의도 제기할 수 없음을 믿습니다. 따라서 이 정경들은 하나님의 교회에서 다음과 같이 불립니다.

구약의 책들은 모세오경, 즉 창세기, 출애굽기, 레위기, 민수기, 신명기; 여호수아, 사사기, 룻기, 사무엘 두 권, 역대기 두 권, 에스라, 느헤미야, 에스더, 욥기, 다윗의 시편, 솔로몬의 책 세 권, 즉 잠언, 전도서, 아가; 대선지서 네 권, 즉 이사야, 예레미야, 에스겔, 다니엘; 소선지서 열두 권, 즉 호세아, 요엘, 아모스, 오바댜, 요나, 미가, 나훔, 하박국, 스바냐, 학개, 스가랴, 말라기입니다.

신약의 책들은 복음서 네 권, 즉 마태, 마가, 누가, 요한; 사도행전, 사도 바울의 서신서 열네 개, 즉 로마 교회에 하나, 고린도 교회에 둘, 갈라디아 교회에 하나, 에베소 교회에 하나, 빌립보 교회에 하나, 골로새 교회에 하나, 데살로니가 교회에 둘, 디모데에게 둘, 디도에게 하나, 빌레몬에게 하나, 히브리교회에 하나; 다른 사도들의 서신서 일곱 개, 즉 야고보의 편지 하나, 베드로의 편지 둘, 요한의 편지 셋, 유다의 편지 하나; 그리고 사도 요한의 계시록입니다.

5항
성경

우리는 이 모든 책들을, 그리고 오직 이 모든 책들만 우리 믿음의 규칙과 토대와 확증을 위한 거룩한 정경으로 받아들입니다. 우리는 교회가 이 책들을 정경으로 받아들이고 승인했기 때문이 아니라, 특별히 성령님이 이 책들이 하나님께로부터 왔음을 우리 마음에 증거해 주시고, 또한 이 책들이 이에 대한 증거를 가지고 있기에 이 책에 포함된 모든 것을 조금도 의심하지 않고 믿습니다. 심지어 앞을 보지 못하는 사람들조차도 이 책들에서 예언된 말씀들이 성취되고 있음을 알 수 있습니다.

6항
정경과 외경의 차이

우리는 이 거룩한 책들을 제3에스드라서, 토비트, 유딧, 지혜서, 집회서, 바룩서, 에스더서의 부록, 풀무불 속의 세 청년의 노래, 수산나의 역사, 벨과 용, 므낫세의 기도, 마카비상하와 같은 외경들로부터 구분합니다. 모든 교회는 이 외경들이 정경과 일치를 이루는 한도 내에서 이 책들을 읽고 교훈을 얻을 수 있습니다. 그러나 외경은 그 증언으로부터 믿음의 요점이나 기독교 신앙에 대해 확증할 수 없기에 그러한 능력이나 효력과는 거리가 멉니다. 따라서 외경은 거룩한 책들의 권위를 떨어뜨리지 못합니다.

7항
성경의 충분성

우리는 이 거룩한 성경이 하나님의 뜻을 충분히 담고 있으며, 또 인간이 구원을 얻기 위해 믿어야 하는 모든 것을 충분히 가르치고 있다는 것을 믿습니다. 하나님이 우리에게 요구하시는 예배의 모든 방식이 성경에 일반적으로 기록되어 있기에 성경이 가르치는 것 외에 다른 것을 가르치는 것은 누구든지 심지어 사도들이라 할지라도 불법입니다. 바울 사도가 말한 바와 같이, 하늘에서 온 천사라 할지라도 결코 그렇게 할 수 없습니다. 하나님의 말씀에 무언가를 더하거나 빼는 것이 금지되어 있는데, 이는 성경의 교리가 모든 면에서 가장 완전하고 완벽하다는 것이 분명하게 드러나기 때문입니다. 우리는 아무리 거룩한 인간이 기록한 것이라 할지라도, 또는 인간이 쓴 어떤 저작물이라도 신성한 성경과 동일한 가치를 가진 것으로 생각하면 안 됩니다.

8항
하나님은 본질상 한 분이시지만 세 위격으로 구별되신다

우리는 이 진리와 하나님의 말씀에 따라 본질상 단 하나의 본질이시며 그 안에 비공유적 속성에 따라 실제로 진실로 그리고 영원히 구별되신 세 위격, 즉 아버지와 아들과 성령으로 계신 한 분 하나님을 믿습니다. 아버지 하나님은 보이는 것과 보이지 않는 모든 것의 원인과 근원과 시작이십니다. 아들 하나님은 말씀이시고 지혜이시며 아버지 하나님의 형상이십니다. 성령 하나님은 아버지와 아들 하나님으로부터 나오신 영원한 능력과 권세이십니다. 그럼에도 불구하고 하나님은 이 구별에 따라 셋으로 나누어지지 않으십니다. 성경이 우리에게 아버지와 아들과 성령 하나님이 각각 인격을 지니시며, 그 위격적 속성에서 구분되지만 이 세 위격이 오직 한 분 하나님이시라고 지혜롭게 가르치기 때문입니다. 그러므로 아버지는 아들이 아니시고, 아들은 아버지가 아니시며, 마찬가지로 성령은 아버지와 아들이 아니심이 명백합니다. 이 위격들은 비록 구분될지라도 나누어지거나 혼합되지 않습니다. 아버지 하나님과 성령 하나님이 우리의 살과 피를 취하지 않으셨고, 오직 아들 하나님만 우리의 살과 피를 취하셨기 때문입니다. 아버지는 단 한 번도 아들 없이 계신 적이 없으시고 성령 하나님 없이 계신 적도 없으십니다. 세 위격이 함께 영원하시며 동일한 본질이시기 때문입니다. 아무도 먼저 되시거나 나중 되신 분은 없으십니다. 세 위격 모두 진리와 능력과 선하심과 자비에 있어서 하나이시기 때문입니다.

9항
삼위일체 하나님에 대한 8항의 성경적 증거

우리는 이 모든 진리를 삼위 하나님의 활동뿐만 아니라 거룩한 성경의 증언들로부터 알게 되며, 주로 우리 안에서 지각된 증거들을 통해 알게 됩니다. 거룩하신 삼위일체를 믿으라고 우리에게 교훈하는 이 거룩한 성경의 증언들은 구약성경의 많은 곳에 기록되어 있으므로, 이 모든 구절들을 일일이 열거할 필요는 없습니다.

하나님은 이렇게 말씀하십니다. "우리의 형상을 따라 우리의 모양대로 우리가 사람을 만들고." 하나님은 그분의 형상을 따라 사람을 창조하시되 남자와 여자로 만드셨습니다. 또한 창세기 3장 22절은 "이 사람이 선악을 아는 일에 우리 중 하나 같이 되었으니"라고 기록합니다. "우리의 형상을 따라 우리의 모양대로 우리가 사람을 만들고"라는 말씀에서 하나님의 신격 안에 한 분 이상의 위격이 계시다는 사실이 드러납니다. 또한 "하나님이 창조하셨다"고 말씀하실 때는 통일성을 나타내십니다. 여기에 얼마나 많은 위격이 계시는지 하나님은 말씀하지 않으십니다. 구약에서 다소 모호하게 보이는 것이 신약에서는 아주 분명해집니다.

우리 주님이 요단 강에서 세례를 받으실 때, "이는 내 사랑하는 아들이요"라는 아버지 하나님의 음성이 들렸고, 아들이 물에서 올라오실 때 성령이 비둘기같이 내려 아들 위에 임하셨습니다. 이런 형식은 모든 신자들이 세례를 받을 때 그리스도에 의해 시행됩니다. 주님은 "모든 민족을 제자로 삼아 아버지와 아들과 성령의 이름으로 세례를 베풀라"고 하셨습니다. 누가복음에서 가브리엘 천사는 우리 주님의 어머니 마리아에게 이렇게 말합니다. "성령이 네게 임하시고 지극히 높으신 이의 능력이 너를 덮으시리니 이러므로 나실 바 거룩한 이는 하나님의 아들이라 일컬어지리라." 이와 마찬가지로 다음 말씀도 동일합니다. "주 예수 그리스도의 은혜와 하나님의 사랑과 성령의 교통하심이 너희 무리와 함께 있을지어다." "하늘에서 증언하시는 세 분이 계십니다. 곧 아버지와 말씀과 성령이십니다. 이 셋은 하나입니다."

우리는 이 모든 말씀을 통해 한 분이시며 유일하신 하나님의 신적 본질 안에 세 위격이 계심을 배우게 됩니다. 비록 이 교리가 모든 인간의 이해를 초월하지만 그럼에도 우리는 지금 하나님의 말씀이라는 방편을 통해 이 진리를 믿으며 장차 하늘에서 이 진리에 대한 완벽한 지식과 그 은덕을 누리게 될 것을 기대합니다. 더욱이 우리는 우리를 향하신 이 세 위격의 특별한 직무와 활동을 주목해야 합니다. 아버지 하나님은 그분의 능력으로 말미암아 창조주로 불립니다. 아들은 그의 피로 말미암아 우리 구주요 구속자로 불립니다. 성령님은 우리 마음속에 거하심으로 성화주가 되십니다.

이 거룩한 삼위일체 교리는 사도시대로부터 오늘날에 이르기까지 유대인들과 무슬림들, 그리고 정통 교부들에게 합당한 정죄를 받았던 마르키온, 마니교, 프락시아스, 사벨리우스, 아리우스와 같은 거짓 그리스도인들과 이단들에 대항하여 참된 교회에 의해 변호받고 보존되어 왔습니다. 그러므로 이 교리 안에서 우리는 세 가지 신경, 즉 사도신경, 니케아 신경, 아타나시우스 신경을 기꺼이 받아들입니다. 또한 이 신경들과 조화를 이루는 것으로써 교부들이 인정한 다른 신경들도 받아들이는 바입니다.

10항
예수 그리스도는 참되고 영원하신 하나님이시다

우리는 예수 그리스도가 그분의 신성에 따라 하나님의 독생자이시고, 영원으로부터 나셨으며, 지음받거나 창조되지 않으셨고(만일 그렇다면 그분은 피조물이 되어야 할 것이다), 성부와 동일한 본질이시며, 동등하게 영원하시고, 그 본체의 형상이시며, 하나님의 영광의 광채시고, 모든 것에서 성부와 동등하신 분이심을 믿습니다.

그분은 우리의 본성을 취하실 때부터가 아니라 영원 전부터 하나님의 아들이셨습니다. 우리가 다음 성경 구절의 증거들을 비교할 때 이것을 알 수 있습니다. 모세는 하나님이 세상을 창조하셨다고 말합니다(창 1:1). 또한 사도 요한은 말씀이신 하나님이 만물을 지으셨다고 말합니다(요 1:1-3). 히브리서 기자는 하나님이 예수 그리스도로 말미암아 모든 세계를 지으셨다고 말합니다(히 1:2). 또한 사도 바울은 하나님이 예수 그리스도로 말미암아 만물을 창조하셨다고 말합니다(고전 8:6; 골 1:16). 그러므로 하나님, 말씀, 아들, 예수 그리스도라고 불리시는 분은 만물이 그분으로 말미암아 창조될 때 이미 계셨다는 사실이 반드시 따라옵니다.

그러므로 미가 선지자는 그분의 근본이 상고에, 영원에 있다고 말합니다. 또한 사도는 그분이 생의 시작이 없고 끝도 없다고 말합니다. 그러므로 그분은 참되고 영원하신 하나님, 전능하신 분, 우리가 기도하고 예배하고 섬기는 분이 되십니다.

11항
성령은 참되고 영원한 하나님이시다

우리는 또한 성령이 영원으로부터 성부와 성자에게서 나오신다는 것을 믿고 고백합니다. 성령은 지음받거나 창조되거나 출생하신 것이 아니라 성부와 성자로부터 나오셨습니다. 그러므로 성경이 우리에게 가르치는 바와 같이, 성령은 성삼위일체의 세 번째 위격이시며, 본질과 위엄과 영광에서 성부와 성자와 하나이시고 동일하시며, 참되고 영원하신 하나님이십니다.

12항
창조

우리는 성부 하나님이 말씀으로 말미암아, 곧 그분의 아들을 통하여 무에서 천지만물을 창조하셨고, 만물은 하나님이 보시기에 좋았으며, 모든 피조물에게 존재와 모양과 형태를 부여하시고 각각의 피조물들에게 창조주를 섬기도록 여러 가지 임무를 주셨다는 것을 믿습니다. 우리는 하나님이 그분의 영원하신 섭리와 무한하신 능력으로 만물을 붙드시고 다스리심으로 만물이 인류를 섬기게 하시고, 그로 말미암아 인간이 하나님을 섬기게 하신다는 것을 믿습니다.

또한 하나님은 천사들을 선하게 창조하시고, 그분의 사자들이 되게 하시며, 하나님이 택하신 사람들을 섬기게 하셨습니다. 이 천사들 중 일부가 하나님이 창조하신 높은 지위에서 타락하여 영원한 파멸로 떨어졌습니다. 하지만 다른 천사들은 하나님의 은혜로 본래 지위를 유지하며 그곳에 계속 머물러 있습니다. 마귀들과 악한 영들은 너무 타락하여 하나님과 모든 선한 것들의 원수가 되었습니다. 그들은 온 힘을 다해 교회와 교회의 모든 지체들을 멸망시키려는 살인자들처럼 지켜보면서 악한 궤계를 통해 모든 것을 파괴하려 합니다. 또한 자신들의 악으로 인해 영원한 형벌을 선고받아 날마다 무서운 고통을 기다리며 지냅니다. 그러므로 우리는 영들과 천사들의 존재를 부인하는 사두개인들의 오류와, 마귀들은 스스로의 기원을 가지고 있으며 타락한 적이 없는 상태에서 본성상 악하다고 주장하는 마니교의 잘못을 배격하고 혐오합니다.

13항
하나님의 섭리

우리는 이 동일하신 하나님이 만물을 창조하신 후에 만물을 버려두거나 운명이나 우연에 맡겨 포기하지 않으시고 그분의 거룩하신 뜻에 따라 다스리고 통치하심으로 이 세상에서 하나님의 지시 없이는 아무 일도 일어날 수 없음을 믿습니다. 그럼에도 불구하고 하나님은 죄의 조성자도 아니시고, 또한 발생된 죄의 책임을 물을 수 있는 분도 아니십니다. 하나님의 능력과 선하심이 너무 위대하고 우리의 이해를 초월하는 것이어서 마귀들과 악한 자들이 불의하게 행할 때조차도 하나님은 가장 탁월하고 공의로운 방식으로 그분의 일을 정하고 실행하시기 때문입니다. 또한 하나님이 인간의 이해를 초월하여 행하시는 일에 대해서는 호기심을 발동하여 우리의 능력이 허용하는 이상의 것을 물어서는 안 됩니다. 우리는 최고의 겸손과 경외감으로 하나님의 의로우신 판단을 찬양하고, 하나님이 그분의 말씀 안에서 우리에게 계시해 주신 것을 배우면서 그 경계를 넘으면 안 되는 그리스도의 제자들이라는 사실에 만족해야 합니다.

이 교리는 우리에게 말할 수 없는 위로를 줍니다. 우연히 일어나는 일은 아무것도 없으며, 오직 은혜로우신 하늘 아버지의 지시에 따라 모든 일이 일어난다는 것을 알기 때문입니다. 하나님은 부성적인 사랑으로 우리를 지켜보십니다. 또한 모든 피조물을 그분의 능력 아래에 두셔서 우리의 머리카락 하나도(다 세신 바 되었으므로), 참새 한 마리도 하나님의 뜻이 아니면 땅에 떨어지지 않게 하십니다. 우리는 이 하나님 아버지를 전적으로 신뢰합니다. 하나님 아버지가 마귀와 우리의 모든 원수들을 제재하심으로 아버지의 뜻과 허락 없이는 그들이 결코 우리를 해칠 수 없다는 사실을 확신합니다. 그러므로 우리는 하나님이 만물에 아무런 관심이 없으시고 모든 것을 우연에 내버려 두셨다고 말하는 에피쿠로스학파의 가증한 오류를 배격합니다.

14항
인간의 창조와 타락, 그리고 참된 선을 행할 수 없는 무능력

우리는 하나님이 땅의 흙으로 사람을 창조하시고, 그분의 형상과 모양에 따라 사람을 선하고 의롭고 거룩하게 하여 모든 일에서 하나님의 뜻을 수행할 수 있는 존재로 만들고 조성하셨음을 믿습니다. 하지만 사람은 이런 영예를 이해하지 못하고 그 탁월함을 알지도 못하여 마귀의 말에 귀를 기울이고 자신을 죄에 굴복시킴으로 죽음과 저주에 이르게 되었습니다. 사람이 자신이 받은 생명의 계명을 위반했기 때문입니다. 이 죄로 말미암아 사람은 참된 생명이신 하나님으로부터 분리되어 그의 본성 전체가 부패해졌습니다. 이로 말미암아 사람은 육적이고 영적인 죽음에 처하게 되었습니다.

또한 사람은 모든 행실에 있어서 악하고 뒤틀리고 부패해져서 자신이 하나님으로부터 받은 탁월한 은사들을 모두 잃어버렸습니다. 다만 그중에 몇 가지만 남아 있을 뿐인데도, 이는 사람으로 하여금 변명의 여지가 없을 정도로 충분합니다. "빛이 어둠에 비치되 어둠이 깨닫지 못하더라"는 성경구절의 가르침처럼, 우리 안에 있는 모든 빛이 어둠으로 변했기 때문입니다. 이 구절에서 사도 요한은 사람을 "어둠"이라 부릅니다.

그러므로 우리는 인간의 자유 의지에 대해 이와 모순되게 말하는 모든 가르침을 배격합니다. 인간은 죄의 종이며, 하늘로부터 주어지지 않으면 그 무엇도 자기 것으로 소유할 수 없습니다. 그리스도께서 "나를 보내신 아버지께서 이끌지 아니하시면 아무도 내게 올 수 없다"고 말씀하셨는데 도대체 그 누가 스스로 선행을 할 수 있다고 자랑할 수 있겠습니까? 육의 생각은 하나님과 원수가 된다는 것을 이해하는 사람이 어떻게 자신의 의지를 높일 수 있겠습니까? 육에 속한 사람은 하나님의 성령의 일을 받지 못하는데, 그 누가 자신의 지식에 대해 말할 수 있겠습니까? 요약하면, 무엇이든 우리에게서 나온 것처럼 생각하여 스스로 능력이 있다고 여기지 않고 우리의 능력이 오직 하나님에게서 나온다는 것을 안다면 감히 그 누가 어떤 생각을 제시하겠습니까? 그러므로 사도가 "너희 안에서 행하시는 이는 하나님이시니 자기의 기쁘신 뜻을 위하여 너희에게 소원을 두고 행하게 하시나니"라고 한 말씀은 당연히 분명하고 확실하게 지켜져야 합니다. 그리스도께서 "나를 떠나서는 너희가 아무것도 할 수 없음이라"고 우리에게 가르쳐 주신 것처럼, 그분이 우리 안에 역사하시지 않는다면 하나님의 뜻과 지식과 일치하는 우리의 뜻과 지식은 없을 것이기 때문입니다.

15항
원죄

우리는 아담의 불순종으로 말미암아 원죄가 모든 인류에게 퍼졌음을 믿습니다. 원죄는 죄의 뿌리로서 인간 안에 있어 인간 본성의 전적인 타락과 심지어 유아들조차 모태에 있을 때 부모를 통해 감염되어 물려받은 유전적인 악으로서 모든 종류의 죄를 만들어 냅니다. 따라서 원죄는 하나님이 보시기에 악하고 가증하기 때문에 모든 인류를 정죄하기에 충분합니다. 마치 물이 샘에서 솟아 나오는 것처럼 죄가 이 비참한 근원으로부터 솟구쳐 흘러나오기 때문에 원죄는 심지어 세례나 그 어떤 다른 방편이나 수단으로도 없애거나 근절할 수 없습니다.

그럼에도 불구하고 하나님의 자녀들에게는 원죄가 전가되지 않아 정죄에 이르지 않게 하며, 오히려 그들은 하나님의 은혜와 긍휼로 용서하심을 받았습니다. 이 말은 하나님의 자녀들이 죄 가운데 평안하게 안주해도 된다는 말이 아니라, 이 타락에 대한 인식으로 말미암아 신자들이 종종 신음하고 이 죽을 사망의 몸에서 구원받기를 간절히 원한다는 것을 의미합니다. 바로 이런 점에서 우리는 죄가 단지 모방에 의해 일어나는 것이라고 주장하는 펠라기우스주의자들의 오류를 배격합니다.

16항
하나님의 선택

우리는 아담의 모든 후손들이 첫 조상의 죄로 말미암아 파멸과 멸망에 떨어졌음을 믿으며, 그 후에 하나님이 자신을 나타내 보이셨는데 그분의 속성대로 자비로우시고 공의로우신 분으로 나타내셨음을 믿습니다. 하나님은 그분의 영원하고 불변하는 경륜에 따라 그들의 행위를 전혀 고려하지 않으시고, 오직 자신의 선하심으로 인해 예수 그리스도 우리 주 안에서 선택하신 모든 자들을 구원하고 보존하시기 때문에 자비로우십니다. 또한 하나님은 다른 사람들을 그들이 스스로 빠져든 타락과 멸망 가운데 내버려 두심으로 공의로우십니다.

17항
타락한 사람의 회복

우리는 사람이 스스로 육체적이고 영적인 죽음에 자신을 던져서 전적으로 비참하게 되어 두려움에 떨면서 하나님의 임재로부터 도망칠 때, 은혜로우신 하나님이 놀라운 지혜와 선하심으로 그를 찾아오시고, 그에게 여자에게서 태어나 뱀의 머리를 상하게 하고 그를 복되게 할 하나님의 아들을 주겠다고 약속하심으로 위로하기를 기뻐하셨음을 믿습니다.

18항
예수 그리스도의 성육신

그러므로 우리는 하나님이 정하신 때에 그분의 독생자이시고 영원하신 아들을 세상에 보내셨을 때, 그분의 거룩한 선지자들의 입을 통해 조상들과 맺으신 약속을 성취하셨음을 고백합니다. 이 아들은 성령의 능력으로 남자라는 수단 없이 복된 동정녀 마리아의 모태에서 잉태되어 종의 형체를 취하시고 사람과 같이 되셨으며, 참된 인성을 취하셨으나 죄는 없으십니다. 이 아들은 참 사람이 되기 위해 몸에 대해서만 인성을 취하신 것이 아니라 참된 인간의 영혼도 취하셨습니다. 인간이 육신뿐만 아니라 영혼까지도 잃어버린 바 되었기 때문에 이 아들은 몸과 영혼 둘 다를 구원하시기 위해 둘 다를 취하셔야 했습니다.

그러므로 우리는 (그리스도께서 그분의 어머니로부터 인간의 몸을 취하셨다는 사실을 부인하는 재세례파 이단 사상에 반대하여) 그리스도께서 자녀의 혈육에 함께 속한 분이 되셨음을 고백합니다. 우리는 그리스도께서 육신을 따라 다윗의 허리에서 나오셨으며, 육신을 따라 다윗의 후손으로 나셨고, 동정녀 마리아의 태에서 나셨으며, 여인에게서 나셨고, 다윗의 가지이시며, 이새의 뿌리에서 나신 가지이시고, 유다 지파에서 나셨으며, 육신으로는 유대인의 후손이시고, 아브라함의 씨를 취하심으로 아브라함의 후손이시며, 매사에 자기 형제들과 같이 되셨으나 죄는 없으신 분이심을 고백합니다. 따라서 우리는 그리스도께서 진실로 우리의 임마누엘, 즉 우리와 함께하시는 하나님이심을 고백합니다.

19항
그리스도의 인격 안에 있는 두 본성의 연합과 구분

우리는 이 잉태가 하나님의 아들의 인격이 인성과 분리될 수 없이 연합되고 연결되어 있기에, 하나님의 두 아들이 있거나 두 인격이 있는 것이 아니라, 두 본성이 한 인격 안에 연합되어 있음을 믿습니다. 그럼에도 각 본성은 고유의 독특한 속성을 유지하고 있습니다. 즉 그리스도의 신성은 하늘과 땅에 충만하고, 창조되지 않았으며, 시작된 날도 없고 생명의 끝도 없이 계속 남아 있습니다. 그리스도의 인성 역시 자체의 속성을 상실하지 않고, 창조된 상태로 남아 있으며, 시작된 날이 있고, 유한한 본성을 지녔으며, 참된 몸의 모든 속성들을 지니고 있습니다. 비록 그리스도께서 부활로 말미암아 인성에 불멸성을 부여하셨음에도 불구하고 인성의 실체를 변화시키지 않으셨는데, 이는 우리의 구원과 부활이 모두 그분 몸의 실체에 달려 있기 때문입니다.

그러나 이 두 본성이 한 인격 안에 긴밀하게 연합되어 있기 때문에 그분의 죽음으로도 분리되지 않았습니다. 그러므로 그리스도께서 죽으실 때 아버지의 손에 부탁하신 것은 그분의 몸에서 분리된 참된 인간의 영이었습니다. 그리스도의 신성은 언제나 그분의 인성과 연합되어 있었고, 무덤에 있는 동안에도 그랬습니다. 그리스도의 신성은 ― 비록 아주 잠시 동안 확연하게 드러나지 않았을지라도 ― 갓난아이였을 때도 그분 안에 계셨던 것처럼 항상 있었습니다. 그러므로 우리는 그분이 참 하나님이요 참 사람이라고 고백합니다. 우리는 그분이 자신의 능력으로 죽음을 정복하신 참 하나님이요, 자기 육신의 연약함을 따라 우리를 대신하여 죽으신 참 사람이라고 고백합니다.

20항
그리스도를 통해 나타난 하나님의 공의와 자비

우리는 완전히 자비로우시며 공의로우신 하나님이 불순종을 행했던 그 인간 본성을 취하게 하시고, 그 동일한 본성에 대한 속죄의 만족을 수행하게 하시며, 가장 극심한 고난과 죽음을 통해 죄의 형벌을 담당하게 하시려고 자기 아들을 보내셨음을 믿습니다. 그러므로 하나님은 자기 아들에게 우리의 허물을 담당하게 하실 때, 그에게 자신의 공의를 나타내시고, 범죄하여 저주를 받아 마땅한 우리에게는 자신의 자비와 선하심을 부어 주셨습니다. 하나님은 순전하고 완전한 사랑으로 자기 아들을 우리를 대신하여 죽도록 내어 주시고, 우리를 의롭다 하시기 위해 그를 다시 살리심으로, 그를 통해 우리가 불멸과 영원한 생명을 얻게 하셨습니다.

21항
우리의 유일한 대제사장이신 그리스도의 우리를 위한 만족

우리는 선지자들이 예언한 바와 같이, 예수 그리스도께서 멜기세덱의 반차를 따르는 영원한 대제사장이 되리라고 맹세로 확증되신 것과, 우리를 대신하여 성부 하나님 앞에 자신을 내어 주시고 십자가 위에서 자신을 드리시고, 우리의 죄를 씻어 주시기 위해 보배로운 피를 흘리신 완전한 만족(배상)으로 말미암아 하나님의 진노가 가라앉았음을 믿습니다.

성경에는 다음과 같이 기록되어 있습니다. "그가 찔림은 우리의 허물 때문이요 그가 상함은 우리의 죄악 때문이라 그가 징계를 받으므로 우리는 평화를 누리고 그가 채찍에 맞으므로 우리는 나음을 받았도다." 그분은 도수장으로 끌려가는 어린양 같았고, 범죄자와 같은 취급을 당했습니다. 빌라도는 처음에 그분을 죄 없다 선언했지만, 결국 그분을 범죄자로 정죄했습니다. 그분은 자신이 빼앗지 않은 것도 갚아 주셨고, 의인으로서 고난당하심으로 불의한 자를 대신하셨고, 자기 육신뿐만 아니라 영혼으로도 우리가 받아야 할 죄에 따른 끔찍한 형벌을 받으셨습니다. 이로 인해 그분의 고통은 마치 땀이 핏방울같이 될 정도였습니다. 그분은 "나의 하나님, 나의 하나님, 어찌하여 나를 버리셨나이까"라고 부르짖으셨으며, 이 모든 고난을 우리의 죄 용서를 위해 견디셨습니다.

그러므로 우리가 사도 바울과 함께 "예수 그리스도와 그가 십자가에 못 박히신 것 외에는 아무것도 알지 아니하기로 작정했다"고 말하는 것은 옳습니다. 우리는 "내 주 그리스도 예수를 아는 지식이 가장 고상하기 때문에 그를 위하여 모든 것을 잃어버리고 배설물로 여긴다"고 고백합니다. 우리는 그분의 상처에서 모든 위로를 찾습니다. 우리는 단번에 드려진 이 희생 제사 외에는 하나님과 화목하게 될 다른 수단을 찾거나 고안할 필요가 없음을 고백합니다. 신자는 이 희생제사로 말미암아 단번에 영원토록 완전하게 됩니다. 바로 이것이 하나님의 천사가 그분을 "예수라 하라"고 한 이유입니다. 이는 그분이 자기 백성을 죄에서 구원할 자이시기 때문입니다.

22항
예수 그리스도를 믿는 믿음

우리는 성령님이 이 위대한 신비에 대한 참된 지식을 얻도록 우리 마음속에 예수 그리스도를 그분의 모든 공로와 함께 영접하고, 그분을 소유하며, 그리스도 외에 다른 어떤 것도 구하지 않는 참된 믿음을 일으키는 빛을 비추어 주심을 믿습니다. 우리의 구원에 필요한 모든 것이 예수 그리스도 안에 있지 않든지, 아니면 모든 것이 예수 그리스도 안에 있어서 믿음으로 그분을 소유한 사람이 완전한 구원을 소유하게 되든지 어느 하나가 필연적으로 따라오기 때문입니다. 그러므로 그리스도만으로 충분하지 않고 그리스도 외에 다른 무언가가 필요하다고 주장하는 것은 엄청난 신성모독입니다. 이런 주장은 그리스도를 반쪽짜리 구주로 만드는 것이기 때문입니다.

그러므로 우리는 사람이 의롭다 하심을 얻는 것은 율법의 행위가 아니라 믿음으로 되는 것이라고 바울과 함께 올바로 고백하게 됩니다. 하지만 좀 더 분명하게 말하면, 믿음 자체가 우리를 의롭게 하는 것은 아닙니다. 믿음은 우리의 의가 되시는 그리스도를 영접하는 수단일 뿐입니다. 오직 그리스도만이 우리를 대신하여 그분이 행하신 모든 공로와 수많은 거룩한 사역들을 우리에게 전가시키심으로 우리의 의가 되십니다. 믿음은 우리의 죄를 사면하고도 남을 만큼 충분한 그리스도의 모든 은덕이 우리의 소유가 되었을 때 그 은덕을 포함하여 그리스도 안에서 교제를 계속 유지하게 해주는 수단입니다.

23항
믿음으로 말미암는 칭의

우리는 우리의 구원이 예수 그리스도로 말미암은 우리 죄의 용서에 있고, 그 죄 사함으로 인해 하나님 앞에서 우리가 의롭다 함을 받음을 믿습니다. 다윗과 바울이 우리에게 가르치는 것처럼, 이것이 인간의 복이라고 선언할 때 하나님이 인간의 행위와 관계없이 그에게 의를 전가시켜 주십니다. 사도 바울은 우리가 그리스도 예수 안에 있는 속량으로 말미암아 하나님의 은혜로 값없이 의롭다 함을 받았다고 말합니다.

그러므로 우리는 항상 모든 영광을 하나님께 돌리고, 하나님 앞에서 자신을 겸손히 낮추며, 우리 자신을 있는 모습 그대로 인정하고, 우리 안의 어떤 것이나 어떤 공로도 신뢰하지 않으며, 우리가 그리스도를 믿을 때 우리 것이 되는, 오직 십자가에 못 박히신 그리스도의 순종만 신뢰하고 의지하며 이 근거를 붙듭니다.

    이 근거는 우리의 모든 죄악을 가려 주고, 우리로 하여금 하나님께 가까이 나아갈 수 있는 확신을 줍니다. 두려워 떨면서 무화과나무 잎으로 자신을 가리려 했던 우리의 첫 조상 아담의 예를 따르지 않도록 두려움과 공포와 불안에서 우리의 양심을 해방시켜 줍니다. 그리고 진실로 우리가 자신이나 다른 피조물을 의지하여 하나님 앞에 나아가려고 한다면, 그것이 아무리 사소한 것이라 할지라도 우리에게 화가 임할 것입니다. 그러므로 우리 각 사람은 다윗과 함께 이렇게 기도해야 합니다. "여호와여, 주의 종에게 심판을 행하지 마소서. 주의 눈앞에는 의로운 인생이 하나도 없나이다."

24항
인간의 성화와 선행

우리는 하나님의 말씀을 들음과 성령님의 역사하심으로 말미암아, 사람 안에 생기는 이 참된 믿음이 그를 중생하게 하여 새사람으로 만들어, 새로운 삶을 살게 하며 죄의 종 된 삶으로부터 자유롭게 해준다는 것을 믿습니다. 따라서 의롭다 하는 이 믿음이 사람으로 하여금 경건하고 거룩한 삶을 사는 데 태만하게 만든다는 것은 전혀 사실이 아닙니다. 오히려 이 믿음 없이는 사람은 어떤 것도 하나님을 향한 사랑으로 행하지 않으며, 단지 이기적인 사랑이나 그저 멸망에 대한 두려움으로 행하게 될 것입니다. 그러므로 이 거룩한 믿음이 사람 안에서 열매를 맺지 못한다는 것은 불가능한 일입니다. 우리는 헛된 믿음이 아니라 성경이 "사랑으로 역사하는 믿음"이라 부르는 믿음에 대해 말하고 있기 때문입니다.

    이 믿음은 사람으로 하여금 하나님이 말씀을 통해 명령하신 일들을 실천에 옮기도록 격려하고 자극합니다. 믿음의 선한 뿌리에서 나오는 이 행위들은 모두 하나님의 은혜로 거룩해지기 때문에 하나님이 보시기에 선하고 받으실 만합니다. 그럼에도 불구하고 이 행위들은 우리의 칭의에 아무런 소용이 없습니다. 우리가 어떤 행위를 하기 전에 그리스도 안에서 믿음으로 말미암아 의롭다 하심을 받기 때문입니다. 그렇지 않으면 그 행위들은 선한 행위가 될 수 없습니다. 나무 자체가 좋지 않고서는 그 열매가 나무보다 더 좋을 수 없기 때문입니다.

그러므로 우리는 선한 행위를 하지만 어떤 공로를 쌓기 위해 하지 않습니다. 우리가 도대체 어떤 공로를 쌓을 수 있겠습니까? 하나님이 우리에게 선한 행위를 빚지고 있는 것이 아니라 우리가 하나님께 빚지고 있습니다. 우리 안에서 자기의 기쁘신 뜻을 위하여 우리에게 소원을 두고 행하게 하시는 분이 바로 하나님이시기 때문입니다. 그러므로 우리는 기록된 이 말씀을 마음에 새겨야 합니다. "이와 같이 너희도 명령 받은 것을 다 행한 후에 이르기를 우리는 무익한 종이라 우리가 하여야 할 일을 한 것뿐이라 할지니라."

이와 동시에 우리는 하나님이 선행에 상급을 주신다는 사실을 부정하지 않습니다. 하지만 그것은 하나님이 자기의 선물을 은혜로 주시는 것입니다. 심지어 우리가 선을 행한다 할지라도 우리 구원의 근거를 그 위에 두지 않습니다. 우리가 하는 행위라는 것이 우리 육체로 오염되었고 따라서 형벌을 받기에 마땅한 행위 외에 다른 행위를 하지 않기 때문입니다. 더구나 우리가 비록 선한 행위를 한다고 해도, 단 한 가지 죄의 흔적만으로도 하나님이 그런 선행을 거부하시기에 충분하기 때문입니다. 그러므로 우리가 구주의 고난과 죽음의 공로를 의지하지 않는다면, 우리는 어떤 확신도 없이 항상 의심하고 좌우로 흔들리며 방황하게 될 것이고, 우리의 가련한 양심은 계속해서 고통을 받게 될 것입니다.

25항
의식법의 폐지

우리는 율법의 의식들과 상징들이 그리스도의 오심과 함께 종결되었고 모든 그림자들이 성취되었으므로, 그리스도인들 가운데서 이런 것들을 사용하는 일은 폐지되어야 함을 믿습니다.

그러나 율법의 진리와 본질은 그 율법을 완전히 성취하신 그리스도 안에서 우리에게 여전히 남아 있습니다. 한편, 우리는 복음의 교리 안에서 우리를 확고하게 하기 위해, 또한 하나님의 영광을 향해 우리 삶을 모든 정직 가운데 다스리기 위해 율법과 선지자들로부터 취한 증거를 여전히 사용합니다.

26항
그리스도와 중보

우리는 오직 유일한 중보자이시며 대언자이신 의로우신 예수 그리스도를 통하지 않고서는 하나님께 나아갈 수 없음을 믿습니다. 그분은 사람들이 하나님의 위엄 앞으로 나아갈 수 있도록 한 인격 안에서 신성과 인성이 연합되어 사람이 되셨습니다. 그렇지 않고서는 우리가 다른 방법으로 하나님께 나아가는 길은 모두 막혔을 것입니다. 그러나 성부 하나님이 자신과 우리 사이에 임명하신 이 중보자는 그분의 위엄으로 우리를 두렵게 하거나 우리가 공상으로 또 다른 중보자를 찾게 만들지 않으십니다. 하늘이나 땅의 어떤 피조물도 예수 그리스도보다 우리를 더 사랑할 수 없기 때문입니다. 그리스도는 근본 하나님의 본체시나 자기를 비워 종의 형체를 가져 사람과 같이 되셨고 모든 일에 그의 형제들과 같이 되셨습니다.

그럼에도 우리가 우리를 사랑하는 또 다른 중보자를 찾는다면, 우리가 원수 되었을 때에도 우리를 위해 자기 생명을 내어 주신 그분보다 우리를 더 사랑하는 누군가를 찾을 수 있겠습니까? 또한 우리가 권세와 위엄을 가진 누군가를 찾는다면, 자기 아버지의 오른편에 앉으셔서 하늘과 땅의 모든 권세와 위엄을 다 가지신 분 외에 누가 있겠습니까? 또한 하나님이 가장 사랑하시는 아들 외에 하나님의 음성을 더욱 빨리 알아들을 수 있는 분이 누구겠습니까?

그러므로 성인들을 영예롭게 하기보다 불명예스럽게 만드는 관행이 도입된 것은 불신에 따른 것이었습니다. 그들의 저작에서 잘 드러나듯이 그런 관행은 그들이 행하거나 요구한 적이 없으며 도리어 그들의 마땅한 본분에 따라 늘 거부한 것이었습니다. 우리는 자신의 무가치함을 내세워서는 안 됩니다. 우리는 자신의 가치가 아니라 오직 믿음으로 말미암아 그분의 의가 우리 것이 되는 주 예수 그리스도의 위엄과 탁월하심을 근거로 하나님께 기도해야 하기 때문입니다.

그러므로 사도는 이 어리석은 두려움 ― 더 올바로 말하면, 우리에게서 비롯된 불신 ― 을 제거하기 위해 예수 그리스도께서 모든 일에 형제들과 같이 되셔서 백성의 죄를 속죄하실 인애롭고 신실한 대제사장이 되셨다고 정확히 말합니다. 그분이 친히 시험을 받아 고난을 당하셨기에 시험받는 자들을 능히 도우실 수 있기 때문입니다. 또한 사도는 우리를 격려하기 위해 이렇게 덧붙입니다. "그러므로 우리에게 큰 대제사장이 계시니 승천하신 이 곧 하나님의 아들 예수시라 우리가 믿는 도리를 굳게 잡을지어다 우리에게 있는 대제사장은 우리의 연약함을 동정하지 못하실 이가 아니요 모든 일에 우리와 똑같이 시험을 받으신 이로되 죄는 없으시니라 그러므로 우리는 긍휼하심을 받고 때를 따라 돕는 은혜를 얻기 위하여 은혜의 보좌 앞에 담대히 나아갈 것이니라."

또한 사도는 말합니다. "그러므로 형제들아 우리가 예수의 피를 힘입어 성소에 들어갈 담력을 얻었나니 … 참 마음과 온전한 믿음으로 하나님께 나아가자." 이와 마찬가지로, 그리스도는 불변하는 제사장직을 소유하심으로 자신을 통하여 하나님께 나아오는 자를 누구라도 구원하실 수 있으시며, 항상 살아서 그들을 위해 간구하십니다.

그리스도께서 "내가 곧 길이요 진리요 생명이니 나로 말미암지 않고는 아버지께로 올 자가 없느니라"고 말씀하셨으니 무엇이 더 필요하겠습니까? 하나님이 자기 아들을 우리에게 대언자로 주시기를 기뻐하셨는데 우리가 무슨 목적으로 다른 대언자를 찾겠습니까? 따라서 우리는 다른 대언자를 취하거나 찾으려고 그분을 배반함으로써 영원히 그분을 찾지 못하는 일이 없어야 합니다. 하나님 아버지가 자기 아들을 우리에게 주셨을 때 우리가 죄인임을 잘 알고 계셨기 때문입니다.

그러므로 주님이 가르쳐 주신 기도에 잘 나타나 있듯이 우리가 그분의 이름으로 아버지께 구하는 것은 무엇이든 주실 것을 확신하며, 그리스도의 명령에 따라 우리의 중보자가 되시는 예수 그리스도를 통하여 하늘에 계신 하나님 아버지를 부르며 기도해야 합니다.

27항
보편적 그리스도의 교회

우리는 그리스도 예수 안에서 그들의 구원을 기대하며, 그분의 피로 씻음을 받고, 성령으로 거룩하게 되고 인 치심을 받은 참된 그리스도인들의 거룩한 회중이요 모임인 하나의 보편적 교회 또는 우주적 교회를 믿고 고백합니다.

이 교회는 세상의 시작부터 있었고, 세상 끝 날까지 있을 것인데, 이는 그리스도께서 백성 없이 계실 수 없는 영원한 왕이시기 때문입니다. 이 거룩한 교회를 하나님이 온 세상의 분노로부터 보존해 주십니다. 비록 잠시 동안 아합의 폭정 시기와

같이 사람의 눈에 아주 작고 없어진 것처럼 보일 때도 있지만 주님은 바알에게 무릎
을 꿇지 않은 7천 명을 친히 보존하셨습니다.

또한 이 거룩한 교회는 어떤 특정한 장소나 특정한 사람들에게 국한되거나 제한
되지 않고 전 세계에 퍼져 있고 산재해 있습니다. 하지만 이 교회는 믿음의 능력으
로 말미암아 한 분 동일한 성령 안에서 마음과 뜻으로 함께 결합되고 연합되어 있습
니다.

28항
참된 교회에 가입해야 할 모든 사람의 의무

우리는 이 거룩한 모임이 구원받은 자들의 집회이므로, 이 모임을 벗어나서는 구원
이 없으며, 신분이나 지위를 막론하고 누구라도 이 모임에서 탈퇴하거나 따로 떨어
져 나와 살아서는 안 된다고 믿습니다. 오히려 모든 사람들은 교회에 가입해야 하고
교회와 연합해야 할 의무가 있으며 교회의 하나 됨을 유지해야 합니다. 그들은 스스
로 교회의 교리와 권징에 복종해야 하고, 예수 그리스도의 멍에를 메야 합니다. 그
들은 한 몸에 속한 지체로서 하나님이 각자에게 주신 재능에 따라 형제를 세우기 위
해 봉사해야 합니다.

이것을 좀 더 효과적으로 준수하려면, 하나님의 말씀에 따라 교회에 속하지 않
는 자들에게서 떠나고 하나님이 교회를 세우신 곳이라면 어디든지 심지어 위정자
들이나 권세자들이 칙령을 내려 반대한다고 해도 이런 참된 회중에 가입하는 것이
모든 신자의 의무입니다. 이로 인해 죽음이나 육체적 형벌을 당한다 할지라도 그렇
게 해야 합니다. 그러므로 참된 교회에서 떠나거나 교회에 가입하지 않는 사람들은
모두 하나님의 법에 반대되는 행동을 하는 것입니다.

29항
참된 교회와 거짓된 교회의 차이점

우리는 이 세상에 있는 모든 분파들이 스스로를 교회라는 이름으로 부르고 있기 때

문에 하나님의 말씀에 따라 참된 교회가 무엇인지 신중하게 분별해야 함을 믿습니다. 우리는 여기서 교회 안에 선한 자들과 섞여 있지만 교회가 아닌 위선자들에 대해 말하는 것이 아닙니다. 우리는 스스로를 교회라고 부르는 모든 분파들로부터 참된 교회의 몸과 교제가 구별되어야 한다는 것을 말하고 있습니다.

참된 교회임을 알 수 있는 표지들은 다음과 같습니다. 순수한 복음의 교리가 교회 안에서 설교되어야 합니다. 그리스도께서 제정하신 성례가 순수하게 집행되어야 합니다. 죄를 형벌하는 교회의 권징이 시행되어야 합니다. 요약하면, 모든 것을 하나님의 말씀에 따라 경영하고, 말씀에 반대되는 모든 것을 교정하며, 오직 예수 그리스도만이 교회의 유일한 머리이심을 인정해야 합니다. 이런 표지들을 통해 참된 교회는 확실히 알려지며, 어느 누구도 스스로를 참된 교회로부터 분리할 권리가 없습니다.

참된 교회에 속한 회원들은 그리스도인의 특징, 즉 믿음을 보고 알 수 있습니다. 그들은 그리스도를 유일하신 구주로 영접하고, 죄에서 떠나 의를 추구하며, 좌로 우로 치우치지 않고 참되신 하나님과 이웃을 사랑하며, 자기 육체와 육체의 일을 십자가에 못 박습니다. 비록 그들에게 연약함이 남아 있다 할지라도 남은 생애 동안 성령의 도우심으로 그 연약함과 싸웁니다. 그들은 우리 주 예수 그리스도의 보혈과 죽음과 고난과 순종을 피난처로 삼으며, 그리스도 예수를 믿는 믿음을 통해 죄 용서를 받습니다.

반면, 거짓된 교회는 하나님의 말씀보다 자신과 자신의 법령에 더 큰 권세와 권위를 돌리고, 그리스도의 멍에 아래 복종하지 않습니다. 거짓된 교회는 그리스도께서 말씀으로 명하신 대로 성례를 집행하지 않으며, 자신의 판단에 따라 성례에 무언가를 더하거나 덜어 냅니다. 또한 그리스도보다 사람을 더 의지합니다. 하나님의 말씀에 따라 거룩하게 살면서 거짓된 교회의 오류와 탐욕과 우상숭배를 책망하는 자들을 핍박합니다. 이 두 교회는 쉽게 알 수 있으며, 서로 분명하게 구별됩니다.

30항
교회의 정치와 직무

우리는 이 참된 교회가 우리 주님이 말씀으로 가르치신 영적 질서에 따라 다스려져야 함을 믿습니다. 교회에는 하나님의 말씀을 설교하고 성례를 집례하는 사역자들 또는 목사들이 있어야 합니다. 또한 목사들과 함께 교회의 회의를 구성하는 장로들과 집사들이 있어야 합니다. 이런 방식으로 참된 신앙이 보존되고, 모든 곳에서 참된 교리가 전파되며, 죄를 범한 자들은 형벌과 제재를 받습니다. 또한 가난한 자들과 비탄에 빠진 자들이 그들의 필요에 따라 도움과 위로를 받습니다. 사도 바울이 디모데에게 보낸 편지에 규정해 놓은 원리에 따라 신실한 사람들을 선출한다면, 이런 방식으로 교회 안의 모든 일이 정당하고 질서 있게 이루어질 것입니다.

31항
목사, 장로, 그리고 집사

우리는 하나님의 말씀 사역자들과 장로들과 집사들이 교회의 합법적인 선거를 통해 각자의 직무에 선출되어야 하며, 이 일이 하나님의 말씀이 가르치는 질서와 주님의 이름을 부르는 기도 가운데 이루어져야 한다고 믿습니다. 그러므로 모든 사람은 부적절한 방법으로 밀고 들어오지 않도록 주의해야 합니다. 하나님이 자신을 부르심에 대한 증거를 가지고, 그 부르심을 확신할 수 있도록 하나님이 그를 부르시기를 기뻐하실 때까지 기다려야 합니다.

하나님의 말씀을 맡은 사역자들은 모두 온 세상의 유일한 감독이자 교회의 유일한 머리이신 그리스도께 속한 목사들이기 때문에 어느 위치에 있든지 동등한 권세와 권위를 지닙니다. 우리는 거룩한 하나님의 질서가 위반되거나 무시되지 않도록, 모든 사람이 하나님의 말씀을 맡은 목사와 교회의 장로들을 그들의 사역으로 인해 특별히 존경해야 하며, 가능한 한 다툼과 논쟁 없이 그들과 화목해야 한다고 선언합니다.

32항
교회의 질서와 권징

이와 동시에, 우리는 교회를 다스리는 자들이 교회의 몸을 유지하기 위해 특정한 규례를 제정하고 세우는 것이 유익할지라도, 우리의 유일한 주인이신 그리스도께서 명령하신 것에서 벗어나지 않도록 신중해야 한다고 믿습니다. 따라서 우리는 하나님을 예배하는 데 어떤 방식으로든 우리 양심을 구속하고 강요하기 위해 사람들이 도입하려는 모든 인간적인 고안물과 규례들을 배격합니다. 그러므로 우리는 화합과 일치를 유지하고 증진하며, 모든 사람으로 하여금 계속해서 하나님께 순종하게 만드는 것만 받아들입니다. 바로 이런 목적을 위해 하나님의 말씀에 따라 여러 상황에서 권징과 출교가 시행되어야 합니다.

33항
교회의 성례

우리는 우리의 은혜로우신 하나님이 우리의 연약함과 결함을 아시며, 우리에게 그분의 약속을 인 치시고, 우리를 향한 하나님의 선하신 뜻과 은혜의 보증이 되시며, 우리의 믿음을 키우고 강하게 하기 위해 우리에게 성례를 제정해 주셨음을 믿습니다.

하나님은 복음의 말씀에 성례를 결합시키셔서, 우리의 감각이 하나님의 말씀에 드러난 하나님의 뜻과 우리 마음에 이루시는 하나님의 일을 더 잘 깨닫게 하십니다. 이를 통해 우리에게 베푸시는 구원을 우리 안에서 확인시키고 확증하십니다. 성례는 내적이며 보이지 않는 것에 대한 가시적 표와 인이며, 하나님이 우리 안에서 성령의 능력으로 일하시는 방편입니다. 그러므로 표는 우리를 속이는 헛되거나 무의미한 것들이 아닙니다. 성례를 통해 제시되는 분은 예수 그리스도이시므로 그리스도가 없다면 성례는 아무것도 아닙니다. 더욱이 우리는 우리 주 그리스도께서 제정하신 두 가지 성례, 즉 세례의 성례와 우리 주 예수 그리스도의 거룩한 만찬의 성례에 만족합니다.

34항
거룩한 세례

우리는 율법의 마침이 되신 예수 그리스도께서 그분의 피를 흘리심으로써 사람들이 죄를 속상(贖償, 보상)하거나 만족하게 하기 위해 드렸던 모든 피 흘림을 끝내셨다는 것을 믿고 고백합니다. 또한 우리는 그리스도께서 피로 행한 할례를 폐하시고 그 대신 세례의 성례를 제정하셨음을 믿습니다. 우리는 세례로 인해 하나님의 교회에 받아들여졌고, 다른 모든 사람들과 이방 종교들로부터 구별되어 전적으로 그분께 속하여 그분의 깃발과 상징을 갖게 되었습니다. 세례는 그분이 영원히 우리의 은혜로우신 아버지가 되신다는 사실을 증거합니다.

  그러므로 그분은 자신에게 속한 모든 자들이 "아버지와 아들과 성령의 이름으로" 정결한 물로 세례를 받아야 한다고 명령하셨습니다. 따라서 물이 우리 몸 위에 부어질 때 육체의 더러움을 씻어내듯이, 그리스도의 피가 성령의 능력으로 우리 영혼에 내적으로 뿌려질 때, 우리를 죄에서 깨끗하게 하고 진노의 자녀에서 하나님의 자녀로 중생하게 합니다. 이는 물에 의해서가 아니라 하나님 아들의 보혈을 뿌림으로 그 효과를 발휘하는 것입니다. 그분은 우리가 마귀, 즉 바로의 압제에서 벗어나 영적 가나안 땅으로 들어가기 위해 통과해야 하는 홍해입니다.

  그러므로 목회자들은 눈에 보이는 성례를 시행하는 것이지만, 우리 주님은 그 성례가 상징하는 눈에 보이지 않는 은사와 은혜를 주십니다. 그분은 모든 더러움과 불의에서 우리 영혼을 씻기시고 깨끗하게 하십니다. 우리 마음을 새롭게 하시고, 모든 위로로 채워 주십니다. 그분의 아버지의 선하심에 대한 참된 확신을 주십니다. 우리에게 새사람을 입혀 주시고, 옛 사람을 그 모든 행위와 함께 벗기십니다.

  그러므로 우리는 영생을 열망하는 사람은 동일한 세례를 반복하지 않고, 단 한 번만 세례를 받아야 한다고 믿습니다. 우리가 두 번 태어날 수 없기 때문입니다. 이 세례는 그 물이 우리에게 부어지고 우리가 세례를 받는 순간만이 아니라 우리의 전 생애에 걸쳐 효력을 끼칩니다. 그러므로 우리는 단 한 번의 세례에 만족하지 않고, 더 나아가 유아들의 세례를 정죄하는 재세례파의 오류를 배격합니다. 우리는 이스라엘의 자녀들이 할례를 받았던 것처럼 우리 자녀들도 동일한 약속에 근거하여 세례를 받고 언약의 표로 인 치심을 받아야 한다고 믿습니다. 그리고 실제로 그리스도는 어른들을 위해 피를 흘리신 것과 마찬가지로 신실한 신자의 자녀들을 위해서도 피를 흘리셨습니다. 그러므로 그들은 그리스도께서 그들을 위해 하신 일에 대한 표와 성례를 받아야 합니다. 이는 주님이 율법을 통해 예수 그리스도의 성례였던 어린 양을 드리라고 명령하신 것처럼 그들이 태어난 지 얼마 되지 않아 그리스도의 고난과 죽음의 성례에 참여해야 한다고 명령하신 바와 같습니다. 더욱이 유대인들이 받은 할례는 우리 자녀들이 받는 세례와 같습니다. 이런 이유로 바울이 세례를 그리스도의 할례라고 부른 것입니다.

35항

우리 주 예수 그리스도의 거룩한 성찬

우리는 우리 구주 예수 그리스도께서 이미 중생하게 하시고 그분 교회의 가족으로 받아들인 사람들을 양육하고 유지하시기 위해 거룩한 성만찬의 성례를 명하시고 제정하셨음을 믿고 고백합니다.

중생한 사람들 안에는 이중적 생명이 있습니다. 하나는 육체적이고 일시적인 생명으로, 그들이 첫 번째 태어날 때 받은 것이며 모든 사람에게 공통적인 것입니다. 다른 하나는 영적이고 천상적인 생명으로, 그들이 두 번째 태어날 때 받은 것이며 그리스도의 몸의 교제 안에서 복음의 말씀을 통해 이루어집니다. 이 생명은 모든 사람에게 공통적이지 않고 오직 하나님의 택함받은 자들에게만 해당하는 독특한 생명입니다.

하나님은 육체적이고 세속적인 생명을 유지하도록 하기 위해 육적 생명을 유지하는 수단으로 떡을 주셨습니다. 이 떡은 모든 사람의 육적 생명에 공통적인 것입니다. 하나님은 영적이고 천상적인 생명을 유지하도록 하기 위해 신자들에게 하늘에서 내려온 살아 있는 떡이신 예수 그리스도를 주셨습니다. 신자들이 그리스도를 먹을 때, 즉 믿음으로 그리스도를 받아들이고 영적으로 취할 때 그분은 신자들의 영적 생명에 자양분을 주시고 강하게 하십니다.

그리스도는 하늘에 속한 이 영적 떡을 우리에게 보여 주시기 위해 지상적이고 가시적인 떡을 그분 몸의 성례로, 포도주를 그분 피의 성례로 정하셨습니다. 이는 이 성례를 우리 손으로 받아들고 우리 입으로 먹고 마실 때 우리 육체의 생명이 영양을 공급받듯이, 우리의 영적 생명을 유지하기 위해 우리의 믿음으로 (우리 영혼의 손과 입이 되는) 우리의 유일한 구주이신 그리스도의 참된 살과 피를 확실히 받는다는 사실을 증거하시기 위함입니다.

이제, 예수 그리스도께서 그분의 성례를 우리에게 헛되이 명령하신 것이 아니라는 사실이 의심의 여지없이 분명하고 확실합니다. 비록 성령이 역사하시는 방식이 감추어져 있고 이해할 수 없기 때문에 우리의 이해를 초월하고 우리의 지각을 뛰어넘는다 해도, 그리스도는 이런 거룩한 표지들을 통해 우리에게 나타내신 것을 우리 안에서 이루십니다. 그동안 우리가 먹고 마시는 것이 그리스도의 참된 몸과 피라고 말한 것은 잘못된 것이 아닙니다. 하지만 우리가 그 몸과 피에 참여하는 방식은 입을 통해서가 아니라 믿음을 통해 영으로 취하는 방식입니다.

그러므로 지금 그리스도는 하늘에 계신 하나님 우편에 앉아 계시지만, 우리를 믿음으로 그분에게 참여시키는 일을 멈추지 않으십니다. 이 잔치는 그리스도께서 그분과 그분의 모든 은덕을 우리에게 전해 주시고, 그분의 고난과 죽음의 공로를 우리에게 주셔서 즐거워하게 하며, 그분의 살을 먹이셔서 우리에게 영양을 공급하시고 강하게 하시며, 우리의 가련하고 위로 없는 영혼을 위로하시며, 그분의 피를 마시게 함으로 우리를 새롭게 하시는 영적 식탁입니다.

또한 성례는 그것이 상징하는 것들과 연결되어 있지만, 모든 사람이 이 두 가지를 받는 것은 아닙니다. 불경건한 자들은 실제로 성례를 받지만 이를 통해 정죄를 당하며 성례의 진리를 받지 못합니다. 유다와 마술사 시몬은 성례를 받았지만 그 성례가 상징하는 그리스도를 받지는 못했습니다. 오직 신자들만 그리스도를 받을 수 있습니다.

마지막으로 우리는 하나님의 백성들 모임 가운데서 감사함으로 우리 구주 그리스도의 죽음을 계속 기리고, 기독교 신앙에 대한 우리 믿음을 고백하면서 겸손과 경외감으로 이 거룩한 성례를 받습니다. 그러므로 그 누구도 자신을 살피지 않고 이 식탁에 나와서는 안 됩니다. 자신을 살피지 않고 이 식탁에 나와 이 떡을 먹고 이 잔을 마신다면, 그는 자신에 대한 심판을 먹고 마시는 자가 됩니다. 한마디로, 우리는 이 거룩한 성례를 사용함으로 하나님과 우리 이웃을 뜨겁게 사랑하도록 자극을 받게 됩니다.

그러므로 우리는 사람들이 성례에 무언가를 더해 혼합한 모든 혼합물과 저주받을 만한 고안물을 배격합니다. 이것들은 성찬을 모독하는 것입니다. 우리는 그리스도와 사도들이 우리에게 가르친 규례에 만족하며, 그들이 말한 것과 동일한 방식으로 말해야 한다는 것을 확증하는 바입니다.

36항
국가 정부

우리는 인류의 타락으로 말미암아 우리의 은혜로우신 하나님이 왕들과 군주들과 통치자들을 임명하셨다는 것을 믿습니다. 하나님은 사람의 방탕함이 억제되고, 모든 일이 선한 질서로 그들 가운데 유지되도록 세상을 특정한 법률과 정책으로 다스리기를 원하십니다. 이런 목적으로 하나님은 악을 행하는 자들을 처벌하고, 선을 행하는 자들을 보호하라고 위정자들에게 칼을 주신 것입니다.

그들의 직무는 시민의 복지를 돌보는 것뿐만 아니라 거룩한 사역을 보호하는 것도 포함되고, 모든 우상 숭배와 거짓 예배를 없애고 방지하며, 적그리스도의 왕국이 멸망하고 그리스도의 왕국이 촉진되게 하는 것입니다. 그러므로 그들은 하나님이 말씀으로 명령하신 바와 같이, 하나님이 모든 사람에게 영광과 경배를 받으실 수 있도록 복음의 말씀을 선포하는 일을 장려해야 합니다.

더욱이 모든 사람은 자신의 신분이나 지위나 조건과 관계없이 국가 위정자들에게 복종해야 할 의무가 있습니다. 세금을 내고, 그들에게 합당한 영예와 존경을 돌리고, 하나님의 말씀에 어긋나는 일이 아니라면 모든 일에 그들에게 순종해야 합니다. 또한 우리가 모든 경건과 정직함 가운데 고요하고 평화롭게 생활할 수 있도록 하나님이 그들의 모든 길을 다스리고 인도하시도록 기도해야 합니다.

따라서 우리는 재세례파들과 다른 반역하는 자들의 오류, 그리고 일반적으로 높은 권세들과 통치자들을 거부하며, 공의를 파괴하고, 재산의 공유를 도입하며, 하나님이 사람들 가운데 세우신 선하고 아름다운 질서를 혼란스럽게 하는 자들을 혐오합니다.

37항
최후 심판

마지막으로, 우리는 하나님의 말씀에 따라, (모든 피조물에게 알려지지 않은) 주님이 정하신 때가 이르고 택함받은 자들의 수가 차면, 우리 주 예수 그리스도께서 자신을 산 자와 죽은 자의 심판주로 선언하시고, 이 옛 세상을 불과 화염으로 정결하게 하시기 위해 그분이 하늘로 올라가셨던 모습대로 육신을 입으시고 눈에 보이도록 큰 영광과 위엄으로 하늘로부터 다시 오실 것을 믿습니다.

그때 모든 사람, 즉 이 세상의 시작부터 끝까지 살았던 남자와 여자와 아이, 모든 살아 있는 사람들이 천사장의 소리와 하나님의 나팔 소리에 소환되어 각자 위대하신 심판자 앞에 개인적으로 서게 될 것입니다. 모든 죽은 자들이 땅에서 부활할 것이고, 그들의 영혼은 전에 거했던 자신의 육체와 연합될 것입니다. 아직 살아 있는 자들은 다른 사람들처럼 죽지 않고 썩어질 것이 썩지 않을 몸으로 순식간에 변화될 것입니다.

이 일이 있은 후에 책들(말하자면 양심)이 열리고 죽은 자들이 이 세상에서 선악 간에 행한 일에 따라 심판을 받을 것입니다. 모든 사람이 자신의 모든 무익한 말들, 즉 세상에서 재미와 농담으로 한 말들에 대해 해명해야 할 것입니다. 사람들의 은밀한 일들과 위선이 모두에게 폭로되고 밝혀질 것입니다.

그러므로 이 심판에 대한 생각이 악인들과 불경건한 자들에게는 무시무시하고 두려운 일이 될 것이나, 의인들과 택함받은 자들에게는 가장 큰 소망과 위로가 될 것입니다. 그때 택함받은 자들의 완전한 구속이 완성되고, 그들의 수고와 그들이 견디어 낸 고난의 열매를 받을 것이기 때문입니다. 그들의 무죄가 모든 사람에게 알려질 것이고, 이 세상에서 그들을 잔인하게 핍박하고 억압하며 고통스럽게 했던 악인들에게 보응하시는 무시무시한 하나님의 복수를 보게 될 것입니다. 악인들은 자기 양심의 증언에 의해 유죄 선고를 당할 것이며, 마귀와 그의 타락한 사자들을 위해 준비된 영원한 불 가운데서 죽지 않고 계속 고통당할 것입니다.

이와 반대로 신실한 자들과 택함받은 자들은 영광과 존귀의 면류관을 쓸 것입니다. 그리고 하나님의 아들이 그의 아버지 하나님과 그의 택한 천사들 앞에서 그들의 이름을 시인하실 것입니다. 그들의 눈에서 모든 눈물을 씻어 주실 것입니다. 지금은 많은 재판관들과 통치자들에 의해 이단적이며 불경하다고 정죄받고 있는 그들의 명분이 하나님의 아들을 위한 명분이었음이 알려질 것입니다. 주님은 사람이 마음에 품어 본 적이 없는 영광을 그들에게 은혜로운 상급으로 주실 것입니다. 그러므로 우리는 우리 주 예수 그리스도 안에서 하나님의 약속을 충만히 누릴 수 있도록 저 위대한 날을 열렬히 소망하며 고대합니다. 아멘. "주 예수여 오시옵소서."

개혁주의 신앙과 교리

²²너희는 말씀을 행하는 자가 되고 듣기만 하여 자신을 속이는 자가 되지 말라 ²³누구든지 말씀을 듣고 행하지 아니하면 그는 거울로 자기의 생긴 얼굴을 보는 사람과 같아서 ²⁴제 자신을 보고 가서 그 모습이 어떠했는지를 곧 잊어버리거니와 ²⁵자유롭게 하는 온전한 율법을 들여다보고 있는 자는 듣고 잊어버리는 자가 아니요 실천하는 자니 이 사람은 그 행하는 일에 복을 받으리라. 약 1:22-25

야고보 사도는 "너희는 말씀을 행하는 자가 되고 듣기만 하여 자신을 속이는 자가 되지 말라"고 말합니다(22절). 여기서 '말씀'은 하나님의 계명의 말씀을 의미합니다. 즉, 하나님의 계명의 말씀을 듣기만 하고 그것을 행하지 않는다면, 믿음이 있다고 하면서 행위로는 부인하는 사람과 같다는 것입니다.

신자는 누구보다도 말씀을 잘 듣는 사람입니다. 야고보는 말씀을 듣기만 하는 사람과 말씀을 듣고 실천으로 옮기는 사람을 대조하고 있습니다. 바로 여기서 우리는 참된 신자와 그렇지 않은 신자를 구별할 수 있습니다. 참된 신자는 말씀을 듣기만 하는 자가 아니라 말씀을 행하는 자입니다. 말씀을 행하는 자는 말씀을 듣고 자신의 신앙을 수정하고 교정하며 끊임없이 고쳐 나가는 사람입니다.

야고보는 말씀을 듣고 잊어버리는 자가 아니라 행하는 자가 되라고 계속 권면합니다(24-25절). 결론적으로 야고보는 "행함이 없는 믿음은 죽은 것"이라고 말합니다(약 2:26). 이 말씀을 통해 우리는 참된 개혁신앙을 정의할 수 있습니다. 벨직 신앙고백서 강해설교를 시작하기 전에, 참된 개혁주의 신앙은 무엇이며, 신앙에 있어서 교리가 어떤 역할을 하는지 살펴보겠습니다.

하나님의 말씀으로 자신을 개혁하는 신앙

첫째, 참된 개혁주의 신앙은 읽고 듣고 배운 하나님의 말씀을 통해 부지런히 자신을 개혁하는 신앙입니다. 본래 개혁주의 신앙이란 16세기 종교개혁의 신학을 따르는 유파들의 신앙을 가리키는 말입니다. 그러나 여기에서는 그런 학문적인 개혁주의 신학이 아닌 '개혁주의 신앙'으로 한정하겠습니다. 개혁주의 신앙은 영어로 'Reformed Faith'입니다. 우리는 이것을 문자 그대로 '재구성된 신앙' 또는 '신앙을 다시 구성하는 것' 정도로 번역할 수 있습니다.

여기에는 하나의 전제가 있습니다. 개혁주의 신앙이 재구성된 신앙이라면, 또는 신앙을 다시 형성하는 것이라면, 기존의 신앙이 재구성될 정도로 문제가 있다는 것을 의미합니다. '개혁'이라는 단어가 이것을 시사하고 있습니다. 따라서 개혁주의 신앙이라고 하면, 신앙의 가르침과 삶에서 초래된 잘못이나 오류를 재구성하는 신앙으로 이해할 수 있습니다. 신앙을 재구성하려면 기존의 것을 일부분 수정하거나 제거해야 합니다.

왜 우리는 신앙을 자꾸 고쳐 나가야 할까요? 바울은 "의인은 없나니 하나도 없으며"라고 말합니다(롬 3:10). 또한 "그들의 목구멍은 열린 무덤이요."라고 말합니다(롬 3:13). 우리가 자신의 신앙을 끊임없이 고쳐 나가야 하는 이유는 우리가 죄인이라는 사실에 기인합니다. 이 세상에 완전한 신자, 완벽한 신자는 없습니다. 우리는 매일, 매주, 매달, 매년 자신의 신앙을 고쳐 나가야 합니다. 이것을 싫어하면 참된 개혁주의 신앙인이라 말할 수 없습니다. 참된 개혁주의 신앙은 타인을 향하지 않고 자신을 향하기 때문입니다.

오늘날 우리는 타인과 교회를 향해 지나치게 엄밀한 잣대를 들이대며 비난하고 비판하는 시대에 살고 있습니다. 과연 자신에게도 동일한 잣대를 들이대는지 살펴야 합니다. 하나님의 말씀의 모든 지적과 책망과 비판이 늘 상대방을 향해 있고, 정작 자신과 자신의 신앙생활을 예외로 둔다면 참된 신앙인의 모습은 아닐 것입니다. 교회의 직분자들을 비판하면서 정작 자신은 교회의 직분을 하찮게 여기거나 귀찮아하지는 않습니까? 개혁주의 신앙은 듣고 잊어버리는 신앙이 아닙니다. 참된 신앙인은 듣고 실천하는 사람입니다. 참된 개혁주의 신앙은 듣고 행하는 것을 분리할 수 없습니다.

기존의 오류나 잘못들을 제거하려면 표준이 있어야 합니다. 무엇이 진리이고 무엇이 비진리인지를 판단할 수 있는 기준이 필요합니다. 그 기준이 바로 성경입니다. 종교개혁의 위대한 원리 중 하나는 '오직 성경'(*Sola Scriptura*)입니다. 종교개혁 시대에 무엇이 참된 것이고 무엇이 잘못된 것인지를 판별한 절대적이고 부오한 기준은 성경이었습니다. 개혁주의 신앙은 성경을 기준으로 잘못되었거나 오류가 있는 교회의 가르침과 신앙의 문제를 제거하고 새롭게 갱신하는 신앙으로 정의할 수 있습니다. 그러므로 "개혁된 교회는 항상 개혁되어야 한다"(Ecclesia reformata semper reformanda)는 종교개혁 시대의 구호는 오늘날 우리에게도 동일하게 적용됩니다. 이 구호는 지상 교회와 지상 교회의 가르침이나 교훈이나 그리스도인의 신앙생활이 완전하지 않음을 인정하는 것입니다. 개혁주의 신앙은 끊임없이 신앙을 성경적으로 개혁해 나가는 것입니다.

여기서 우리는 성경의 역할에 대해 생각해 보아야 합니다. "누구든지 말씀을 듣고 행하지 아니하면 그는 거울로 자기의 생긴 얼굴을 보는 사람과 같아서"(23절). 이 구절로 유추해 볼 때, 성경은 일종의 거울 역할을 합니다. 신자는 거울로 자기 얼굴을 보는 사람과 같습니다(23절). 또한 자기 얼굴을 보고 잘못된 것을 고치는 사람입니다(25절). 성경 자체는 절대적이요 무오한 표준이지만, 성경에 대한 이해는 어느 한 시기에 완전하거나 완벽할 수 없기 때문입니다. 하지만 그렇다고 해서, 어떤 개혁 신학적인 전통이나 신앙이 완전하지 않으니까 그 전통을 부정하자는 말은 아닙니다. 그러한 신학과 신앙의 전통 가운데서 혹시 발생할지 모르는 오류나 잘못을 끊임없이 개혁할 가능성을 열어 놓아야 한다는 것입니다.

우리의 신앙 유산과 전통을 덮어놓고 거부하거나 부정하고, 새로운 신앙 체계를 세우라는 것이 아닙니다. 그것은 개혁(reformation)이라기보다는 혁명(revolution)에 가깝습니다. 오히려 우리의 위대한 신학적 전통과 신앙의 역사를 끊임없이 재확인하면서 거기에 존재할 수 있는 오류나 부족한 것들을 성경을 통해 더 풍성하게 공급받자는 것입니다. 이런 의미에서 개혁주의 신학은 겸손한 신학이라 할 수 있습니다. 내 신앙의 모습이나 행실에 잘못이나 오류가 존재할 수 있다는 것을 인정하기 때문에 겸손할 수밖에 없습니다. 읽고 듣고 배운 하나님의 말씀을 통해 부지런히 자신을 개혁해 나갑시다.

개혁주의 신앙의 표준

둘째, 개혁주의 신앙의 표준은 정확 무오한 하나님의 말씀입니다. 야고보는 말씀을 행하는 자가 되라고 하며, 그 말씀은 온전한 율법이라고 말합니다. 참된 개혁주의 신앙인은 온전한 율법인 성경 전체를 하나님의 말씀으로 받아들이며 믿고 읽으며 듣고 행하는 사람입니다. 참된 신자는 성경 전체를 하나님의 감동으로 된 권위 있는 말씀으로 받아들입니다.

바울은 디모데에게 편지하면서 "모든 성경은 하나님의 감동으로 된 것으로 교훈과 책망과 바르게 함과 의로 교육하기에 유익하니 이는 하나님의 사람으로 온전하게 하며 모든 선한 일을 행할 능력을 갖추게 하려 함이라"고 말합니다(딤후 3:16-17). 개혁주의 신앙인은 모든 성경을 하나님의 감동으로 된 하나님의 말씀으로 받아들이고 그 말씀을 토대로 선한 일을 행하는 사람입니다.

그렇다면 개혁주의 신앙은 다른 유파의 신앙과 어떻게 다릅니까? 앞서 말했듯이, 개혁주의 신앙은 성경을 기준으로 잘못되었거나 오류가 있는 교회의 가르침과 신앙의 문제들을 제거하고 새롭게 갱신하는 신앙입니다. 따라서 '오직 성경'의 원리가 중요하다고 주장합니다. 그런데 이 구호는 로마 가톨릭이나 루터교도 인정하지 않습니까? 물론 루터교도 성경을 믿습니다. 로마 가톨릭교회도 성경의 권위를 인정합니다. 그러나 가톨릭교회는 교회 전통을 성경과 동등한 것으로 여기고, 교회의 결정을 성경의 권위 위에 놓았습니다. 그래서 종교개혁이 일어난 것입니다.

16세기 종교개혁자 마르틴 루터는 어떻습니까? 루터는 야고보서를 정경으로 인정하지 않고 '지푸라기 서신'이라고 불렀습니다. 이신칭의를 지나치게 강조한 나머지, 성경 해석 가운데 특히 구원론을 균형 있게 다루지 못했습니다. 물론, 구원과 관련하여 율법에 대한 루터의 초기 이해와 후기 이해는 매우 다릅니다. 루터는 제자 아그리콜라와 논쟁하면서 율법에 대한 이해가 한층 성숙해졌습니다. 그러나 구원이나 믿음과 관련하여 성경에 대한 루터의 초기 이해는 온전하지 못했습니다.

개혁주의에서 성경의 권위는 아주 특별합니다. 개혁주의 성경관은 '오직 성경'과 '성경 전체'(Tota Scriptura)에 있습니다. 장로교 개혁주의 신앙고백의 핵심이 되는 웨스트민스터 신앙고백서의 첫 장은 무엇으로 시작합니까? 하나님의 작정, 인간의 구원, 칭의와 성화 같은 주제를 다루기 전에 먼저 성경에 대한 고백으로 시작합니다. 벨직 신앙고백서도 우리가 믿는 하나님에 대해 먼저 다룬 후에, 하나님을 알 수 있는 자연의 책과 성경의 책에 대해 다룹니다.

개혁주의 신학 전통에서는 종교개혁의 다른 유파들 가운데 특히 루터파와 비교할 때 성경의 권위를, 즉 모든 신학의 출발점으로서 성경 전체의 중요성을 가장 강조합니다. 모든 진리 판단의 표준으로서, 절대적이고 무오한 표준으로서 성경의 권위를 가장 높이 인정합니다. 그러므로 우리는 모든 교회 회의, 공회의 결정이나 선언, 옛 교부들의 견해가 무엇이든 간에, 언제나 그것을 성경에 비추어 검증하고 시험하는 것입니다(요일 4:1). 오직 성경과 성경 전체의 원리를 마음에 새기고, 구원과 행위의 유일무이한 법칙으로서 하나님의 말씀인 성경을 인생의 표준으로 삼읍시다.

성경과 더불어 교회를 지켜 온 개혁주의 신앙

셋째, 개혁주의 신앙은 성경과 더불어 역사적 개혁파 신앙고백서들과 교리문답서들을 통해 교회를 지켜왔습니다. 교리란 성경적 원리 아래 성경의 가르침을 체계적으로 요약해 놓은 신앙 조항입니다. 알리스터 맥그래스는 "참된 기독교 복음은 교리적 믿음에 기초해 있으며, 이 교리는 복음에 적합한 응답의 방식을 결정한다"고 말합니다. 몸과 근육은 뼈 없이 서 있을 수 없습니다. 교리는 몸을 지탱해 주는 뼈와 같은 역할을 합니다. 그러므로 교리가 없으면, 신앙은 형태가 없고, 약해서 무너지기 쉽습니다.

초대교회와 사도 시대를 지탱해 준 교리는 사도신경이었습니다. 사도신경은 성부와 성자와 성령의 세 위격으로 존재하시는 성삼위일체 하나님의 내재적이며 경륜적인 특징을 가장 웅변적으로 선포하는 교리이자 고백입니다. 예배 시간에 사도신경을 고백하는 것은, 우리의 신앙이 다른 종교와 달리 성부와 성자와 성령의 삼위로 계시지만 일체이신 하나님을 예배하는 기독교의 고유한 특징입니다. 이 교리는 우리가 누구에게 속해 있고, 우리가 믿는 바가 무엇인지를 선언합니다.

하지만 오늘날 비신자는 말할 것도 없고, 일부 신자들마저 신조와 교리를 경시합니다. 한국 교회가 분열된 원인이 교리 때문이라고 생각하는 사람들도 많습니다. 이런 혼란이 발생한 원인은 무엇입니까? 21세기에 접어들면서 신학적 엄밀성을 싫어하는 시대적, 문화적 풍조도 있겠지만, 신조는 필요 없고 성경만 있으면 되고, 교리는 필요 없고 예수님만 있으면 된다는 식의 극단적인 사고방식 때문으로 보입니다. 성경만으로 충분하고, 신조나 교리는 인간이 만들어 성경에 덧붙인 인간적 산물이라고 생각하는 것입니다.

오늘날 많은 사람들이 교리 없는 기독교의 사상에 물들어 있습니다. 그러나 야고보는 이렇게 경고합니다. "네가 하나님은 한 분이신 줄을 믿느냐 잘하는도다 귀신들도 믿고 떠느니라"(약 2:19). 마귀도 하나님에 대한 지식적 믿음을 가지고 있습니다. 그러나 그 믿음이 마귀를 구원하지는 못합니다. 신자들이 동일하게 성경을 읽고 동일하게 말씀을 듣지만 그 말씀에 대한 응답이 진정한 것인지를 규명할 때 교리가 거의 절대적 위치에 있습니다. 그러므로 교리 없는 기독교는 그럴듯하고 매력적일 수 있지만 그릇되고 위험하기 짝이 없는 것입니다.

우리가 교리와 역사적 신조를 홀대하고 무시한다면, 그 결과는 참혹할 것입니다. 많은 신자들이 자기가 세워 놓은 신관과 구원관과 교회관을 가지고 있습니다. 그리고 자신의 생각과 다를 경우에는 교리를 받아들이려 하지 않습니다. 그런 이들에게 자신의 신앙 개혁은 요원한 일입니다. 교리 무용론을 주장한 결과에 대한 가장 비극적인 기록은 "사람이 각기 자기의 소견에 옳은 대로 행했던" 사사 시대일 것입니다(삿 21:25). 우리 시대도 사사 시대와 별반 다르지 않아 보입니다. 그러므로 역사적 개혁파 교리와 신조가 절실히 필요합니다.

역사적으로 교회는 성경이 가르치고 믿는 바를 신조로 요약했습니다. 장로교의 신앙 문서로는 웨스트민스터 표준문서(Westminster Standards), 즉 웨스트민스터 신앙고백서, 대요리문답, 소요리문답, 교회정치, 예배모범이 있습니다. 화란 개혁교회의 일치된 신앙고백 문서로는 하이델베르크 교리문답, 벨직 신앙고백서, 도르트 신경이 있습니다.

개혁주의 교회의 신조와 신앙고백은 성경의 중요한 교리를 요약하여 신자의 믿음을 증진시킬 뿐만 아니라 오류를 바로잡고 이단의 공격에 맞서 진리를 수호하는 중대한 역할을 해왔습니다. 니케아 공의회(325년), 칼케돈 공의회(451년), 도르트 종교회의(1618년)가 그 대표적인 예입니다. 신조는 무엇보다 성경의 교훈을 요약하고, 성경을 올바로 이해하도록 도와주며, 거짓된 교훈과 생활을 막아 주는 방패 역할을 합니다. 신조 없이는 신앙생활의 순결을 지켜 나가기가 어렵습니다. 신앙고백과 신조와 교리는 신자와 교회의 영적 건강에 필수적인 영양소와 같습니다. 칼 트루먼은 이렇게 말합니다.

어쩌면 신조와 신앙고백서만이 건강한 교회를 세우는 유일한 방법이 아닐 수도 있다. 그러나 그것들은 분명 사도 시대가 막을 내린 이후 오늘날에 이르기까지, 가장 많은 그리스도인들이 건강한 교회를 세우기 위해 선택한 규범이다. 신조를 부정하고 성경만을 유일한 신조로 내세우는 교회가 건강한 교회로 자랄 수 있다는 증거는 역사 속에서 거의 찾아볼 수 없다[『교리와 신앙』(The Creedal Imperative), 지평서원, p. 284].

역사적으로 기독교회는 여러 신조와 신앙고백을 통해 분열된 것이 아닙니다. 도리어 기독교 신앙의 정통성을 도전하고 허물려는 여러 이단적 사상으로부터 신조와 신앙고백을 통해 교회를 수호하고 지켜왔습니다. 16세기에 종교개혁을 일으키며 교회를 지켰던 참된 교리는 오직 믿음(Sola Fide), 오직 은혜(Sola Gratia), 오직 그리스도(Solus Christus), 오직 성경(Sola Scriptura), 오직 하나님께 영광(Soli Deo Gloria)이었습니다. 기독교회는 역사적으로 신앙고백과 교리를 통해 순수성을 보전하고 적들의 공격을 효과적으로 막아 냈으며, 하나님의 참된 교회의 모습을 드러냈습니다. 오늘날에도 건전한 교리를 방해하는 거짓된 가르침과 각종 사이비 이단의 공격이 계속되고 있습니다. 따라서 우리는 참된 신앙고백서와 교리를 공부해야 합니다.

성경은 강력한 어조로 우리에게 설교를 명하며(딤후 4:2), 바른 교훈을 따르라고 명령합니다(딤후 4:3). 바른 교훈은 건전한 성경 교리를 말합니다.

초대교회도 사도들은 그리스도께 받은 가르침, 즉 교리를 성실하게 배웠습니다(행 2:42). 그러므로 교리는 필요 없고, 성경만으로 충분하다고 주장하며 신조와 교리 무용론에 동조하는 것은 현대 교회를 세속화와 타락 그리고 혼합주의로 몰고 가려는 사탄의 또 다른 전략에 동조하는 것이 됩니다. 또는 성경의 권위를 자기 마음대로 생각하는 주관주의적 신앙에 함몰되는 것과 다름없습니다. 하나님의 말씀을 체계적으로 요약해 주는 교리 공부를 통해 진리의 말씀을 듣고 배우며 그 말씀대로 행하는 복된 성도가 됩시다.

○ **칼뱅,『기독교 강요』, 4.2.1**
그러나 신앙의 보루(堡壘)에 거짓된 것이 끼어들고, 필수적인 교리의 요강(要綱)이 무너지고, 성례의 바른 시행이 파괴되면 곧바로 교회의 죽음으로 이어지는 법이다. … 이러한 사실은 교회는 사도들과 선지자들의 가르침 위에 세워졌고, 그리스도 예수께서 친히 그 모퉁잇돌이 되신다는(엡 2:20) 바울의 말에서도 분명히 드러난다. 교회의 터가 바로 선지자들과 사도들의 가르침이며, 그 가르침이 신자들에게 그들의 구원을 오직 그리스도께만 두라고 명한다면, 과연 그 가르침이 사라질 때 교회가 어떻게 계속 서 있겠는가? 그러므로 교회를 유지시키는 유일한 것, 즉 신앙의 요강이 죽어 버리면 교회는 무너질 수밖에 없다.

■ **핵심용어**
개혁주의(신앙, 신학), 다섯 솔라(Five Solas), 교리, 신조(신경), 신앙고백서, 요리문답

■ 생각해 볼 문제

1. 개혁주의 신앙이란 무엇입니까?
2. 개혁주의 신앙의 가장 중요한 기준이자 표준은 무엇입니까? 그 이유는 무엇입니까?
3. 개혁주의 신앙이 성경과 더불어 중요하게 생각하는 것은 무엇입니까? 개혁주의에서 중요하게 여기는 신조(신앙고백서)와 요리문답은 무엇입니까?
4. 성경 외에 신조(신앙고백서)와 교리를 중요하게 여기는 이유는 무엇입니까?
5. 종교개혁을 통해 다시 새롭게 정립된 다섯 가지 교리는 무엇입니까?
6. 신조나 신앙고백의 긍정적인 역할 두 가지는 무엇인지 토론해 봅시다.
7. 개혁주의 신앙을 추구하는 자신에게 부족하거나 고쳐야 할 점이 무엇인지 생각해 봅시다.

1부

믿음의 대상이신 하나님과 성경에 대하여

THE BELGIC CONFESSION

1장
우리는 믿습니다

⁹네가 만일 네 입으로 예수를 주로 시인하며 또 하나님께서 그를 죽은 자 가운데서 살리신 것을 네 마음에 믿으면 구원을 받으리라 ¹⁰사람이 마음으로 믿어 의에 이르고 입으로 시인하여 구원에 이르느니라. 롬 10:9-10

> **1항 오직 한 분 하나님을 믿는다**
>
> 우리 모두는 우리가 하나님이라고 부르는 오직 단 한 분의(신 6:4) 단일하시며 영적인 존재로 계시는(요 4:24) 하나님을 마음으로 믿고 입술로 고백합니다(롬 10:10). 또한 우리는 하나님이 영원하시고(시 90:2) 다 이해될 수 없으시며(롬 11:33), 보이지 않으시고(골 1:15; 딤전 6:16) 변하지 않으시며(약 1:17), 무한하시고(왕상 8:27; 렘 23:24) 전능하시며(창 17:1; 마 19:26; 계 1:8), 완전히 지혜로우시고(롬 16:27) 공의로우시며(롬 3:25-26, 9:14; 계 16:5, 7), 선하시고(마 19:17) 모든 선이 흘러나오는 원천이심을(약 1:17) 믿습니다.

그리스도인에게 믿음이란 주제보다 더 중요한 주제는 없습니다. 우리는 믿음으로 구원을 받습니다. 믿음으로 의롭다 함을 얻습니다. 믿음으로 거룩함을 이루어 나갑니다. 믿음으로 인내합니다. 믿음으로 영화에 이릅니다.

사도 요한은 "세상을 이기는 승리는 이것이니 우리의 믿음이니라"고 말합니다(요일 5:4). 바울은 하박국 2장 4절을 인용하면서 "오직 의인은 믿음으로 말미암아 살리라"고 말합니다(롬 1:7). 믿음은 아무리 강조해도 지나치지 않습니다.

벨직 신앙고백서는 16세기에 귀도 드 브레(Guido de Bres, 1522-1567년) 목사가 작성했으며, 37항으로 구성되어 있습니다. 벨직 신앙고백서 1항은 "우리 모두는 우리가 하나님이라고 부르는 오직 단 한 분의 단일하시며 영적인 존재로 계시는 하나님을 마음으로 믿고 입술로 고백합니다"로 시작됩니다. 이 표현을 빌어 믿음을 정의한다면, '믿음은 마음으로 믿고 입술로 고백하는 행위'입니다.

신앙고백서는 성경과 교리가 가르치는 믿음의 조항을 신자들이 동의하고 인정하며 받아들이고, 그것을 마음으로 믿고 입술로 고백하는 내용입니다. 성경에 담긴 진리를 우리 믿음의 선배들은 다음과 같이 정리해 놓았습니다.

- 성경　　　무오한 하나님의 말씀
- 교리　　　무오한 하나님의 말씀이 가르치는 신앙의 사실
- 신조　　　교리가 가르치는 것을 믿는 믿음의 조항들
- 교리문답　성경 교리와 신조에 대한 문답식 교육
- 신앙고백　무오한 하나님의 말씀이 가르치는 신앙의 사실에 대한 인정과 고백

이제 벨직 신앙고백서 1항을 살펴보면서, 우리 믿음을 점검하고 새롭게 하여 점점 더 성장하는 믿음으로 나아갑시다.

믿음은 마음의 문제

첫째, 믿음은 진리의 말씀을 받아들이겠다는 마음의 문제입니다(9-10절). 바울은 "네 마음에 믿으면…"(9절), "사람이 마음으로 믿어…"라고 말합니다(10절). 믿음은 마음에서 시작됩니다. 그러면 믿음이란 무엇입니까? 그리스도 예수의 구원이 우리 안에 들어와 우리 것이 되게 하는 수단이자 통로입니다. 이 일이 일어나는 장소가 바로 마음입니다.

거북이가 노래한 '빙고'라는 대중가요에 이런 가사가 있습니다.

> 모든 게 마음먹기 달렸어
> 어떤 게 행복한 삶인가요
> 사는 게 힘이 들다 하지만
> 쉽게만 살아가면 재미없어 빙고
> 거룩한 인생 고귀한 삶을 살며
> 부끄럼 없는 투명한 마음으로
> 이내 삶이 끝날 그 마지막 순간에
> 나 웃어 보리라 나 바라는 대로.

참 긍정적이고 좋은 가사입니다. 그런데 문제는 마음먹기에 달렸다는 것을 아는데도 잘 안 된다는 것입니다. 또한 마음을 먹어도 잘 안 된다는 것이 더 큰 문제입니다. 가장 잘 안 되는 일이 무엇입니까? 나는 죄인이고 하나님의 진노 아래 있으며 구주 예수 그리스도를 믿어야만 이 진노와 심판을 면할 수 있다는 사실을 믿는 일일 것입니다. 또한 영원한 생명을 얻고 거룩한 자로 살아가는 구원을 얻기 위해 믿는 일일 것입니다. 즉 예수를 '믿는' 일이 잘 안 됩니다.

　이것은 성경이 말하는 믿음은 인간의 자연적인 능력이 아니라는 것을 의미합니다. 성경이 끊임없이 회개하고 믿으라고 명령하는데, 그 일은 내 노력의 결과가 아니라는 것입니다. 믿음은 우리를 구원하려고 거듭나게 하실 때 우리에게 베푸시는 하나님의 선물입니다. 우리가 믿어서 믿는 것이 아니라, 믿어져서 우리가 믿는 것입니다.

　우리에게 믿음이 필요합니다. 우리를 구원하는 믿음이 필요합니다. 믿음은 먼저 우리 마음이 바뀌어야 한다는 것을 전제합니다. 우리 마음이 혁명적으로 변화되지 않으면 믿을 수가 없기 때문입니다. 마음이 혁명적으로 변화되는 일에 동원되는 수단이 말씀입니다. 바울은 "하나님께서 그를 죽은 자 가운데서 살리신 것을 네 마음에 믿으면…"이라고 말합니다(9절). 이것은 사실이나 지식에 대한 동의가 필요하다는 말입니다. 하나님이 존재하심을 인정하는 것, 하나님이 예수님을 죽은 자 가운데서 살리신 일을 지적으로 동의하고 받아들이는 것이 믿음입니다.

　믿음은 여기서 더 나아가 그 일을 행하신 분을 신뢰하게 합니다. 이 모든 과정 가운데 성령님이 우리 마음을 열어 역사하십니다. 그 대표적인 경우가 루디아입니다. "두아디라 시에 있는 자색 옷감 장사로서 하나님을 섬기는 루디아라 하는 한 여자가 말을 듣고 있을 때 주께서 그 마음을 열어 바울의 말을 따르게 하신지라"(행 16:14). 성령님이 루디아의 마음을 여셔서 바울의 말을 믿게 하신 것입니다.

　하나님은 그분의 말씀인 성경과 그 성경의 선포를 통해 일하십니다. 즉, 설교의 말씀과 전도의 말씀, 그리고 그 말씀을 들을 때 역사하시는 성령의 사역을 통해 죄인의 마음에 믿음을 불러일으키십니다. 설교를 들을 때 마음이 찔리게 하십니다. 설교를 통해 하나님의 말씀이 선포될 때 지적으로 생각하게 하십니다. 그 말씀에 동의하게 하시고, 믿게 하시고, 신뢰하게 하십니다. 즉 우리 마음을 기경하십니다.

믿음은 진리의 말씀으로 말미암아 생깁니다. 믿음은 말씀을 듣고 묵상하며 그것을 붙잡고 기도할 때 생깁니다. 바울은 이렇게 말합니다. "믿음은 들음에서 나며 들음은 그리스도의 말씀으로 말미암았느니라"(롬 10:17). 즉, 믿음은 그리스도의 말씀으로 말미암고, 그 말씀을 들음으로 생깁니다. 따라서 우리가 할 일이 없는 것은 아닙니다. 우리는 부지런히 말씀을 들어야 합니다. 말씀을 읽어야 합니다. 말씀의 사실을 인정하고, 동의하며, 신뢰해야 합니다. 그럴 때 믿음이 자라고 튼튼해집니다.

우리가 신앙을 고백하려면, 먼저 믿어야 합니다. 믿지도 않는데 고백하는 것은, 사랑하지도 않는데 고백하는 것과 다를 바 없습니다. 그러므로 믿음이 없으면 고백도 없습니다. 믿음이 없으면 신조도, 교리도, 문답도 없습니다. 먼저 믿음으로 마음이 변화되어야 합니다.

성경을 읽을 때 "이 말씀을 통해 제 안에 믿음이 생기도록 도와주세요"라고 기도하며 읽어야 합니다. 설교 말씀을 들을 때 "이 말씀으로 인해 제 믿음이 자라게 해주세요"라고 기도하며 들으십시오. "말씀을 읽고 들을 때 제 마음을 변화시켜 주시고, 말씀을 받을 때 제 마음이 열매를 맺는 좋은 밭이 되게 해주세요"라고 기도하며 부지런히 말씀을 읽고 듣기를 바랍니다. 그래서 마음에 변화를 받아 믿음이 성장하기를 바랍니다.

믿음은 입술의 문제

둘째, 믿음은 입술의 문제입니다(9-10절). 믿음은 내 마음이 동의하고 인정하며 받아들이고 신뢰하는 것을 입술로 표현하는 행위입니다. 바울은 "네가 만일 네 입으로 예수를 주로 시인하며…"(9절), "입으로 시인하여 구원에 이르느니라"고 말합니다(10절).

'고백'이라는 헬라어는 신약성경에서 '인정하다, 표명하다, 시인하다, 선언하다, 증거하다'는 뜻으로 사용됩니다. 그 가운데 '증거하다'는 법정 용어입니다. 그러므로 '나의 믿음을 고백한다'는 것은 그저 '하나님과 예수님과 교회에 대한 어느 정도의 지식을 인정한다'는 의미가 아니라, 목격자가 자신이 보고 경험한 것을 증언한다는 의미입니다.

'입으로 시인한다'는 것도 '증언한다'는 뜻입니다. 이것은 단순히 지식이나 사실에 대한 동의가 아닙니다. 그런 것은 주지주의(主知主義)입니다. '입으로 시인한다'는 것은 '그 지식과 사실을 내가 보고 듣고 경험하고 느꼈으며, 그것이 나를 혁명적으로 변화시켜 내가 지금 이 자리에 와 있다'는 것을 의미합니다. 하나님의 말씀이 그런 일을 하셨고, 그렇게 되도록 성령님이 내 마음에 역사하셨으며, 그래서 지금 내가 이 고백을 하고 있다는 것입니다. 이것이 바로 벨직 신앙고백서의 첫 문장을 믿음으로 시작하는 이유입니다. "우리 모두는 우리가 하나님이라고 부르는 오직 단 한 분의 단일하시며 영적인 존재로 계시는 하나님을 마음으로 믿고 입술로 고백합니다!" 믿음은 하나님을 마음으로 믿고 입술로 고백하는 것입니다.

마음으로 믿는 것과 입술로 고백하는 것이 반드시 함께 가야 합니다. 하지만 이 둘은 서로 구별됩니다. 사람이 마음으로 믿고 지적으로 동의해도, 입술로 고백하지 않을 수 있습니다. 그런 경우, 마음으로 믿는 믿음은 그저 지적으로 동의하는 가짜 믿음일 수 있습니다. 또는 믿기는 하지만 그 믿음의 정도가 연약할 수 있습니다. 참된 믿음은 반드시 입술의 고백을 동반합니다.

참된 믿음은 감정과 의지의 요소도 동반합니다. 참된 믿음이 있는 사람은 예수 그리스도를 의지하며 하나님과 교회를 사랑합니다. 믿음은 입술로 고백해야 하고, 사랑으로 표현해야 합니다. 행함이 없는 믿음은 죽은 믿음입니다. 하나님을 사랑하는 사람은 반드시 악을 미워합니다. 거짓을 미워하고, 어둠을 미워합니다.

벨직 신앙고백서를 작성한 귀도 드 브레 목사는 1522년에 남부 네덜란드의 베르헌이라는 도시에서 태어났습니다. 그의 부모는 독실한 가톨릭 신자였습니다. 1517년에 일어난 종교개혁은 네덜란드에도 영향을 끼쳤습니다. 귀도 드 브레는 개신교 신앙으로 돌아섰고, 이후로 로마 가톨릭교회의 핍박을 받았습니다.

귀도 드 브레는 1548년 제네바에서 온 두 명의 목사 부부와 종교개혁 신앙에 대해 본격적으로 논의하게 됩니다. 그러던 중 두 명의 목사 부부가 가톨릭교회에 의해 체포되었습니다. 두 명의 목사는 화형을 당했고, 부인 한 명은 산 채로 매장을 당했습니다. 당시 타락하고 부패한 가톨릭교회를 떠나 새롭게 찾은 성경적인 바른 신앙은 이들이 자기 목숨을 주고 지킬 만큼 가치 있고 중요했습니다. 이 사건은 귀도 드 브레에게 깊은 인상을 남겼습니다. 이때부터 그는 화란 지하교회의 지도자로 활동합니다.

귀도 드 브레는 10여 년 동안 목회자 훈련을 받아 목사가 되었고, 1556년에 제네바로 망명했다가 1559년에 네덜란드로 돌아와 개신교 신앙을 재건합니다. 그는 여기저기 가정에 모인 수십 명의 성도들에게 복음을 전하고 말씀으로 설교했습니다. 성도들 중에는 사회 지도층 인사들도 있었습니다. 그의 설교 사역으로 이들의 숫자는 점점 늘어났고, 공개적으로 거리에서 시편을 부를 정도가 되었습니다. 그러나 박해는 계속되었고, 그는 다시 5년간 도피했습니다.

귀도 드 브레는 1561년에 벨직 신앙고백서를 작성했습니다. 벨직 신앙고백서를 작성한 목적 가운데 하나는, 개신교를 핍박하는 스페인 왕 필립 2세를 설득하기 위해서였습니다. 하지만 핍박은 수그러들지 않았습니다. 1566년에 귀도 드 브레는 발랑시엔의 목사로 청빙되었습니다. 교회 개혁에 대한 지지가 더 커졌으며, 그의 설교를 듣기 위해 수천 명이 모였습니다. 이들은 로마 가톨릭의 행정 당국자들이 두려웠지만 멈추지 않았고, 가톨릭교회의 무자비한 핍박을 받았습니다. 귀도 드 브레도 체포되었고, 1567년 5월 31일 교수대에서 삶을 마쳤습니다.

우리는 450여 년 전에 일어난 이 역사적 사실과 벨직 신앙고백서를 왜 알아야 할까요? 우리의 신앙고백이 갑자기 하늘에서 뚝 떨어진 것이 아니기 때문입니다. 우리의 신앙고백은 역사적인 것이고, 삶의 엄청난 고통과 핍박과 생명의 위협을 통해 제정된 것입니다. 그 당시 신앙고백은 생명과 맞바꿔야 하는 고백이었습니다. 오늘날 우리 시대와는 사뭇 달랐습니다. 로마 황제 앞에서 "주 예수 그리스도가 황제이십니다"라고 말함으로서 형장의 이슬로 사라지는 시대였습니다. 이런 상황에서 귀도 드 브레는 1561년에 "우리 모두는 우리가 하나님이라고 부르는 오직 단 한 분의 단일하시며 영적인 존재로 계시는 하나님을 마음으로 믿고 입술로 고백합니다"라고 분명히 선언했습니다.

이런 핍박과 적대적인 환경 가운데서 "우리는 믿습니다"라고 고백하는 것은 결코 쉬운 일이 아닙니다. 그러나 믿음은 입술의 문제입니다. 믿음은 고백하게 만듭니다. 믿음은 용기를 내게 만듭니다. 믿음은 목숨을 아끼지 않습니다. 그 무엇도 우리를 그리스도 예수 안에 있는 하나님의 사랑에서 끊을 수 없기 때문입니다. 귀도 드 브레처럼 우리도 마음으로 믿는 바를 당당하게 입술로 고백합시다.

신앙고백은 마음의 문제이며 입술의 문제입니다. 하나님이 성경 계시를 통해 우리에게 주시는 말씀은 무엇이든 가감 없이 마음으로 받아들이고 입술로 고백해야 합니다. 히포의 감독이었던 성 아우구스티누스는 이렇게 말합니다. "믿음은 우리가 보지 못하는 것을 믿는 것이다. 이 믿음에 대한 상은, 우리가 믿는 것을 보게 되는 것이다."

우리 신앙의 선조들이 보이지 않는 이 길을 믿음으로 걸어갔습니다. 아브라함이 그랬습니다. 히브리서 기자는 이렇게 말합니다. "믿음으로 아브라함은 부르심을 받았을 때에 순종하여 장래의 유업으로 받을 땅에 나아갈새 갈 바를 알지 못하고 나아갔으며 믿음으로 그가 이방의 땅에 있는 것같이 약속의 땅에 거류하여 동일한 약속을 유업으로 함께 받은 이삭 및 야곱과 더불어 장막에 거하였으니 이는 그가 하나님이 계획하시고 지으실 터가 있는 성을 바랐음이라"(히 11:8-10). 또한 히브리서 11장에 나오는 많은 믿음의 영웅들이 그랬습니다.

이제 우리 차례입니다. 우리도 "하나님이 계획하시고 지으실 터가 있는 성을 바라며" 한 걸음 한 걸음 믿음의 걸음을 걸어야 합니다. "우리 모두는 우리가 하나님이라고 부르는 오직 단 한 분의 단일하시며 영적인 존재로 계시는 하나님을 마음으로 믿고 입술로 고백합니다"라고 했던 귀도 드 브레처럼, 우리도 그렇게 믿고 고백합시다.

○ 칼뱅, 『기독교 강요』, 3.2.1

하나님에 의해 그분의 양자가 된 자들이 믿음으로 천국을 소유하게 되는데, 그 믿음의 합당한 모습이 무엇인지를 여기서 살펴보는 것이 합당할 것이다. 그저 생각(opinion)이나 신념(persuasion) 같은 것으로는 그러한 위대한 역사를 이룰 수 없음이 분명하기 때문이다. 우리는 믿음의 참된 성격이 어떤 것인지를 아주 조심스럽게, 또한 열정을 가지고 궁구(窮究)하고 조사해야 한다. 오늘날 이 문제에 대해 많은 사람들이 아주 위험스럽게 현혹(眩惑)되고 있기 때문이다. 대부분의 사람들은 "믿음"이라는 단어를 들을 때, 복음의 역사(歷史)에 대해 그저 일반적으로 동의하는 것 이상으로 깊게 이해하지 못한다.

■ 핵심용어

믿음, 교리, 신조, 신앙고백, 요리문답, 벨직 신앙고백서, 귀도 드 브레

■ 생각해 볼 문제

1. 왜 우리의 마음과 생각이 마음먹은 대로 되지 않습니까?
2. 우리에게 믿음이 필요한 이유는 무엇입니까?
3. 믿음이란 무엇이며, 그것이 우리 영혼(지정의)에 어떤 현상을 불러일으킵니까?
4. 믿음을 왜 입술로 고백하고 행함으로 나타내야 합니까?
5. 벨직 신앙고백서의 첫 문장을 믿음으로 시작하는 이유에 대해 토론해 봅시다.
6. 귀도 드 브레의 믿음의 삶은 현대 교인들에게 어떤 교훈을 줍니까? 귀도 드 브레의 삶을 통해 나의 믿음과 삶을 돌아봅시다.

2장
우리가 믿는 하나님

여호와의 이름은 견고한 망대라 의인은 그리로 달려가서 안전함을 얻느니라. 잠 18:10

> **1항 오직 한 분 하나님을 믿는다**
>
> 우리 모두는 우리가 하나님이라고 부르는 오직 단 한 분의(신 6:4) 단일하시며 영적인 존재로 계시는(요 4:24) 하나님을 마음으로 믿고 입술로 고백합니다(롬 10:10). 또한 우리는 하나님이 영원하시고(시 90:2) 다 이해될 수 없으시며(롬 11:33), 보이지 않으시고(골 1:15; 딤전 6:16) 변하지 않으시며(약 1:17), 무한하시고(왕상 8:27; 렘 23:24) 전능하시며(창 17:1; 마 19:26; 계 1:8), 완전히 지혜로우시고(롬 16:27) 공의로우시며(롬 3:25-26, 9:14; 계 16:5, 7), 선하시고(마 19:17) 모든 선이 흘러나오는 원천이심을(약 1:17) 믿습니다.

신자를 '믿는 사람들'이라 정의할 때, 믿음은 마음의 문제이자 입술의 문제입니다. 믿음은 계시된 성경 말씀과 그것을 말씀하신 하나님을 마음으로 받아들이는 것입니다. 또한 그것을 마음으로 받아들이고 동의할 뿐 아니라 적극적으로 고백하는 행위입니다.

벨직 신앙고백서 1항은, 신자는 오직 한 분의 하나님이 계시다는 것을 마음으로 믿고 입술로 고백한다고 선언합니다. 그리스도인은 유일신 하나님을 믿는 자들입니다. 신자의 신앙은 하나님에 대해 무엇을 믿는지와 긴밀하게 연결되어 있습니다. 웨스트민스터 소요리문답 3문답은 "성경이 요긴하게 교훈하는 바는 인간이 하나님에 대하여 믿어야 하는 것이 무엇이며, 하나님께서 인간에게 요구하시는 의무가 무엇인지를 가르친다"고 말합니다. 말하자면, 성경은 믿음과 행함의 책입니다.

우리가 하나님이 요구하시는 의무를 수행하기 위해서는 먼저 하나님을 올바로 믿어야 합니다. 하나님이 누구신지 올바로 알지 못하면 하나님께 올바로 행할 수 없습니다. 이제 벨직 신앙고백서 1항에 기초하여, 잠언 18장 10절을 중심으로 우리가 믿는 하나님이 어떤 분이신지 살펴보겠습니다.

견고한 망대와 같이 신뢰할 만한 분

첫째, 하나님은 견고한 망대와 같이 신뢰할 만한 분이십니다(10절 상반절). 잠언 기자는 "여호와의 이름은 견고한 망대"라고 말합니다. 여기서 핵심은 무엇입니까? 하나님은 무너지지 않으신다는 것입니다. 견고하시다는 것입니다. 신명기 신학에 따르면, 여호와는 어디에 거하십니까? 구약의 성전에 거하십니다. 그러면 신약의 성전은 무엇입니까? 바로 신자입니다. 성령님이 신자의 심령에 거하실 때, 신자는 하나님의 성전이 됩니다. 바울은 고린도 교인들에게 이렇게 말합니다. "너희는 너희가 하나님의 성전인 것과 하나님의 성령이 너희 안에 계시는 것을 알지 못하느냐"(고전 3:16).

'여호와의 이름은 견고한 망대'라는 표현은 하나님의 충분성을 선언합니다. 망대는 피곤하고 지칠 때 쉴 수 있는 안식처입니다. 요새는 적들의 공격을 피할 수 있는 피난처가 됩니다. 견고한 망대가 신자의 안식처가 되고 하나님 백성의 피난처가 되는 이유가 무엇입니까? 견고한 망대는 여호와의 이름이시기 때문입니다. 이것은 하나님의 속성 또는 하나님의 인격을 말할 뿐만 아니라 언약의 하나님을 상징합니다. '여호와'는 자기 백성과 언약을 맺으신 하나님을 대표하는 이름입니다. 하나님은 자기 백성과 맺은 약속, 즉 언약을 반드시 지키고 성취하시는 견고하고 전능하신 분이십니다. 따라서 그분의 이름이 견고한 망대가 되는 것은 당연합니다.

벨직 신앙고백서 1항은 하나님의 속성을 이렇게 묘사합니다. "우리 모두는 우리가 하나님이라고 부르는 오직 단 한 분의 단일하시며 영적인 존재로 계시는 하나님을 마음으로 믿고 입술로 고백합니다. 또한 우리는 하나님이 영원하시고 다 이해될 수 없으시며, 보이지 않으시고 변하지 않으시며, 무한하시고 전능하시며, 완전히 지혜로우시고 공의로우시며, 선하시고 모든 선이 흘러나오는 원천이심을 믿습니다."

우리가 벨직 신앙고백서를 공부하는 이유는, 하나님에 대한 교리적 지식을 쌓기 위해서가 아닙니다. 물론 이것도 중요합니다. 그러나 더욱 중요한 것은 하나님에 대한 교리적 지식이 나와 무슨 상관이 있느냐 하는 것입니다. 하나님은 영원하시고 전능하시며, 선하시고 모든 선이 흘러나오는 원천이라는 것은 오직 우리가 믿는 한 분 하나님이 견고한 요새가 되신다는 사실을 말해 줍니다. 신자는 이것을 믿고 고백해야 합니다.

벨직 신앙고백서 1항은 하나님을 단일하시며 영적인 존재이고 영원하시다고 말합니다. 사람과는 전적으로 다른 분으로 묘사합니다. 사람은 시작과 끝이 있지만, 하나님은 시작도 없고 끝도 없으십니다. 하나님은 영원하시고 무한하십니다. 어디 그뿐입니까? 벨직 신앙고백서 1항은 하나님은 변하지 않으시며 전능하시고 지혜로우시며 공의롭고 선하시다고 말합니다. 이 역시 인간과 전적으로 다르지 않습니까?

인간의 가장 큰 문제가 무엇입니까? 자신이 인간인 줄 모르는 것입니다. 죄인의 가장 큰 문제는 자신이 죄인인 줄 모르는 것입니다. 최초의 인류 아담에게 죄가 어떻게 발생했습니까? 아담이 피조물의 지위를 떠나 하나님의 지위를 얻고자 해서 죄가 생긴 것입니다. 사람은 자신이 변하지 않고 능력이 많으며 지혜롭다고 생각합니다. 누구나 자신이 공의롭고 선하다고 생각합니다. 절대적으로 선하지는 않더라도 적어도 상대적으로는 지혜로우며 선하다고 생각합니다. 그래서 다른 사람의 재판관이 되려고 합니다. 사람이 그렇게 지혜롭고 선하다면, 이 세상에 악과 죄가 성행하는 이유가 무엇입니까?

여호와 하나님의 이름이 견고한 망대가 되는 이유는, 그분이 사람과는 달리 전적으로 지혜로우시고 공의로우시며 선하시고 모든 선이 하나님께로부터 나오기 때문입니다. 아담과 하와가 인류에게 죄와 사망이 전가되는 치명적인 범죄를 저질렀지만 하나님은 지혜롭고 선하셔서 그들을 구원할 계획을 세우셨습니다. 아브라함이 어리석어서 수시로 실수를 저질렀지만 그때마다 여호와 하나님은 선한 방법으로 그를 돌보셨습니다. 이런 이야기는 구약과 신약에 가득합니다. 이것을 한 구절로 요약하면 이렇습니다. "우리가 알거니와 하나님을 사랑하는 자 곧 그의 뜻대로 부르심을 입은 자들에게는 모든 것이 합력하여 선을 이루느니라"(롬 8:28). 모든 것이 합력하여 선을 이루게 하시는 하나님의 선하심을 굳게 믿고, 견고한 망대를 피난처와 안식처로 삼기 바랍니다.

의인이 안전함을 얻기 위해 달려가야 할 분

둘째, 하나님은 의인이 안전함을 얻기 위해 달려가야 할 분이십니다(10절 하반절). 잠언 기자는 "의인은 그리로 달려가서 안전함을 얻느니라"고 말합니다. 여기서 강조되는 것은 '안전함'과 '달려감'입니다.

먼저, 안전함에 대해 생각해 봅시다. 여기서 안전함은 '구원'과 동의어입니다. 낯선 곳에서 길을 잃었을 때, 그 절망스럽고 두려운 감정은 가히 설명하기 어려울 정도입니다. 그런데 길을 다시 찾았을 때 느끼는 감정이 바로 안전함입니다. 죽어 가는 사람이 살 방법을 발견했을 때 안전함을 느낍니다. 망망대해에서 조난을 당한 사람이 지나가는 배를 발견했을 때 희망과 안도감을 느낍니다. 이런 안전함을 제공하시는 분이 누구십니까? 견고한 망대와 같은 하나님이십니다.

벨직 신앙고백서 1항은 하나님을 어떻게 묘사합니까? "우리 모두는 우리가 하나님이라고 부르는 오직 단 한 분의 단일하시며 영적인 존재로 계시는 하나님을 마음으로 믿고 입술로 고백합니다. 또한 우리는 하나님이 영원하시고 다 이해될 수 없으시며, 보이지 않으시고 변하지 않으시며, 무한하시고 전능하시며, 완전히 지혜로우시고 공의로우시며, 선하시고 모든 선이 흘러나오는 원천이심을 믿습니다." 그분의 인격과 사역, 그분의 힘과 지혜와 능력이 안전함의 근거입니다. 이것은 사람과 감히 비교할 수 없고 사람이 전혀 제공할 수 없는 안전함입니다. 성경은 이렇게 말합니다. "사람을 두려워하면 올무에 걸리게 되거니와 여호와를 의지하는 자는 안전하리라"(잠 29:25). "귀인들을 의지하지 말며 도울 힘이 없는 인생도 의지하지 말지니 그의 호흡이 끊어지면 흙으로 돌아가서 그날에 그의 생각이 소멸하리로다 야곱의 하나님을 자기의 도움으로 삼으며 여호와 자기 하나님에게 자기의 소망을 두는 자는 복이 있도다"(시 146:3-5).

다음으로, 의인이 달려가는 것을 생각해 봅시다. 그리스도인은 안전한 곳으로 달려가야 합니다. 달려가는 것은 적극적인 의지의 표현입니다. 오직 한 분 하나님 안에만 진정한 안전함이 있고, 오직 하나님만이 견고한 요새가 되신다는 사실을 신자가 알고 믿는다면, 그곳을 향해 달려가야 합니다. 또한 이 사실을 적극적으로 사용해야 합니다. 의인은 어떤 사람입니까? 하나님 안에만 안전함이 있음을 믿고, 하나님만 의지하며 그분께 더욱 가까이 가는 사람입니다. 의인이 하나님을 향해 달려가는 것은 지극히 당연한 일입니다. 그리스도인은 하나님 안에서 피난처를 찾고 안전함을 얻습니다.

아삽은 "하나님께 가까이함이 내게 복이라 내가 주 여호와를 나의 피난처로 삼아 주의 모든 행적을 전파하리이다"라고 고백합니다(시 73:28). 참된 신자는 자신을 자아 안에 가두지 않습니다. 자신을 다른 사람 안에 가두지 않습니다. 세속 문화와 가치관을 따르지 않습니다. 오히려 세속 문화와 가치관에서 나와 하나님께 달려갑니다. 하나님 안에서 안식과 안전함을 얻습니다. 하나님은 영원하시고 변하지 않으시며, 무한하시고 전능하시며, 완전히 지혜로우시고 공의로우시며, 선하시고 모든 선이 흘러나오는 원천이시기 때문입니다.

우리가 믿는 하나님은 얼마나 놀라운 분이신지요! 우리는 하나님께 어떤 고백을 드려야 할까요? 바울이 로마서 11장에서 고백했던 것처럼 우리도 "깊도다 하나님의 지혜와 지식의 풍성함이여, 그의 판단은 헤아리지 못할 것이며 그의 길은 찾지 못할 것이로다 누가 주의 마음을 알았느냐 누가 그의 모사가 되었느냐 누가 주께 먼저 드려서 갚으심을 받겠느냐 이는 만물이 주에게서 나오고 주로 말미암고 주에게로 돌아감이라 그에게 영광이 세세에 있을지어다 아멘"(33-36절)이라고 해야 하지 않겠습니까?

우리는 진심으로 이런 고백을 드리고 있습니까? 이런 신앙고백대로 살아가고 있습니까? 하나님은 우리에게 믿음으로 살 힘을 믿음으로 주십니다. 그것이 바로 우리의 신앙고백입니다. 우리가 고백하는 신앙의 대상은 우리를 견고하게 하시는 강력한 망대이시기 때문입니다. 주님이 부르시는 날까지 우리가 마땅히 드려야 할 신앙고백을 하며 살아갑시다.

○ 칼뱅,『기독교 강요』, 3.2.37
아직도 잊혀지지 않고 또한 경험을 통해 계속 새롭게 기억되는 사실은, 믿음이 온갖 잡다한 의심에 휩싸여 경건한 자들의 마음이 평안할 때가 별로 없으며, 항상 평화로운 상태를 누리지는 못한다는 것이다. 그러나 무엇이 공격하여 흔들어 놓든지 간에, 그들은 결국 시험의 소용돌이에서 피해 나오거나 아니면 자기 자리를 굳건히 지킨다. 시편 기자는 "하나님은 우리의 피난처시요 힘이시니 환난 중에 만날 큰 도움이시라 그러므로 땅이 변하든지 산이 흔들려 바다 가운데에 빠지든지 바닷물이 솟아나고 뛰놀든지 그것이 넘침으로 산이 흔들릴지라도 우리는 두려워하지 아니하리로다"(시 46:1-3)라고 고백한다. 바로 이 말씀에서 믿음은 안전함과 보호함을 확신하게 된다.

■ 핵심용어
신자, 성전, 여호와의 이름, 하나님의 속성(인격)

■ 생각해 볼 문제

1. 신자란 무엇입니까(누구입니까)?
2. 구약 시대에 하나님은 어디에 거하셨습니까?
3. 신약 시대에 하나님은 어디에 거하십니까?
4. 하나님의 속성(인격)은 무엇입니까?
5. 하나님의 속성(여호와의 이름)이 우리에게 위로가 되는 이유는 무엇입니까?
6. 믿음이 적극적인 의지의 표현임을 성경은 어떻게 묘사합니까? 이에 근거하여 의인은 어떤 사람인지 설명해 봅시다.
7. 여호와 하나님이 견고한 망대시라는 사실과 신자가 그분을 향해 달려가야 한다는 사실은 서로 모순됩니까?

3장
우리가 믿는 하나님의 존재와 속성

¹⁵기약이 이르면 하나님이 그의 나타나심을 보이시리니 하나님은 복되시고 유일하신 주권자이시며 만왕의 왕이시며 만주의 주시요 ¹⁶오직 그에게만 죽지 아니함이 있고 가까이 가지 못할 빛에 거하시고 어떤 사람도 보지 못하였고 또 볼 수 없는 이시니 그에게 존귀와 영원한 권능을 돌릴지어다 아멘. 딤전 6:15-16

> **1항 오직 한 분 하나님을 믿는다**
>
> 우리 모두는 우리가 하나님이라고 부르는 오직 단 한 분의(신 6:4) 단일하시며 영적인 존재로 계시는(요 4:24) 하나님을 마음으로 믿고 입술로 고백합니다(롬 10:10). 또한 우리는 하나님이 영원하시고(시 90:2) 다 이해될 수 없으시며(롬 11:33), 보이지 않으시고(골 1:15; 딤전 6:16) 변하지 않으시며(약 1:17), 무한하시고(왕상 8:27; 렘 23:24) 전능하시며(창 17:1; 마 19:26; 계 1:8), 완전히 지혜로우시고(롬 16:27) 공의로우시며(롬 3:25-26, 9:14; 계 16:5, 7), 선하시고(마 19:17) 모든 선이 흘러나오는 원천이심을(약 1:17) 믿습니다.

신자를 믿는 사람들이라 정의할 때, 믿음은 마음의 문제요 동시에 입술의 문제입니다. 믿음은 계시된 성경 말씀과 그것을 말씀하신 하나님을 마음으로 받아들이겠다는 것입니다. 또한 하나님을 견고한 망대와 같이 우리가 유일하게 신뢰할 분으로 여기는 것입니다. 우리는 구원의 안전함을 위해 하나님께 달려가야 합니다.

그렇다면, 우리가 믿는 하나님은 어떻게 견고한 망대와 같이 신뢰할 만하며, 우리의 안전함을 위해 달려가야 할 분이십니까? 그것은 하나님의 존재의 본질과 하나님의 속성에 근거합니다. 하나님의 존재 자체, 그리고 그 존재가 나타내는 특질이 신자의 믿음과 구원의 근거가 됩니다. 이것을 신학적인 용어로 '하나님의 속성'(the attribute of God)이라 부릅니다. 우리가 하나님이 어떤 존재이신지, 그분의 속성이 무엇인지를 알지 못한다면, 하나님을 참되게 예배할 수 없습니다. 또한 하나님께 마땅한 태도를 취할 수 없습니다.

주님은 사마리아 여인과 예배에 대한 이야기를 나누시면서 "너희는 알지 못하는 것을 예배하고 우리는 아는 것을 예배하노니"라고 말씀하십니다(요 4:22). 또한 "하나님은 영이시니 예배하는 자가 영과 진리로 예배할지니라"고 말씀하십니다(요 4:24). 하나님에 대한 참된 지식 없이는 참된 예배를 드릴 수 없습니다. 그래서 칼뱅이 『기독교 강요』에서 하나님을 아는 지식과 사람을 아는 지식이 긴밀히 연결되어 있다고 말한 것입니다. 이제 벨직 신앙고백서 1항과 디모데전서 6장 15-16절을 중심으로 하나님의 속성을 하나씩 살펴보겠습니다.

하나님은 단일한 영적 존재

첫째, 우리가 믿는 하나님은 단일한 영적 존재이십니다(15절). 바울은 "하나님은 복되시고 유일하신 주권자이시며"(15절), "어떤 사람도 보지 못하였고 또 볼 수 없는 이"시라고 선포합니다(16절). 그는 구약의 유일하신 한 분 하나님 사상을 철저하게 견지합니다. 하나님은 한 분이시며, 그 누구도 볼 수 없는 만왕의 왕이요 만주의 주이십니다. 벨직 신앙고백서는 하나님을 단 한 분의 단일하시며 영적인 존재라고 묘사합니다. 벨직 신앙고백서 1항의 첫 문장을 다시 보겠습니다. "우리 모두는 우리가 하나님이라고 부르는 오직 단 한 분의 단일하시며 영적인 존재로 계시는 하나님을 마음으로 믿고 입술로 고백합니다."

하나님의 존재는 복잡하지 않습니다. 영이시기 때문입니다. 요한은 "하나님은 영이시니"라고 선언합니다(요 4:24). 이 말씀은 하나님이 물질이 아니시라는 뜻입니다. 하나님은 우리가 어떤 물질이나 형상으로 만들 수 있는 분이 아니십니다. 우리가 다른 물체나 형상을 만들어 하나님이라고 예배할 수 없는 이유가 바로 이것입니다. 하나님은 우리처럼 몸을 가지고 있지 않습니다. 하나님은 비가시적인 분이십니다. 하나님은 보이지 않습니다.

이것은 우리의 예배 행위에서도 아주 중요합니다. 보이지 않는 하나님을 눈에 보이는 형상이나 그림으로 만들어 경배할 수 없기 때문입니다. 보이지 않는 하나님을 보이는 자연 만물과 금수와 버러지 형상의 우상으로 만들어 숭배하는 것은 죄입니다. 바울은 이렇게 말합니다. "썩어지지 아니하는 하나님의 영광을 썩어질 사람과 새와 짐승과 기어 다니는 동물 모양의 우상으로 바꾸었느니라"(롬 1:23).

하지만 이런 반론을 제기할 수 있습니다. 성경에는 하나님을 사람과 같이 형체를 가지신 분으로 묘사한 말씀이 있지 않습니까? 그렇습니다. 대표적인 구절이 이사야 59장 1절과 시편 8편 3절입니다. "여호와의 손이 짧아 구원하지 못하심도 아니요 귀가 둔하여 듣지 못하심도 아니라"(사 59:1). "주의 손가락으로 만드신 주의 하늘과 주께서 베풀어 두신 달과 별들을 내가 보오니"(시 8:3).

또한 다음과 같은 말씀도 있습니다. "주께서 옛적에 땅의 기초를 놓으셨사오며 하늘도 주의 손으로 지으신 바니이다"(시 102:25). 이 밖에도 "여호와의 손"(수 4:24), "여호와 보시기에"(왕상 15:5)라는 표현이 나옵니다. 그러면 하나님은 눈도 있고, 귀도 있고, 손도 있고, 팔도 있다는 말이 아닙니까? 그렇지 않습니다. 하나님은 영이시기 때문입니다.

성경의 이런 표현들은 하나님이 사람에게 자기를 알려 주시는 방법입니다. 이것을 신학적인 용어로 신인동형동성론(anthropomorphism)적 표현이라고 부릅니다. 하나님을 사람과 같은 형체, 같은 성질을 지닌 분으로 묘사하는 방식입니다. 따라서 하나님의 오른손이라 말할 때는 실제로 하나님이 오른손과 왼손을 갖고 계신 것이 아니라 하나님의 전능하신 권능을 표현한 것입니다. 하나님의 귀와 눈은 하나님이 들으시고 보실 수 있는 능력이 무한하심에 대한 표현입니다. 이런 표현들은 모두 하나님을 이해할 수 없는 유한한 인간을 배려하신 하나님의 소통 방법입니다. 전능하신 하나님이 자기 백성에게 관심을 갖고 계시며, 보호하시고, 함께하시는 분이심을 보여 주기 위해 의도된 것입니다.

그런데 하나님을 실제로 우리에게 보여 주신 참된 신인동형동성론적 실체가 계십니다. 바로 우리 구주 예수 그리스도이십니다. 예수님은 "말씀이 육신이 되어 우리 가운데 거하신" 분이십니다(요 1:14). 그리스도께서 친히 "나와 아버지는 하나이니라"고 하셨고(요 1:18, 10:30), "나를 본 자는 아버지를 보았다"고 말씀하셨습니다(요 14:9). 바울은 골로새 교인들에게 편지하면서 "그는 보이지 아니하는 하나님의 형상이시요 모든 피조물보다 먼저 나신 이시니"라고 말합니다(골 1:15). 그리스도는 하나님이 자기 백성을 구원하시려고 친히 사람이 되어 오신 분이십니다. 그렇다면 구약의 모든 신인동형동성론적 표현은 예수 그리스도의 미래적 출현의 전조가 됩니다. 그래서 바울이 우리 주 예수 그리스도는 "보이지 아니하는 하나님의 형상"이라고 말한 것입니다.

하나님은 우주 뒤에서 역사하는 비인격적인 어떤 힘(force)이나 영향력(influence)이 아니십니다. 하나님은 단일하시며 영으로 계시는 인격체이십니다. 성경은 하나님의 존재를 증명하지 않고 선포합니다. 성경에 기록된 하나님에 대한 최초의 계시는 이것입니다. "태초에 하나님이 천지를 창조하시니라"(창 1:1). 하나님의 존재는 증명되어야 하는 것이 아니라 선언되고 선포되어야 합니다. 하나님은 우리가 믿음으로 받아들여야 하는 존재이십니다.

물론 우리는 신 존재에 대한 여러 증명 이론들을 언급할 수 있겠지만, 논증으로 믿음이 생기는 것은 아닙니다. 엄밀히 말하자면, 논증은 믿음이 생긴 이후에 효력을 발휘합니다. 그러므로 우리는 성경처럼 하나님의 존재에 대해 선포하고 선언해야 합니다. 그리고 하나님의 존재를 믿는다면 여러 논증을 통해 그 믿음을 더욱 강화해야 합니다. 단 한 분의 단일하시며 영적인 존재로 계시는 하나님을 굳게 믿고 그분께 합당한 경배와 찬양을 올려드립시다.

영원하신 하나님

둘째, 우리가 믿는 하나님은 영원하십니다(16절). 바울은 하나님께 존귀와 영원한 권능을 돌리라고 명령하면서 그 근거를 하나님의 속성에서 찾고 있습니다. 그 근거가 무엇입니까? "오직 그에게만 죽지 아니함이 있고 가까이 가지 못할 빛에 거하시고 어떤 사람도 보지 못하였고 또 볼 수 없는 이"시라는 것입니다(16절). 벨직 신앙고백서 역시 "우리는 하나님이 영원하시고 다 이해될 수 없으시며, 보이지 않으시고 변하지 않으시며, 무한하시고 전능하시며, 완전히 지혜로우시고 공의로우시며, 선하시고 모든 선이 흘러나오는 원천이심을 믿습니다"라고 고백합니다.

우리는 먼저 영원하시고 다 이해될 수 없으시며, 보이지 않으시고 변하지 않으시며, 무한하신 하나님에 대해 생각해 보고자 합니다. 전통적으로 조직신학은 하나님의 속성을 다룰 때 비공유적 속성과 공유적 속성으로 말해 왔습니다. 지금 우리가 다루고 있는 부분은 비공유적 속성, 즉 철저하게 피조물과 다른 속성입니다. 하지만 이런 구분은 큰 의미가 없습니다. 하나님의 공유적 속성조차도 영원하고 무한하며 불변하기 때문입니다. 그러므로 하나님의 존재와 속성을 지나치게 도식화할 필요는 없습니다.

그럼에도 우리가 하나님의 속성에 대해 알아야 하는 이유가 무엇입니까? 하나님을 참되게 예배하기 위해서입니다. 그것이 바울이 말하고 있는 요점입니다. 우리는 하나님께 존귀와 영원한 권능을 돌려야 합니다. 왜 그렇게 해야 합니까? 오직 하나님만 영원하시기 때문입니다.

'하나님은 영원하시다'는 표현은 하나님의 무한성을 가리킵니다. 달리 말하면, 하나님은 사람처럼 시간과 공간에 제한된 존재가 아니라는 말입니다. 이것을 달리 표현하면, '하나님은 죽지 않으신다'는 것입니다. 바울은 "오직 그에게만 죽지 아니함이 있고"라고 말합니다(16절). 하나님은 존재하는(exist) 모든 존재(beings)의 창조자이십니다. 하나님은 존재 자체이십니다. 하나님은 "만왕의 왕이시며 만주의 주"이십니다(15절).

모세가 하나님의 이름을 묻자 하나님은 이렇게 대답하셨습니다. "나는 스스로 있는 자이니라 또 이르시되 너는 이스라엘 자손에게 이같이 이르기를 스스로 있는 자가 나를 너희에게 보내셨다 하라"(출 3:14). 하나님은 스스로 계시는 분이십니다. 즉 존재하시는 분이십니다. 하나님은 발생하지 않으셨고, 다른 존재에서 유래하거나 다른 존재에 영향을 받지 않으십니다. 오직 하나님만이 영원부터 영원까지 존재하시는 분이십니다. 모세는 "산이 생기기 전, 땅과 세계도 주께서 조성하시기 전 곧 영원부터 영원까지 주는 하나님이시니이다"라고 기도합니다(시 90:2). 유한한 피조물에 불과한 인간이 어떻게 하나님을 알 수 있다는 말입니까?

그래서 벨직 신앙고백서 1항은 하나님을 '다 이해될 수 없는 분'으로 묘사합니다. 앞서 살펴보았듯이, '하나님은 영이시다'라고 말할 때 영적 존재로서의 하나님을 다른 존재와는 전혀 다른 유일한 존재로 구분해야 합니다. 천사도 영적 존재이고, 인간도 영을 소유했기 때문입니다. 천사의 영과 인간의 영과 하나님의 영을 동일하다고 생각한다면 범신론에 빠질 위험이 있습니다. 범신론이란 존재하는 모든 것이 신이며, 신이 곧 존재하는 모든 것이라고 주장하는 이론입니다. 바울은 "사람의 일을 사람의 속에 있는 영 외에 누가 알리요 이와 같이 하나님의 일도 하나님의 영 외에는 아무도 알지 못하느니라"고 말합니다(고전 2:11). 사람이 하나님의 형상으로 지음 받았기 때문에 사람은 하나님을 알 수 있습니다. 더욱이 사람 안에 계신 하나님의 영이 하나님을 알게 하십니다. 그렇다고 해서 사람의 영이 하나님의 영은 아닙니다.

'생각한다'는 것과 '안다'는 것은 영의 고유한 활동입니다. 사람의 영은 물질이 아니라서 보이지 않지만 반드시 존재합니다. 그러나 그 영이 하나님의 영과 동일한 영은 아닙니다. 이것이 '하나님은 영이시다'라는 진술에 담긴 영적 의미입니다.

'하나님은 영이시다'라는 표현은 하나님이 우리에게 자기를 알려 주시기 전에는 사람들이 볼 수 없으며 알 수 없는 존재임을 의미합니다. 하나님은 물질이 아니시며 물질이나 현상계에 제한을 받는 분이 아니시기 때문입니다. 우리는 영적 존재이기에 하나님을 알 수 있지만, 그렇다고 해서 하나님을 완전히 알 수는 없습니다. 우리는 하나님이 자신을 보여 주시는 한도 내에서만 그분을 알 수 있습니다. 하나님은 우리의 이해를 초월하여 계시는 무한하고 영원하신 분이십니다.

벨직 신앙고백서 1항은 하나님을 '변하지 않으시는 분'으로 묘사합니다. 이것은 하나님의 불변성을 말합니다. 하나님이 스스로 계시는 분이며 영원하시고 무한하시다는 속성은 다 하나님의 불변성을 상징합니다. 야고보 사도는 하나님을 "변함도 없으시고 회전하는 그림자도 없으신" 분으로 묘사합니다(약 1:17). 히브리서 기자는 성자 하나님이신 "예수 그리스도는 어제나 오늘이나 영원토록 동일"하신 분으로 묘사합니다(히 13:8). 즉, 하나님의 속성은 시간이나 장소나 환경에 따라 변하지 않습니다.

하지만 성경에는 하나님이 후회하셨다는 표현이 나오지 않습니까? 모세는 하나님이 사람 지으셨음을 후회하신다고 표현합니다(창 6:6). 사람이 후회할 때는 마음이 변한 것을 뜻합니다. 그러나 이것이 하나님께 적용될 때는, 하나님이 아니라 사람이 변한 것임을 깨달아야 합니다. 인간이 하나님과의 관계와 태도를 변경시킵니다. 그 결과로 하나님이 인간을 다루시는 섭리의 방식이 변하는 것입니다. 하나님이 변하신 것이 아니라 사람이 변한 것입니다.

하나님은 언제나 존재와 지혜와 권능과 거룩하심과 의로우심과 선하심과 인자하심과 진실하심이 무궁하시며 불변하시는 분이십니다. 하나님은 언제나 자비와 사랑을 주시기 원하십니다. 니느웨 사건이 그 결정적인 증거입니다. 하나님은 선지자 요나에게 니느웨로 가서 그들의 죄악이 하나님 앞에 상달되었다고 외치라고 말씀하십니다. 요나의 회개 촉구에 니느웨 백성이 진심으로 회개하자 하나님은 그들에게 내리려던 재앙을 거두십니다. 이것은 하나님이 변하시거나 하나님의 결정에 문제가 있어서 그 결정을 바꾸신 것이 아닙니다. 본래 하나님의 자비와 사랑의 속성이 표현된 것입니다.

하나님은 자신의 속성을 변화시키신 것이 아니라 관계와 방식을 바꾸신 것입니다. 이것을 우리는 '하나님의 선하신 구속의 목적을 위한 한탄과 후회'라고 말할 수 있을 것입니다. 이것은 변화나 변경이 아닙니다. 우리를 사랑하셔서 독생자를 보내 주신 하나님이 인간처럼 수시로 마음을 바꾼다면 어떨까요? 이것만큼 인간에게 심각한 문제는 없을 것입니다. 만일 그렇다면 죄와 악으로 관영한 인간이 구원받을 방법은 도무지 없을 것이기 때문입니다. 이것이 하나님의 영원성, 하나님의 무한성에 담긴 의미입니다.

하나님은 사람이 아니라는 사실에 감사하기 바랍니다. 하나님이 저와 여러분같이 아침저녁으로 변하는 존재가 아니라는 사실에 감사합시다. 하나님의 영원성과 무한성과 불변성은, 일시적이며 유한하고 변하는 인간의 유일한 소망입니다. 하나님의 영원성과 무한성과 불변성은 하나님의 백성들에게 구원의 안전 보장 장치입니다.

모든 선이 흘러나오는 원천이신 하나님

셋째, 우리가 믿는 하나님은 모든 선이 흘러나오는 원천이십니다(15절). 본문 15절은 "기약이 이르면 하나님이 그의 나타나심을 보이시리니 하나님은 복되시고 유일하신 주권자이시며 만왕의 왕이시며 만주의 주시요"라고 말합니다. 우리는 하나님이 복되신 분이라는 것에 주목해야 합니다. 하나님은 복락(blessedness) 자체이시며, 모든 복의 원천이십니다. 윌리엄 헨드릭슨은 복락이 하나님께 적용될 때, 그것은 하나님이 절대적으로 완전하시고, 이 절대적 완전하심이 하나님의 지식과 사랑의 목적이며, 하나님은 자신의 절대적 완전하심 안에서 안식하시는 분이심을 의미한다고 말합니다. 이런 의미에서 하나님은 완전히 자아 충족적인 분이십니다.

벨직 신앙고백서 1항은 계속해서 하나님은 "전능하시며, 완전히 지혜로우시고 공의로우시며, 선하시고 모든 선이 흘러나오는 원천이심을 믿습니다"라고 고백합니다. 하나님의 생명, 지혜, 능력, 의로우심, 선하심에는 배움이나 발전이나 진보나 진화가 존재하지 않습니다. 하나님은 어제나 오늘이나 영원토록 완전하시고 충분하신 분이십니다.

우선 무엇보다도 하나님은 전능하십니다. 하나님이 전능하시다는 것은 모든 것을 마음대로 행하시는 분이라는 뜻입니다. 바울은 "모든 일을 그의 뜻의 결정대로 일하시는 이의 계획을 따라 우리가 예정을 입어 그 안에서 기업이 되었으니"라고 말합니다(엡 1:11). 또한 "만물이 주에게서 나오고 주로 말미암고 주에게로 돌아감이라"고 말합니다(롬 11:36). 이것은 하나님의 절대 주권에 대한 표현입니다. 하나님의 절대 주권의 통치와 실행에서 벗어나는 국면은 단 하나도 없습니다. 하나님은 참으로 모든 통치자들의 왕이시며, 모든 주인들의 주인이 되십니다. 오직 하나님만이 왕(the

King)이시요 주(the Lord)이십니다. 오직 하나님만이 전지전능하십니다. 그러므로 우리는 이렇게 노래할 수 있습니다.

땅들이 변하고 물결이 일어나 산 위에 넘치되 두렵잖네
우리 주 목소리 한번 발하시면 천하에 모든 것 망하겠네.

또한 하나님의 전지전능하신 속성은 완전히 지혜로우시고 공의로우시며 선하십니다. 이 지혜는 그리스도 안에 숨겨져 있는 비밀입니다. 사람들은 행복해지기 위해 지혜를 추구하며 갈망합니다. 사람들은 천사를 숭배하고, 지혜로운 현인을 추종하며, 철학과 여러 가르침과 사상(idea)과 주의(ism)를 따릅니다. 그러나 성경이 말하는 하나님의 지혜는 예수 그리스도와 그분이 십자가에 못 박히심에 함축되어 있습니다. 바울은 사람을 추구하는 고린도 교인들에게 "십자가의 도가 멸망하는 자들에게는 미련한 것이요 구원을 받는 우리에게는 하나님의 능력이라"고 말합니다(고전 1:18). 또한 "오직 부르심을 받은 자들에게는 유대인이나 헬라인이나 그리스도는 하나님의 능력이요 하나님의 지혜니라"고 말합니다(고전 1:24).

마틴 로이드 존스 박사는 지혜를 가리켜 올바른 종류의 지식이라 말합니다. 이 세상에는 사람을 행복하게 해주는 것 같은 수많은 종류의 지식이 있습니다. 하지만 사람을 진정으로 행복하게 만드는 참되고 유일한 지식은 오직 인간의 죄를 용서하시고 그에게 임한 저주와 심판을 해결해 주시는 주 예수 그리스도에 대한 참된 복음의 지식입니다. 이것이 하나님의 지혜입니다. 하나님의 아들이신 분이 사람의 몸을 입고 이 세상에 오셔서 우리 가운데 거하시고 고난을 받으시고 십자가에 죽기까지 순종하셨으므로, 주 예수 그리스도만이 참 지혜이십니다(요 1:14; 갈 4:4; 빌 2:5-11). 예수 그리스도는 하나님으로부터 나서 우리에게 지혜와 의로움과 거룩함과 구원함이 되셨습니다(고전 1:30).

이 지혜에 나타난 하나님의 공의 역시 완전합니다. 하나님은 의로우신 분이시고, 그 의로우심을 실행하심에 있어서도 의로우십니다. 주 예수 그리스도의 십자가 사건은 하나님의 공의로우심이 나타난 웅변적 증거입니다. 하나님은 죄 있는 자를 죄 없다 하시지 않고, 불의한 자를 의로운 자라고 하시지 않습니다. 하나님은 죄인의 모든 죄를 그리스도에게 전가시키시고, 그리스도의 순종으로 성취하신 완전한 의로우심을 죄인에게 전가시키심으로 자기 백성을 구원하십니다. 하나님이 자기 백성을 구원하심은 완전히 공의로우십니다.

마지막으로, 하나님은 선하신 분이시며 모든 선이 흘러나오는 원천이십니다. 하나님이 선하시다는 것은 자기 백성을 사랑으로 대하시며, 인자하심과 관대하심과 자비하심과 긍휼하심을 베푸신다는 의미입니다. 허물과 죄로 죽었던 우리를 다시 살리는 원천은 하나님의 선하심, 즉 하나님의 사랑에 있습니다. 하나님이 죄를 지은 인간에게 오래 참으시는 것도 선하시기 때문입니다. 죄인 된 인간이 오늘도 여전히 숨을 쉬고 살아가는 유일한 이유가 있다면, 죄와 악과 범죄로 가득한 이 세상이 여전히 멸망하지 않고 존재하는 유일한 이유가 있다면, 하나님이 선하시기 때문입니다.

하나님은 선하십니다. 동시에 공의로우십니다. 이것이 어떻게 가능합니까? 하나님은 지혜로우시고 전능하시기 때문입니다. 하나님의 이 모든 속성은 하나님의 본성이며 동시에 이 모든 속성은 경륜적(economical)으로 인간의 구원을 향하고 있습니다. 하나님은 자신을 위하시면서 동시에 우리를 위하십니다. 우리를 위하시는 하나님의 존재와 속성은 완전하십니다. 그러므로 우리의 구원은 완전합니다. 누가 우리를 그리스도 안에 있는 하나님의 사랑에서 끊을 수 있겠습니까?

지상에 사는 사람 가운데 이런 존재는 없습니다. 지혜로부터 진실에 이르기까지 모든 인격과 속성에서 완전한 사람은 없습니다. 인간은 제한적인 존재입니다. 그러나 하나님은 지혜로우시며 거룩하시고 의로우시며 선하신 분입니다.

소요리문답 4문답의 표현대로 하면, 하나님은 그 존재에 있어서 무한하시고 영원하시고 불변하신 하나님이시며, 그 속성에 있어서도 지혜와(시 147:5) 권능과(계 4:8) 거룩하심과(계 15:4) 의로우심과 선하심과 인자하심과 진실하심이(출 34:6-7) 무한하시고 영원하시고 불변하시는 하나님이십니다.

오늘날 우리는 하나님에 대한 지식을 다시 회복해야 합니다. 우리의 신앙은 지극히 자기중심적입니다. 우리는 우리 자신에 함몰되어 있습니다. 하지만 우리 자신보다는 하나님의 존재와 속성에 더욱 집중해야 합니다. 우리는 연약하지만 하나님은 전능하시기 때문입니다. 우리는 유한하지만 하나님은 무한하시기 때문입니다. 우리는 의롭지 않지만 하나님은 의로우시기 때문입니다. 우리는 무지하고 지혜롭지 않지만 하나님은 지혜로우시기 때문입니다. 우리는 선하지 않지만 하나님은 선하시기 때문입니다. 우리는 신실하지 않지만 하나님은 신실하시기 때문입니다. 그러므로 아우구스티누스의 이 고백은 참됩니다. "하나님 안에서 참되게 안식하기 전까지, 우리에게는 참된 안식이 없습니다."

하나님에 대한 바른 이해와 인식은 바른 태도와 관계를 낳습니다. 하나님은 영이시기에 우리는 영과 진리로 하나님을 예배해야 합니다. 하나님은 영원하시고 다 이해될 수 없으시며, 보이지 않으시고 변하지 않으시며, 무한하시고 전능하시며, 완전히 지혜로우시고 공의로우시며, 선하시고 모든 선이 흘러나오는 원천이십니다. 그러므로 우리는 하나님 앞에 무릎을 꿇고 엎드려 그에 합당한 경배와 찬양을 올려드려야 합니다. 우리는 지금 교리를 연구하고 있지만 이것은 하나님의 영광에 대한 경배로 나타나야 합니다.

칼뱅, 『기독교 강요』, 1.13.1
하나님의 무한하시고 영적인 본질에 관한 성경의 가르침은 일반 사람들의 헛된 망상을 물리치는 것은 물론이고 세속 철학의 교묘한 이론들을 반박하는 것에도 충분하다. … 하나님은 우리를 건전한 상태로 지키시기 위해 그분의 본질에 대해서는 별로 말씀하지 않으신다. 하지만 앞에서 언급한 두 가지 속성으로 인간의 어리석은 상상을 모두 제거하시고, 인간 마음의 대담무쌍함을 억제하신다. 하나님의 무한하심은 우리 자신의 잣대로 그분을 재지 못하도록 우리에게 두려움을 주며, 또한 하나님이 영이시라는 사실은 그분에 대한 세속적이고 육신적인 상상에 빠지지 못하게 만든다.

■ **핵심용어**

하나님의 속성(비공유적 속성, 공유적 속성), 영, 신인동형동성론적 표현, 영원하심, 불가해성, 불가시성, 불변하심, 무한하심, 전능하심, 지혜로우심, 공의로우심, 선하심

■ 생각해 볼 문제

1. 하나님의 속성이란 무엇입니까? 2장에서 다루었던 내용을 떠올려 봅시다. 신자가 하나님의 속성을 바르게 알아야 하는 이유는 무엇입니까?

2. "하나님은 영이시니"(요 4:24)라는 표현은 어떤 의미입니까? 하나님은 영적 존재라는 점이 우리의 예배가 어떠해야 하고, 무엇에 주의해야 하는지를 말하는지 함께 나누어 봅시다.

3. 하나님의 속성은 두 가지로 나눌 수 있습니다. 무엇과 무엇입니까?

4. 벨직 신앙고백서 1항에서 언급한 하나님의 속성 열 가지와 그 의미를 본문을 참조하여 정리해 봅시다.

5. 우리가 하나님에 대한 지식을 회복해야 하는 이유는 무엇입니까? 하나님의 속성을 바르게 이해하는 일이 신자에게 어떤 유익을 줍니까?

6. 하나님의 속성을 인간의 속성과 비교할 때 우리는 어떤 신앙적 유익을 얻을 수 있을지 토의해 봅시다.

4장
하나님의 두 권의 책

¹하늘이 하나님의 영광을 선포하고 궁창이 그의 손으로 하신 일을 나타내는도다 ²날은 날에게 말하고 밤은 밤에게 지식을 전하니 ³언어도 없고 말씀도 없으며 들리는 소리도 없으나 ⁴그의 소리가 온 땅에 통하고 그의 말씀이 세상 끝까지 이르도다 하나님이 해를 위하여 하늘에 장막을 베푸셨도다 ⁵해는 그의 신방에서 나오는 신랑과 같고 그의 길을 달리기 기뻐하는 장사 같아서 ⁶하늘 이 끝에서 나와서 하늘 저 끝까지 운행함이여 그의 열기에서 피할 자가 없도다 ⁷여호와의 율법은 완전하여 영혼을 소성시키며 여호와의 증거는 확실하여 우둔한 자를 지혜롭게 하며 ⁸여호와의 교훈은 정직하여 마음을 기쁘게 하고 여호와의 계명은 순결하여 눈을 밝게 하시도다. 시 19:1-8

2항 하나님은 우리에게 자신을 어떤 수단으로 알리시는가?

우리는 두 가지 수단으로 하나님을 알 수 있습니다. 첫째, 온 우주의 창조와 보존과 통치를 통해서 하나님을 알 수 있습니다. 이는 사도 바울이 말한 바와 같이, 우리 눈앞에 펼쳐진(시 19:1-4) 가장 고상한 책으로서 피조세계 안에 있는 크고 작은 모든 것들이 수많은 글자들처럼 하나님의 보이지 않는 것들, 즉 하나님의 능력과 신성을 묵상하도록 우리를 인도합니다. 이 모든 것들은 사람들을 깨우치기에 충분하므로 사람들은 핑계할 여지가 없습니다(롬 1:20).

둘째, 하나님은 거룩하시고 신적인 그분의 말씀을 통해 우리에게 자신을 더욱 분명하고 충분하게 알려 주십니다. 즉, 이 세상에서 우리에게 필요한 만큼 그분의 영광과 우리의 구원에 대해 알려 주십니다(시 19:7-8; 고전 1:18-21).

우리가 믿는 하나님은 우리를 구원하고 보호하실 만큼 견고한 망대와 같은 분이심을 앞 장에서 살펴보았습니다. 그러므로 신자는 온 힘을 다해 하나님께로 달려가야 합니다. 우리는 하나님이 견고한 망대가 되심을 어떻게 알 수 있습니까?

벨직 신앙고백서를 작성한 귀도 드 브레는 이것을 어떻게 알았을까요? 벨직 신앙고백서 2항은 인간이 두 가지 수단으로 하나님을 알 수 있다고 말합니다. 첫째는 온 우주의 창조와 보존과 통치를 통해서이고, 둘째는 거룩하시고 신적인 그분의 말씀을 통해서입니다. 전자는 자연의 책을 말하고, 후자는 성경의 책을 말합니다.

하나님은 두 권의 책을 쓰셨습니다. 하나는 온 우주이고, 다른 하나는 직접 기록하신 말씀입니다. 우리는 이 두 권의 책을 '계시의 책'이라고 부릅니다. 전자는 자연 계시(일반 계시)의 책이고, 후자는 초자연 계시(특별 계시)의 책입니다.

'계시'는 '밝히 보여서 알려 준다'는 뜻입니다. 책은 무엇입니까? 이야기나 어떤 사실 또는 목적을 풀어 나가는 것을 말합니다. 하나님의 두 권의 계시의 책은, 하나님이 원하시는 이야기나 어떤 사실 또는 목적을 우리에게 알려 주는 책을 말합니다. 이제 시편 19편과 벨직 신앙고백서 2항을 통해 하나님의 두 권의 책에 대해 살펴보겠습니다.

자연이라는 책

첫째, 자연은 하나님의 영원하신 능력과 신성을 우리에게 알려 주는 계시의 책입니다(1-2절). 시편 기자는 "하늘이 하나님의 영광을 선포하고 궁창이 그의 손으로 하신 일을 나타낸다"고 말합니다(1-2절). 하늘은 하나님이 지으신 모든 세계를 가리키고, 궁창은 대기권을 포함해 별들이 운행하는 은하계를 지칭합니다. 궁창은 대공, 창공, 창천이라고도 부릅니다.

사실 1. 하나님이 이 세상을 지으셨습니다. 성경의 첫 책 창세기는 "태초에 하나님이 천지를 창조하시니라"고 선언합니다(창 1:1). 사도 요한도 "만물이 그로 말미암아 지은 바 되었으니 지은 것이 하나도 그가 없이는 된 것이 없느니라"고 말합니다(요 1:3). 바울도 "만물이 주에게서 나오고"라고 말합니다(롬 11:36).

목적 1. 하나님이 이 세상을 지으신 목적은 하나님의 영광을 선포하기 위해서입니다. 이 세상은 하나님이 그분의 손으로 하신 일을 나타내 줍니다.

목적 2. 우주의 모든 피조물이 존재하는 목적은 하나님에 대한 지식을 보여 주기 위해서입니다. 날은 날에게 말하고 밤은 밤에게 지식을 전하며, 언어도 없고 들리는 소리도 없지만, 그의 소리가 온 땅에 통하고 그의 말씀이 세상 끝까지 이릅니다(2-4절). 즉 하나님이 천지만물을 창조하시고 보존하신다는 사실을 온 천하에 알리는 것입니다.

사실 2. 하나님은 모든 만물을 창조하시고 보존하실 뿐만 아니라 다스리십니다. 하나님은 해를 위하여 하늘에 장막을 베푸십니다(4절).

하나님이 지으신 모든 자연은 하나님의 영광을 보여 주는 위대한 책입니다. 거대한 창조의 책이요, 보존의 책이요, 다스림의 책입니다. 따라서 모든 사람은 자연을 볼 때마다 그것을 지으신 하나님을 인정하고 하나님의 영광과 위엄을 보아야 합니다. 그것이 자연의 창조 목적이자 존재 목적입니다. 즉, 하나님의 영광을 선포하는 것입니다. 인간을 창조하신 목적도 하나님의 영광을 선포하기 위해서입니다.

우주와 인간을 창조하신 하나님은 모든 피조물이 살아갈 수 있도록 모든 환경을 보존하십니다. 참새 한 마리도 하나님이 허락하시지 않으면 땅에 떨어지지 않습니다(마 10:29). 모든 생명은 하나님의 주권적 섭리 아래 있습니다. 자연에서 벌어지는 많은 일들은 인간이 도무지 제어할 수 없는 것들입니다. 하나님의 창조를 겸손히 인정하고 하나님의 보존하심을 믿지 않는다면 인간은 단 하루도 살 수 없을 것입니다. 하나님이 쓰신 자연의 책은 이것을 우리에게 보여 줍니다.

하나님은 역사와 우주와 인간을 포함한 자연 만물을 통치하십니다. 하나님의 주권을 벗어날 수 있는 피조물은 존재하지 않습니다. 이것이 바로 자연의 책이 우리에게 계시해 주는 이야기입니다. 모든 피조물들, 특히 인간은 하나님이 없다고 핑계할 수 없습니다. 바울은 이렇게 말합니다. "창세로부터 그의 보이지 아니하는 것들 곧 그의 영원하신 능력과 신성이 그가 만드신 만물에 분명히 보여 알려졌나니 그러므로 그들이 핑계하지 못할지니라"(롬 1:20). 자연의 책을 볼 때마다 하나님의 존재하심과 영광을 생각하며 하나님께 영광을 돌리기 바랍니다.

성경이라는 책

둘째, 성경은 하나님의 영광과 인간의 구원에 대해 알려 주는 계시의 책입니다(7-8절). 그런데 왜 사람은 하나님의 존재를 믿지 않고 그분께 영광을 돌리지 않습니까? 사람의 마음이 어두워졌기 때문입니다. 죄로 말미암아 자연 계시를 통해서는 하나님을 알 수 없게 되었고, 구원을 얻을 수도 없게 되었습니다. "하나님을 알되 하나님을 영화롭게도 아니하며 감사하지도 아니하고 오히려 그 생각이 허망하여지며 미련한 마음이 어두워졌나니"(롬 1:21).

죄를 회개하고 거듭나서 믿음을 갖지 않으면, 하나님을 알 수 없고 하나님께 영광을 돌릴 수도 없습니다. 히브리서 기자는 이렇게 말합니다. "믿음이 없이는 하나님을 기쁘시게 하지 못하나니 하나님께 나아가는 자는 반드시 그가 계신 것과 또한 그가 자기를 찾는 자들에게 상 주시는 이심을 믿어야 할지니라"(히 11:6).

우리에게는 믿음의 책, 구원의 책이 반드시 필요합니다. 이 특별한 책은 우리에게 구원의 길을 제시해 주고, 자연의 책을 가장 잘 설명해 줍니다. 이 책은 우리에게 끊임없이 회개하고 복음을 믿으라고 말합니다. 모든 사람이 죄를 지었으므로 죽음에 이른다고 말합니다. 물과 성령으로 거듭나지 않으면 하나님 나라를 볼 수 없고 들어갈 수도 없다고 말합니다. 의인은 없나니 하나도 없다고 선언합니다. 하나님을 영화롭게 하는 자들이 아무도 없다고 선포합니다. 죄인 된 자는 하나님의 진노 아래 있고, 마침내 심판을 받는다고 선언합니다. 하나님은 이 특별한 책에 구원의 길을 제시해 놓으셨습니다. "주 예수를 믿으라 그리하면 너와 네 집이 구원을 받으리라"(행 16:31). 이것이 바로 하나님의 두 번째 책의 목적입니다.

하나님이 우리를 거듭나게 하시고 믿음을 주심으로, 이 두 번째 책인 성경 계시를 통해 자연 계시를 올바로 바라보게 해주셨습니다. 자연은 더 이상 숭배의 대상이 아니라 하나님의 영광을 선포하고 하나님께 영광을 돌려야 할 방편에 불과합니다.

시편 기자는 이 책이 완전하여 영혼을 소성시킨다고 말합니다(7절). 우둔한 자를 지혜롭게 한다고 말합니다. 죄는 마음을 어둡게 하지만, 하나님의 책은 마음을 새롭게 하여 지혜롭게 합니다(7절). 하나님의 책은 믿음으로 구원을 얻게 합니다. 바울은 디모데에게 편지를 보내 이렇게 말합니다.

"또 어려서부터 성경을 알았나니 성경은 능히 너로 하여금 그리스도 예수 안에 있는 믿음으로 말미암아 구원에 이르는 지혜가 있게 하느니라"(딤후 3:15).

시편 기자는 이 책이 마음을 기쁘게 하고 눈을 밝게 한다고 말합니다(8절). 하나님의 특별한 책을 통해 믿음을 갖게 된 시인은 눈이 밝아지고 인생의 기쁨을 경험하게 됩니다. 하나님은 자연 만물을 통해 그분에 대한 많은 지식을 이미 알려 주셨습니다. 그러나 이 특별한 책을 통해서는 자연에서 벌어지는 모든 일을 올바로 관찰하고 해석하게 해주십니다. 이 책은 하나님의 영광뿐만 아니라 하나님의 자비하심, 온유하심, 오래 참으심, 사랑하심, 은혜로우심에 대해 말합니다. 하나님의 자비하신 사랑은 독생자 예수 그리스도의 십자가 죽음을 통해 절정에 이르렀습니다. 이 책은 요한복음에서 예수님이 친히 말씀하신 것처럼 "내가 곧 길이요 진리요 생명이니 나로 말미암지 않고는 아버지께로 올 자가 없느니라"고 선언합니다(요 14:6).

자연의 책은 구원의 길을 제공하지 않습니다. 주 예수 그리스도의 십자가를 말하지 않습니다. 그러나 이 특별한 책은 자연 만물을 올바로 회복시킬 방법뿐만 아니라, 죄인이 죄를 용서받고 의인이라 칭함을 받고, 이 자연세계에서 어떻게 하나님께 영광을 돌리며 살아가야 하는지를 밝히 알려 줍니다. 우리가 자연을 위해 살지 않고, 자연이 우리를 위해 존재한다는 것을 알려 줍니다. 하나님이 하나님 나라와 주님의 몸 된 교회와 성도를 위해 모든 것을 합력하여 선으로 이끄심을 보여 줍니다. 이 특별한 책을 통해 하나님이 우리에게 베푸신 구원의 은혜에 감사하며 하나님께 영광을 돌리기 바랍니다.

자연 만물은 하나님의 영광을 선포하고, 우주는 하나님의 손으로 하신 일을 나타냅니다. 특별한 계시의 책인 성경은 구원을 받은 우리로 하여금 먹든지 마시든지 무엇을 하든지 다 하나님의 영광을 위해 하라고 명령합니다. 만물이 주에게서 나오고, 주로 말미암고, 주에게로 돌아가기 때문입니다. 하나님은 지금도 자연의 책과 특별한 계시의 책인 성경을 통해 우리에게 말씀하십니다. 우리가 할 일은 오직 하나입니다. 그분의 말씀을 듣고 그분의 말씀대로 살아가는 일입니다.

우리는 시편 기자가 고백한 것처럼 "나의 반석이시요 나의 구속자이신 여호와여 내 입의 말과 마음의 묵상이 주님 앞에 열납되기를 원하나이다"라고 고백해야 합니다(시 19:14). 자연 만물은 하나님의 영광을 위해 존재하고, 하나님의 형상으로 지음받은 나라는 존재도 하나님의 영광을 위해 존재하는 것입니다. 하나님이 자연 만물과 우주와 역사와 나를 지으시고 보존하고 다스리신다면, 모든 것을 하나님께 맡기고 하나님의 영광을 위해 살아가야 합니다. 우리에게 하나님을 알려 주는 두 권의 책을 날마다 묵상하며, 하나님을 기쁘시게 하는 생각과 말을 합시다.

○ **칼뱅,『기독교 강요』, 1.5.14**
그러므로 피조 세계가 그것을 지으신 분의 영광을 드러내기 위해 많은 등불을 밝히고 있지만 우리에게는 그 모든 것이 헛될 뿐이다. 그 등불들이 밝은 빛으로 우리를 온통 적셔 주고 있지만, 그 자체로는 결코 우리를 올바른 길로 인도할 수 없다. 때때로 섬광을 발하기도 하지만, 더 완전한 빛이 비치기 전에 사라지고 만다. 그렇기에 사도는 세상을 가리켜 '보이지 않는 것들의 형상'이라 칭하면서, 거기에 덧붙여 "믿음으로 모든 세계가 하나님의 말씀으로 지어진 줄을 우리가 아나니"라고 말하는 것이다(히

11:3). 그분의 말씀은 곧 눈에 보이지 않는 신적인 사실이 그런 광경들을 통해 분명히 드러나지만, 믿음으로 하나님의 내적 계시의 조명을 받지 않고서는 이것을 볼 수 있는 눈을 가질 수 없다는 뜻이다.

■ 핵심용어

계시, 자연 계시(일반 계시), 초자연 계시(특별 계시), 조명(성령의 조명하심)

■ 생각해 볼 문제

1. 계시란 무엇입니까? 하나님이 쓰신 두 권의 계시의 책은 무엇입니까?
2. 이 두 권(두 가지 수단)의 계시의 책을 지칭하는 다양한 용어들을 정리해 봅시다.
3. 자연 계시(일반 계시)의 한계는 무엇입니까? 이 한계를 극복하기 위해 우리에게 필요한 것은 무엇입니까?
4. 성경을 이해하고 믿게 하시는(말씀을 깨닫게 하시는) 성령 하나님의 사역을 무엇이라고 합니까?
5. 성령 하나님이 우리에게 행하신 이 사역에 대한 경험과 은혜를 함께 나누어 봅시다.
6. 구원받은 신자로서 이 두 권의 책, 즉 자연의 책과 성경의 책을 어떻게 대해야 할지를 묵상하고 토론해 봅시다.

5장
기록된 하나님의 말씀

예언은 언제든지 사람의 뜻으로 낸 것이 아니요 오직 성령의 감동하심을 받은 사람들이 하나님께 받아 말한 것임이라. 벧후 1:21

> **3항 기록된 하나님의 말씀**
>
> 우리는 사도 베드로가 말한 바와 같이, 하나님의 말씀은 사람의 뜻에 의해 보내졌거나 전달된 것이 아니라 성령의 감동하심을 받은 하나님의 거룩한 사람들이 받아 말한 것임을 고백합니다(벧후 1:21). 그리고 그 후에 하나님은 우리와 우리의 구원을 위한 특별한 돌보심으로서 그분의 종들, 즉 선지자들과 사도들에게 명령하셔서 하나님의 계시하신 말씀을 기록하게 하셨습니다(출 34:27; 시 102:18; 계 1:11, 19). 또한 하나님은 그분의 손가락으로 율법의 두 돌판을 기록하셨습니다(출 31:18). 따라서 우리는 이러한 기록들을 거룩하고 신적인 성경이라고 부릅니다(딤후 3:16).

앞 장에서는 우리가 믿는 하나님이 두 권의 책을 쓰셨다는 내용에 대해 살펴보았습니다. 하나님은 자연이라는 책에서는 하나님의 영광을 드러내시고, 성경이라는 책에서는 죄와 사망의 저주로부터 구원을 계시해 주십니다.

계시는 밝히 보여서 알려 주는 것을 말하고, 책은 이야기나 어떤 사실 또는 목적을 풀어 나가는 것을 말합니다. 하나님의 두 권의 계시의 책은, 하나님이 원하시는 이야기나 어떤 사실 또는 목적을 우리에게 알려 줍니다. 우리가 어찌하면 하나님을 발견하고 하나님께 나아갈 수 있겠습니까?(욥 23:3) 하나님이 친히 우리에게 말씀으로 알려 주시지 않는다면 세상 어디에서도 하나님을 찾을 수 없습니다. 바로 이것이 하나님의 계시입니다. 하나님이 자신의 은혜로운 구속의 목적과 역사를 알려 주지 않으셨다면, 우리는 하나님을 참되게 알지도, 우리 자신을 올바르게 평가할 수도 없었을 것입니다. 이제 하나님의 두 권의 책 가운데 하나인, 기록된 하나님의 말씀에 대해 살펴보겠습니다.

성경은 하나님의 말씀

첫째, 기록된 성경은 하나님의 말씀입니다(21절). 베드로는 이렇게 말합니다. "예언은 언제든지 사람의 뜻으로 낸 것이 아니요 오직 성령의 감동하심을 받은 사람들이 하나님께 받아 말한 것임이라"(21절). 벨직 신앙고백서 3항의 첫 문장은 이 말씀을 정확하게 반영하고 있습니다. "우리는 사도 베드로가 말한 바와 같이, 하나님의 말씀은 사람의 뜻에 의해 보내졌거나 전달된 것이 아니라 성령의 감동하심을 받은 하나님의 거룩한 사람들이 받아 말한 것임을 고백합니다."

앞 장에서 우리는 성경의 내용에 대해 살펴보았고, 이 장에서는 성경의 형식과 기록 방법에 대해 살펴볼 것입니다. 성경은 하나님의 말씀입니다. 이것은 베드로 사도가 말한 바와 같이, 사람의 뜻이 아니며, 그 기원이 신적(divine)이라는 의미입니다. 즉 사람이라는 존재가 아닌 초월적인 존재의 말씀, 더 나아가 역사와 우주와 인간을 지으시고 다스리는 분이 직접 하신 말씀을 의미합니다. 창조주이자 통치자이신 하나님이 우리에게 말씀하신다는 것은 놀라운 일입니다. 게다가 그 말씀이 기록물로 남아 있다는 것은 더욱 놀라운 일입니다. 성경이라는 책의 권위는, 그것이 사람이 한 말이 아니라 사람을 지으신 하나님이 하신 말씀이라는 데 있습니다. 진정한 신자는 성경의 권위를 인정하고 믿습니다. 성경이 자신을 향한 하나님의 명령임을 인정합니다.

이사야 34장에 아주 중요한 말씀이 기록되어 있습니다. "너희는 여호와의 책에서 찾아 읽어 보라 이것들 가운데서 빠진 것이 하나도 없고 제 짝이 없는 것이 없으리니 이는 여호와의 입이 이를 명령하셨고 그의 영이 이것들을 모으셨음이라"(사 34:16). 성경을 기록한 이는 사람일지라도 그것을 명령하신 분은 하나님이십니다. 그러므로 성경은 신적 권위를 지닙니다. 그러나 역사적으로 인간은 성경이 하나님의 말씀이 아니라고 끊임없이 주장해 왔습니다. 이런 주장은 18세기 후반 유럽에서 일어난 계몽주의로부터 시작됩니다. 그들은 성경도 사람이 지은 하나의 문학책으로 봐야 한다고 주장합니다. 성경을 문학으로 해석하고, 과학으로 검증하며, 인간의 이성으로 판단해야 한다고 주장합니다.

그러나 거듭난 신자는 성경을 하나님의 말씀으로 받아들입니다. 이것은 맹목적인 신앙이나 광적인 신앙이 아닙니다. 중생을 통한 믿음이 우리 안에서 영적으로 불러일으키는 지식적 동의이며, 정서적 만족이요, 의지적 결단의 결과입니다. 세상이 뭐라고 해도 성경은 하나님의 말씀입니다. 성경은 "성령의 감동하심을 받은 사람들이 하나님께 받아 말한 것"입니다. 우리는 성경이 친히 하나님이 하신 말씀이라고 믿습니다.

하나님은 모세에게 십계명 두 돌판을 기록하게 하십니다. "여호와께서 시내 산 위에서 모세에게 이르시기를 마치신 때에 증거판 둘을 모세에게 주시니 이는 돌판이요 하나님이 친히 쓰신 것이더라"(출 31:18). 천지를 창조하신 하나님은 자연이라는 책을 통해 말씀하셨고, 구약 시대에는 꿈과 계시와 환상으로 직접 말씀하시거나 선지자들을 통해 말씀하셨습니다. 신약 시대에는 사도들을 통해 말씀하셨고, 그분의 아들을 통해 우리에게 말씀하셨습니다. 그리고 이 모든 것을 '성경'이라는 기록물로 남겨 주셨습니다.

하나님이 우리에게 말씀을 주신 것은 순전히 하나님의 은혜요 그분의 선한 목적 때문입니다. 우리가 매일 성경을 가지고 다닐 수 있고, 집에서 언제나 성경을 펼쳐 읽을 수 있는 것은 우리를 향하신 하나님의 은혜로운 사랑 때문입니다. 성경이 그저 사람의 견해나 생각이나 묵상의 산물이라면, 무슨 유익이 있겠습니까? 성경은 사람의 말이 아닌 하나님의 말씀입니다. 하나님의 말씀은 저와 여러분을 구원하시는 참된 말씀입니다. 성경이 하나님의 사랑의 말씀임을 굳게 믿고, 매일 성경을 통해 하나님의 은혜와 사랑을 경험하기 바랍니다.

성경은 하나님께로부터 온 말씀

둘째, 기록된 성경은 하나님께로부터 온 말씀입니다(21절). 성경은 성령의 감동하심을 받은 사람들이 하나님께 받아 말한 것입니다. 즉 하나님께로부터 온 말씀입니다. 성경의 모든 말씀은 하나님께로부터 흘러나왔다고 말할 수 있습니다.

21절을 다시 보겠습니다. "예언은 언제든지 사람의 뜻으로 낸 것이 아니요 오직 성령의 감동하심을 받은 사람들이 하나님께 받아 말한 것임이라." 벨직 신앙고백서 3항은 "하나님의 말씀은 … 성령의 감동하심을 받은 하나님의 거룩한 사람들이 받아 말한 것임을 고백합니다"라고 시작합니다.

사도 베드로는 성경이 "성령의 감동하심을 받은 사람들이 하나님께 받아 말한 것"이라고 합니다(21절). 사도 바울은 "모든 성경은 하나님의 감동으로 된 것"이라고 말합니다(딤후 3:16). 여기서 '성령의 감동하심'과 '하나님의 감동'은 같은 의미입니다. 이것은 성경의 영감 교리에 대한 말씀입니다.

성령에 의해 움직인 사람들이 하나님이 하신 말씀을 기록했습니다. "여호와께서 모세에게 이르시되 너는 이 말들을 기록하라 내가 이 말들의 뜻대로 너와 이스라엘과 언약을 세웠음이니라 하시니라"(출 34:27). "이 일이 장래 세대를 위하여 기록되리니 창조함을 받을 백성이 여호와를 찬양하리로다"(시 102:18).

사도 요한도 말씀을 받았습니다. "이르되 네가 보는 것을 두루마리에 써서 에베소, 서머나, 버가모, 두아디라, 사데, 빌라델비아, 라오디게아 등 일곱 교회에 보내라 하시기로 … 그러므로 네가 본 것과 지금 있는 일과 장차 될 일을 기록하라"(계 1:11, 19).

성경의 영감 교리에 대해 어렴풋이 듣고 배운 적이 있을 것입니다. 예를 들어, "모세야, 베드로야, 너는 내가 하는 말을 조금도 틀림없이 아무런 생각 없이 받아 적기만 하라"고 배웠다면, 그것은 기계적 영감설입니다. 여기에는 인간 기록자의 생각이나 견해, 문화적 환경이 완전히 배제됩니다.

반면에 "모세야, 바울아, 내가 너희와 함께 말하고 친근하게 살겠다. 그러니 너는 내 생각과 말씀을 기록하되, 내 생각이 무엇인지 생각해 보고 알아서 잘 기록하라"고 배웠다면, 그것은 동력적 영감설입니다. 여기에는 인간 기록자의 생각이나 견해, 문화적 환경이 첨가됩니다. 따라서 성경은 하나님이 하신 말씀이라기보다는 위대한 문학서가 되고 맙니다. 성경이나 문학서나 별 차이가 없게 됩니다.

또한 "모세야, 바울아, 내가 이제부터 신앙에 대해 말하겠다. 너희는 이것을 기록하라. 하지만 너희가 살던 역사나 지리나 감정이나 윤리나 생각은 너희가 기록하라"고 배웠다면, 그것은 이원론적 영감설입니다. 이 이론은 성경의 일부분은 하나님이 직접 하신 말씀이고, 다른 부분은 사람이 한 말이라는 것입니다. 이것은 우리로 하여금 성경에서 사람의 한 말이 아닌 하나님의 말씀을 찾아야 한다고 도전합니다. 그러나 어떤 부분이 하나님의 말씀이고 어떤 부분이 사람의 말인지를 결정하는 주체가 없기에 어떤 부분이 하나님의 말씀인지 아닌지 결정할 수 없게 됩니다.

성경은 하나님께로부터 온 말씀이기에 성경의 주요 저자는 성령이십니다. 베드로가 말한 '성령의 감동하심'과 바울이 말한 '하나님의 감동'이 바로 이것을 의미합니다. 성경을 기록한 이들은 "성령의 감동하심을 받은 하나님의 거룩한 사람들"입니다. 이 모든 말씀은 성경이 하나님의 영이신 성령에 의해 기록되었음을 알려 줍니다. 이것은 성령님이 모세나 베드로나 바울과 같은 성경 기록자들을 녹음기처럼 사용하셨음을 뜻하지 않습니다. 성경을 읽어 보면 알겠지만, 율법서와 역사서가 다르고, 예언서와 지혜서가 다릅니다. 복음서와 사도행전이 다릅니다. 복음서도 저자에 따라 각기 다릅니다. 하나님의 영은 성경 기록자들의 재능, 인격, 성격, 문화, 시간, 상황, 문체 등 모든 것을 완벽하게 사용하셔서 성경을 기록하게 하셨습니다. 의사인 누가의 문체와 어부인 베드로의 문체는 사뭇 다르며, 사도 바울의 로마서는 문체가 더욱 다릅니다. 바울의 문체는 법정적이고, 누가의 문체는 꼼꼼하고 풍성합니다.

하나님의 영은 각 기록자들의 삶(경험, 지식, 재능, 연구 등)의 모든 요소들을 사용하셔서, 성경이 완벽한 하나님의 말씀이 되도록 역사하셨습니다. 우리는 이것을 유기적 영감설이라고 부릅니다. 따라서 성경에는 인간의 말도 있고 하나님의 말씀도 있는 것이 아닙니다. 성경은 영감된 하나님의 말씀입니다. 더 놀라운 사실은, 성경 66권과 그 안에 담긴 세세하고 소소한 이야기들이 모두 하나의 주제와 목적으로 통일되어 있다는 것입니다. 바로 '주 예수 그리스도의 구속과 하나님 나라의 완성'입니다. 성경 어디를 펼쳐도 하나님의 기록된 말씀은 이 목적지를 향해 있습니다. 다른 모든 장소들은 이 목적지를 향한 여정에 불과합니다.

성경은 하나님께로부터 온 말씀, 즉 "성령의 감동하심을 받은 사람들이 하나님께 받아 말한 것"임을 굳게 믿고 성령의 조명하심으로 성경을 이해하기를 소원합니다.

성경은 하나님을 향한 말씀

셋째, 기록된 성경은 하나님을 향한 말씀입니다(21절). 다시 한 번 21절을 보겠습니다. "예언은 언제든지 사람의 뜻으로 낸 것이 아니요 오직 성령의 감동하심을 받은 사람들이 하나님께 받아 말한 것임이라." 벨직 신앙고백서 3항은 이렇게 말합니다. "그리고 그 후에 하나님은 우리와 우리의 구원을 위한 특별한 돌보심으로서 그분의 종들, 즉 선지자들과 사도들에게 명령하셔서 하나님의 계시하신 말씀을 기록하게 하셨습니다. 또한 하나님은 그분의 손가락으로 율법의 두 돌판을 기록하셨습니다. 따라서 우리는 이러한 기록들을 거룩하고 신적인 성경이라고 부릅니다."

여기서 강조점은, 하나님이 친히 그분의 손가락으로 기록하셨다는 것입니다. 하나님은 성경의 기록에 서명을 하신 것입니다. 서명을 하는 이유가 무엇입니까? '이 글은 내 글이다'는 진정성을 증명하기 위해서 하는 것입니다. 하나님은 저와 여러분을 구원하기 위해 그렇게 하셨습니다. 왜 십계명을 주셨습니까? 저와 여러분이 거룩하게 살도록 주신 것입니다. 왜 성경을 영감으로 기록하게 하셨습니까? 우리가 하나님의 사람으로 살게 하시기 위해서입니다. 하나님이 모세로부터 사도 요한에 이르기까지 40여 명의 성경 저자들을 감동시켜서 1600여 년 동안 구약과 신약의 기록을 완성하신 이유가 무엇입니까? 우리가 구원을 얻고 하나님의 백성답게 살게 하시기 위해서입니다.

바울은 디모데에게 편지하면서 이렇게 말합니다. "또 어려서부터 성경을 알았나니 성경은 능히 너로 하여금 그리스도 예수 안에 있는 믿음으로 말미암아 구원에 이르는 지혜가 있게 하느니라 모든 성경은 하나님의 감동으로 된 것으로 교훈과 책망과 바르게 함과 의로 교육하기에 유익하니 이는 하나님의 사람으로 온전하게 하며 모든 선한 일을 행할 능력을 갖추게 하려 함이라"(딤후 3:15-17).

하나님은 타락한 저와 여러분이 다시 하나님께로 돌아오게 하시려고 성경을 주셨습니다. 우리가 기록된 약속을 붙잡고, 나그네와 같은 삶을 왕같은 제사장과 거룩한 나라로 살아가도록 성경을 주신 것입니다. 우리는 받은 이 말씀을 다시 하나님께 돌려드려야 합니다. 말씀을 돌려드린다는 것은 무엇을 의미합니까? 말씀대로 살아가는 것입니다. 먹든지 마시든지 무엇을 하든지 다 하나님의 영광을 위해 하는 것입니다(고전 10:31). 살아도 주를 위하여 살고 죽어도 주를 위하여 죽는 각오로 사는 것입니다(롬 14:8). 만물이 주에게서 나오고 주로 말미암고 주에게로 돌아가기 때문에 하나님께 영광을 세세토록 돌리는 것입니다(롬 11:36). 이렇게 살지 않는 삶은 의미가 없습니다. 하나님이 저와 여러분을 지으시고 성경을 주신 유일한 목적이 바로 이것입니다. 우리가 받은 말씀을 다시 하나님께로 돌려드림으로 하나님께 영광을 돌립시다.

성경은 하나님께로부터 나온 신적인 말씀입니다. 하나님의 말씀은 하나님의 영을 통해 나온 말씀입니다. 우리가 믿음으로 모든 영광을 하나님께 돌려드려야 할 하나님을 향한 말씀입니다. 바울은 "만물이 주에게서 나오고 주로 말미암고 주에게로 돌아감이라 그에게 영광이 세세에 있을지어다 아멘"이라고 말합니다(롬 11:36). 그렇다면 동일하게 이렇게 말할 수 있을 것입니다. "성경이 하나님에게서 나오고 하나님으로 말미암고 하나님에게로 돌아감이라 그에게 영광이 세세에 있을지어다 아멘!"

○ 칼뱅, 『기독교 강요』, 1.6.2

하나님이 족장들에게 말씀과 환상을 통해 자신을 알리셨든, 아니면 사람들의 일과 사역을 통해 자신을 알리셨든 간에, 그들의 마음에 후손들에게 전수해야 할 것을 새겨 주셨다. … 하나님이 가르치신 내용에 대한 확신이 그들의 마음에 든든하게 새겨졌다. 그리하여 그들은 자신들이 배운 것이 하나님께로부터 온 것임을 확실히 깨달았다. 하나님은 그분의 말씀을 통해 그들의 믿음을 명확하게 하셨고, … 그 가르침이 계속 이어지고 진리가 모든 시대를 넘어 세상에 영원히 남아 있게 하려고, 하나님은 족장들에게 주셨던 동일한 말씀을 공적 기록으로 남기기를 기뻐하셨다. 이를 위해 율법이 반포되고, 후에 선지자들은 율법의 해석자들로 추가되었다.

■ 핵심용어

성경의 권위, 계몽주의, 성경의 영감 교리(기계적 영감설, 동력적 영감설, 이원론적 영감설, 유기적 영감설), 성령의 내적 증거

■ 생각해 볼 문제

1. 성경은 누구의 말씀을 누가 기록한 것입니까?
2. 성경의 권위는 무엇에 근거하고 있습니까? 우리는 무엇을 통해 성경을 하나님의 말씀으로 받아들입니까?
3. 계몽주의란 무엇입니까? 이것이 기독교 신앙, 특히 성경의 권위에 어떤 영향을 끼쳤습니까?
4. 성경의 영감 교리에 대한 네 가지 주장을 살펴봅시다. 왜 유기적 영감설이 올바른 견해이며, 이것이 성경의 무오성과 어떤 관계가 있는지 생각해 봅시다.
5. 성경의 권위가 우리에게 주는 유익과 위로는 무엇입니까?
6. '성경은 하나님을 향한 말씀'이라는 것은 무엇을 의미합니까? 그 의미에 대해 함께 묵상하고 토론해 봅시다.

6장
정경: 구약과 신약

너희가 성경에서 영생을 얻는 줄 생각하고 성경을 연구하거니와 이 성경이 곧 내게 대하여 증언하는 것이니라. 요 5:39

4항 정경

우리는 성경이 구약(요 5:39)과 신약(딤후 3:15-17) 두 부분으로 구성되어 있으며, 이 책들은 정경이고 이에 대해 어떤 이의도 제기할 수 없음을 믿습니다(사 34:16). 따라서 이 정경들은 하나님의 교회에서 다음과 같이 불립니다.

구약의 책들은 모세오경, 즉 창세기, 출애굽기, 레위기, 민수기, 신명기; 여호수아, 사사기, 룻기, 사무엘 두 권, 역대기 두 권, 에스라, 느헤미야, 에스더, 욥기, 다윗의 시편, 솔로몬의 책 세 권, 즉 잠언, 전도서, 아가; 대선지서 네 권, 즉 이사야, 예레미야, 에스겔, 다니엘; 소선지서 열두 권, 즉 호세아, 요엘, 아모스, 오바댜, 요나, 미가, 나훔, 하박국, 스바냐, 학개, 스가랴, 말라기입니다.

신약의 책들은 복음서 네 권, 즉 마태, 마가, 누가, 요한; 사도행전, 사도 바울의 서신서 열네 개, 즉 로마 교회에 하나, 고린도 교회에 둘, 갈라디아 교회에 하나, 에베소 교회에 하나, 빌립보 교회에 하나, 골로새 교회에 하나, 데살로니가 교회에 둘, 디모데에게 둘, 디도에게 하나, 빌레몬에게 하나, 히브리교회에 하나; 다른 사도들의 서신서 일곱 개, 즉 야고보의 편지 하나, 베드로의 편지 둘, 요한의 편지 셋, 유다의 편지 하나; 그리고 사도 요한의 계시록입니다.

앞서 우리는 하나님이 두 권의 책을 쓰셨다는 것을 살펴보았습니다. 그중에 특별 계시인 성경의 책은 하나님께로부터 나온 하나님의 말씀입니다. 하나님이 주신 영감에 의한 말씀이고, 우리가 하나님께 다시 돌려드려야 할 하나님을 향한 말씀입니다.

이 장에서는 성경의 정경 문제를 살펴보려고 합니다. '정경'은 라틴어 'canon'에서 온 말로 '규범, 규칙, 법규, 표준' 등의 의미를 가집니다. 벨직 신앙고백서 4항은 구약과 신약 66권을 정경이라고 부르며, 이에 대해 어떤 이의도 제기할 수 없음을 믿는다는 선언으로 시작합니다.

성경의 정경 문제는 우리가 가지고 있는 성경이 과연 믿을 만한 규범이며 표준인지, 그리고 믿을 만한 하나님의 말씀이라면 어떻게 그러한지를 다룹니다. 우리는 왜 이런 문제를 다루어야 합니까? 하나님이 시작하신 역사 이래로 하나님의 말씀에 대한 공격이 끊이지 않았기 때문입니다. 오늘날 교회에 대한 공격의 기저에는 하나님의 말씀에 대한 도전이 자리하고 있습니다.

구약과 신약은 하나님의 말씀

첫째, 성경은 오직 구약과 신약 두 부분으로 구성되어 있으며, 구약과 신약은 하나님의 말씀입니다. 예수님은 "너희가 성경에서 영생을 얻는 줄 생각하고…"라고 말씀하십니다(39절). 물론, 주님이 말씀하신 성경은 신약이 완성되지 않았을 때의 구약성경, 즉 율법과 예언서를 가리킵니다. 예수님은 모세오경을 성경이라 부르셨고, 시편과 선지서를 성경이라 부르셨습니다.

학사 에스라 시대에 구약 교회는 구약성경을 수집했고, 모세오경으로부터 말라기에 이르기까지 구약성경을 정경으로 간주했습니다. 예수님은 이것을 성경이라 부르십니다. 예수님은 수시로 구약을 하나님의 말씀으로 인용하셨습니다. 외식하는 바리새인을 책망하시면서 아벨의 피로부터 사가랴의 피까지 언급하며 타락한 이 세대가 그 책임을 져야 할 것이라 말씀하셨습니다(눅 11:51). 주님은 성경의 첫 책인 창세기부터 히브리어 성경의 마지막 책인 역대하를 하나님의 말씀으로 인정하신 것입니다.

신약 교회는 예수님이 인정하신 구약성경을 정경으로 받아들였습니다. 성경을 선택한 것이 아니라 받아들였습니다. 사도 베드로는 사도 바울이 쓴 편지를 하나님의 말씀으로 인정합니다(벧후 3:15-16). 주후 90년에 유대 랍비 종교회의는 구약 39권을 정경으로 받아들입니다. 그리고 주후 397년에 카르타고 공의회는 신약 27권을 포함하여 총 66권을 정경으로 공인합니다. 17세기에 벨직 신앙고백서가 이 사실을 다시 확인시켜 줍니다. 정경은 지금까지 단 한 번도 수정된 적이 없습니다.

신구약 성경의 정경성은 신적이며 역사적입니다. 하나님이 말씀하셨고, 주님이 인정하셨으며, 교회의 공의회가 믿음으로 받아들였습니다. 성경은 신적이고, 역사적이며, 정통적입니다. 그래서 믿을 만한 것입니다. 성경은 구약과 신약 두 부분으로 구성되어 있고, 하나님의 말씀입니다. 신구약 성경 66권이 하나님의 참된 말씀임을 굳게 믿으십시오.

구약과 신약은 예수 그리스도에 대한 말씀

둘째, 구약과 신약은 한 분 예수 그리스도에 대한 말씀입니다. 본문 39절을 다시 한 번 보겠습니다. "너희가 성경에서 영생을 얻는 줄 생각하고 성경을 연구하거니와 이 성경이 곧 내게 대하여 증언하는 것이니라." 벨직 신앙고백서 4항은 "우리는 성경이 구약과 신약 두 부분으로 구성되어 있으며, 이 책들은 정경이고 이에 대해 어떤 이의도 제기할 수 없음을 믿습니다. 따라서 이 정경들은 하나님의 교회에서 다음과 같이 불립니다"라고 진술합니다. 영생에 대해 증거하는 성경은 구약과 신약 66권뿐이라는 것입니다. 다른 책은 정경이 아니며, 나름대로 진리를 담고 있지만 성경은 아니라는 것입니다. 우리는 그것을 외경이라 부릅니다.

귀도 드 브레는 구약과 신약은 하나님의 말씀이며, 창세기부터 요한계시록까지 모든 책의 이름을 다 언급합니다. 이 책들 외에 다른 책들을 정경에 포함시키려는 시도가 있었고, 또 66권 가운데 일부를 제외하려는 움직임이 있었기 때문입니다.

로마 가톨릭교회는 외경을 정경으로 주장합니다. 토비트, 유딧, 지혜서, 집회서, 바룩서, 마카비상, 마카비하 등 7권의 책을 성경에 포함시킵니다. 유아세례를 인정하지 않는 재세례파는 구약의 하나님은 무시무시한 진노의 하나님이시라며 구약성경을 정경으로 인정하지 않았습니다. 마르틴 루터는 야고보서가 행위를 강조한다며 지푸라기 서신으로 폄하하고 하나님의 말씀이 아니라고 주장했습니다. 이런 맥락에서 벨직 신앙고백서 4항은 창세기부터 요한계시록까지 66권의 신구약 성경만이 정경이라 고백합니다.

이것이 한 분 예수 그리스도와 어떤 관계가 있습니까? 외경은 나름대로 진리를 담고 있으며 도덕적 규범을 제시하지만, 영생을 주시는 예수 그리스도에 대한 충분한 진리를 담고 있지 않습니다. 그래서 구약 교회와 신약 교회가 외경을 제외한 것입니다. 사도 바울은 고린도 교회에 네 통의 편지를 썼습니다. 그런데 성령의 역사하심으로 고린도전후서 두 통만 정경으로 인정되었습니다.

앞 장에서 살펴본 바와 같이, 66권의 신구약 성경은 저자가 다르고 기록된 시기도 다릅니다. 40여 명의 저자들이 무려 1600여 년 동안 기록한 것이지만, 신구약 성경은 놀라운 통일성을 가지고 있습니다. 그것은 바로 주님이 "이 성경이 곧 내게 대하여 증거하는 것"이라고 하신 말씀입니다. 40여 명의 다른 저자, 다른 문체, 다른 시대적 배경을 가지고 있지만, 오직 하나의 말씀만 있습니다.

구약과 신약은 한 분 하나님의 말씀입니다. 그 말씀은 예수 그리스도를 증거하며, 예수 그리스도를 통한 구원을 최종 목적지로 규정합니다. 구약은 그리스도를 예언하고, 신약은 그 예언의 성취로 오신 그리스도를 묘사합니다. 구약은 신약에 의해 성취되고, 신약은 구약을 설명합니다. 구약은 그림과 같고, 신약은 해설서와 같습니다. 신약의 해설로 구약을 읽어야 하고, 구약의 풍성한 이야기와 그림으로 신약을 바라보아야 합니다. 그 중심에 예수 그리스도가 계십니다. 신구약 성경이 영원 전부터 계신 예수 그리스도, 영생을 얻게 하시는 구주 예수 그리스도의 말씀임을 굳게 믿고 구약과 신약의 모든 곳에서 그리스도를 만나기 바랍니다.

구원과 행위의 유일무이한 법칙

셋째, 66권의 신구약 성경은 구원과 행위의 유일무이한 법칙으로 충분합니다. 주님은 "너희가 성경에서 영생을 얻는 줄 생각하고 성경을 연구하거니와 이 성경이 곧 내게 대하여 증언하는 것이니라"고 하십니다(39절).

참으로 주님은 이런 말씀을 하실 자격이 있으십니다. 주님은 자신을 영생과 동일시하십니다. 주님은 영원 전부터 계신 분이십니다. 요한에 따르면, 주님은 로고스이십니다. 말씀이십니다. 주님은 생명이십니다. 주님은 "생명으로 인도하는 문은 좁다"고 말씀하십니다(마 7:14). 이 문이 좁다는 것은 물리적인 의미가 아닙니다. 좁은 문은 생명이신 그리스도께로 난 문입니다. 그 좁은 문으로 들어가 좁은 길을 걸어갈 때 구원과 생명이신 예수 그리스도를 만날 수 있습니다. 즉, 믿음으로만 들어갈 수 있는 문입니다.

존 번연이 쓴 『천로역정』을 보면, 죄와 죽음과 하나님의 진노와 심판 때문에 괴로워하던 크리스천에게 전도자가 다가와서 좁은 문 사이로 번쩍이는 빛을 향해 똑바로 달려가라고 말합니다. 그 빛은 예수 그리스도이십니다. 말씀은 그 길을 비추는 등불 역할을 합니다. 시편 기자는 이렇게 말합니다. "주의 말씀은 내 발에 등이요 내 길에 빛이니이다"(시 119:105). 성경은 구원의 길을 제시하고 선포합니다. 성경은 이를 믿음으로 받아들일 때 영생을 얻으며, 불순종하고 거부할 때 영원한 형벌을 받는다고 말합니다.

히브리서 기자는 이렇게 말합니다. "하나님의 말씀은 살아 있고 활력이 있어 좌우에 날선 어떤 검보다도 예리하여 혼과 영과 및 관절과 골수를 찔러 쪼개기까지 하며 또 마음의 생각과 뜻을 판단하나니 지으신 것이 하나도 그 앞에 나타나지 않음이 없고 우리의 결산을 받으실 이의 눈앞에 만물이 벌거벗은 것같이 드러나느니라"(히 4:12-13). 그러므로 우리는 하나님의 말씀으로 장난을 쳐서는 안 됩니다. 하나님의 말씀은 가볍게 취급되어서는 안 됩니다. 또한 우리의 머리로 이해할 수 없다고 홍해의 기적이나 그리스도의 성육신 기적을 빼거나, 다른 말씀을 더하면 안 됩니다. 하나님은 그런 사람이 죄 없다고 하시지 않을 것입니다. 성경에 기록된 모든 이야기와 사건은 우리의 영생에 필요한 교훈들입니다. 모세는 이렇게 말합니다. "내가 너희에게 명령하는 말을 너희는 가감하지 말고 내가 너희에게 내리는 너희 하나님 여호와의 명령을 지키라"(신 4:2).

정경과 외경에 대한 논쟁보다 훨씬 더 중요한 것은 영생을 얻게 하시는 하나님의 말씀을 연구하는 것입니다. 우리는 성경을 읽을 뿐만 아니라 부지런히 연구해야 합니다. 성경은 우리를 구원하기 위한 하나님의 기적의 책이기 때문입니다. 사람이 아닌 하나님이 사람과 대화하시는 책이기 때문입니다. 하나님은 자기 아들 예수 그리스도를 통해서 말씀하셨습니다. 아버지는 아들을 통해서 말씀하시고, 아들은 아버지와 함께 말씀하십니다. 성경 외에 다른 말씀은 없습니다. "모든 성경은 하나님의 감동으로 된 것으로 교훈과 책망과 바르게 함과 의로 교육하기에 유익"합니다(딤후 3:16). 우리에게 영생을 주시는 하나님의 말씀을 부지런히 연구하기 바랍니다.

신구약 성경이 정경이라면 우리는 그에 합당한 대우를 해야 합니다. 우리는 성경을 삶의 규범과 표준으로 대우하고 있습니까? 과연 성경을 구원과 행위의 하나밖에 없는 법칙으로 대우하고 있습니까?

시편 기자는 "복 있는 사람은 ⋯ 오직 여호와의 율법을 즐거워하여 그의 율법을 주야로 묵상하는도다"라고 말합니다(시 1:1-2). 하나님의 말씀인 성경을 멀리하고 악인의 꾀를 따르는 자는 망하게 될 것입니다. 오늘부터 성경을 펼쳐서 읽고 묵상하며 연구하기 바랍니다. 창세기부터 요한계시록까지 읽으십시오. 성경 한 권을 정해서 공부하십시오. 시편을 매일 묵상하십시오. 서신서 하나를 택해서 깊이 있게 연구하고 암송하십시오.

잠언 기자는 "내 아들아 꿀을 먹으라 이것이 좋으니라 송이꿀을 먹으라 이것이 네 입에 다니라"고 권면합니다(잠 24:13). 그는 하나님의 지혜가 우리 영혼에게 이와 같으므로, 지혜를 얻으면 "정녕히 네 장래가 있겠고 네 소망이 끊어지지 아니하리라"고 말합니다(잠 24:14). 구원과 행위의 유일무이한 법칙으로서 하나님의 말씀인 성경을 매일의 양식으로 삼기 바랍니다.

○ 칼뱅, 『기독교 강요』, 1.8.1
성경의 권위를 받아들인 후에 성경을 면밀히 공부해 나가면서, 신적 지혜의 경륜이 성경에 잘 정렬되고 배열되어 있는 것이나, 그 가르침에 속된 것이 하나도 없고 완전히 하늘의 성격으로 가득한 것이나, 각 부분이 모두 다른 부분들과 아름답게 조화를 이루는 것이나, 그 밖에 그 책들에 대해 위엄을 느끼게 하는 갖가지 다른 특성들을 생각해 보면, 성경에 대한 우리의 믿음이 과연 참이라는 것이 정말로 놀랍게 확증된다.

■ 핵심용어
정경, 구약, 신약, 공의회, 성경의 통일성, (말씀을) 연구함

■ 생각해 볼 문제
1. 성경의 정경은 무엇을 뜻하고, 우리가 받아들이는 정경은 어떤 것들입니까?
2. 구약과 신약 66권을 누가 정경으로 결정했습니까?
3. 구약과 신약은 어떤 과정을 거쳐 정경으로 받아들여졌습니까?

4. 벨직 신앙고백서가 성경 66권의 이름을 모두 빠짐없이 언급하는 이유는 무엇입니까?

5. 공의회란 무엇입니까? 교회사의 중요한 공의회를 살펴보고, 어떤 사항들이 논의되었는지 알아봅시다.

6. 성경의 통일성은 무엇으로 알 수 있습니까?

7. 성경은 무엇과 무엇의 유일무이한 법칙이며, 그것이 신자에게 의미하는 바는 무엇입니까?

8. 말씀을 연구한다는 것은 어떤 의미입니까? 삶에서 말씀 연구를 어떻게 실천하고 있는지 함께 나누어 봅시다.

7장
성경의 권위

이러므로 우리가 하나님께 끊임없이 감사함은 너희가 우리에게 들은 바 하나님의 말씀을 받을 때에 사람의 말로 받지 아니하고 하나님의 말씀으로 받음이니 진실로 그러하도다 이 말씀이 또한 너희 믿는 자 가운데에서 역사하느니라. 살전 2:13

5항 성경

우리는 이 모든 책들을, 그리고 오직 이 모든 책들만 우리 믿음의 규칙과 토대와 확증을 위한 거룩한 정경으로 받아들입니다(살전 2:13; 딤후 3:16-17). 우리는 교회가 이 책들을 정경으로 받아들이고 승인했기 때문이 아니라, 특별히 성령님이 이 책들이 하나님께로부터 왔음을 우리 마음에 증거해 주시고(고전 12:3; 요일 4:6, 5:7), 또한 이 책들이 이에 대한 증거를 가지고 있기에 이 책에 포함된 모든 것을 조금도 의심하지 않고 믿습니다. 심지어 앞을 보지 못하는 사람들조차도 이 책들에서 예언된 말씀들이 성취되고 있음을 알 수 있습니다(신 18:21-22; 왕상 22:28; 렘 28:9; 겔 33:33).

6항 정경과 외경의 차이

우리는 이 거룩한 책들을 제3에스드라서, 토비트, 유딧, 지혜서, 집회서, 바룩서, 에스더서의 부록, 풀무불 속의 세 청년의 노래, 수산나의 역사, 벨과 용, 므낫세의 기도, 마카비상하와 같은 외경들로부터 구분합니다. 모든 교회는 이 외경들이 정

> 경과 일치를 이루는 한도 내에서 이 책들을 읽고 교훈을 얻을 수 있습니다. 그러나 외경은 그 증언으로부터 믿음의 요점이나 기독교 신앙에 대해 확증할 수 없기에 그러한 능력이나 효력과는 거리가 멉니다. 따라서 외경은 거룩한 책들의 권위를 떨어뜨리지 못합니다.

신자는 성경을 하나님의 말씀으로 믿는 사람입니다. 벨직 신앙고백서 1항은 이렇게 고백합니다. "우리 모두는 우리가 하나님이라고 부르는 오직 단 한 분의 단일하시며 영적인 존재로 계시는 하나님을 마음으로 믿고 입술로 고백합니다." 5항은 "오직 이 모든 책들만 우리 믿음의 규칙과 토대와 확증을 위한 거룩한 정경으로 받아들입니다"라고 고백합니다. 더 나아가 "이 책에 포함된 모든 것을 조금도 의심하지 않고 믿습니다"라고 고백합니다. 신자는 성경에 대해 의심의 여지가 없어야 합니다. 우리는 어떻게 이처럼 고백할 수 있습니까? 성경이 하나님의 말씀이라는 것을 어떻게 신뢰할 수 있습니까? 앞 장에서 우리는 성경이 어떻게 기록되었고, 정경과 외경이 어떻게 다른지에 대해 간단히 살펴보았습니다.

    오늘날에도 여전히 이런 질문을 가지고 있습니다. "성경을 어떻게 신뢰할 수 있는가?" "성경이 오늘 내게 말씀하시는 하나님의 말씀이라는 것을 나는 어떻게 알 수 있는가?" 바울은 데살로니가 교인들이 그의 설교를 들을 때 하나님의 말씀으로 받았다고 말합니다. 어떻게 그럴 수 있었을까요? 벨직 신앙고백서 5항은 이에 대해 두 가지 이유를 밝히고 있습니다. 하나는 이 책들이 하나님께로부터 왔음을 성령님이 우리 마음에 증거하시기 때문이며, 다른 하나는 성경 자체와 예언된 말씀의 성취가 그것을 증거하기 때문입니다.

성령님이 증거하심

첫째, 성경이 하나님의 말씀인 이유는 우리 마음속에 계시는 성령님이 그것을 증거하시기 때문입니다. 본문 13절을 보겠습니다. "이러므로 우리가 하나님께 끊임없이 감사함은 너희가 우리에게 들은 바 하나님의 말씀을 받을 때에 사람의 말로 받지 아니하고 하나님의 말씀으로 받음이니 진실로 그러하도다 이 말씀이 또한 너희 믿는 자 가운데에서 역사하느니라."

데살로니가 교회는 바울의 설교를 어떻게 들었습니까? 그들은 하나님의 말씀을 받을 때에 사람의 말로 받지 않고 하나님의 말씀으로 받았습니다. 바울은 "이 말씀이 또한 너희 믿는 자 가운데에서 역사하느니라"고 말합니다. 성경이 하나님의 말씀인 이유는 성도의 마음속에 내주하시는 성령께서 그것을 증거하시기 때문입니다. 이를 '성령의 내적 증거'라고 합니다. 우리가 설교를 들을 때나 성경을 읽고 묵상할 때, 그것을 하나님의 말씀으로 받아들이는 것은 성령의 역사하심으로 일어납니다.

벨직 신앙고백서 5항의 두 번째 문장은 이렇게 시작합니다. "우리는 교회가 이 책들을 정경으로 받아들이고 승인했기 때문이 아니라, 특별히 성령님이 이 책들이 하나님께로부터 왔음을 우리 마음에 증거해 주시고…." 그렇습니다. 성경이 하나님의 말씀인 이유는 교회가 이 책들을 정경으로 승인했기 때문이 아닙니다. 교회나 어떤 공의회나 종교회의나 총회가 하나님의 말씀을 결정하지 못합니다. 그들은 사도 시대 이후에 정경을 결정한 것이 아니라 받아들인 것입니다. 5항의 첫 문장이 어떻게 끝납니까? "우리는 이 모든 책들을 … 거룩한 정경으로 받아들입니다." 네, 그렇습니다. 받아들이는 것입니다.

귀도 드 브레가 이 고백서를 작성한 때는 종교개혁 시대로, 로마 가톨릭교회와 치열한 영적 전투를 벌이던 시대였습니다. 로마 가톨릭교회는 성경이 교회의 결정과 해석에 종속되어 있다고 주장했습니다. 즉 교회의 권위가 성경의 권위보다 높다는 것입니다. 결코 그렇지 않습니다.

저와 여러분은 어떻습니까? 우리는 정통주의니까 성경을 믿는 것입니까? 장로 교인이니까, 개혁주의 신학을 지향하니까 성경을 믿는 것입니까? 결코 아닙니다. 우리가 성경을 믿는 이유는 성령님이 우리 마음속에서 역사하시기 때문입니다.

그 말씀이 어떻게 하나님의 말씀으로 우리 안에서 역사하는 것일까요? 우리 안에 계신 성령님이 성경을 하나님의 말씀으로 증거하시기 때문입니다. 이는 우리가 예수님을 구주로 고백하는 이치와 같습니다. 바울은 이렇게 말합니다. "그러므로 내가 너희에게 알리노니 하나님의 영으로 말하는 자는 누구든지 예수를 저주할 자라 하지 아니하고 또 성령으로 아니하고는 누구든지 예수를 주시라 할 수 없느니라"(고전 12:3). 성령님이 역사하셔야 우리는 "예수님이 나의 주님이십니다"라고 고백할 수 있습니다.

성령님이 왜 성경이 하나님의 말씀이라 증거하십니까? 바울이 디모데에게 밝힌 것처럼 "모든 성경은 하나님의 감동[즉 하나님의 성령의 감동]으로 된 것"이기 때문입니다(딤후 3:16). 성경을 하나님의 말씀으로 신뢰할 수 있는 이유는, 그 말씀이 내 마음속에서 역사하고, 이를 성령님이 증거하시기 때문입니다. 성경이 성령의 감동으로 된 것이기에 성령님이 증거하시는 것입니다. 우리가 설교를 듣고 성경을 대할 때 성경, 하나님의 말씀, 마음의 역사, 성령의 증거, 성령의 감동이 모두 함께 일어납니다.

사도 요한은 이렇게 말합니다. "우리는 하나님께 속하였으니 하나님을 아는 자는 우리의 말을 듣고 하나님께 속하지 아니한 자는 우리의 말을 듣지 아니하나니 진리의 영과 미혹의 영을 이로써 아느니라"(요일 4:6). 또한 이렇게 말합니다. "하나님의 아들을 믿는 자는 자기 안에 증거가 있고 하나님을 믿지 아니하는 자는 하나님을 거짓말하는 자로 만드나니 이는 하나님께서 그 아들에 대하여 증언하신 증거를 믿지 아니하였음이라"(요일 5:10).

성경은 하나님의 말씀입니까? 그렇습니다. 성령의 감동으로 성경을 기록하게 하신 하나님이 동일한 성령을 통해 우리 마음속에서 역사하십니다. 우리 마음속에서 역사하시는 성령의 감동을 통해 성경을 더욱 깊이 경험하기 바랍니다.

성경과 예언 말씀의 성취가 그것을 증거함

둘째, 성경이 하나님의 말씀인 이유는 성경 자체와 예언 말씀의 성취가 그것을 증거하기 때문입니다. 데살로니가 교인들은 바울의 설교를 하나님의 말씀으로 받아들였습니다. 성경이 하나님의 말씀인 이유는 성경 자체에 있습니다.

성경은 하나님 말씀의 선언이며, 예언의 성격을 가지고 있습니다. 예를 들어 보겠습니다. "하나님이 이르시되 빛이 있으라 하시니 빛이 있었습니다"(창 1:3). 말씀의 주체가 말씀하시니 그 말씀이 성취되었습니다. 그것이 역사가 되었습니다. 성경은 이런 예언의 말씀으로 가득합니다.

가장 대표적인 말씀은 창세기 3장 15절입니다. "내가 너로 여자와 원수가 되게 하고 네 후손도 여자의 후손과 원수가 되게 하리니 여자의 후손은 네 머리를 상하게 할 것이요 너는 그의 발꿈치를 상하게 할 것이니라 하시고." 이는 성경 전체를 통해 성취되었습니다. 또한 창세기 12장과 15장의 아브라함 사건을 보십시오. 주님은 아브라함에게 자녀가 밤하늘의 별처럼 많게 하겠다고 약속하셨고 이를 성취하셨습니다(창 15:5). 그리고 모세의 출애굽, 고레스 왕을 통한 바벨론 포로생활의 해방과 예루살렘으로의 귀환을 언급한 선지자 이사야의 예언, 메시아의 도래에 대한 선지자 미가의 예언 등 기록된 모든 말씀이 성취되었습니다.

갈라디아서 4장 4절 말씀을 기억하십니까? "때가 차매 하나님이 그 아들을 보내사 여자에게서 나게 하시고 율법 아래에 나게 하신 것은." 이어서 5-6절은 이렇게 말합니다. "율법 아래에 있는 자들을 속량하시고 우리로 아들의 명분을 얻게 하려 하심이라 너희가 아들이므로 하나님이 그 아들의 영을 우리 마음 가운데 보내사 아빠 아버지라 부르게 하셨느니라."

우리를 구원하고 아들로 삼기 위해 이 위대한 사건들이 성경에 예언되었고 성취되었습니다. 귀도 드 브레와 함께한 신앙의 동지들은 심한 핍박에도 불구하고 이것을 믿었습니다. 그들이 우리보다 더 용감해서가 아니라 그들 안에 거하신 성령께서 마음을 움직이셨기 때문입니다. 물론 이 일을 위해 오고 오는 모든 세대의 교회들의 노력과 수고가 있지만 그럼에도 불구하고 사람의 마음을 궁극적으로 움직이시는 분은 성령이시며, 성령께서 말씀으로 그 일을 수행하십니다.

이사야 선지자의 두루마리를 이해하지 못했던 에디오피아 내시에게 빌립이 그 말씀에 대해 설명해 주었을 때 그것을 이해하게 하신 분은 성령님이십니다(행 8:26-40). 사도 바울의 설교를 들을 때 빌립보의 자색 옷감 장사 루디아의 마음 문을 활짝 열어 주신 분도 성령님이십니다(행 16:14-15).

마음 문이 열린 사람은 끊임없이 성령께서 마음속에서 역사하시도록 겸손하고 간절한 마음으로 기도해야 합니다. 육에 속한 사람은 마음 문이 닫혀서 성경을 읽고 들어도 믿지 않지만, 영에 속한 사람은 성령의 역사하심으로 인해 성경을 하나님의 말씀으로 인정합니다. 육에 속한 사람은 중생하지 못한 자연인을 가리킵니다. 성령님이 역사하시면 닫힌 귀가 열리고 닫힌 마음이 열려 말씀에 반응하게 됩니다. 하나님에 대해 소경이었던 사람이 보게 되고 하나님의 말씀에 순종하는 놀라운 역사가 일어납니다. 육에 속한 사람이 강퍅해지면, 말씀을 받지도 않고 믿지도 않고 더욱 부정적으로 변합니다. 그러므로 우리는 모두 하나님의 자비하신 성령의 역사가 필요합니다.

우리는 성경을 받아들이고 하나님의 말씀으로 신뢰해야 합니다. 벨직 신앙고백서 5항의 첫 문장에서 볼 수 있듯, 성경이 우리 믿음의 규칙과 토대와 확증이 됩니다. 그러므로 내가 믿는 바가 성경에 의해 규정되어야지, 성경이 내가 믿는 바에 의해 규정되어서는 안 됩니다. 내 생각으로 성경을 규정하면 안 되고, 내 생각으로 성경에 무언가를 더하거나 빼서도 안 됩니다. 성경은 우리 믿음의 규칙과 토대와 확증을 위한 책이기 때문입니다.

 하나님은 성경을 우리에게 선물로 주셨습니다. 우리는 성경 전체를 하나님의 말씀으로 받아들입니다. 창조, 타락, 출애굽, 홍해 사건, 구속 역사, 수많은 이적과 기적들, 그리스도의 성육신, 예수님의 십자가 죽음과 부활 등을 믿습니다. 이에 대한 다른 증거들은 필요하지 않습니다. 우리는 이 사실에 대해 바울처럼 끊임없이 감사해야 합니다. 다른 사람들은 결코 믿지 못하는 이 사실을 우리 마음을 변화시켜 믿게 해주셨기 때문입니다.

 우리는 그리스도께서 세상에 계셨던 시대와 다시 오실 시간 사이에 살고 있습니다. 성경은 그 사이에 살고 있는 저와 여러분을 위한 책입니다. 많은 사람들이 성경의 권위에 대해 도전하고 있습니다. 성경이 하나님의 말씀이 아니라고 생각한다면 결코 진정한 신자가 아닙니다. 그리스도인

의 믿음은 허상이나 상상이나 감정 체계가 아닙니다. 성경을 하나님의 말
씀으로 받아들이는 믿음이 있어야 진정한 신자입니다. 우리 믿음을 규정
하고 확증하는 것은 성경입니다. 우리 믿음의 기초와 근거도 성경입니다.

수많은 순교자들이 하나님의 말씀을 지키기 위해 역사의 현장에서 이
슬로 사라졌습니다. 귀도 드 브레도 마찬가지입니다. 로마 황제가 통치하
던 시대에 종종 굶주린 사자와 짐승의 먹이가 되었던 초대교회 교인들 역
시 마찬가지였습니다. 우리 시대에 그 같은 핍박이 다시 올지는 모르겠지
만, 다양한 종류의 핍박이 구름처럼 몰려오는 것은 분명합니다. 그러므로
우리는 말씀에 기초한, 말씀이 규정한, 말씀에 의해 확증되는 믿음을 지녀
야 합니다.

○ 칼뱅, 『기독교 강요』, 1.7.5

그러므로 여기서 한 가지 분명히 해두어야 할 것이 있다. 곧, 성령께서 내
적으로 가르침을 주신 사람들은 진정으로 성경을 신뢰한다는 것과, 또한
성경이 스스로를 확증하므로 성경을 감히 증거와 이론에 예속시켜서는
안 되며, 우리가 가져야 할 완전한 확신은 성령의 증거(증언)를 통해 얻을
수 있다는 것이다. 성경이 자체의 위엄으로 인해 사람들에게 높임을 받는
것은 사실이지만, 오직 성령으로 우리 마음에 그것이 인(印) 쳐질 때에야
비로소 성경이 우리에게 진지한 영향을 주게 된다. 이렇듯 성령의 능력으
로 말미암아 조명을 받는 것이기 때문에, 성경이 하나님께로부터 온 것임
을 우리 자신의 판단이나 혹은 다른 사람의 판단에 의해 믿는 것이 아니다.

■ 핵심용어

정경, 외경, 성령의 내적 증거

■ 생각해 볼 문제

1. 우리는 66권의 성경을 왜 정경으로 받아들입니까?
2. 정경과 외경의 차이는 무엇입니까? 우리는 외경을 어떻게 대하고 읽어야 합니까?
3. 성령의 내적 증거란 무엇입니까?
4. 성령의 내적 증거는 신자들에게 어떤 영향을 줍니까?
5. 본문에 언급한 것 외에도 성취된 성경의 수많은 예언들을 찾아봅시다. 자신이 적용하여 성취된 말씀도 함께 나누어 봅시다.
6. 성경이 하나님의 말씀이라는 두 가지 증거는 무엇입니까?
7. 신자들이 끊임없이 성령의 내적 증거와 조명하심을 갈망하며 기도해야 하는 이유는 무엇입니까?

8장
성경의 충분성

⁷여호와의 율법은 완전하여 영혼을 소성시키며 여호와의 증거는 확실하여 우둔한 자를 지혜롭게 하며 ⁸여호와의 교훈은 정직하여 마음을 기쁘게 하고 여호와의 계명은 순결하여 눈을 밝게 하시도다 ⁹여호와를 경외하는 도는 정결하여 영원까지 이르고 여호와의 법도 진실하여 다 의로우니 ¹⁰금 곧 많은 순금보다 더 사모할 것이며 꿀과 송이꿀보다 더 달도다. 시 19:7-10

7항 성경의 충분성

우리는 이 거룩한 성경이 하나님의 뜻을 충분히 담고 있으며, 또 인간이 구원을 얻기 위해 믿어야 하는 모든 것을 충분히 가르치고 있다는 것을 믿습니다(딤후 3:16-17; 벧전 1:10-12). 하나님이 우리에게 요구하시는 예배의 모든 방식이 성경에 일반적으로 기록되어 있기에 성경이 가르치는 것 외에 다른 것을 가르치는 것은 누구든지 심지어 사도들이라 할지라도 불법입니다(고전 15:2; 딤전 1:3). 바울 사도가 말한 바와 같이, 하늘에서 온 천사라 할지라도 결코 그렇게 할 수 없습니다(갈 1:8). 하나님의 말씀에 무언가를 더하거나 빼는 것이 금지되어 있는데(신 4:2, 12:32; 잠 30:6; 행 26:22; 고전 4:6; 계 22:18-19), 이는 성경의 교리가 모든 면에서 가장 완전하고 완벽하다는 것이 분명하게 드러나기 때문입니다(시 19:7; 요 15:15; 행 20:27; 롬 15:4). 우리는 아무리 거룩한 인간이 기록한 것이라 할지라도, 또는 인간이 쓴 어떤 저작물이라도 신성한 성경과 동일한 가치를 가진 것으로 생각하면 안 됩니다.

우리는 만족할 줄 모르고 불평하며 살 때가 많습니다. 성경에 대한 생각도 마찬가지입니다. 하나님이 우리에게 주신 성경만으로 충분한 삶을 살고 있습니까? 이 세상에는 수많은 책들이 있습니다. 셰익스피어나 톨스토이처럼 유명한 작가들이 쓴 책들도 있습니다. 하지만 이 세상의 어떤 책도 인간의 난제인 죄와 죽음의 문제를 해결해 줄 수 없습니다. 그러나 성경은 정확히 이 문제를 다룹니다. 그리고 성경만으로 충분합니다. 앞 장에서 우리는 성경의 권위에 대해 살펴보았습니다. 성경이 권위가 있는 것은 우리 마음속에서 성령님이 증거하시기 때문이며, 성경의 예언이 성취되고 있기 때문입니다.

이 장에서는 과연 성경만으로 충분한가에 대해, 즉 성경의 충분성에 대해 시편 19편 7-10절과 벨직 신앙고백서 7항을 중심으로 살펴보겠습니다.

내 영혼을 살리는 말씀

첫째, 하나님의 말씀은 완전하여 내 영혼을 살립니다(7절). 본문 7절을 보겠습니다. "여호와의 율법은 완전하여 영혼을 소성시키며 여호와의 증거는 확실하여 우둔한 자를 지혜롭게 하며." 벨직 신앙고백서 7항의 첫 문장을 보겠습니다. "우리는 이 거룩한 성경이 하나님의 뜻을 충분히 담고 있으며, 또 인간이 구원을 얻기 위해 믿어야 하는 모든 것을 충분히 가르치고 있다는 것을 믿습니다."

신자는 왜 성경만으로 충분합니까? 성경이 하나님의 말씀이기 때문입니다. 신자는 성경이 하나님의 말씀이라고 믿는 사람입니다. 하나님의 말씀인 성경은 하나님의 뜻을 충분히 담고 있습니다. 또한 성경은 우리가 구원받기 위해 믿어야 하는 모든 것을 충분히 가르치고 있습니다. 성경은 하나님, 창조, 인간, 타락, 예수 그리스도, 속죄, 믿음, 회개, 교회, 경건, 하나님의 나라, 천국과 종말, 더 나아가 이 세상 역사뿐만 아니라 개인의 존재 의미에도 충분한 가르침을 줍니다.

성경으로 충분한 이유는, 우리가 성경을 읽거나 들을 때 또는 여러 모양으로 하나님의 말씀을 접할 때 성경이 우리 영혼을 살리기 때문입니다. 영혼을 소성시킨다는 것은 부흥시킨다는 것입니다. 본래 부흥은 죽었던 것을 살린다는 뜻입니다. 죽어 가는 사람에게 활력을 불어넣어 주고, 죽어 버린 사람에게 생명의 호흡을 불어넣어 주는 것이 성경의 말씀입니다.

생명의 교리, 구원의 교리가 계시의 말씀으로 성경에 기록되어 있습니다. 햇빛이 사람의 육체를 소생시키듯, 하나님 말씀의 빛이 죄로 인해 죽은 죄인을 다시 살립니다. 우리가 성경을 읽거나 들을 때, 성령님이 우리 마음에 역사하여 죄를 깨닫게 하고, 자신이 벌거벗은 상태에 있음을 자각하고 구주 예수 그리스도가 필요함을 느끼게 합니다. 성령님이 우리로 하여금 온 마음을 다해 그리스도를 영접하게 합니다. 바울은 이렇게 말합니다. "그러므로 믿음은 들음에서 나며 들음은 그리스도의 말씀으로 말미암았느니라"(롬 10:17). 히브리서 기자는 이렇게 말합니다. "하나님의 말씀은 살아 있고 활력이 있어 좌우에 날선 어떤 검보다도 예리하여 혼과 영과 및 관절과 골수를 찔러 쪼개기까지 하며 또 마음의 생각과 뜻을 판단하나니"(히 4:12). 어떤 교리도, 어떤 활자도, 어떤 교훈과 가르침도 성경만큼 우리를 살리지 못합니다.

어떤 가르침도 우리가 죄인이며 비참한 존재임을 정확히 폭로하지 않습니다. 어떤 가르침도 죄와 사망에 빠진 인간을 치료할 방법을 제공하지 않습니다. 아니, 그렇게 할 능력이 없습니다. 그러나 성경은 저와 여러분을 살립니다. 소생시킵니다. 성경은 저와 여러분을 혁명적으로 변화시킵니다. 하나님의 생명의 말씀이기 때문입니다. 그래서 성경만으로 충분합니다. 우리 영혼을 다시 살리시는 하나님의 말씀을 굳게 붙잡고, 계속 그 생명 안에 거하기를 바랍니다.

내 영혼을 지혜롭게 하는 말씀

둘째, 하나님의 말씀은 내 영혼을 지혜롭게 합니다(7-8절). 본문 7-8절을 보겠습니다. "여호와의 율법은 완전하여 영혼을 소성시키며 여호와의 증거는 확실하여 우둔한 자를 지혜롭게 하며 여호와의 교훈은 정직하여 마음을 기쁘게 하고 여호와의 계명은 순결하여 눈을 밝게 하시도다." 벨직 신앙고백서 7항 두 번째 문장을 보겠습니다. "하나님이 우리에게 요구하시는 예배의 모든 방식이 성경에 일반적으로(충분히) 기록되어 있기에 성경이 가르치는 것 외에 다른 것을 가르치는 것은 누구든지 심지어 사도들이라 할지라도 불법입니다."

시인은 "여호와의 증거는 확실하여 우둔한 자를 지혜롭게 하며"라고 말합니다(7절). 이어서 "성경이 마음을 기쁘게 하고 눈을 밝게 한다"고 말합니다(8절). 벨직 신앙고백서 7항은 "하나님이 우리에게 요구하시는 예배의 모든 방식이 성경에 일반적으로 기록되어 있다"고 말합니다. 이것은 무엇을 의미합니까? 성경으로 충분하다는 것입니다. 성경은 죄와 죽음에 빠진 우리를 다시 소생시킬 뿐만 아니라 우리 눈을 열어 주고 마음을 변화시켜 지혜롭게 행동하게 해줍니다. 그래서 성경만으로 충분합니다.

물론 이 세상에는 확실해 보이지 않는 것이 많습니다. 신비롭고 불가사의한 일들, 내 머리로는 도무지 이해할 수 없는 것들도 있습니다. 그러나 여호와의 증거는 확실합니다. 즉 구원과 행위에 있어서 하나님의 증거는 확실하고 명백하며 충분합니다. 성경은 애매모호하지 않습니다. 살지 죽을지 모르겠다고 말하지 않습니다. 구원받을 수 있을지 확신할 수 없다고 말하지 않습니다. "주 예수를 믿으라 그리하면 너와 네 집이 구원을 받으리라"고 선언합니다(행 16:31). 왜 그렇습니까? 그것이 여호와 하나님의 증거이기 때문입니다. 하나님은 거짓말을 하지 않으십니다. 빈말, 입에 발린 말, 예의를 갖추었지만 진실성이 없는 말을 하지 않으십니다. 하나님의 말씀은 반드시 모두 이루어집니다. 하나님의 말씀이 내 마음을 기쁘게 하고 내 눈을 밝게 한다고 성경이 말하면, 그렇게 이루어집니다.

인간은 하나님의 율법의 증거를 통해 모든 자연과 역사와 개인의 삶을 온전히 보고 읽고 해석하게 됩니다. 과거에는 죄로 인해 썩어져 가는 육체의 욕심을 따라 자기 마음대로 생각하고 말하고 행동하며 살았지만, 이제는 성경을 통해 가치관이 달라졌습니다. 성경이 내 영혼을 지혜롭게 해주었습니다. 과거에는 내 마음대로 살았지만 이제는 그리스도 예수를 믿는 믿음 안에서 살아갑니다. 바울처럼 전에는 훼방자요 핍박자요 포행자로 살았지만 이제는 복음의 선포자요 사도와 교사로 살아갑니다. 영혼이 새로워졌기 때문입니다.

바울은 이렇게 말합니다. "모든 성경은 하나님의 감동으로 된 것으로 교훈과 책망과 바르게 함과 의로 교육하기에 유익하니 이는 하나님의 사람으로 온전하게 하며 모든 선한 일을 행할 능력을 갖추게 하려 함이라"(딤후 3:16-17). 그러므로 벨직 신앙고백서 7항이 진술하듯, 성경의 가르침 외에 다른 것을 가르치는 것은 불법입니다. 하늘의 천사라 할지라도 불법입니다. 성경에 무언가를 더하거나 빼는 것이 금지되어 있기 때문입니다. 성경의 교리는 모든 면에서 완전하고 완벽합니다.

모세는 이스라엘 백성에게 명령합니다. "내가 너희에게 명령하는 이 모든 말을 너희는 지켜 행하고 그것에 가감하지 말지니라"(신 12:32). 우리는 "하나님의 어리석음이 사람보다 지혜롭고 하나님의 약하심이 사람보다 강하니라"는 사실을 마음에 깊이 새겨야 합니다(고전 1:25). 구원과 행함에 있어서 완전무결한 하나님의 말씀이 우리를 지혜롭게 하시는 말씀임을 굳게 믿고 부지런히 말씀을 대하기 바랍니다.

영생을 소유하게 하는 영원한 말씀

셋째, 하나님의 말씀은 영원하여 영생을 소유하게 합니다(9절). 본문 9절을 보겠습니다. "여호와를 경외하는 도는 정결하여 영원까지 이르고 여호와의 법도 진실하여 다 의로우니." 시인은 여호와를 경외하는 도는 정결하여 영원까지 이른다고 말합니다. 하나님의 말씀은 영원합니다. 용맹한 왕 다윗은 이렇게 노래합니다. "아, 슬프도다 사람은 입김이며 인생도 속임수이니 저울에 달면 그들은 입김보다 가벼우리로다"(시 62:9). 선지자 모세는 이렇게 노래합니다. "우리의 연수가 칠십이요 강건하면 팔십이라도 그 연수의 자랑은 수고와 슬픔뿐이요 신속히 가니 우리가 날아가나이다"(시 90:10). 인생을 회고하는 다윗과 모세의 말들로도 인생의 실체를 알기에 충분하지 않습니까? 실로 인간은 가볍습니다. 사람의 말은 가볍습니다. 사람의 생명은 유한합니다. 너무 가볍고 유한해서 깃털보다 가볍다고 할 정도입니다.

참된 신자는 사람의 말을 성경보다 중히 여기거나 동일하게 여겨서는 안 됩니다. 사람의 말은 이따금씩 거짓을 포함합니다. 선의로 하는 말에도 악한 요소가 포함될 수 있습니다. 또한 성인군자의 교훈이라도 무오한 규범과 일치하지 않는다면, 단호하게 거절해야 합니다. 오직 하나님의 말씀만이 유일한 절대 진리이기 때문입니다. 하나님의 말씀만이 영원하기 때문입니다. 이사야는 "풀은 마르고 꽃이 시듦은 여호와의 기운이 그 위에 붊이라 이 백성은 실로 풀이로다 풀은 마르고 꽃은 시드나 우리 하나님의 말씀은 영원히 서리라"고 말합니다(사 40:7-8). 모든 육체는 실로 풀과 같습니다. 그러나 하나님의 말씀은 영원합니다. 시드는 풀 같은 우리가 하나님의 말씀을 붙잡을 때 영원할 수 있습니다.

하나님의 말씀을 붙잡고 말씀 중심의 신앙으로 살아갈 때 우리는 사망의 음침한 골짜기를 다닐지라도 해를 두려워하지 않게 됩니다. 주님이 친히 의지할 막대기와 지팡이가 되어 주시기 때문입니다. 시인은 "주의 말씀은 내 발에 등이요 내 길에 빛이니이다"라고 고백합니다(시 119:105). 어두운 밤길을 갈 때 환하게 비춰 주는 등과 빛이 있다면 실족하지 않을 것입니다. 말씀은 저와 여러분을 영원한 하나님 나라까지 인도할 등불과 불빛이 되어 줍니다. 하나님의 말씀을 등불과 불빛 삼아 우리에게 주어진 소명의 길을 넉넉히 걸어갑시다.

하나님의 말씀인 성경이 나를 살립니다. 나를 지혜롭게 합니다. 나를 영원까지 이르게 합니다. 성경만큼 사모할 말씀이 어디 있겠습니까? 시인은 이렇게 말합니다. "금 곧 많은 순금보다 더 사모할 것이며 꿀과 송이꿀보다 더 달도다"(10절). 성경이 나를 살리고 지혜롭게 하며 영원까지 이르게 할 말씀이라면, 이 말씀에 대한 우리의 태도가 분명해야 합니다. 성경을 사모하여 그 달콤함을 맛보아야 합니다. '금 곧 많은 순금'과 '꿀과 송이꿀'은 세상이 줄 수 있는 많은 기쁨과 즐거움을 말합니다. 금은 좋은 것인데 많은 순금은 더 좋은 것입니다. 꿀은 단 것인데 송이꿀은 더 환상적입니다. 그런데 여호와의 말씀은 이것보다 더 사모할 것이며 더 달콤한 것입니다.

베드로는 핍박받는 신자들에게 이렇게 말합니다. "그러므로 모든 악독과 모든 기만과 외식과 시기와 모든 비방하는 말을 버리고 갓난아기들 같이 순전하고 신령한 젖을 사모하라 이는 그로 말미암아 너희로 구원에 이르도록 자라게 하려 함이라 너희가 주의 인자하심을 맛보았으면 그리하라"(벧전 2:1-3). 주의 인자하심을 맛보아 아는 사람은 계속해서 순전하고 신령한 젖을 사모하게 됩니다.

성경은 구원과 행위의 유일무이한 법칙으로 충분합니다. 성경만으로 충분함을 믿고 성경을 더 사모하는 마음으로 읽고 듣고 연구하여 그 달콤함을 맛보기 바랍니다.

○ 칼뱅, 『기독교 강요』, 1.6.1
…그들이 죽음에서 벗어나 생명에 이르기 위해서는 하나님을 창조주뿐만 아니라 구속주(救贖主)로도 깨닫는 것이 반드시 필요했다. 그들은 말씀을 통해 그 두 가지 지식에 이르렀을 것이 분명하다. 순서적으로 볼 때, 세상을 지으시고 다스리는 하나님을 깨닫는 종류의 지식이 먼저 주어졌을 것이다. 그 후에 죽은 영혼을 살리는 유일한 지식, 곧 하나님을 우주의 창조주요 모든 만물의 주인이시요 통치자로만이 아니라 중보자 안에 계신 구속주로 아는 친밀한 내적 지식이 주어졌을 것이다.

■ 핵심용어

성경의 충분성, 성경의 완전성, 하나님의 감동(영감)

■ 생각해 볼 문제

1. 성경의 완전성이란, 66권의 성경이 창조주요 구속주이신 하나님의 모든 의도와 목적을 우리에게 전하는 데 부족함 없이 완전하다는 것입니다. 이 교리를 부정한 로마 가톨릭교회가 저지른 실수는 무엇입니까?
2. 성경의 충분성이란 무엇입니까?
3. 성경의 충분성을 바르게 이해하지 못해서 나타나는 폐해에 대해 생각해 봅시다.
4. 성경의 완전성과 충분성이 신자들에게 어떤 위로가 되는지 함께 나누어 봅시다.
5. 성경이 하나님의 감동(영감)으로 기록되었다는 점이 성경의 권위와 성경의 완전성, 충분성과 어떤 관계가 있는지 생각해 보고, 자신의 말로 정리해 봅시다.
6. 요한복음 5장 39절을 찾아 읽고, 이 말씀이 의미하는 성경의 충분성에 대해 논의해 봅시다.

2부

하나님에 대하여

THE BELGIC CONFESSION

9장
사랑의 삼위 하나님

¹¹마지막으로 말하노니 형제들아 기뻐하라 온전하게 되며 위로를 받으며 마음을 같이하며 평안할지어다 또 사랑과 평강의 하나님이 너희와 함께 계시리라 거룩하게 입맞춤으로 서로 문안하라 ¹²모든 성도가 너희에게 문안하느니라 ¹³주 예수 그리스도의 은혜와 하나님의 사랑과 성령의 교통하심이 너희 무리와 함께 있을지어다. 고후 13:11-13

8항 하나님은 본질상 한 분이시지만 세 위격으로 구별되신다

우리는 이 진리와 하나님의 말씀에 따라 본질상 단 하나의 본질이시며 그 안에 비공유적 속성에 따라 실제로 진실로 그리고 영원히 구별되신 세 위격, 즉 아버지와 아들과 성령으로 계신 한 분 하나님을 믿습니다(고전 8:4-6; 마 3:16-17, 28:19). 아버지 하나님은 보이는 것과 보이지 않는 모든 것의 원인과 근원과 시작이십니다(엡 3:14-15). 아들 하나님은 말씀이시고 지혜이시며 아버지 하나님의 형상이십니다(잠 8:22-31; 요 1:14, 5:17-26; 고전 1:24; 골 1:15-20; 히 1:3; 계 19:13). 성령 하나님은 아버지와 아들 하나님으로부터 나오신 영원한 능력과 권세이십니다(요 15:26). 그럼에도 불구하고 하나님은 이 구별에 따라 셋으로 나누어지지 않으십니다. 성경이 우리에게 아버지와 아들과 성령 하나님이 각각 인격을 지니시며, 그 위격적 속성에서 구분되지만 이 세 위격이 오직 한 분 하나님이시라고 지혜롭게 가르치기 때문입니다. 그러므로 아버지는 아들이 아니시고, 아들은 아버지가 아니시며, 마찬가지로 성령은 아버지와 아들이 아니심이 명백합니다. 이 위격들은 비록 구분

> 될지라도 나누어지거나 혼합되지 않습니다. 아버지 하나님과 성령 하나님이 우리의 살과 피를 취하지 않으셨고, 오직 아들 하나님만 우리의 살과 피를 취하셨기 때문입니다. 아버지는 단 한 번도 아들 없이 계신 적이 없으시고(미 5:2; 요 1:1-2) 성령 하나님 없이 계신 적도 없으십니다. 세 위격이 함께 영원하시며 동일한 본질이시기 때문입니다. 아무도 먼저 되시거나 나중 되신 분은 없으십니다. 세 위격 모두 진리와 능력과 선하심과 자비에 있어서 하나이시기 때문입니다.

삼위일체 하나님에 대해 생각해 보고자 합니다. 삼위일체는 문자 그대로 세 위격이 하나라는 뜻입니다. 더 쉽게 말하면, 세 분(표현의 한계를 이해하기 바랍니다)이 한 분이라는 말입니다. 한 분 안에 세 위격이 있다는 말입니다. 수학적으로 3이 1이 되고 1이 3이 된다는 것인데, 수학적으로나 논리적으로는 이해되지 않습니다. 그래서 사람들은 삼위일체 교리를 설명하기 위해 부단히 노력했지만 잘못된 설명으로 인해 이단으로 정죄를 당하기도 했습니다.

그중에 대표적인 것이 양태론과 양자론입니다. 양태론은 한 분이 다양한 시간과 장소에서 다르게 출현한다고 주장합니다. 교회에서 저는 목사이자 설교자요, 집에서는 아버지요, 학교에서는 선생입니다. 즉 한 사람이 세 가지 활동을 하는 셈입니다. 물질로 따지면, 물과 얼음과 수증기라 할 수 있습니다. 물은 온도 변화에 따라 얼음도 되고 수증기도 되지만, 물이라는 본질에는 변화가 없습니다. 그러나 삼위일체는 이와 같지 않습니다.

양자론은 하나님이 한 분만 계신다고 주장합니다. 예수님은 본래 사람이었는데 하나님을 뜨겁게 사랑하는 신앙심 때문에 하나님이 성령을 부어 주셔서 예수님을 양자로 삼았다는 주장입니다. 즉 예수님은 신이 아닌 때가 있었다는 말입니다. 이런 주장을 한 대표적인 사람은 주후 325년 니케아 공의회에서 이단으로 정죄된 아리우스입니다.

  삼위일체 교리는 잘못 다루면 큰 문제가 생기는 뇌관과 같습니다. 그러나 우리에게는 신구약 성경의 계시가 있고, 교회의 역사가 있으며, 많은 신조와 교리문답서와 신앙고백서가 있습니다. 이것들의 도움으로 삼위일체에 대해 바르게 알 수 있습니다. 벨직 신앙고백서 8항과 고린도후서 13장 11-13절을 중심으로, 사랑의 삼위 하나님에 대해 살펴보겠습니다.

삼위로 존재하고 활동하시는 한 분 하나님

첫째, 하나님은 하나이시며 삼위로 존재하고 활동하십니다(11, 13절). 삼위일체 교리는 확증된 신비, 공개된 신비입니다. 삼위일체 하나님을 극명하게 드러내는 성경 말씀은 없습니다. 바울은 11절에서 "사랑과 평강의 하나님이 너희와 함께 계시리라"고 축복하며, 한 분 하나님을 언급합니다. 그리고 13절에서는 성자와 성부와 성령, 즉 세 위격의 하나님을 언급합니다. 이와 비슷한 말씀이 마태복음 28장에 나옵니다. "예수께서 나아와 말씀하여 이르시되 하늘과 땅의 모든 권세를 내게 주셨으니 그러므로 너희는 가서 모든 민족을 제자로 삼아 아버지와 아들과 성령의 이름으로 세례를 베풀고"(18-19절).

  삼위일체에 대한 또 다른 언급은 마태복음 3장에 나옵니다. "예수께서 세례를 받으시고 곧 물에서 올라오실새 하늘이 열리고 하나님의 성령이 비둘기같이 내려 자기 위에 임하심을 보시더니 하늘로부터 소리가 있어 말씀하시되 이는 내 사랑하는 아들이요 내 기뻐하는 자라 하시니라"(16-17절). 모세는 신명기 6장에서 이렇게 말합니다. "이스라엘아 들으라 우리

하나님 여호와는 오직 유일한 여호와이시니"(4절).

바울이 11절에서 언급한 '사랑과 평강의 하나님'은 한 분 하나님을 말하는 것입니다. 또한 고린도전서 8장에서 "그러나 우리에게는 한 하나님 곧 아버지가 계시니 만물이 그에게서 났고"라고 말한 것이나(6절), 디모데전서 2장에서 "하나님은 모든 사람이 구원을 받으며 진리를 아는 데에 이르기를 원하시느니라 하나님은 한 분이시요"라고 말한 것도(4-5절) 구약을 통해 배운 것입니다.

구약이 오직 유일하신 한 분 하나님을 강조하는 이유는 당시 이스라엘 백성이 살았던 시대의 문화가 다신론적이며, 우상 숭배적이었기 때문입니다. 그럼에도 불구하고 우리는 구약에서 하나님은 또한 한 분이 아니라 세 분이 계심을 발견하게 됩니다. 대표적인 구절이 창세기 1장 26절입니다. "하나님이 이르시되 우리의 형상을 따라 우리의 모양대로 우리가 사람을 만들고 그들로 바다의 물고기와 하늘의 새와 가축과 온 땅과 땅에 기는 모든 것을 다스리게 하자 하시고."

하나님은 한 분이신데 삼위로 계십니다. 삼위이시면서 한 분이십니다. 세 분으로 활동하시면서 한 분 하나님으로 활동하신다고 말할 수 있습니다. 우리는 이해하기 어려운 이 사실을 '삼위일체'라는 용어로 표현합니다. 성부와 성자와 성령의 세 위격이 일체라는 것입니다. 셋이 하나가 되고, 하나가 셋이라는 명제를 우리가 어떻게 이해하거나 받아들일 수 있습니까? 이것을 이해시키기 위해 '물과 불과 기름이다' 또는 '집에서는 아버지이고 학교에서는 선생님이고 교회에서는 목사님이다'라고 설명하기도 합니다만 모두 잘못된 가르침입니다.

성육신하신 예수님이 "나와 아버지는 하나이니라"(요 10:30)고 말했을 때, 유대인들은 예수님을 돌로 치려 했습니다. 유대인들은 오직 한 분이신 하나님만 믿기 때문입니다. 그러나 계시가 발전하면서, 보이지 않으시는 하나님이 성육신을 통해 보이는 하나님으로 우리 가운데 임하셨습니다. 우리는 성경 계시를 통해 한 분이시지만 삼위로 존재하시고 활동하시는 하나님을 믿음으로 받아들입니다. 이 교리가 이해되지 않기에 받아들일 수 없습니까? 그래서 믿을 수 없는 교리입니까? 그렇지 않습니다. 우리가 삼위일체를 믿어야 할 이유는 두 가지입니다. 하나는 하나님이 우리의 이해를 초월하는 분이시기 때문이고, 다른 하나는 성경이 우리에게 하나님을 삼위일체로 설명하기 때문입니다. 이 두 가지로 충분합니다.

우리가 신앙고백서나 교리문답서를 알아야 하는 이유는 이것들이 정확한 믿음의 조항들을 가르쳐 주기 때문입니다. 벨직 신앙고백서 8항은 이렇게 말합니다. "아버지 하나님은 보이는 것과 보이지 않는 모든 것의 원인과 근원과 시작이십니다. 아들 하나님은 말씀이시고 지혜이시며 아버지 하나님의 형상이십니다. 성령 하나님은 아버지와 아들 하나님으로부터 나오신 영원한 능력과 권세이십니다. 그럼에도 불구하고 하나님은 이 구별에 따라 셋으로 나누어지지 않으십니다. 성경이 우리에게 아버지와 아들과 성령 하나님이 각각 인격을 지니시며, 그 위격적 속성에서 구분되지만 이 세 위격이 오직 한 분 하나님이시라고 지혜롭게 가르치기 때문입니다."

까닭 모를 고난을 당하던 욥은 이렇게 고백합니다. "하나님은 나처럼 사람이 아니신즉 내가 그에게 대답할 수 없으며 함께 들어가 재판을 할 수도 없고 우리 사이에 손을 얹을 판결자도 없구나"(욥 9:32-33). 하나님은 하나님이시고, 사람은 사람입니다. 성경이 하나님에 대해 말하는 것을 겸손히 믿고 하나님만 의지하기 바랍니다.

사랑으로 연합하시는 삼위 하나님

둘째, 삼위로 계시는 하나님은 서로 사랑으로 연합되어 계십니다(13절). 삼위일체는 기독교의 독특한 교리 가운데 하나입니다. 삼위일체 교리는 기독교를 타종교와 구별해 주는 독특한 요소입니다. 세 위격으로 계신 분이 한 분이시고, 동시에 한 분 하나님이 세 위격으로 계신다는 것은 신비이자 우리 신자들에게 위로가 됩니다. 하나님은 외롭지 않으십니다. 하나님은 서로 교제하십니다. 하나님은 사랑을 나누십니다. 삼위 하나님의 위대한 특징 가운데 하나는 서로 완벽한 사랑과 교제를 하신다는 것입니다. 사랑과 평강의 하나님이 우리와 함께하시는데(11절), 세 위격의 하나님 사이에 사랑과 평강이 존재하지 않는다면 우리에게 어떻게 사랑과 평강을 주시겠습니까?

사도 요한은 이렇게 말합니다. "하나님이 세상을 이처럼 사랑하사 독생자를 주셨으니 이는 그를 믿는 자마다 멸망하지 않고 영생을 얻게 하려 하심이라"(요 3:16). 사랑하는 것은 하나님의 속성입니다. 성부도 사랑하시고 성자도 사랑하시고 성령도 사랑하십니다. 우리가 이것을 어떻게 알 수 있습니까? 성부께서 사랑으로 계획하시고 성자를 보내셨습니다. 성자 예수께서 성부 하나님과의 약속에 따라 자원하여 순종하시고 사람이 되어 이 세상에 오셨고 십자가에서 생명을 내어 주기까지 사랑하셨습니다. 이 구속의 성취를 적용하시기 위해 성부와 성자께서 성령을 보내셨습니다. 성령은 우리 안에서 그리스도께서 하신 일을 생각나게 하시고, 우리로 하여금 그리스도의 필요성을 깨닫게 하시고, 그리스도를 영접하게 하십니다. 이것을 구속협약이라 부릅니다. 여기서 우리는 성부와 성자와 성령 하나님의 위대한 사랑과 하모니를 보게 됩니다.

이런 의미에서 기독교는 불교나 이슬람교와 다릅니다. 기독교는 성부와 성자와 성령께서 서로 긴밀히 사랑하시고 만족스러운 평강을 누리는 종교입니다. 성부와 성자와 성령은 각기 독단적으로 행하지 않으시고 이기적으로 행하지 않으십니다. 성부는 성자와 성령을 사랑하시고, 성자는 성부와 성령을 사랑하십니다. 우리의 필요가 하나님으로 하여금 사랑을 발동시킨 것이 아닙니다. 하나님의 본질과 속성이 사랑이십니다. 하나님이 심판하시는 이유도 사랑이신 그분이 죄를 미워하시기 때문입니다.

벨직 신앙고백서 8항은 이렇게 말합니다. "아버지는 단 한 번도 아들 없이 계신 적이 없으시고 성령 하나님 없이 계신 적도 없으십니다. 세 위격이 함께 영원하시며 동일한 본질이시기 때문입니다. 아무도 먼저 되시거나 나중 되신 분은 없으십니다. 세 위격 모두 진리와 능력과 선하심과 자비에 있어서 하나이시기 때문입니다." 삼위 하나님이 서로 사랑으로 연합되어 있는 것은 삼위가 늘 함께 계시고 늘 하나이시기 때문입니다. 사랑의 삼위 하나님을 본받아 저와 여러분도 늘 사랑의 띠로 매어 하나 되는 일에 힘씁시다.

교회를 사랑하시는 삼위일체 하나님

벨직 신앙고백서 8항과 고린도후서 13장 13절을 통해 생각해 보는 삼위일체 하나님에 대한 마지막 교훈은 무엇입니까? 삼위일체 하나님이 교회를 사랑하신다는 사실입니다.

삼위 하나님은 우리의 관념 속에 계신 분이 아니십니다. 성부와 성자와 성령으로 계시는 한 분 하나님이 성도의 무리와 함께하십니다. 바울은 고린도 교인들에게 보내는 편지를 마무리하면서 축도(강복 선언) 형식을 빌려 그들을 위해 기도합니다. "주 예수 그리스도의 은혜와 하나님의 사랑과 성령의 교통하심이 너희 무리와 함께 있을지어다."

하나님은 타락한 죄인들 가운데 일부를 사랑하셨습니다. 하나님은 불순종하고 타락한 모든 죄인들을 진노와 저주와 심판에 가두실 충분한 이유가 있으셨습니다. 그럼에도 하나님은 죄인들 가운데 일부를 용서하시고 그리스도 안에서 구원하시기로 창세전에 계획하셨습니다. 이것이 하나님의 사랑입니다. 이것이 우리에게는 은혜요 은총입니다.

사도 요한은 이렇게 말합니다. "하나님의 사랑이 우리에게 이렇게 나타난 바 되었으니 하나님이 자기의 독생자를 세상에 보내심은 그로 말미암아 우리를 살리려 하심이라 사랑은 여기 있으니 우리가 하나님을 사랑한 것이 아니요 하나님이 우리를 사랑하사 우리 죄를 속하기 위하여 화목제물로 그 아들을 보내셨음이라"(요일 4:9-10). 바울은 이렇게 말합니다. "우리가 아직 죄인 되었을 때에 그리스도께서 우리를 위하여 죽으심으로 하나님께서 우리에 대한 자기의 사랑을 확증하셨느니라"(롬 5:8).

성부께서 사랑하시고 성자께서 사랑하십니다. 삼위 하나님은 신학이나 교리에 머무르시지 않습니다. 삼위 하나님은 사랑의 하나님으로서 교회를 사랑하십니다. 오늘날 교회에 가장 필요한 덕목이 무엇입니까? 그것은 다름 아닌 사랑과 은혜와 교제입니다. 아버지의 사랑과 아들의 은혜와 성령의 교제 말입니다.

사도 요한은 "사랑하는 자들아 하나님이 이같이 우리를 사랑하셨은즉 우리도 서로 사랑하는 것이 마땅하도다"라고 말합니다(요일 4:11). 그리고 "보라 아버지께서 어떠한 사랑을 우리에게 베푸사 하나님의 자녀라 일컬음을 받게 하셨는가, 우리가 그러하도다 그러므로 세상이 우리를 알지 못함은 그를 알지 못함이라"고 말합니다(요일 3:1). '하나님의 자녀'는 사랑의 자녀를 뜻합니다.

바울은 문제가 많고 탈도 많은 고린도 교회를 향해 마지막 권면을 합니다. "형제들아 기뻐하라. 온전하게 되며 위로를 받아라. 마음을 같이하며 평안할지어다. 사랑과 평강의 하나님이 함께하신다." 바울이 권면한 대로 우리도 하나님의 사랑을 본받아 마음을 같이하며 평안함을 누립시다.

우리가 하나님에 대해 이해해야 할 부분이 있고, 믿어야 할 부분이 있습니다. 삼위일체 교리는 우리가 믿어야 할 부분입니다. 우리가 하나님에 대해 이해할 수 있는 범주를 넘어서면 우리도 바울처럼 펜을 내려놓고 송영의 노래를 부르며 믿어야 합니다. "깊도다 하나님의 지혜와 지식의 풍성함이여, 그의 판단은 헤아리지 못할 것이며 그의 길은 찾지 못할 것이로다"(롬 11:33). 삼위일체 교리는 우리가 믿는 하나님은 사랑의 하나님이시며 실제로 우리를 사랑하시는 분이심을 가르쳐 줍니다.

서로 완벽하게 사랑하시며 또한 우리를 사랑하시고 우리에게 사랑하는 법을 가르쳐 주신 하나님의 사랑을 본받아 하나님과 이웃을 사랑하고 하나님 나라와 교회를 사랑합시다.

○ 칼뱅, 『기독교 강요』, 1.13.2
하나님은 자신을 또 다른 특별한 표지로 지칭하심으로써 자신을 우상들과 더 분명하게 구별하신다. 그분은 자신을 유일하신 하나님으로 선언하시며, 동시에 자신을 삼위(三位, the Three Persons)로 바라보도록 제시하신다. 이를 깨닫지 못하면, 하나님의 이름만 헛되이 우리 머리에 맴돌 뿐이고 하나님에 대한 참된 지식은 얻을 수 없다. 더욱이, 하나님이 삼중적 존재시라거나 하나님의 단일 본질이 삼위로 분할되었다는 식으로 상상하면 안 되므로, 여기서 모은 오류에서 지켜 줄 수 있는 간단하고 손쉬운 정의를 찾아야 한다.

■ 핵심용어
삼위일체, 양태론, 양자론, 니케아 공의회, 아리우스, 위(位)

■ 생각해 볼 문제
1. 성경에서 삼위일체를 나타내는 구절들을 찾아봅시다.
2. 위(位)격이란 무엇입니까? 위(位)라는 말을 사용하는 이유는 무엇입니까?
3. 삼위일체를 잘못 설명하는 대표적인 이론들을 설명해 봅시다. (양태론, 양자론, 삼신론 등)
4. 교리적 진술에 있어서 역사적 신앙고백(신조, 교리문답 등)이 중요한 이유를 생각해 봅시다.
5. 삼위일체 교리를 신자의 삶(교회, 가정, 직장 등)에 적용해 봅시다.
6. 벨직 신앙고백서 9항을 읽고 구약과 신약에서 삼위일체를 설명하는 대표적인 부분을 말해 봅시다. 그리고 사도신경, 니케아 신경, 아타나시우스 신경에서 각각 삼위일체를 어떻게 설명하는지 찾아 비교해 봅시다.
7. 기독교의 삼위일체 교리가 타종교와 구별되는 두드러진 특징은 무엇입니까? 삼위일체 교리가 신자에게 어떤 의미가 있는지 토의해 봅시다.

9항 삼위일체 하나님에 대한 8항의 성경적 증거

우리는 이 모든 진리를 삼위 하나님의 활동뿐만 아니라 거룩한 성경의 증언들로부터 알게 되며(요 14:16, 15:26; 행 2:32-33; 롬 8:9; 갈 4:6; 딛 3:4-6; 벧전 1:2; 요일 4:13-14, 5:1-12; 유 1:20-21; 계 1:4-5), 주로 우리 안에서 지각된 증거들을 통해 알게 됩니다. 거룩하신 삼위일체를 믿으라고 우리에게 교훈하는 이 거룩한 성경의 증언들은 구약성경의 많은 곳에 기록되어 있으므로, 이 모든 구절들을 일일이 열거할 필요는 없습니다.

하나님은 이렇게 말씀하십니다. "우리의 형상을 따라 우리의 모양대로 우리가 사람을 만들고"(창 1:26). 하나님은 그분의 형상을 따라 사람을 창조하시되 남자와 여자로 만드셨습니다. 또한 창세기 3장 22절은 "이 사람이 선악을 아는 일에 우리 중 하나같이 되었으니"라고 기록합니다. "우리의 형상을 따라 우리의 모양대로 우리가 사람을 만들고"라는 말씀에서 하나님의 신격 안에 한 분 이상의 위격이 계시다는 사실이 드러납니다. 또한 "하나님이 창조하셨다"고 말씀하실 때는 통일성을 나타내십니다. 여기에 얼마나 많은 위격이 계시는지 하나님은 말씀하지 않으십니다. 구약에서 다소 모호하게 보이는 것이 신약에서는 아주 분명해집니다.

우리 주님이 요단 강에서 세례를 받으실 때, "이는 내 사랑하는 아들이요"(마 3:17)라는 아버지 하나님의 음성이 들렸고, 아들이 물에서 올라오실 때 성령이 비둘기같이 내려 아들 위에 임하셨습니다(마 3:16). 이런 형식은 모든 신자들이 세례를 받을 때 그리스도에 의해 시행됩니다. 주님은 "모든 민족을 제자로 삼아 아버지와 아들과 성령의 이름으로 세례를 베풀라"고 하셨습니다(마 28:19). 누가복음에서 가브리엘 천사는 우리 주님의 어머니 마리아에게 이렇게 말합니다. "성령이 네게 임하시고 지극히 높으신 이의 능력이 너를 덮으시리니 이러므로 나실 바 거룩한 이는 하나님의 아들이라 일컬어지리라"(눅 1:35). 이와 마찬가지로 다음 말씀도 동일합니다. "주 예수 그리스도의 은혜와 하나님의 사랑과 성령의 교통하심이 너희 무리와 함께 있을지어다"(고후 13:13). "하늘에서 증언하시는 세 분이 계십니다. 곧 아버지와 말씀과 성령이십니다. 이 셋은 하나입니다"(요일 5:7-8).

우리는 이 모든 말씀을 통해 한 분이시며 유일하신 하나님의 신적 본질 안에 세 위격이 계심을 배우게 됩니다. 비록 이 교리가 모든 인간의 이해를 초월하지만 그럼에도 우리는 지금 하나님의 말씀이라는 방편을 통해 이 진리를 믿으며 장차 하늘에서 이 진리에 대한 완벽한 지식과 그 은덕을 누리게 될 것을 기대합니다.

더욱이 우리는 우리를 향하신 이 세 위격의 특별한 직무와 활동을 주목해야 합니다. 아버지 하나님은 그분의 능력으로 말미암아 창조주로 불립니다. 아들은 그의 피로 말미암아 우리 구주요 구속자로 불립니다. 성령님은 우리 마음속에 거하심으로 성화주가 되십니다.

이 거룩한 삼위일체 교리는 사도시대로부터 오늘날에 이르기까지 유대인들과 무슬림들, 그리고 정통 교부들에게 합당한 정죄를 받았던 마르키온, 마니교, 프락시아스, 사벨리우스, 아리우스와 같은 거짓 그리스도인들과 이단들에 대항하여 참된 교회에 의해 변호받고 보존되어 왔습니다. 그러므로 이 교리 안에서 우리는 세 가지 신경, 즉 사도신경, 니케아 신경, 아타나시우스 신경을 기꺼이 받아들입니다. 또한 이 신경들과 조화를 이루는 것으로써 교부들이 인정한 다른 신경들도 받아들이는 바입니다.

---

* 벨직 신앙고백서 9항은 8항에 대한 성경적 증거에 대한 내용이므로 따로 설교하지 않았음을 일러둡니다.

10장
하나님의 영광의 광채

¹옛적에 선지자들을 통하여 여러 부분과 여러 모양으로 우리 조상들에게 말씀하신 하나님이 ²이 모든 날 마지막에는 아들을 통하여 우리에게 말씀하셨으니 이 아들을 만유의 상속자로 세우시고 또 그로 말미암아 모든 세계를 지으셨느니라 ³이는 하나님의 영광의 광채시요 그 본체의 형상이시라 그의 능력의 말씀으로 만물을 붙드시며 죄를 정결하게 하는 일을 하시고 높은 곳에 계신 지극히 크신 이의 우편에 앉으셨느니라. 히 1:1-3

10항 예수 그리스도는 참되고 영원하신 하나님이시다

우리는 예수 그리스도가 그분의 신성에 따라 하나님의 독생자이시고(마 17:5; 요 1:14, 18; 3:16; 14:1-14; 20:17, 31; 롬 1:4; 갈 4:4; 히 1:2), 영원으로부터 나셨으며, 지음받거나 창조되지 않으셨고(만일 그렇다면 그분은 피조물이 되어야 할 것이다), 성부와 동일한 본질이시며, 동등하게 영원하시고, 그 본체의 형상이시며, 하나님의 영광의 광채시고, 모든 것에서 성부와 동등하신 분이심을 믿습니다(요 5:18, 23; 10:30; 14:9; 20:28; 롬 9:5; 빌 2:6; 골 1:15; 딛 2:13).

그분은 우리의 본성을 취하실 때부터가 아니라 영원 전부터(요 8:58; 17:5; 히 13:8) 하나님의 아들이셨습니다. 우리가 다음 성경 구절의 증거들을 비교할 때 이것을 알 수 있습니다. 모세는 하나님이 세상을 창조하셨다고 말합니다(창 1:1). 또한 사도 요한은 말씀이신 하나님이 만물을 지으셨다고 말합니다(요 1:1-3). 히브리서 기자는 하나님이 예수 그리스도로 말미암아 모든 세계를 지으셨다고 말합니다(히 1:2). 또한 사도 바울은 하나님이 예수 그리스도로 말미암아 만물을 창조하셨다고 말합니다(고전 8:6; 골 1:16). 그러므로 하나님, 말씀, 아들, 예수 그리스도라고 불리시는 분은 만물이 그분으로 말미암아 창조될 때 이미 계셨다는 사실이 반드시 따라옵니다.

그러므로 미가 선지자는 그분의 근본이 상고에, 영원에 있다고 말합니다. 또한 사도는 그분이 생의 시작이 없고 끝도 없다고 말합니다. 그러므로 그분은 참되고 영원하신 하나님, 전능하신 분, 우리가 기도하고 예배하고 섬기는 분이 되십니다.

그리스도인에게 '하나님의 영광'이란 단어만큼 익숙하면서도 가슴이 설레는 단어가 또 있을까요? '영광'이란 무엇일까요? '빛나고 아름다운 영예', '훌륭함', '장관' 등을 뜻합니다. 우리는 이런 것이 무엇인지 잘 모릅니다. 하지만 원래부터 잘 모르는 것은 아니었습니다. 하나님의 영광을 하늘과 땅과 자연 만물에 밝히 보여 주셨기 때문입니다(시 19:1). 그런데 인간이 죄와 타락으로 말미암아 어리석게 되어 하나님의 영광을 썩어질 사람과 새와 짐승과 기어다니는 동물 모양의 우상으로 바꾸어 버렸습니다. 그래서 우리는 참된 영광을 보아도 하나님을 영화롭게 하지 않습니다.

예수 그리스도께서 그 영광으로 이 세상에 오셨습니다. 요한은 "말씀이 육신이 되어 우리 가운데 거하시매 우리가 그의 영광을 보니"라고 말합니다(요 1:14). 허물과 죄로 죽은 우리에게 그 영광의 광채를 다시 회복시켜 주시려고 독생자의 영광이 친히 하늘에서 땅으로 내려오신 것입니다.

바울은 이렇게 말합니다. "주께서 사랑하시는 형제들아 우리가 항상 너희에 관하여 마땅히 하나님께 감사할 것은 하나님이 처음부터 너희를 택하사 성령의 거룩하게 하심과 진리를 믿음으로 구원을 받게 하심이니 이를 위하여 우리의 복음으로 너희를 부르사 우리 주 예수 그리스도의 영광을 얻게 하려 하심이니라"(살후 2:13-14). 그리스도의 영광은 우리의 구원입니다. 그리스도의 영광은 우리 소명의 목적입니다. 그리스도의 영광은 우리 선택의 이유입니다. 그리스도의 영광은 우리 거룩의 목표입니다. 우리는 그리스도께서 하나님의 영광의 광채시며, 신자는 늘 그리스도의 영광을 추구해야 함을 깨달아야 합니다.

영원 전부터 하나님이신 예수 그리스도

첫째, 예수 그리스도는 영원 전부터 하나님이십니다(1-2절). 히브리서 기자는 구약 시대에 백성들에게 말씀하신 하나님에 대해 이렇게 묘사합니다. "옛적에 선지자들을 통하여 여러 부분과 여러 모양으로 우리 조상들에게 말씀하신 하나님이"(1절). 하나님이 옛날에는 선지자들을 통하여, 여러 번에 걸쳐 여러 가지 방법으로 우리 조상들에게 말씀하셨다고 말합니다. 그리고 나서 히브리서 기자는 "이 모든 날 마지막에는 하나님이 아들을 통하여 우리에게 말씀하셨다"고 말합니다(2절). 하나님이 아들을 만유의 상속자로 세우시고 또 그로 말미암아 모든 세계를 지으셨다고 밝힙니다.

이는 실로 놀라운 말씀이 아닐 수 없습니다. 예수 그리스도께서 사람의 몸을 입고 이 땅에 오셨을 때부터 아들이신 것이 아니라 창세전부터 하나님의 아들이심을 증거하는 말씀이기 때문입니다. 또한 이 아들은 하나님 아버지와 함께 모든 세상을 창조하신 분임을 밝히고 있기 때문입니다. 성부 하나님은 창조를 명하셨고 예수 그리스도는 그 말씀대로 만물을 창조하는 동인이셨습니다. 우리가 구주로 믿고 고백하는 예수 그리스도는 창세전부터 계셨던 하나님이시며, 세상 만물을 지으신 창조주이십니다.

이것은 벨직 신앙고백서 10항이 "그분은 우리의 본성을 취하실 때부터가 아니라 영원 전부터 하나님의 아들이셨습니다"라고 진술하는 이유이기도 합니다. 히브리서 기자는 예수 그리스도의 영원성을 웅변적으로 증거합니다. "이 아들을 만유의 상속자로 세우시고 또 그로 말미암아 모든 세계를 지으셨느니라"(1:2). "예수 그리스도는 어제나 오늘이나 영원토록 동일하시니라"(13:8).

예수 그리스도의 영원성은 성경의 증거들이 우리에게 가르치는 바이기도 합니다. 벨직 신앙고백서가 이것을 잘 밝히고 있습니다. 모세는 성경의 첫 책 창세기를 시작하며 하나님이 세상을 창조하셨다고 말합니다. 사도 요한은 하나님이신 말씀이 만물을 만드셨다고 말하며 요한복음을 시작합니다. 히브리서 기자는 하나님이 아들로 말미암아 모든 세계를 지으셨다고 말합니다. 또한 사도 바울은 하나님이 아들을 통하여 만물을 창조하셨다고 말합니다.

바울은 이렇게 말합니다. "그러나 우리에게는 한 하나님 곧 아버지가 계시니 만물이 그에게서 났고 우리도 그를 위하여 있고 또한 한 주 예수 그리스도께서 계시니 만물이 그로 말미암고 우리도 그로 말미암아 있느니라"(고전 8:6). "만물이 그에게서 창조되되 하늘과 땅에서 보이는 것들과 보이지 않는 것들과 혹은 왕권들이나 주권들이나 통치자들이나 권세들이나 만물이 다 그로 말미암고 그를 위하여 창조되었고 또한 그가 만물보다 먼저 계시고 만물이 그 안에 함께 섰느니라"(골 1:16-17).

그러므로 하나님, 말씀, 아들, 예수 그리스도라고 불리시는 분은 만물이 그분으로 말미암아 창조될 때 이미 계셨다는 사실이 반드시 따라온다고 명시된 벨직 신앙고백서 10항의 진술은 참으로 성경적입니다. 예수님은 피조물과 달리 시작의 날도 없고 생명의 끝도 없으십니다. 예수 그리스도는 영원 전부터 하나님의 아들이십니다. 우리가 믿고 고백하는 예수 그리스도는 영원 전부터 하나님으로 계셨음을 믿고 그분께 마땅한 경배와 영광을 돌립시다.

하나님의 영광의 광채신 예수 그리스도

둘째, 예수 그리스도는 하나님의 영광의 광채십니다(3절). 본문 3절을 보겠습니다. "이는 하나님의 영광의 광채시요 그 본체의 형상이시라…." 벨직 신앙고백서 10항 첫 번째 문장을 보겠습니다. "우리는 예수 그리스도가 그분의 신성에 따라 하나님의 독생자이시고, 영원으로부터 나셨으며, 지음받거나 창조되지 않으셨고(만일 그렇다면 그분은 피조물이 되어야 할 것이다), 성부와 동일한 본질이시며, 동등하게 영원하시고, 그 본체의 형상이시며, 하나님의 영광의 광채시고, 모든 것에서 성부와 동등하신 분이심을 믿습니다." 벨직 신앙고백서가 계속해서 반복적으로 '우리는'으로 시작해서 '믿습니다'로 끝나는 것에 주의하십시오.

귀도 드 브레와 벨기에 개혁주의 신자들은 예수 그리스도가 하나님의 영광의 광채심을 믿었습니다. 그들은 다 이해했기 때문에 믿은 것이 아니라 믿음으로 이해했습니다. 예수 그리스도는 보이지 않는 하나님을 보여 주시는 영광의 빛이요 형체이십니다. 이것은 "이 모든 날 마지막에는 아들을 통하여 우리에게 말씀하셨다"는 의미이기도 합니다(2절). 피조물인 우리가 하나님을 도무지 볼 수 없고 알 수 없기 때문에, 우리가 볼 수 있고 알 수 있도록 해주신 것입니다. 이것을 신학적 용어로 '아콤모다티오'(accommodatio)라고 하는데, '조절해 주심', '우리 눈높이에 맞추어 주심'을 뜻합니다.

이 세상에 오신 예수님은 "나와 아버지는 하나이니라"고 말씀하십니다(요 10:30). 그리고 아버지를 보여 달라는 빌립에게 "빌립아 내가 이렇게 오래 너희와 함께 있으되 네가 나를 알지 못하느냐 나를 본 자는 아버지를 보았거늘 어찌하여 아버지를 보이라 하느냐"고 말씀하십니다(요 14:9). 예수 그리스도는 하나님의 영광으로 충만하십니다. 마치 태양의 광채가 밖으로 흘러나오는 것처럼 하나님의 영광의 빛이 예수 그리스도에게서 흘러나옵니다.

요한은 예수님을 이렇게 찬양합니다. "말씀이 육신이 되어 우리 가운데 거하시매 우리가 그의 영광을 보니 아버지의 독생자의 영광이요 은혜와 진리가 충만하더라"(요 1:14). 그러므로 하나님을 보려면 예수 그리스도를 보면 됩니다. 하나님을 경배하려면 예수 그리스도를 경배하면 됩니다. 하나님께 영광을 돌리려면 예수 그리스도께 영광을 돌리면 됩니다. 그분이 하나님의 영광의 광채시요, 그 본체의 형상이시기 때문입니다. 예수님이 하나님의 본체의 형상이라는 것은 예수님이 성부 하나님과 동일한 본질이라는 말입니다.

구약의 성도들은 하나님의 영광을 보았습니다. 예수님의 제자들과 신약의 백성들은 하나님의 영광의 광채신 예수 그리스도를 친히 보았습니다. 오늘날 우리는 구약과 신약이라는 하나님의 말씀 계시를 통해 하나님의 영광의 광채신 그리스도의 영광을 친히 보고 있습니다. 예수님이 하나님의 영광의 광채심을 믿고 은혜와 진리가 충만하신 그리스도의 영광을 말씀을 통해 더욱 깊이 묵상하기 바랍니다.

하나님 우편에 앉으신 구주 예수 그리스도

셋째, 예수 그리스도는 하나님 우편에 앉으신 구주이십니다(3절). 히브리서 기자는 예수께서 "하나님의 영광의 광채시요 그 본체의 형상이시라"고 말하고 나서 그분이 하시는 세 가지 일을 묘사합니다. 첫째는 능력의 말씀으로 만물을 붙드시며, 둘째는 죄를 정결하게 하시고, 셋째는 높은 곳에 계신 지극히 크신 이의 우편에 앉으신 것입니다.

먼저, 만물을 붙드신다는 것은 삼위 하나님이 계획하신 대로 만물을 움직이신다는 뜻입니다. '붙드신다'는 것은 '유지하신다', '공급하신다', '움직이신다'는 뜻입니다. 하나님은 자기 뜻과 목적을 예수 그리스도를 통해 완성해 가십니다. 이런 일은 창조와 보존과 섭리를 통해 이루어집니다. 그래서 그리스도의 말씀은 능력의 말씀이 됩니다. 그분이 영원 전부터 하나님이시며, 만물을 지으셨기 때문입니다.

둘째, 죄를 정결하게 하신다는 것은 그리스도의 구주성을 여지없이 보여 줍니다. 그리스도는 창조주이실 뿐만 아니라 구주이십니다. 그리스도는 만물을 붙드실 뿐만 아니라 죄에서 우리를 자유롭게 하실 능력과 권세가 있는 분이십니다. 복음서에서 주님은 "내가 너의 죄를 사하노라"고 말씀하신 바 있습니다. 주님은 죄를 정결하게 하시는 대제사장으로 오셨습니다. 주님은 "자기를 단번에 제물로 드려 죄를 없이 하시려고 세상 끝에 나타나신" 분입니다(히 9:26). 성부 하나님이 우리 죄를 용서해 주시고 정결하게 하시는 유일한 방편이 성자 예수 그리스도의 속죄입니다. 따라서 그분은 사람의 본성을 취하셔야 했고, 동시에 대제사장으로서 영원하신 하나님의 존재 그대로 계셔야 했습니다.

마지막으로, 주님은 높은 곳에 계신 지극히 크신 이의 우편에 앉으셨습니다. '지극히 크신 이의 우편'은 장소적 개념이라기보다는 권세적 개념입니다. 이것은 권세의 자리, 영광의 자리, 통치의 자리, 존귀하신 하나님의 자리를 상징합니다. 주님은 그 자리에서 여전히 만물을 붙드시고 죄를 정결하게 하시며 구속 사역을 진행하십니다. 주님은 하나님 보좌 우편에서 우리를 위해 기도하시며 우리의 믿음을 온전하게 하십니다. 히브리서 기자는 이렇게 말합니다. "믿음의 주요 또 온전하게 하시는 이인 예수를 바라보자 그는 그 앞에 있는 기쁨을 위하여 십자가를 참으사 부끄러움을 개의치 아니하시더니 하나님 보좌 우편에 앉으셨느니라"(히 12:2).

하나님은 우리를 위해 낮아지신 그리스도를 다시 높이셨습니다. 주님은 '항상 살아 계셔서' 오늘도 하나님 보좌 우편에서 성도를 위하여 간구하십니다(히 7:25). 그리스도께서 하나님 보좌 우편에 앉으셔서 우리를 위하여 간구하심을 믿고 하나님께 경배와 찬송과 영광을 돌립시다.

벨직 신앙고백서 10항 마지막 문장은 이렇습니다. "그러므로 그분은 참되고 영원하신 하나님, 전능하신 분, 우리가 기도하고 예배하고 섬기는 분이 되십니다."

예수 그리스도는 참되고 영원하신 하나님, 전능하신 분, 우리가 기도하고 예배하고 섬기는 분이 되십니다. 이것을 부정하면 기독교의 예배는 존재할 수 없습니다. 사람의 본성을 입고 이 땅에 오신 예수님의 영원하신 신성과 예수님의 영원하신 능력을 부정하면, 인간의 교만하고 자유주의적인 메마른 지식만 남게 됩니다. 성자 예수 그리스도의 신성과 성육신을 믿지 않고 받아들이지 않으면, 예수님은 그저 인간에 불과할 것입니다. 예수님은 하나님이 아니시다라고 하면, 예수님은 그저 인류가 본받을 만한 도덕적인 모범으로 전락하고 말 것입니다. 만일 그렇다면, 죄와 허물로 죽은 죄인에게 구원의 길은 영원히 존재하지 않게 될 것입니다. 그저 도덕적으로 본받을 만한 인간일 뿐, 예수님은 죄에 대한 하나님의 저주와 진노를 감당할 수 없기 때문입니다. 따라서 예수님이 하나님의 영광의 광채심을 부정하는 것은 예수님이 내 구주임을 부정하는 것입니다. 이는 결국 내게 구원은 없으며, 나는 죄 가운데 영원히 진노를 받아 멸망당할 인생임을 의미합니다.

그러나 우리가 이제까지 살펴본 바와 같이, 예수님은 하나님의 독생자요 영광의 광채시요 죄를 정결하게 하시는 분이십니다. 이 말씀을 굳게 믿고, 예수 그리스도를 참되고 영원하신 하나님, 전능하신 분, 우리가 기도하고 예배하고 섬기는 분으로 영원토록 모시는 복된 성도가 되기 바랍니다.

○ **칼뱅,** 『**기독교 강요**』**, 1.13.7**
… 무엇보다 가장 중요한 설명은, 요한의 진술에서 나타난다. "태초에 말씀이 계시니라 이 말씀이 하나님과 함께 계셨으니 이 말씀은 곧 하나님이시니라 그가 태초에 하나님과 함께 계셨고 만물이 그로 말미암아 지은 바 되었으니 지은 것이 하나도 그가 없이는 된 것이 없느니라"(요 1:1-3). 요한은 곧바로 이 말씀에 견고하고 영원한 본질을 부여한다. 또한 고유한 무언가가 그에게 있음을 드러내며, 하나님께서 어떻게 말씀으로 세상을 창조하셨는지를 확실히 보여 준다. … 실체를 지닌 이 말씀이야말로 모든 영감의 근원으로서 최고의 위치에 계신 것으로 보는 것이 합당할 것이다. 이 말씀은 불변하시며 영원토록 하나님과 동일하시고, 곧 하나님 자신이시다.

■ 핵심용어

영광, 하나님의 영광, 아콤모다티오, 성육신, 창조주, 구주, 그리스도의 삼중직

■ 생각해 볼 문제

1. 영광이란 무엇입니까? 하나님의 영광이 무엇인지 함께 나누어 봅시다.
2. 예수 그리스도께서 영원 전부터 계신 하나님이심을 히브리서 1장 1-3절과 요한복음 1장 1-3절을 통해 설명해 봅시다.
3. 성육신이란 무엇입니까? 요한복음 1장 14절을 빌어 설명해 봅시다. 히브리서 1장 3절에 나오는 "영광의 광채"가 의미하는 바는 무엇입니까?
4. 아콤모다티오의 의미는 무엇입니까? 이것이 우리에게 은혜의 복음인 이유를 함께 나누어 봅시다.
5. 히브리서 1장 3절에 나오는 그리스도의 세 가지 사역을 살펴봅시다. 각각의 사역을 지칭하는 용어를 함께 찾아보고, 그리스도의 삼중직에 대해 생각해 봅시다. 아울러 그리스도의 삼중직이 우리에게 어떤 의미와 은혜를 주는지도 함께 나누어 봅시다.

11장
성령님은 누구신가?

¹아나니아라 하는 사람이 그의 아내 삽비라와 더불어 소유를 팔아 ²그 값에서 얼마를 감추매 그 아내도 알더라 얼마만 가져다가 사도들의 발 앞에 두니 ³베드로가 이르되 아나니아야 어찌하여 사탄이 네 마음에 가득하여 네가 성령을 속이고 땅 값 얼마를 감추었느냐 ⁴땅이 그대로 있을 때에는 네 땅이 아니며 판 후에도 네 마음대로 할 수가 없더냐 어찌하여 이 일을 네 마음에 두었느냐 사람에게 거짓말한 것이 아니요 하나님께로다 ⁵아나니아가 이 말을 듣고 엎드러져 혼이 떠나니 이 일을 듣는 사람이 다 크게 두려워하더라 ⁶젊은 사람들이 일어나 시신을 싸서 메고 나가 장사하니라. 행 5:1-6

> **11항 성령은 참되고 영원한 하나님이시다**
>
> 우리는 또한 성령이 영원으로부터 성부와 성자에게서 나오신다는 것을 믿고 고백합니다. 성령은 지음받거나 창조되거나 출생하신 것이 아니라 성부와 성자로부터 나오셨습니다(요 14:15-26, 15:26; 롬 8:9). 그러므로 성경이 우리에게 가르치는 바와 같이, 성령은 성삼위일체의 세 번째 위격이시며, 본질과 위엄과 영광에서 성부와 성자와 하나이시고 동일하시며, 참되고 영원하신 하나님이십니다(창 1:2; 마 28:19; 행 5:3-4; 고전 2:10, 3:16, 6:11; 요일 5:7).

앞 장에서 우리는 예수 그리스도의 영광의 광채에 대해 살펴보았습니다. 예수님은 영원하고 참되신 하나님이십니다. 또한 하나님의 빛나는 영광의 광채십니다. 그분은 하나님 보좌 우편에 앉으셔서 성도와 교회를 위해 기도하십니다.

이 장에서는 성삼위일체의 세 번째 위격이신 성령님에 대해 살펴보려고 합니다. 교회에서 성부 하나님과 성자 예수님에 대해서는 많이 강조하고 설교도 많이 하지만, 그에 비해 성령 하나님에 대한 강조는 약한 것이 사실입니다.

우리는 사랑의 삼위 하나님에 대해 다루면서 성부와 성자와 성령이 인격과 권위와 영광과 권세에 있어서 본질상 동일하며 동등하시다고 밝힌 바 있습니다. 그럼에도 불구하고 성령에 대한 오해가 있는 것이 사실입니다. 성령을 그저 성부와 성자의 조력자 정도로 생각합니다. 그 이유는, 그분이 'Holy Spirit', 즉 '거룩한 영'이라고 불리시기 때문인 것 같습니다. 성부와 성자 하나님은 아버지와 아들로 불리시는데, 성령은 영이라고 불리시니 말입니다. 사도 요한은 "하나님은 영이시니"라고 말합니다(요 4:24). 이 말씀으로 보건대, 영이기 때문에 인격체가 아니라고 생각하면 안 되는 것입니다. 그분이 거룩한 영, 즉 성령이라 불리시는 것은 교회와 신자를 거룩하게 하는 분이시기 때문입니다.

바울은 고린도 교회에 편지하면서 이렇게 말합니다. "너희는 너희가 하나님의 성전인 것과 하나님의 성령이 너희 안에 계시는 것을 알지 못하느냐 누구든지 하나님의 성전을 더럽히면 하나님이 그 사람을 멸하시리라 하나님의 성전은 거룩하니 너희도 그러하니라"(고전 3:16-17).

사도행전 5장 1-6절과 벨직 신앙고백서 11항을 살펴보면서 성령님이 누구신지 알아보겠습니다.

물질이나 어떤 영향력이 아니신 분

첫째, 성령님은 물질이나 어떤 영향력이 아니십니다(1-3절). 본문 1-3절을 보겠습니다. "아나니아라 하는 사람이 그의 아내 삽비라와 더불어 소유를 팔아 그 값에서 얼마를 감추매 그 아내도 알더라 얼마만 가져다가 사도들의 발 앞에 두니 베드로가 이르되 아나니아야 어찌하여 사탄이 네 마음에 가득하여 네가 성령을 속이고 땅 값 얼마를 감추었느냐."

이 사건의 배경을 익히 알고 있을 것입니다. 오순절 성령 강림 이후에 초대교회는 모든 물건을 서로 통용하고 또 재산과 소유를 팔아 각 사람의 필요를 따라 나눠 주었습니다(행 2:44-45). 이런 일은 사도들이 관리했습니다. 그러나 일의 규모가 점점 커지자, 사도들은 지혜와 성령이 충만한 집사 일곱 명을 뽑아서 일을 맡깁니다. 그러고 나서 사도들은 말씀과 기도에 전무합니다.

아나니아와 그의 아내 삽비라도 선한 마음으로 자기 소유를 팔았습니다(1절). 그러나 아나니아와 삽비라는 소유를 판 값의 얼마를 감추었습니다(2절). 성령이 충만한 베드로는 그 사실을 알고 아나니아를 책망합니다. "아나니아야 어찌하여 사탄이 네 마음에 가득하여 네가 성령을 속이고 땅 값 얼마를 감추었느냐"(3절). 베드로는 아나니아가 사도들만 속인 것이 아니라 성령님을 속였다고 말합니다. 성령님은 인격체이십니다. 그 누구도 성령님을 속일 수 없습니다. 성령님은 인격을 지닌 하나님이시기 때문입니다. 사람은 속임을 당할 수 있는 존재이지만, 반면에 물질은 속임을 당할 수 있는 기질이나 능력을 가진 존재가 아닙니다. 성령님을 속이는 사람은 인격체(person)를 속이는 것이고, 그럴 때 성령님은 진노하시며 때로는 슬퍼하십니다. 이사야는 이렇게 말합니다. "그들이 반역하여 주의 성령을 근심하게 하였으므로 그가 돌이켜 그들의 대적이 되사 친히 그들을 치셨더니"(사 63:10).

벨직 신앙고백서 11항은 성령님을 이렇게 소개합니다. "우리는 또한 성령이 영원으로부터 성부와 성자에게서 나오신다는 것을 믿고 고백합니다. 성령은 지음받거나 창조되거나 출생하신 것이 아니라 성부와 성자로부터 나오셨습니다."

성령님은 영원으로부터 하나님의 영이시며, 성자의 영이십니다. 성령님은 지음받거나 창조되거나 출생하신 것이 아닙니다. 성부와 성자로부터 나오셨습니다. 우리가 이것을 완벽하게 이해할 수는 없습니다. 성부와 성자와 성령이 삼위일체로 계시며 온전하게 연합되어 있음에도 불구하고, 성령이 성부와 성자로부터 나오셨다는 것은 우리가 다 이해할 수 없는 신비입니다. 다시 한번 말하지만, 이것은 우리가 믿어야 할 신비입니다.

중요한 것은, 성령은 어떤 물질이나 영향력이 아니라 성부와 성자와 일체이시고 동일한 본질인 하나님이시라는 사실입니다. 성령은 정신적인 감화를 주는 영향력 정도가 아니라 하나님이시라는 사실을 분명히 믿으십시오.

세 번째 위격의 하나님

둘째, 성령님은 세 번째 위격의 하나님이십니다(4절). 여기서 중요한 것은 '세 번째 위격'과 '하나님'이라는 두 가지 사실입니다.

베드로 사도는 아나니아와 삽비라가 하나님을 속였다고 책망합니다(3절). 그들이 사람이나 피조물을 속인 것이 아니라 전능하신 하나님을 속인 것이라고 말합니다. 베드로가 하나님과 성령, 성령과 하나님을 교차적으로 동일하게 사용하고 있다는 사실을 주목하기 바랍니다. 벨직 신앙고백서도 성부와 성자를 지칭하는 '하나님'이란 단어를 성령에 동일하게 적용하고 있습니다. 벨직 신앙고백서 11항 두 번째 문장입니다. "그러므로 성경이 우리에게 가르치는 바와 같이, 성령은 성삼위일체의 세 번째 위격이시며, 본질과 위엄과 영광에서 성부와 성자와 하나이시고 동일하시며, 참되고 영원하신 하나님이십니다."

성령은 세 번째 위격이십니다. 그래서 우리는 성령이 성부와 성자보다 더 약하거나 아니면 계급이 낮거나 열등하다고 생각할 수 있습니다. 그러나 벨직 신앙고백서는 그런 오해나 쓸데없는 생각을 불식시키기 위해 다음과 같은 구절을 덧붙입니다. "성령은 성삼위일체의 세 번째 위격이시며, 본질과 위엄과 영광에서 성부와 성자와 하나이시고 동일하시며, 참되고 영원하신 하나님이십니다."

성령 하나님은 성부 하나님과 성자 하나님처럼 무소부재하시고(어디에나 안 계신 곳이 없으시며), 전지전능하십니다(모르시는 것이 없으시며 모든 것을 하실 능력이 있으십니다). 시편 기자는 "내가 주의 영을 떠나 어디로 가며 주의 앞에서 어디로 피하리이까"라고 고백합니다(시 139:7).

성령은 인격체로서 성부와 성자와 함께 창조 사역에 동참하셨습니다. "땅이 혼돈하고 공허하며 흑암이 깊음 위에 있고 하나님의 영은 수면 위에 운행하시니라"(창 1:2). '하나님의 영'은 구약 시대에 하나님의 백성들과 선지자들과 사사들을 감동시켜 구원 사역을 수행하셨습니다. 신약 시대에는 오순절 성령 강림 사건을 통해 충만한 교회시대를 여셨습니다(행 2:1-4).

성령은 성부와 성자와 함께 하나님의 백성들에게 세례를 베푸시고(마 28:19), 교회를 축복하십니다(고후 13:13). 성령은 인격체이시고, 성부와 성자와 함께 일하시는 참되고 영원하신 하나님이십니다. 따라서 우리는 성령을 성부나 성자보다 열등하거나 하등한 분으로 생각해서는 안 되며, 성령 하나님에게 마땅한 예우를 갖춰야 합니다. 성령님은 참되고 진실하시며 영원한 하나님이심을 믿고 그분께 마땅한 영광을 돌리십시오.

진리의 영이신 성령님

셋째, 성령님은 진리의 영으로서, 삼위 하나님의 구속을 신자에게 적용시키십니다(5-6절). 본문 5-6절을 보겠습니다. "아나니아가 이 말을 듣고 엎드러져 혼이 떠나니 이 일을 듣는 사람이 다 크게 두려워하더라 젊은 사람들이 일어나 시신을 싸서 메고 나가 장사하니라." 하나님을 속인 아나니아의 혼이 떠났습니다. 이것은 진리이신 하나님의 성령을 거스른 결과입니다. 사도 요한은 "증언하는 이는 성령이시니 성령은 진리니라"고 말합니다(요일 5:6). 성령은 진리이십니다. 진리를 말하는 분이십니다.

예수님은 이렇게 말씀하십니다. "그러나 진리의 성령이 오시면 그가 너희를 모든 진리 가운데로 인도하시리니 그가 스스로 말하지 않고 오직 들은 것을 말하며 장래 일을 너희에게 알리시리라"(요 16:13). 그렇다면 성령님은 누구에게 들으십니까? 성령님은 예수님께 들으십니다. "내가 아버지께로부터 너희에게 보낼 보혜사 곧 아버지께로부터 나오시는 진리의 성령이 오실 때에 그가 나를 증언하실 것이요"(요 15:26). 예수님은 이 일을 위해 하나님께 기도합니다. "내가 아버지께 구하겠으니 그가 또 다른 보혜사를 너희에게 주사 영원토록 너희와 함께 있게 하리니"(요 14:16).

진리이신 예수님이 부활 승천하시면서 진리의 성령을 이 땅에 보내 주셨습니다. 성령님은 진리이신 예수 그리스도를 증거하십니다. 그러므로 예수님은 진리이시며, 성령님도 진리이십니다. 성령님은 성도의 영혼 속에 진리를 심으시고 그것을 작동시키십니다. 진리가 우리 마음에서 역사하게 하십니다. 하나님의 성령이 우리 안에 계셔서 우리로 하여금 하나님의 성전이 되게 하십니다(고전 3:16).

또한 하나님의 성령은 우리로 하여금 십자가 복음의 진리를 깨닫게 하시고 믿게 하십니다. "오직 하나님이 성령으로 이것을 우리에게 보이셨으니 성령은 모든 것 곧 하나님의 깊은 것까지도 통달하시느니라 사람의 일을 사람의 속에 있는 영 외에 누가 알리요 이와 같이 하나님의 일도 하나님의 영 외에는 아무도 알지 못하느니라"(고전 2:10-11). 그 결과, 우리는 하나님을 '아빠 아버지'라고 부르게 되었습니다. 바울은 "너희가 아들이므로 하나님이 그 아들의 영을 우리 마음 가운데 보내사 아빠 아버지라 부르게 하셨느니라"고 말합니다(갈 4:6). 또한 "너희는 다시 무서워하는 종의 영을 받지 아니하고 양자의 영을 받았으므로 우리가 아빠 아버지라고 부르짖느니라"고 말합니다(롬 8:15). 이 모든 일, 즉 구원의 적용 사역을 하시는 분이 성령이십니다.

성령의 역사가 아니고서는 그 누구도 구원을 받을 수 없습니다. 성령님은 우리 안에서 우리의 비참함과 죄를 보게 하시고, 그리스도가 필요함을 깨닫게 하셔서, 우리로 하여금 죄를 떠나 그리스도를 영접하게 하십니다. 이렇게 구속 사역을 적용하시는 성령님이 가장 싫어하시는 것이 거짓입니다. 거짓은 하나님이 가장 싫어하시는 것이기도 합니다. 거짓은 진리의 반대이기 때문입니다. 성령님은 우리 안에서 거짓을 몰아내고 진리의 말씀을 심으십니다. 또한 예수 그리스도의 십자가 희생 사역을 심으십니다. 우리가 진리를 알면 자유함을 얻습니다. 죄의 속박과 정죄는 사라집니다. 그러므로 구원받은 사람이 죄 가운데 거하는 것은 성령을 근심하게 하는 행위입니다.

바울은 이렇게 말합니다. "하나님의 성령을 근심하게 하지 말라 그 안에서 너희가 구원의 날까지 인 치심을 받았느니라 너희는 모든 악독과 노함과 분냄과 떠드는 것과 비방하는 것을 모든 악의와 함께 버리고 서로 친절하게 하며 불쌍히 여기며 서로 용서하기를 하나님이 그리스도 안에서 너희를 용서하심과 같이 하라라"(엡 4:30-32).

바로 이 일을 위해 하나님의 성령이 오순절에 강림하셨습니다. 우리 각 사람 안에 내주하러 오셨습니다. 이 얼마나 놀라운 일이며 감사한 일입니까?

신자는 성령의 전입니다. 바울은 성령이 우리 안에 거하신다고 선포합니다. 우리는 하나님의 거룩한 전입니다. 그러므로 신자는 성령을 근심하게 하는 일이 아니라 성령을 기쁘시게 하는 일을 해야 합니다. 성령의 열매를 맺기 위해 부단히 노력해야 합니다. "오직 성령의 열매는 사랑과 희락과 화평과 오래 참음과 자비와 양선과 충성과 온유와 절제니 이 같은 것을 금지할 법이 없느니라 그리스도 예수의 사람들은 육체와 함께 그 정욕과 탐심을 십자가에 못 박았느니라"(갈 5:22-24).

우리가 예수님을 믿을 때 성령의 처음 익은 열매가 우리 안에서 역사합니다. 이 일은 우리 몸을 속량해 주실 그날까지 계속되어야 합니다(롬 8:23). 그러므로 우리는 누가 보든 안 보든 간에 항상 복종하여 두렵고 떨림으로 우리가 받은 구원을 이루어 나가야 합니다(빌 2:12).

○ **칼뱅, 『기독교 강요』, 1.13.15**

"사람에 대한 모든 죄와 모독은 사하심을 얻되 성령을 모독하는 것은 사하심을 얻지 못하겠고"(마 12:31; 막 3:29; 눅 12:10)라는 말씀은, 성령을 거슬러서 모독하는 일은 용서받지 못할 죄라는 뜻으로, 성령의 신적 위엄을 명확하게 선언한다. 교부들이 여러 가지 증언들을 사용했지만 나는 그것들은 의도적으로 언급하지 않을 것이다. 그들은 세상의 창조가 성자의 사역일 뿐 아니라 성령의 사역이기도 하다는 것을 입증하기 위해 다윗의 말을 인용하는 것이 정당하다고 보았다. "여호와의 말씀으로 하늘이 지음이 되었으며 그 만상을 그의 입 기운으로 이루었도다"(시 33:6).

■ 핵심용어

성부, 성자, 성령, 세 번째 위격, 인격체(person), 구속의 적용

■ 생각해 볼 문제

1. 지금까지 배운 내용을 모두 참조하여 삼위일체가 무엇인지 함께 나누어 봅시다.
2. 성령님에 대한 그릇된 견해는 어떤 것들이 있습니까? 지금까지 자신이 성령님을 어떻게 생각했으며, 이 장을 살펴본 후에는 성령님에 대한 생각이 어떻게 바뀌었는지 나누어 봅시다.
3. 성령을 속이는 사람은 인격체(person)를 속이는 사람입니다. 여기서 인격은 어떤 의미일까요? 하나님은 인격적이시다는 말이 어떤 의미인지 함께 나누어 봅시다. 인격이란 말이 내포하는 다양한 의미를 함께 나누어 봅시다. 인간도 인격적인 존재입니다. 그 의미에 대해서도 같이 생각해 봅시다.

4. 성령님이 세상에 오셔서 하시는 주요한 사역은 무엇입니까? 그것은 오늘날 우리가 성령님을 이해하는 데 어떤 영향을 끼칩니까?

5. 성령님이 우리에게 하나님의 구속을 적용시키신다는 것은 어떤 의미입니까? 이 은혜를 경험해 보았다면 함께 나누어 봅시다.

12장
하나님의 영광스러운 창조

¹여호와 우리 주여 주의 이름이 온 땅에 어찌 그리 아름다운지요 주의 영광이 하늘을 덮었나이다 ²주의 대적으로 말미암아 어린아이들과 젖먹이들의 입으로 권능을 세우심이여 이는 원수들과 보복자들을 잠잠하게 하려 하심이니이다 ³주의 손가락으로 만드신 주의 하늘과 주께서 베풀어 두신 달과 별들을 내가 보오니 ⁴사람이 무엇이기에 주께서 그를 생각하시며 인자가 무엇이기에 주께서 그를 돌보시나이까 ⁵그를 하나님보다 조금 못하게 하시고 영화와 존귀로 관을 씌우셨나이다 ⁶주의 손으로 만드신 것을 다스리게 하시고 만물을 그의 발 아래 두셨으니 ⁷곧 모든 소와 양과 들짐승이며 ⁸공중의 새와 바다의 물고기와 바닷길에 다니는 것이니이다 ⁹여호와 우리 주여 주의 이름이 온 땅에 어찌 그리 아름다운지요. 시 8:1-9

12항 창조

우리는 성부 하나님이 말씀으로 말미암아, 곧 그분의 아들을 통하여 무에서 천지 만물을 창조하셨고, 만물은 하나님이 보시기에 좋았으며(창 1:1, 2:3; 사 40:26; 렘 32:17; 골 1:15-16; 딤전 4:3; 히 11:3; 계 4:11), 모든 피조물에게 존재와 모양과 형태를 부여하시고 각각의 피조물들에게 창조주를 섬기도록 여러 가지 임무를 주셨다는 것을 믿습니다. 우리는 하나님이 그분의 영원하신 섭리와 무한하신 능력으로 만물을 붙드시고 다스리심으로 만물이 인류를 섬기게 하시고, 그로 말미암아 인간이 하나님을 섬기게 하신다는 것을 믿습니다.

또한 하나님은 천사들을 선하게 창조하시고, 그분의 사자들이 되게 하시며, 하나

> 님이 택하신 사람들을 섬기게 하셨습니다(시 103:20-21; 마 4:11; 히 1:14). 이 천사들 중 일부가 하나님이 창조하신 높은 지위에서 타락하여 영원한 파멸로 떨어졌습니다(요 8:44; 벧후 2:4; 유 1:6). 하지만 다른 천사들은 하나님의 은혜로 본래 지위를 유지하며 그곳에 계속 머물러 있습니다. 마귀들과 악한 영들은 너무 타락하여 하나님과 모든 선한 것들의 원수가 되었습니다(창 3:1-5; 벧전 5:8). 그들은 온 힘을 다해 교회와 교회의 모든 지체들을 멸망시키려는 살인자들처럼 지켜보면서 악한 궤계를 통해 모든 것을 파괴하려 합니다(엡 6:12; 계 12:4, 13-17, 20:7-9). 또한 자신들의 악으로 인해 영원한 형벌을 선고받아 날마다 무서운 고통을 기다리며 지냅니다(마 8:29, 25:41; 계 20:10). 그러므로 우리는 영들과 천사들의 존재를 부인하는 사두개인들의 오류(행 23:8)와, 마귀들은 스스로의 기원을 가지고 있으며 타락한 적이 없는 상태에서 본성상 악하다고 주장하는 마니교의 잘못을 배격하고 혐오합니다.

벨직 신앙고백서는 8항부터 11항까지 성삼위 하나님의 위격과 본질에 대해 설명합니다. 그리고 12항에서는 하나님의 사역에 대해 묘사하기 시작합니다. 이것은 매우 자연스러운 배치입니다. 존재가 없는 사역은 존재하지 않습니다. 누군가가 일을 하려면 누군가가 존재해야 합니다. 따라서 하나님의 존재를 먼저 다룬 후에 하나님이 하시는 일을 다루는 것이 자연스럽습니다. 하나님의 첫 번째 사역은 창조 사역입니다. 12항은 천지만물과 천사의 창조에 대한 사역을 다루고 있습니다. 창조는 성경에 기록된 하나님의 첫 번째 사역입니다.

사도신경의 첫 번째 조항도 전능하신 하나님의 창조를 다음과 같이 고백합니다. "전능하사 천지를 만드신 하나님 아버지를 내가 믿사오며." 신자는 전능하신 하나님의 창조를 고백하는 사람입니다. 하나님의 창조가 아니고서는 모든 세상과 사람의 존재를 설명할 다른 방법이 없습니다.

벨직 신앙고백서 12항은 천지만물의 창조, 그리고 천사의 창조와 타락을 묘사합니다. 하지만 이 장에서는 하나님의 영광스러운 창조 첫 번째 부분인 천지만물의 창조를 주로 다루고자 합니다.

하나님의 창조 능력을 찬양하라

첫째, 우리는 하나님의 창조 능력을 찬양해야 합니다(1-3절). 본문 1-3절을 보겠습니다. "여호와 우리 주여 주의 이름이 온 땅에 어찌 그리 아름다운지요 주의 영광이 하늘을 덮었나이다 주의 대적으로 말미암아 어린아이들과 젖먹이들의 입으로 권능을 세우심이여 이는 원수들과 보복자들을 잠잠하게 하려 하심이니이다 주의 손가락으로 만드신 주의 하늘과 주께서 베풀어 두신 달과 별들을 내가 보오니."

벨직 신앙고백서 12항 첫 번째 문장입니다. "우리는 성부 하나님이 말씀으로 말미암아, 곧 그분의 아들을 통하여 무에서 천지만물을 창조하셨고, 만물은 하나님이 보시기에 좋았으며, 모든 피조물에게 존재와 모양과 형태를 부여하시고 각각의 피조물들에게 창조주를 섬기도록 여러 가지 임무를 주셨다는 것을 믿습니다."

첫째는 무에서 유로의 창조입니다. 이는 창조의 본질로서 하나님의 능력을 의미합니다. 하나님은 태초에 천지를 창조하셨습니다(창1:1). 그리고 그것을 보시고 좋았다고 평가하셨습니다. 하나님은 하늘과 땅을 만드시고, 빛을 만드셨습니다. 땅 위에 수많은 동식물들을 만드시고, 하늘에 새들을 만드시며, 바다에 어족을 만드셨습니다. 우리가 하나님의 창조에 대해 말할 때 그다지 피부에 와닿지 않을 수 있습니다. 우리는 아파트와 같은 건물에 갇혀 있고, 수많은 빌딩 숲 사이에 살며, 인터넷과 컴퓨터와 스마트폰과 텔레비전에 빠져 삽니다. 그래서 하나님의 창조의 아름다움을 만끽하기가 어렵습니다.

현대인들은 가상 현실에 사는 위험에도 노출되어 있습니다. 그러나 하나님은 가상 현실이나 증강 현실이 아니라 실재하는 현실, 즉 자연 그대로의 세상을 지으셨고 그것은 하나님이 보시기에 아름다웠습니다. 하나님은 실재하는 하늘을 지으시고 우리가 보고 감탄할 수 있는 달과 별들을 베풀어 두셨습니다.

둘째는 말씀으로의 창조입니다. 벨직 신앙고백서 12항은 "성부 하나님이 말씀으로 말미암아, 곧 그분의 아들을 통하여 무에서 천지만물을 창조하셨고, 만물은 하나님이 보시기에 좋았으며"라고 기록합니다. 이것은 창조의 방식입니다. 하나님의 창조는 말씀으로 이루신 창조입니다. "빛이 있으라" 말씀하시니 빛이 생기는 창조입니다. 땅이 혼돈하고 흑암이 있던 때, "빛이 있으라"는 하나님의 말씀은 능력의 말씀입니다. 즉 하나님이 의도하시는 바가 그분이 선언하시는 대로 이루어집니다.

벨직 신앙고백서가 "우리가 과학적, 합리적으로 연구하고 조사해 본 결과, 하나님이 창조했음을 믿습니다"라고 말하지 않은 것에 주의해야 합니다. 참된 신자는 오직 '우리는'이라고 시작하고 '믿습니다'라고 끝맺어야 합니다.

어떤 과학자도 무에서 유로의 창조, 그리고 아들 되신 말씀을 통한 창조의 신비한 비밀을 완전히 다 증명하거나 설명할 수 없습니다. 그것은 하나님의 창조의 능력이요 신비입니다. 우리의 신앙은 과학이나 합리나 이성이 아니라 하나님의 계시를 통해 생깁니다. 과학자들은 수많은 과학적 데이터와 실험을 통해 지구의 나이를 수백에서 수천만 년이라고 제시하기도 합니다. 우리가 한라산과 백두산, 남극과 북극을 만든다면, 대서양과 태평양에 물을 채워야 한다면 인간에게는 상상도 할 수 없는 많은 시간과 공간과 능력이 필요할 것입니다. 아니 그것은 불가능한 일입니다.

그러나 하나님은 이 모든 일을 말씀으로 하실 수 있습니다. 심지어 아무것도 없는 상태에서 그렇게 할 수 있는 분이십니다. 성경은 이렇게 선포합니다. "너희는 눈을 높이 들어 누가 이 모든 것을 창조하였나 보라 주께서는 수효대로 만상을 이끌어 내시고 그들의 모든 이름을 부르시나니 그의 권세가 크고 그의 능력이 강하므로 하나도 빠짐이 없느니"(사 40:26). 지어진 모든 만물은 그분이 아니고서는 된 것이 없음을 깨닫고 모든 영광을 하나님께 돌려드립시다.

우리를 위한 하나님의 창조를 찬양하라

둘째, 우리를 위한 하나님의 창조를 찬양해야 합니다(4-5절). 본문 4-5절을 보겠습니다. "사람이 무엇이기에 주께서 그를 생각하시며 인자가 무엇이기에 주께서 그를 돌보시나이까 그를 하나님보다 조금 못하게 하시고 영화와 존귀로 관을 씌우셨나이다." 이 말씀은 하나님이 왜 천지만물을 창조하셨는지를 웅변적으로 보여 줍니다. 다윗은 하나님이 사람을 위해 천지를 창조하셨다고 노래합니다.

하늘과 땅, 육지와 바다, 공중의 새와 바다의 어족, 세상의 짐승들과 초목들을 모두 사람을 위해 지으셨습니다. 시인 다윗은 하나님이 지으신 달과 별을 봅니다. 하늘을 봅니다. 주의 손으로 만드신 모든 것을 봅니다. 하나님의 위대하신 창조 사역을 보면서 그 모든 것이 자신을 위한 하나님의 사역이며 섭리임을 고백합니다. 우리가 천지만물의 창조를 다루고 있지만 천사의 창조도 사람을 위한 것입니다. 물질 세계나 영의 세계의 창조도 하나님의 형상대로 지음 받은 사람을 위한 창조입니다.

벨직 신앙고백서 12항도 이렇게 묘사합니다. "모든 피조물에게 존재와 모양과 형태를 부여하시고 각각의 피조물들에게 창조주를 섬기도록 여러 가지 임무를 주셨다는 것을 믿습니다." 모든 피조물들은 각각 고유한 기능이 있는데 그것은 창조주를 섬기기 위해 부여된 것입니다. 하나님은 그것을 다스릴 권한을 사람에게 주셨습니다. 그렇다면 천지창조야말로 우리를 위한 하나님의 자비하심이 아니고 무엇이겠습니까?

창세기 1장 26절을 보십시오. "하나님이 이르시되 우리의 형상을 따라 우리의 모양대로 우리가 사람을 만들고 그들로 바다의 물고기와 하늘의 새와 가축과 온 땅과 땅에 기는 모든 것을 다스리게 하자 하시고."

우주와 지구와 땅과 바다와 산과 하늘이 모두 다 우리를 위한 것입니다. 시인은 4절에서 "사람이 무엇이기에 주께서 그를 생각하시며"라고 말합니다. '주께서 그를 생각하신다'는 것은 '잊지 않고 마음에 둔다'는 뜻입니다. 하나님은 자기 형상대로 지으신 저와 여러분을 마음에 두십니다. 잊지 않으십니다. 그리고 우리가 잘 살아갈 수 있는 환경을 조성하기 위해 모든 만물을 지으셨습니다. 마치 우리가 이사하기 전에 먼저 들어가 살 집을 쾌적하고 깨끗하고 아름답게 가꾸듯, 하나님은 우리가 살 집인 지구와 하늘과 땅을 아름답게 장식하신 것입니다. 이것이 하나님의 은혜요 자비하심입니다. 하나님은 아담과 하와를 위해 말씀의 능력으로 무에서 유를 창조하여 모든 것을 준비하셨습니다. 하나님이 우리를 잊지 않으시고 베풀어 두신 달과 별들을 보면서 하나님의 위대하심과 사랑에 감사하며 찬양합시다.

우리를 돌보시는 하나님의 은혜에 감사하라

셋째, 우리는 돌보시는 하나님의 은혜에 감사해야 합니다(6-8절). 본문 6-8절을 보겠습니다. "주의 손으로 만드신 것을 다스리게 하시고 만물을 그의 발 아래 두셨으니 곧 모든 소와 양과 들짐승이며 공중의 새와 바다의 물고기와 바닷길에 다니는 것이니이다."

벨직 신앙고백서 12항 두 번째 문장을 보겠습니다. "우리는 하나님이 그분의 영원하신 섭리와 무한하신 능력으로 만물을 붙드시고 다스리심으로 만물이 인류를 섬기게 하시고, 그로 말미암아 인간이 하나님을 섬기게 하신다는 것을 믿습니다." 하나님은 우리를 위해 천지를 지으시고, 그것을 우리에게 다스리라고 하시며, 우리가 하나님을 잘 섬길 수 있도록 친히 천지만물을 유지하고 다스리십니다.

지음받은 자는 지은 자에게 종속적이고 의존적입니다. 우리는 천지만물을 만들지 않았기 때문에 그것을 다스리거나 유지할 능력이나 지혜가 없습니다. 만일 우리가 스스로 이 세상을 유지하고 다스렸다면, 세상은 수십 번 종말을 고했을지도 모릅니다. 그러나 천지만물은 하나님이 유지하고 다스리십니다. 하나님이 만드셨기 때문입니다.

벨직 신앙고백서 12항은 "모든 피조물에게 존재와 모양과 형태를 부여하시고 각각의 피조물들에게 창조주를 섬기도록 여러 가지 임무를 주셨다"고 기록합니다. 피조물에게 존재와 모양과 형태를 부여하시고 특별한 사역과 기능을 부여하신 분은 하나님이십니다. 작은 것에서부터 큰 것에 이르기까지, 보이는 것에서 보이지 않는 것에 이르기까지, 땅에서부터 하늘에 이르기까지 모든 것이 하나님의 창조로 이루어졌습니다. 사람을 포함한 천지만물이 하나님을 힘입어 기동합니다.

그러므로 우리는 하나님이 지으신 만물을 하나님의 방식대로 다스려야 할 책무가 있습니다. 우리 마음대로 하나님의 피조물을 파괴하거나 창조의 원리를 거스러서는 안 됩니다. 하나님은 인간에게 자연 치유의 능력도 주셨습니다. 우리가 실수로 몸을 상하게 했을 때 우리 몸은 자체적으로 방어하며 상처를 신속하게 치료합니다. 이 모든 것은 하나님이 우리에게 주신 능력입니다.

하나님은 천지를 만드셨을 뿐만 아니라 여전히 다스리고 계십니다. 우리는 하나님이 세상을 지으셨고 계속 돌보며 다스리신다고 믿기 때문에 환경을 보존해야 하고 자연이 하나님의 영광을 드러낼 수 있도록 개발해야 합니다. 즉 우리는 하나님의 영광을 위해, 그리고 돌보시는 하나님의 은혜에 감사하기 위해 자연을 사용해야 합니다. 하나님 아버지가 우리를 지으셨고, 우리를 위해 천지만물을 지으셨기 때문에, 그리고 그것이 하나님이 보시기에 선하기 때문에 우리도 하나님의 영광을 드러내기 위해 자연을 선용해야 합니다. 따라서 우리는 모든 것을 믿음으로 해야 합니다.

다윗은 시편 8편을 기록한 목적을 1절과 마지막 9절에서 이렇게 밝힙니다. "여호와 우리 주여 주의 이름이 온 땅에 어찌 그리 아름다운지요." 여호와 하나님의 영광과 아름다움이 그분이 지으신 온 땅에 충만합니다. 우리는 이것을 믿음으로 깨닫고 고백합니다. 과학은 창조를 설명하지만 완전히 설명할 수는 없습니다. 창조를 고백하고 설명하는 것은 우리의 믿음입니다. 히브리서 기자는 "믿음으로 모든 세계가 하나님의 말씀으로 지어진 줄을 우리가 아나니"라고 고백합니다(히 11:3). 우리는 과학을 존중하지만 그럼에도 불구하고 오직 믿음을 통한 '계시의존사색'으로 하나님의 영광이 드러난 자연의 아름다움을 찬양하고 하나님께 영광을 돌려야 합니다.

○ 칼뱅, 『기독교 강요』, 1.14.22

우리는 천지의 창조주이신 하나님을 부를 때마다 항상 그분이 지으신 모든 만물을 운영하는 일이 그분의 손과 권능에 있다는 사실을 마음에 새겨야 한다. 또한 우리는 하나님이 신실하신 그분의 보호하심 속으로 받아들이사 양육하고 가르치시는 그분의 자녀라는 사실을 명심해야 한다. 그러므로 우리는 모든 좋은 것들의 충만함을 오직 하나님에게서만 기대하고, 우리의 구원에 필요한 것을 그분이 결코 부족하도록 내버려 두지 않으실 것임을 온전히 신뢰하며, 다른 누군가가 아니라 오직 하나님께만 우리 소망을 두어야 한다.

■ 핵심용어

창조, 섭리, 계시의존사색

■ 생각해 볼 문제

1. 하나님의 창조가 우리 인간의 창조 활동과 근본적으로 다른 차이점이 무엇인지 함께 나누어 봅시다.
2. 하나님의 창조 사역에서 나타나는 두 가지 특징은 무엇입니까?
3. 창조에 대해 그리스도인과 다른 의견을 가진 친구나 주변 사람들과 대화해 본 경험을 나누어 봅시다. 이성과 합리, 과학의 도전 앞에서 우리는 하나님의 창조에 대해 어떤 자세를 견지해야 할지 함께 나누어 봅시다.
4. 하나님이 6일간 세상을 어떻게 창조하셨는지, 그 순서와 요소들을 꼼꼼히 살피고, 이를 통해 하나님의 창조는 누구를 위한 것인지 함께 나누어 봅시다.

5. 하나님은 왜 그렇게 창조하셨고, 그러한 창조 사역이 궁극적으로 지향하는 것은 무엇인지 생각해 봅시다.

6. 섭리란 무엇입니까? 본문의 내용을 바탕으로 간단히 정의해 봅시다. 14장은 하나님의 섭리에 관한 내용입니다. 미리 살피고 예습해 봅시다.

7. 계시의존사색이란 무엇입니까? 이것은 무엇을 통한 사색이며, 누구의 도움에 의한 사색입니까? 이것이 신자들에게 얼마나 중요하고 타협할 수 없는 문제인지 생각해 봅시다.

13장
선한 천사의 창조와 타락

⁵너희가 본래 모든 사실을 알고 있으나 내가 너희로 다시 생각나게 하고자 하노라 주께서 백성을 애굽에서 구원하여 내시고 후에 믿지 아니하는 자들을 멸하셨으며 ⁶또 자기 지위를 지키지 아니하고 자기 처소를 떠난 천사들을 큰 날의 심판까지 영원한 결박으로 흑암에 가두셨으며 ⁷소돔과 고모라와 그 이웃 도시들도 그들과 같은 행동으로 음란하며 다른 육체를 따라 가다가 영원한 불의 형벌을 받음으로 거울이 되었느니라. 유 1:5-7

12항 창조

우리는 성부 하나님이 말씀으로 말미암아, 곧 그분의 아들을 통하여 무에서 천지 만물을 창조하셨고, 만물은 하나님이 보시기에 좋았으며(창 1:1, 2:3; 사 40:26; 렘 32:17; 골 1:15-16; 딤전 4:3; 히 11:3; 계 4:11), 모든 피조물에게 존재와 모양과 형태를 부여하시고 각각의 피조물들에게 창조주를 섬기도록 여러 가지 임무를 주셨다는 것을 믿습니다. 우리는 하나님이 그분의 영원하신 섭리와 무한하신 능력으로 만물을 붙드시고 다스리심으로 만물이 인류를 섬기게 하시고, 그로 말미암아 인간이 하나님을 섬기게 하신다는 것을 믿습니다.

또한 하나님은 천사들을 선하게 창조하시고, 그분의 사자들이 되게 하시며, 하나님이 택하신 사람들을 섬기게 하셨습니다(시 103:20-21; 마 4:11; 히 1:14). 이 천사들 중 일부가 하나님이 창조하신 높은 지위에서 타락하여 영원한 파멸로 떨어졌습니다(요 8:44; 벧후 2:4; 유 1:6). 하지만 다른 천사들은 하나님의 은혜로 본래 지위를 유지하며 그곳에 계속 머물러 있습니다. 마귀들과 악한 영들은 너무 타락하여 하나님과 모든 선한 것들의 원수가 되었습니다(창 3:1-5; 벧전 5:8). 그들은 온 힘을 다해 교회와 교회의 모든 지체들을 멸망시키려는 살인자들처럼 지켜보면서 악한 궤계로 모든 것을 파괴하려 합니다(엡 6:12; 계 12:4, 13-17, 20:7-9). 그러므로 자신들의 악으로 인해 영원한 형벌을 선고받아 날마다 무서운 고통을 기다리며 지냅니다(마 8:29, 25:41; 계 20:10).

그러므로 우리는 영들과 천사들의 존재를 부인하는 사두개인들의 오류(행 23:8)와, 마귀들은 스스로의 기원을 가지고 있으며 타락한 적이 없는 상태에서 본성상 악하다고 주장하는 마니교의 잘못을 배격하고 혐오합니다.

우리는 앞 장에서 벨직 신앙고백서 12항을 시작하며 하나님의 사역으로서 창조 일반에 대해 살펴보았습니다. 우리는 하나님의 창조 능력을 찬양하며, 하나님의 창조가 우리를 위한 것임을 인식하고, 돌보시는 하나님의 은혜에 감사해야 합니다.

이 장에서는 벨직 신앙고백서 12항 하반부를 통해, 천사의 창조와 타락에 대해 살펴보겠습니다. 이는 우리에게 두 가지 사실을 암시해 줍니다. 하나는 하나님이 우리 눈에 보이는 세계만 창조하신 것이 아니라 눈에 보이지 않는 세계도 창조하셨다는 사실입니다. 다른 하나는 우리 눈에 보이지 않는 천사나 마귀는 결코 스스로 존재하지 못하는, 하나님의 창조의 결과물이라는 사실입니다.

천사는 선하게 창조되었다

첫째, 하나님은 천사를 선하게 창조하셨습니다(5-6절). 본문 5-6절을 보겠습니다. "너희가 본래 모든 사실을 알고 있으나 내가 너희로 다시 생각나게 하고자 하노라 주께서 백성을 애굽에서 구원하여 내시고 후에 믿지 아니하는 자들을 멸하셨으며 또 자기 지위를 지키지 아니하고 자기 처소를 떠난 천사들을 큰 날의 심판까지 영원한 결박으로 흑암에 가두셨으며."

벨직 신앙고백서 12항 하반부의 첫 번째 문장인 천사의 창조 부분을 보겠습니다. "또한 하나님은 천사들을 선하게 창조하시고, 그분의 사자들이 되게 하시며, 하나님이 택하신 사람들을 섬기게 하셨습니다."

유다서 1장 5-7절과 벨직 신앙고백서를 종합할 때, 우리는 하나님이 천사들을 선하게 창조하셨다는 것과 천사들은 여호와의 사자가 되는 지위를 지녔고 그 주요 사역은 하나님이 택하신 사람들을 섬기는 것임을 알 수 있습니다.

"자기 지위를 지키지 아니하고 자기 처소를 떠난 천사들"(6절)이란 구절로 보건대, 하나님이 천사들에게 정해 주신 지위와 처소가 있다는 것을 알 수 있습니다. 그것을 한마디로 요약한 것이 "천사들을 선하게 창조하시고"라는 표현입니다. 천사의 지위와 처소가 선하다는 말입니다.

피조된 존재

성경은 천사의 존재를 인정하며 천사가 하나님의 피조물임을 밝힙니다. "여호와의 말씀으로 하늘이 지음이 되었으며 그 만상을 그의 입 기운으로 이루었도다"(시 33:6)는 구절에서 '만상'은 하늘에 거하는 천군으로서 천사의 창조를 의미합니다. 일반적으로 천사는 영적이고 무형적인 존재입니다. 초대 교부들은 천사를 물이나 불이나 공기처럼 신체를 가진 것으로 생각하기도 했습니다. 중세 신학자들은 천사가 순수한 영적 존재라고 주장했습니다. 그래서 어떤 사람들은 '바늘 끝에 천사가 몇이나 올라갈 수 있는가'라는 쓸데없는 망상에 빠지기도 했습니다.

  때때로 우리의 이해를 위해 천사들이 두 날개를 가진 것으로 표현되기도 하고 큰 숫자의 군대로 표현되기도 합니다. 하지만 중요한 것은 천사는 영체를 지닌 피조물이라는 것입니다. 그들은 하나님이 정하신 지위와 처소가 있는 여호와의 사자들이었습니다. 성경은 천사를 "그룹"(출 25:18-20, 22), "스랍들"(사 6:2), "하늘에 있는 통치자들과 권세들"(엡 3:10)이라고 표현합니다. 대표적인 천사로는 가브리엘(소식을 전함, 전령, 계시의 영), 미카엘(군대 장관) 등이 있습니다.

임무

이들의 주요 임무는 하나님이 택하신 사람을 섬기는 것입니다. 중세시대에는 각 사람을 지키는 천사가 있다는 수호천사 개념이 발전했습니다. 중세의 수호천사 개념은 인간에게 질병이나 죽음이나 화를 면하게 하고 복을 내려 주는 개념입니다. 그러나 천사의 주요 직무는 밤낮으로 하나님을 찬양하는 일입니다. 이사야는 이렇게 말합니다. "웃시야 왕이 죽던 해에 내가 본즉 주께서 높이 들린 보좌에 앉으셨는데 그의 옷자락은 성전에 가득하였고 스랍들이 모시고 섰는데 각기 여섯 날개가 있어 그 둘로는 자기의 얼굴을 가리었고 그 둘로는 자기의 발을 가리었고 그 둘로는 날며 서로 불러 이르되 거룩하다 거룩하다 거룩하다 만군의 여호와 그의 영광이 온 땅에 충만하도다 하더라"(사 6:1-3).

  천사의 두 번째 직무가 하나님이 택하신 사람을 섬기는 일입니다. 히브리서 기자는 "모든 천사들은 섬기는 영으로서 구원받을 상속자들을 위하여 섬기라고 보내심이 아니냐"고 말합니다(히 1:14). 천사들은 여호와 하나님이 주신 구속의 특별 계시를 백성들에게 전합니다. 때로는 필요에 따라 하나님의 원수들과 악인들을 심판하기도 합니다. 야곱이 외삼촌 라반의 딸과 결혼하기 위해 밧단아람으로 가는 길에 천사를 만났습니다. "꿈에 본즉 사닥다리가 땅 위에 서 있는데 그 꼭대기가 하늘에 닿았고 또 본즉 하나님의 사자들이 그 위에서 오르락내리락 하고"(창 28:12).

또한 욥기 1장에 보면, "하나님의 아들들"로 묘사된 천사들과 사탄이 욥의 증인으로 하나님 앞에 서 있음을 보게 됩니다. 마태복음 26장에 보면, 예수님을 잡으러 온 대제사장의 시종 말고의 귀를 베드로가 칼로 잘랐을 때 주님이 "너는 내가 내 아버지께 구하여 지금 열두 군단 더 되는 천사를 보내시게 할 수 없는 줄로 아느냐"고 말씀하십니다(마 26:53). 요한계시록 1장은 이렇게 시작합니다. "예수 그리스도의 계시라 이는 하나님이 그에게 주사 반드시 속히 일어날 일들을 그 종들에게 보이시려고 그의 천사를 그 종 요한에게 보내어 알게 하신 것이라"(계 1:1).

하나님이 천사를 선하게 창조하셨고, 그들이 구원받은 자들을 섬기기 위해 존재한다는 사실은 우리에게 큰 위로가 됩니다. 하나님은 눈에 보이는 피조세계만 창조하신 것이 아니라 천사들도 창조하셔서 우리의 구원 사역에 시중을 들게 하셨습니다. 천사들조차 우리가 받은 구원이 얼마나 놀라운 것인지를 살펴보기 원할 정도였습니다(벧전 1:11-13).

따라서 천사들이 자기 지위와 처소를 지키는 것은 대단히 중요합니다. 우리 역시 자기 지위와 처소를 지키는 것은 대단히 중요한 신앙과 경건의 모습입니다. 하나님이 창조하신 선한 천사들처럼 우리도 하나님을 밤낮으로 찬양하고 하나님이 계획하신 구속 사역을 위해 섬깁시다.

자기 지위와 처소를 떠난 타락한 천사들

둘째, 자기 지위를 지키지 않고 자기 처소를 떠난 타락한 천사들이 있습니다(6절). 우리는 선하게 지음받은 천사 가운데 일부가 죄 가운데 타락한 것을 보게 됩니다. 본문 6절을 보겠습니다. "또 자기 지위를 지키지 아니하고 자기 처소를 떠난 천사들을 큰 날의 심판까지 영원한 결박으로 흑암에 가두셨으며."

벨직 신앙고백서 12항 두 번째 문단의 두 번째 문장부터 보겠습니다. "이 천사들 중 일부가 하나님이 창조하신 높은 지위에서 타락하여 영원한 파멸로 떨어졌습니다. 하지만 다른 천사들은 하나님의 은혜로 본래 지위를 유지하며 그곳에 계속 머물러 있습니다. 마귀들과 악한 영들은 너무 타락하여 하나님과 모든 선한 것들의 원수가 되었습니다. 그들은 온 힘을 다해 교회와 교회의 모든 지체들을 멸망시키려는 살인자들처럼 지켜보면서 악한 궤계를 통해 모든 것을 파괴하려 합니다."

우리는 6절에서 자기 지위를 지키지 않고 자기 처소를 떠난 천사들이 있음을 보게 됩니다. 베드로는 이런 천사들을 가리켜 '범죄한 천사들'이라 규정합니다. "하나님이 범죄한 천사들을 용서하지 아니하시고 지옥에 던져 어두운 구덩이에 두어 심판 때까지 지키게 하셨으며"(벧후 2:4). 우리는 유다서 1장 5-7절과 벨직 신앙고백서 12항을 통해 다음과 같은 사실을 알게 됩니다.

첫째, 우리는 이런 말씀들을 통해 사탄과 마귀가 독창적인 존재이거나, 스스로 있는 존재가 아님을 깨닫게 됩니다. 사탄과 마귀는 하나님의 선한 피조물이었지만 범죄함으로 타락했습니다. 이 죄가 정확히 무엇인지 기록되어 있지 않아서 알 수 없습니다. 하지만 하나님의 권위에 도전한 것으로 풀이되므로, 교만이라 할 수 있을 것입니다.

둘째, 타락한 천사는 하나님을 대적하는 일을 합니다. 이것이 바로 자기 지위를 지키지 않고 자기 처소를 떠났다는 의미입니다. 자기 지위와 자기 처소는 무엇입니까? 선하시며 거룩하신 하나님을 밤낮으로 찬양하는 일입니다. 그리고 주의 백성들을 섬기는 것입니다. 그런데 타락한 천사는 정확히 그 반대의 일을 합니다. 하나님을 찬양하지 않고 하나님에 대해 거짓말을 합니다. "하나님이 정녕 그렇게 말씀하시더냐?"라며 하나님의 자녀들을 유혹합니다. 그래서 사탄과 마귀는 거짓의 아비가 되는 것입니다. 요한은 이렇게 말합니다. "너희는 너희 아비 마귀에게서 났으니 너희 아비의 욕심대로 너희도 행하고자 하느니라 그는 처음부터 살인한 자요 진리가 그 속에 없으므로 진리에 서지 못하고 거짓을 말할 때마다 제 것으로 말하나니 이는 그가 거짓말쟁이요 거짓의 아비가 되었음이라"(요 8:44).

셋째, 우리는 이런 말씀들을 통해 사탄과 마귀가 교회와 성도를 황폐화시키는 일을 한다는 것을 깨닫습니다. 베드로는 이렇게 경고합니다. "근신하라 깨어라 너희 대적 마귀가 우는 사자 같이 두루 다니며 삼킬 자를 찾나니"(벧전 5:8). 우리는 이런 마귀의 궤계와 유혹을 늘 경계해야 합니다. 개인적인 경건과 신앙생활에도 힘써야 하지만 교회를 허무려는 사탄과 마귀의 시도 역시 주의 깊게 보아야 합니다. '사탄'은 '반대자, 대적자'란 뜻입니다. 사탄은 모든 타락한 천사들, 즉 마귀들과 귀신들의 우두머리로서 하나님의 대적자입니다. 주의 몸 된 교회의 원수입니다. 그는 '파괴자'를 뜻하는 '아볼루온'이라 불리며, '고발자'를 뜻하는 '디아볼로스'라고 불리기도 합니다. 때로는 "이 세상의 임금"(요 12:31)이나 "이 세상의 신"(고후 4:4)으로 불리기도 합니다.

사탄과 마귀는 큰 능력을 행할 수도 있고 이 세상의 공중 권세 잡은 자로서 불순종을 행할 수도 있지만 여전히 피조물입니다. 전능하신 하나님의 주권적 통치와 심판 아래에 있는 존재입니다.

그래서 벨직 신앙고백서 12항 마지막에서 귀도 드 브레는 마니교를 강력하게 비판합니다. "그러므로 우리는 영들과 천사들의 존재를 부인하는 사두개인들의 오류와, 마귀들은 스스로의 기원을 가지고 있으며 타락한 적이 없는 상태에서 본성상 악하다고 주장하는 마니교의 잘못을 배격하고 혐오합니다."

마니교는 주후 200년경 페르시아의 마니(Mani)가 주창한 사상입니다. 마니교의 핵심은 하나님은 선한 것의 본질이고 기원이며, 악의 본질은 마귀에게 있다는 것입니다. 칼뱅은 이것을 '미친 사상'이라 부르면서 마니교를 인정하면 우주를 창조하신 하나님의 영광을 부인하게 될 것이라고 경고합니다.

적용

하나님이 선하게 창조하신 천사가 타락했다는 것은 대부분의 범죄와 타락은 자기 지위를 지키지 않거나 자기 처소를 떠나는 것 때문에 발생한다는 것을 교훈합니다. 하나님의 형상대로 지음받은 우리는 하나님이 부여하신 지위와 처소를 지켜야 합니다. 하나님은 천사와 사람을 기계처럼 만들지 않으셨습니다. 천사 가운데 일부가 타락했다는 것은 그들에게 의지를 실행하는 자유가 있었음을 의미합니다. 그들은 이것을 악한 일에 사용한 것입니다.

벨직 신앙고백서 12항은 "하지만 다른 천사들은 하나님의 은혜로 본래 지위를 유지하며 그곳에 계속 머물러 있습니다"고 말합니다. 그러므로 우리 역시 하나님이 베푸신 자유의 은총을 헛된 욕망을 이루는 데 사용해서는 안 됩니다. 바울은 이렇게 말합니다. "형제들아 너희가 자유를 위하여 부르심을 입었으나 그러나 그 자유로 육체의 기회를 삼지 말고 오직 사랑으로 서로 종 노릇 하라"(갈 5:13).

칼뱅은 『기독교 강요』 3권 10장 6항 '이 세상을 사는 지혜'에서 이렇게 말합니다. "그러므로 개개인에게 주어진 삶의 양태는 주님이 정해 주신 일종의 초소와도 같아서 아무렇게나 마음 내키는 대로 거기서 벗어나 이리저리 방황할 수 없는 것이다." 하나님이 우리에게 부여하신 지위와 처소를 지키는 것이 하나님께 영광 돌리는 일임을 굳게 믿고 우리의 지위와 처소를 지킵시다.

타락한 천사는 큰 날의 심판을 위해 영원한 형벌을 선고받았습니다(5-7절). 벨직 신앙고백서 12항 두 번째 단락 마지막 문장을 보겠습니다. "그러므로 자신들의 악으로 인해 영원한 형벌을 선고받아 날마다 무서운 고통을 기다리며 지냅니다."

본문 5-7절을 보면, 천사들을 심판하는 표현들이 나옵니다. "멸하셨으며"(5절), "가두셨으며"(6절), "영원한 불의 형벌을 받음으로"(7절). 사탄은 신이 아닙니다. 피조물입니다. 자기 본분을 망각한 타락한 천사입니다. 이것이 바로 우리의 거울이 되고 있습니다. 우리의 거울이란 본보기이자 경고를 말합니다. 하나님의 천사 창조와 그들 가운데 일부가 타락한 사건을 보면서 우리는 한편으로는 우리를 선하게 창조하신 하나님께 감사하며, 다른 한편으로는 끝까지 자기 지위를 지키고 자기 처소를 떠나지 않는 신자가 될 것을 다짐해야 합니다.

지금 이 세상에 살면서 하나님의 나라와 교회를 위해 감당하고 있는 일들이 하나님이 내게 부여하신 지위이며 내게 정해 주신 처소임을 깨닫기 바랍니다. 때로는 부담스럽고 힘들며 불편하고 언짢은 일이 있더라도 하나님의 주권적인 보호와 섭리 아래 있음을 믿고 위로와 용기를 갖기 바랍니다.

○ 칼뱅, 『기독교 강요』, 1.14.11
… 하나님이 그분의 권능을 선포하시고 신자들의 안전을 지키시며 자비의 선물들을 그들에게 전해 주고자 하실 때, 천사들의 도움 없이 직접 그 일을 하실 수 있는데도, 그렇게 하지 않으시고 천사들을 통해 하시는 이유가 무엇인지 생각하는 것이다. … 하나님이 천사들을 사용하시는 이유는 우리의 연약함을 위로하사 우리 마음을 일으켜 세워 선한 소망과 안전에 대한 확증을 갖는 데 부족함이 없도록 하시기 위함이다.

■ 핵심용어
천사, 마귀, 마니교

■ 생각해 볼 문제
1. 하나님의 천사 창조를 통해 알 수 있는 창조의 영역은 어디입니까? 그 영역은 우리가 경험하는 영역과 어떻게 다른지 생각해 봅시다.
2. 하나님이 천사를 창조하신 목적은 무엇입니까? 그 목적이 우리에게 어떤 위로가 되는지 나누어 봅시다.
3. 타락한 천사들에 관한 내용(유 1:6)을 통해 알 수 있는 세 가지 사실은 무엇입니

까? 이 사실들을 통해 얻을 수 있는 교훈을 서로 나누어 봅시다.

4. 하나님이 각자에게 부여하신 지위와 처소는 축복이자 저주가 될 수 있습니다. 오늘 살펴본 내용을 통해 왜 그런지 토론해 봅시다.

5. 사두개인들과 마니교의 주장은 무엇이 잘못되었습니까? 그 오류를 통해 하나님께 범하게 될 가장 큰 죄는 무엇입니까?

6. 눈에 보이지 않는 세계와 영적 존재들을 어떻게 여기고 대해야 할지 함께 나누고, 이런 세계와 대상을 대하는 균형 잡힌 태도에 대해서도 생각해 봅시다.

14장
섭리하시는 하나님

¹너희 의인들아 여호와를 즐거워하라 찬송은 정직한 자들이 마땅히 할 바로다 ²수금으로 여호와께 감사하고 열 줄 비파로 찬송할지어다 ³새 노래로 그를 노래하며 즐거운 소리로 아름답게 연주할지어다 ⁴여호와의 말씀은 정직하며 그가 행하시는 일은 다 진실하시도다 ⁵그는 공의와 정의를 사랑하심이여 세상에는 여호와의 인자하심이 충만하도다 ⁶여호와의 말씀으로 하늘이 지음이 되었으며 그 만상을 그의 입 기운으로 이루었도다 ⁷그가 바닷물을 모아 무더기같이 쌓으시며 깊은 물을 곳간에 두시도다 ⁸온 땅은 여호와를 두려워하며 세상의 모든 거민들은 그를 경외할지어다 ⁹그가 말씀하시매 이루어졌으며 명령하시매 견고히 섰도다 ¹⁰여호와께서 나라들의 계획을 폐하시며 민족들의 사상을 무효하게 하시도다 ¹¹여호와의 계획은 영원히 서고 그의 생각은 대대에 이르리로다 ¹²여호와를 자기 하나님으로 삼은 나라 곧 하나님의 기업으로 선택된 백성은 복이 있도다. 시 33:1-12

13항 하나님의 섭리

우리는 이 동일하신 하나님이 만물을 창조하신 후에 만물을 버려두거나 운명이나 우연에 맡겨 포기하지 않으시고(요 5:17; 히 1:3) 그분의 거룩하신 뜻에 따라 다스리고 통치하심으로 이 세상에서 하나님의 지시 없이는 아무 일도 일어날 수 없음을 믿습니다(시 115:3; 잠 16:1, 9, 33, 21:1; 엡 1:11-12; 약 4:13-15). 그럼에도 불구하고 하나님은 죄의 조성자도 아니시고, 또한 발생된 죄의 책임을 물을 수 있는 분도 아니십니다(약 1:13; 요일 2:16). 하나님의 능력과 선하심이 너무 위대하고 우리의 이해를 초월하는 것이어서 마귀들과 악한 자들이 불의하게 행할 때조차

> 도 하나님은 가장 탁월하고 공의로운 방식으로 그분의 일을 정하고 실행하시기 때문입니다(욥 1:21; 사 10:5, 45:7; 암 3:6; 행 2:23, 4:27-28). 또한 하나님이 인간의 이해를 초월하여 행하시는 일에 대해서는 호기심을 발동하여 우리의 능력이 허용하는 이상의 것을 물어서는 안 됩니다. 우리는 최고의 겸손과 경외감으로 하나님의 의로우신 판단을 찬양하고(왕상 22:19-23; 롬 1:28; 살후 2:11), 하나님이 그분의 말씀 안에서 우리에게 계시해 주신 것을 배우면서 그 경계를 넘으면 안 되는 그리스도의 제자들이라는 사실에 만족해야 합니다(신 29:29; 고전 4:6).
> 이 교리는 우리에게 말할 수 없는 위로를 줍니다. 우연히 일어나는 일은 아무것도 없으며, 오직 은혜로우신 하늘 아버지의 지시에 따라 모든 일이 일어난다는 것을 알기 때문입니다. 하나님은 부성적인 사랑으로 우리를 지켜보십니다. 또한 모든 피조물을 그분의 능력 아래에 두셔서 우리의 머리카락 하나도(다 세신 바 되었으므로), 참새 한 마리도 하나님의 뜻이 아니면 땅에 떨어지지 않게 하십니다. 우리는 이 하나님 아버지를 전적으로 신뢰합니다. 하나님 아버지가 마귀와 우리의 모든 원수들을 제재하심으로 아버지의 뜻과 허락 없이는 그들이 결코 우리를 해칠 수 없다는 사실을 확신합니다(창 45:8; 50:20; 삼하 16:10; 롬 8:28, 38-39). 그러므로 우리는 하나님이 만물에 아무런 관심이 없으시고 모든 것을 우연에 내버려 두셨다고 말하는 에피쿠로스학파의 가증한 오류를 배격합니다.

지금까지 우리는 하나님의 본질을 다룬 후에, 하나님의 사역으로서 창조 일반에 대해 살펴보았습니다. 하나님은 천지만물을 창조하시고 사람을 지으셨으며 천사들까지 선하게 창조하셨습니다. 천사들은 하나님의 영광을 찬양하면서 하나님의 형상대로 지음받은 사람을 섬기라고 하나님이 부리시는 종들입니다. 우리는 하나님이 천지만물, 즉 눈에 보이는 것과 보이지 않는 모든 것을 만드신 창조자이심을 믿습니다.

그렇다면 우리는 하나님이 친히 지으신 모든 만물을 통치하고 보존하시며 그분의 뜻과 목적에 맞게(부합되게) 유지해 가신다는 사실도 믿어야 합니다. 세상을 지으신 하나님은 모든 만물이 스스로 알아서 움직이도록 방임하지 않으십니다. 절대하신 능력과 지혜와 주권으로 만물을 통치하시고 하나님의 선하신 뜻대로 움직여 나가십니다. 이것이 바로 우리가 살펴볼 '섭리 교리'입니다.

이 사실은 성경 전체에 명백하게 나와 있습니다. 하나님은 지으신 만물과 사람과 우주와 역사를 친히 다스리시는 분입니다. 이것을 반대하거나 부정하는 것을 '이신론' 또는 '자연신론'이라 부릅니다. 이신론 또는 자연신론은 하나님이 세상을 만드신 후에 세상이 자체적으로 존재하고 활동할 원리를 주셔서 더 이상 세상 역사에 관여하지 않으신다는 이론입니다.

하나님은 모든 만물을 구속 역사의 전체 계획과 목적에 맞추어 통치하십니다. 하나님의 섭리 교리는 하나님의 절대하신 주권을 믿는 신자인 저와 여러분에게 엄청난 위로와 용기를 주는 교리입니다. 우리가 이런 교리를 배우는 목적은 단순히 우리의 머릿속에 지식으로 담기 위한 것이 아닙니다. 그 교리를 믿음으로 우리가 내딛는 삶의 걸음마다 소망과 위로가 넘치며 하나님이 주시는 용기로 충만해지기 위해서입니다.

하나님의 섭리 교리를 믿는 신자는 어떤 고난과 역경 속에서도, 죄와 악이 범람하여 때로는 의기소침해지는 상황을 만난다 할지라도, 타락한 환경 속에서도, 굴하지 않고 신실하신 하나님을 믿으며 신앙의 여정을 걸어갈 수 있습니다.

세상을 그분의 뜻대로 다스리시는 하나님

첫째, 하나님은 세상을 우연에 맡기지 않으시고 그분의 뜻대로 다스리십니다(6-9절). 본문 6-9절을 보겠습니다. "여호와의 말씀으로 하늘이 지음이 되었으며 그 만상을 그의 입 기운으로 이루었도다 그가 바닷물을 모아 무더기같이 쌓으시며 깊은 물을 곳간에 두시도다 온 땅은 여호와를 두려워하며 세상의 모든 거민들은 그를 경외할지어다 그가 말씀하시매 이루어졌으며 명령하시매 견고히 섰도다."

벨직 신앙고백서 13항 첫 번째 문장을 보겠습니다. "우리는 이 동일하신 하나님이 만물을 창조하신 후에 만물을 버려두거나 운명이나 우연에 맡겨 포기하지 않으시고, 그분의 거룩하신 뜻에 따라 다스리고 통치하심으로 이 세상에서 하나님의 지시 없이는 아무 일도 일어날 수 없음을 믿습니다."

하나님은 세상을 버려두거나 우연에 맡기지 않으십니다. 하나님의 거룩하신 뜻에 따라 세상과 역사를 통치하십니다. 하늘과 땅에 속한 모든 것을 만드신 하나님은 지금도 그것들을 붙들고 계십니다. 하나님이 붙들지 않으시면, 존재하는 모든 만물은 스스로 서거나 존재하지 못합니다. 하나님은 지으신 모든 만물에 힘과 능력을 공급해 주십니다. 만물이 존재하고 활동하게 하십니다. 우리는 이것을 가리켜 '하나님이 보존하신다'고 말합니다.

하나님은 지으신 모든 만물을 그분의 뜻대로 역사하십니다. 예수님이 38년 된 병자를 고치시고 유대인들의 고소에 대응하여 하신 말씀을 기억합니까? "내 아버지께서 이제까지 일하시니 나도 일한다"(요 5:17). 하나님 아버지의 일은 만물을 붙들고 통치하시고 다스리는 것입니다. 바울이 에베소 교회에 편지하면서 하나님을 어떻게 소개하는지 보십시오. "모든 일을 그의 뜻의 결정대로 일하시는 이의 계획을 따라 우리가 예정을 입어 그 안에서 기업이 되었으니"(엡 1:11).

본문 6-9절도 이 사실을 우리에게 잘 보여 줍니다. 하나님은 말씀으로 하늘을 지으시고, 입 기운으로 만상을 만드셨습니다(6절). 여호와께서 말씀하시면 이루어지고, 여호와께서 명령하시면 견고하게 서게 됩니다(9절). 우리는 이것을 가리켜 '하나님의 통치'라고 말합니다. 그리고 하나님이 이런 일을 하실 때, 인간을 포함한 모든 피조물들을 통해 하십니다. 우리는 이것을 가리켜 '협력'이라 부릅니다. 모든 피조물에게는 생명이 있고 인간에게도 생명이 있습니다.

인간에게는 지식, 정서, 의지의 자유가 있습니다. 그러나 이 모든 것들이 마치 스스로 움직이는 것처럼 보여도 하나님과 분리되어 독립적으로 움직일 수 없습니다. 하나님은 원하시는 모든 것을 행하시는 분이기 때문입니다. 시편 기자는 이렇게 말합니다. "오직 우리 하나님은 하늘에 계셔서 원하시는 모든 것을 행하셨나이다"(시 115:3). 잠언 기자는 이렇게 말합니다. "사람이 마음으로 자기의 길을 계획할지라도 그의 걸음을 인도하시는 이는 여호와시니라"(잠 16:9). 심지어 이방 시인조차도 "우리가 그의[하나님의] 소생이라"고 말할 정도입니다. "우리가 그를 힘입어 살며 기동하며 존재하느니라 너희 시인 중 어떤 사람들의 말과 같이 우리가 그의 소생이라 하니"(행 17:28). 바울은 이렇게 말합니다. "이는 만물이 주에게서 나오고 주로 말미암고 주에게로 돌아감이라 그에게 영광이 세세에 있을지어다 아멘"(롬 11:36). 우리가 오늘도 호흡하며 살아가고 아침마다 잠에서 깨어날 수 있는 것이 하나님의 섭리의 결과임을 믿고 감사합시다.

하나님이 저와 여러분을 포함하여 지으신 만물과 우주와 역사를 우연에 맡기지 않으시고, 그분의 거룩하신 뜻에 따라 통치하심을 굳게 믿고 감사하며 찬양합시다.

겸손한 마음으로 하나님의 섭리 교리를 믿으라

둘째, 신자는 겸손한 마음으로 하나님의 섭리 교리를 믿어야 합니다(10-11절). 본문 10-11절을 보겠습니다. "여호와께서 나라들의 계획을 폐하시며 민족들의 사상을 무효하게 하시도다 여호와의 계획은 영원히 서고 그의 생각은 대대에 이르리로다."

벨직 신앙고백서 13항 네 번째 문장을 보겠습니다. "또한 하나님이 인간의 이해를 초월하여 행하시는 일에 대해서는 호기심을 발동하여 우리의 능력이 허용하는 이상의 것을 물어서는 안 됩니다. 우리는 최고의 겸손과 경외감으로 하나님의 의로우신 판단을 찬양하고, 하나님이 그분의 말씀 안에서 우리에게 계시해 주신 것을 배우면서 그 경계를 넘으면 안 되는 그리스도의 제자들이라는 사실에 만족해야 합니다."

벨직 신앙고백서 13항은 우리에게 "최고의 겸손과 경외감으로 하나님의 의로우신 판단을 찬양하라"고 명령합니다. 하나님의 섭리 교리만큼 믿음이 필요한 교리도 없기 때문입니다. 하나님의 섭리 교리는 창조 교리만큼 믿음이 절대적으로 필요합니다.

하나님이 섭리하는 분이시며, 이 섭리 안에 창조와 통치와 보존과 협력이 있다면, 타락한 인간은 자동적으로 하나님을 죄의 조성자나 책임자로 만들고 싶어 하기 때문입니다. 그런데 벨직 신앙고백서 13항에서 보듯이, 하나님은 죄의 조성자나 책임자가 아니십니다. 그 증거는 무엇입니까? 첫째, 하나님의 능력과 선하심이 너무 위대하기 때문입니다. 둘째, 그것이 우리의 이해를 초월하기 때문입니다. 셋째, 마귀들과 악한 자들이 불의하게 행할 때조차도 하나님은 가장 탁월하고 공의로운 방식으로 그분의 일을 정하고 실행하시기 때문입니다.

한마디로, 하나님은 선하십니다. 하나님은 처음부터 끝까지 신실하십니다. 욥기 1장 21절을 기억합니까? "이르되 내가 모태에서 알몸으로 나왔사온즉 또한 알몸이 그리로 돌아가올지라 주신 이도 여호와시요 거두신 이도 여호와시오니 여호와의 이름이 찬송을 받으실지니이다 하고." 욥은 이렇게 고백합니다. "그러나 내가 가는 길을 그가 아시나니 그가 나를 단련하신 후에는 내가 순금같이 되어 나오리라"(욥 23:10). 타락한 죄인은 이것이 불합리하다고 말합니다. 납득할 수 없다고 말합니다. 인정할 수 없다고 말합니다. 즉 그들은 한마디로 믿음이 없는 것입니다.

성경 전체가 우리에게 선언하는 것은 다음과 같습니다. 우리는 죄인이고, 이것은 우리가 범죄했기 때문이며, 하나님은 범죄한 우리에게 은혜를 베풀어 둘째 아담이신 그리스도 예수를 보내심으로 우리를 구속하셨다는 것입니다. 하나님은 죄의 조성자도 책임자도 아니십니다. 이 모든 것이 하나님의 절대하신 주권과 섭리적 통치 아래 있습니다. 하나님은 선하십니다. 하나님은 바로의 마음이 강퍅하도록 허용하셨지만, 강퍅한 마음을 먹은 것은 바로의 책임입니다. 하나님은 요셉의 형들이 요셉을 구덩이에 던져 넣는 것을 막지 않으셨지만 그 죄의 책임은 형들에게 있습니다. 앗수르는 교만하고 패역한 민족이지만 범죄한 이스라엘을 정복하는 것을 하나님은 막지 않으시고 도리어 사용하셨습니다. 그러나 그 죄는 하나님께 있지 않고 앗수르에게 있습니다. 이런 의미에서 앗수르 제국은 하나님의 진노의 막대기요 몽둥이가 되는 것입니다(사 10:5). 하나님은 이 모든 과정을 섭리하십니다.

사실 우리는 섭리 교리를 완전히 이해할 수 없습니다. 그래서 벨직 신앙고백서 13항이 최고의 겸손과 경외감으로 하나님의 일하심을 믿고 찬양해야 한다고 말하는 것입니다. 그러므로 신자는 하나님의 섭리 교리에 대해 과도한 호기심을 절제해야 합니다.

신자는 하나님이 밝히 보여 주신 것을 깊게 연구하되, 감추어진 것에 대해서는 믿음을 발휘하여 하나님께 속한 것으로 남겨 두어야 합니다. 예를 들면, "누가 하나님의 선택을 받은 자인가? 언제 어떤 방식으로 그들을 구원하는가?" 또는 "그날과 그때는 과연 언제인가?" 등의 질문입니다. 이런 부분에 과도한 호기심을 발휘하는 것은 결국 인간적인 철학과 사변과 헛된 망상을 낳을 것입니다.

모세는 이렇게 말합니다. "감추어진 일은 우리 하나님 여호와께 속하였거니와 나타난 일은 영원히 우리와 우리 자손에게 속하였나니 이는 우리에게 이 율법의 모든 말씀을 행하게 하심이니라"(신 29:29). 우리는 사도 바울이 고린도 교회에 권면한 것을 기억해야 합니다. "형제들아 내가 너희를 위하여 이 일에 나와 아볼로를 들어서 본을 보였으니 이는 너희로 하여금 기록된 말씀 밖으로 넘어가지 말라 한 것을 우리에게서 배워 서로 대적하여 교만한 마음을 가지지 말게 하려 함이라"(고전 4:6).

여호와께서 나라들의 계획을 폐하시며 민족들의 사상을 무효하게 하십니다(10절). 여호와의 계획은 영원히 서고 그의 생각은 대대에 이르게 됩니다(11절). 우리는 이 모든 것을 그리스도의 제자가 되어 기록된 말씀을 통해 배워야 합니다. 그러므로 항상 선하신 여호와 하나님을 굳게 신뢰하고 겸손과 경외감으로 하나님의 섭리하시는 손길을 바라봅시다.

하나님의 섭리 교리를 통해 큰 위로와 용기를 받으라

셋째, 신자는 하나님의 섭리 교리를 통해 큰 위로와 용기를 받아야 합니다(12

절). 본문 12절을 보겠습니다. "여호와를 자기 하나님으로 삼은 나라 곧 하나님의 기업으로 선택된 백성은 복이 있도다." 벨직 신앙고백서 13항 두 번째 단락을 보겠습니다. "이 교리는 우리에게 말할 수 없는 위로를 줍니다. 우연히 일어나는 일은 아무것도 없으며, 오직 은혜로우신 하늘 아버지의 지시에 따라 모든 일이 일어난다는 것을 알기 때문입니다. 하나님은 부성적인 사랑으로 우리를 지켜보십니다. 또한 모든 피조물을 그분의 능력 아래에 두셔서 우리의 머리카락 하나도(다 세신 바 되었으므로), 참새 한 마리도 하나님의 뜻이 아니면 땅에 떨어지지 않게 하십니다."

벨직 신앙고백서를 작성한 귀도 드 브레는 13항 마지막 문장에서 에피쿠로스학파를 비판합니다. 에피쿠로스는 주전 3세기경의 헬라 철학자인데, 그는 신들이 인간 세상에 전혀 관심을 갖지 않고 그저 태평하게 세월이나 보내면서 살고 있다고 주장합니다. 인간이 할 일은 섭리나 운명을 믿지 말고 모든 것이 우연에 달려 있으니 그저 인생을 스스로 알아서 즐기는 일이라고 주장합니다. 그는 모든 것은 사람이 어떻게 하느냐에 달렸다고 말합니다.

그러나 이런 주장은 사악하기 짝이 없습니다. 무엇보다도 비성경적입니다. 하나님을 모독하는 주장입니다. 하나님은 세상을 통치하십니다. 물질 세계도 영적 세계도 하나님의 통치를 벗어날 수 없습니다. 천사도 사탄도 하나님의 주권 아래에 있습니다. 이 전능하신 하나님이 우리 아버지가 되신다는 것만큼 신자에게 위로와 용기를 주는 일이 어디 있겠습니까? 하나님이 허락하시지 않는 한 우리의 머리카락 한 올도 참새 한 마리도 땅에 떨어지지 않습니다. 하나님은 천지만물과 천사와 사탄을 저와 여러분의 구원을 위한 하나님의 구속 역사의 계획에 따라 통치하십니다. 하나님이 저와 여러분을 위해 지금도 일하신다는 성경의 증거를 굳게 믿고 큰 위로와 용기를 얻읍시다.

시편 기자는 이렇게 노래합니다. "여호와께서 그의 보좌를 하늘에 세우시고 그의 왕권으로 만유를 다스리시도다"(시 103:19). 하나님의 통치를 벗어난 개인과 시간과 역사는 존재하지 않습니다. 하나님은 저와 여러분을 우연에 맡기지 않으십니다. 하나님은 거룩하시고 선하신 그분의 뜻대로 세상을 통치하십니다.

하나님은 한 번도 우리를 떠나신 적이 없습니다. 우리가 순탄할 때도 역경에 처할 때도 늘 우리와 함께하십니다. 우리가 뜻하지 않게 질병에 걸리거나, 물질적 궁핍에 시달리거나, 감당하기 어려운 어려움에 처한다 할지라도 하나님의 섭리 가운데 있다면 우리는 견딜 수 있습니다. 우리는 칼뱅이 말한 것처럼 "어려움이 닥친다 할지라도 곧바로 눈을 들어 하나님께로 향할 것이며, 하나님의 손길에서 인내와 마음의 평안을 풍성히 얻게 될 것입니다." 요셉이 형들의 배신에 그저 복수심으로 불탔다면, 절대로 형제를 사랑하는 말을 하지 않았을 것이고 자기 생각을 하나님께 돌리지 못했을 것입니다. 우리는 역경 속에서도 하나님을 바라보아야 합니다. 이와 반대로 우리의 모든 것이 장밋빛이고, 사업도 잘되고, 관계도 좋고, 명예도 얻고, 권력도 있다면 그것에도 하나님의 섭리가 있음을 깨닫고 최고의 겸손과 경외감으로 하나님을 섬겨야 합니다.

이렇게 할 때 우리는 사도 바울처럼 "나는 비천에 처할 줄도 알고 풍부에 처할 줄도 알아 모든 일 곧 배부름과 배고픔과 풍부와 궁핍에도 처할 줄 아는 일체의 비결을 배웠노라"고 고백할 수 있을 것입니다. 항상 선하신 하나님의 섭리하심을 마음에 새기고 언제 무슨 일을 만나든지 우리를 도우시는 하나님을 영화롭게 하기를 바랍니다.

○ **칼뱅,『기독교 강요』, 1.17.11**

하나님의 섭리의 빛이 일단 경건한 사람에게 비치게 되면, 그는 이전에 자신을 짓누르던 극심한 불안과 두려움은 물론이고 모든 염려에서 벗어나게 된다. 운명이라는 관념을 끔찍하게 여기던 것처럼, 두려움 없이 담대히 하나님께 자신을 맡기기 때문이다. 하늘에 계신 아버지께서 모든 일을 그분의 권세로 붙잡고 계시고, 그분의 권위와 뜻으로 다스리시며, 그분의 지혜로 주관하시므로 그분의 결정 없이는 아무 일도 일어날 수 없다는 것이야말로 경건한 사람에게 위로가 된다. 더 나아가, 그는 자신이 하나님의 안전한 보호 속에 있고 또한 천사들의 보살핌에 맡겨져 있으므로 만물의 주관자이신 하나님이 기회를 주지 않으시면, 물도 불도 칼도 그를 해칠 수 없다는 것을 아는 데에서 큰 위로를 얻는다.

■ **핵심용어**

섭리, 보존, 통치, 협력, 이신론, 자연신론, 에피쿠로스학파

■ **생각해 볼 문제**

1. 섭리란 무엇입니까? 보존, 통치, 협력의 의미를 살펴보며 이를 통해 섭리의 개념을 정리해 봅시다.
2. 이신론 또는 자연신론의 오류는 무엇입니까? 성경과 우리의 믿음을 통해, 또 각자의 경험을 통해 이신론 또는 자연신론의 잘못된 주장을 반박해 봅시다.
3. 하나님은 죄의 조성자가 아니십니다. 본문에서 말하는 세 가지 이유는 무엇입니까? 하나님이 죄의 조성자가 아니심에도 불구하고 세상에 악이 존재하는 이유를

생각해 봅시다. 여러 재난과 참상, 선한 이들이 당하는 수많은 고난을 우리가 어떻게 해석하고 바라봐야 할지도 나누어 봅시다.

4. 하나님의 섭리를 대할 때 신자에게 반드시 필요한 덕목은 무엇입니까? 이 덕목이 필요한 이유를 생각해 봅시다.

5. 에피쿠로스학파의 주장은 무엇입니까? 반면에, 하나님의 섭리가 신자에게 주는 용기와 위로는 무엇입니까?

6. 하나님의 섭리가 나의 현재와 장래에 주는 위로와 소망에 대해 서로 나누어 봅시다. 우리(교회)는 왜 우리에게 섭리하시는 하나님에 대해 늘 고백하고 나누어야 합니까?

3부

인간에 대하여

THE BELGIC CONFESSION

15장
사람은 무엇인가?

내가 깨달은 것은 오직 이것이라 곧 하나님은 사람을 정직하게 지으셨으나 사람이 많은 꾀들을 낸 것이니라. 전 7:29

14항 인간의 창조와 타락, 그리고 참된 선을 행할 수 없는 무능력

우리는 하나님이 땅의 흙으로 사람을 창조하시고(창 2:7, 3:19; 전 12:7), 그분의 형상과 모양에 따라 사람을 선하고 의롭고 거룩하게 하여 모든 일에서 하나님의 뜻을 수행할 수 있는 존재로 만들고 조성하셨음을 믿습니다(창 1:26-27; 엡 4:24; 골 3:10). 하지만 사람은 이런 영예를 이해하지 못하고 그 탁월함을 알지도 못하여 마귀의 말에 귀를 기울이고 자신을 죄에 굴복시킴으로 죽음과 저주에 이르게 되었습니다(창 3:16-19; 롬 5:12). 사람이 자신이 받은 생명의 계명을 위반했기 때문입니다. 이 죄로 말미암아 사람은 참된 생명이신 하나님으로부터 분리되어 그의 본성 전체가 부패해졌습니다. 이로 말미암아 사람은 육적이고 영적인 죽음에 처하게 되었습니다(창 2:17; 롬 5:12).

또한 사람은 모든 행실에 있어서 악하고 뒤틀리고 부패해져서 자신이 하나님으로부터 받은 탁월한 은사들을 모두 잃어버렸습니다(시 94:11; 롬 3:10, 8:6). 다만 그중에 몇 가지만 남아 있을 뿐인데도, 이는 사람으로 하여금 변명의 여지가 없을 정도로 충분합니다(롬 1:20-21). "빛이 어둠에 비치되 어둠이 깨닫지 못하더라"는 성경구절의 가르침처럼, 우리 안에 있는 모든 빛이 어둠으로 변했기 때문입니다. 이 구절에서 사도 요한은 사람을 "어둠"이라 부릅니다(엡 5:8).

그러므로 우리는 인간의 자유 의지에 대해 이와 모순되게 말하는 모든 가르침을 배격합니다. 인간은 죄의 종이며, 하늘로부터 주어지지 않으면 그 무엇도 자기 것으로 소유할 수 없습니다. 그리스도께서 "나를 보내신 아버지께서 이끌지 아니하시면 아무도 내게 올 수 없다"고 말씀하셨는데 도대체 그 누가 스스로 선행을 할 수 있다고 자랑할 수 있겠습니까? 육의 생각은 하나님과 원수가 된다는 것을 이해하는 사람이 어떻게 자신의 의지를 높일 수 있겠습니까? 육에 속한 사람은 하나님의 성령의 일을 받지 못하는데, 그 누가 자신의 지식에 대해 말할 수 있겠습니까? 요약하면, 무엇이든 우리에게서 나온 것처럼 생각하여 스스로 능력이 있다고 여기지 않고 우리의 능력이 오직 하나님에게서 나온다는 것을 안다면 감히 그 누가 어떤 생각을 제시하겠습니까? 그러므로 사도가 "너희 안에서 행하시는 이는 하나님이시니 자기의 기쁘신 뜻을 위하여 너희에게 소원을 두고 행하게 하시나니"라고 한 말씀은 당연히 분명하고 확실하게 지켜져야 합니다. 그리스도께서 "나를 떠나서는 너희가 아무것도 할 수 없음이라"고 우리에게 가르쳐 주신 것처럼, 그분이 우리 안에 역사하시지 않는다면 하나님의 뜻과 지식과 일치하는 우리의 뜻과 지식은 없을 것이기 때문입니다.

칼뱅은 자신의 역작 『기독교 강요』 1권 1장을 이렇게 시작합니다. "우리가 지니고 있는 지혜는 거의 모두가 두 가지 부분으로 되어 있는데, 하나는 하나님을 아는 지식이며 다른 하나는 우리 자신을 아는 지식이다." 그는 이어서 "이 두 지식은 갖가지 끈으로 서로 연결되어 있다"고 말합니다.

그리고 제15장 신론을 시작하면서 "우리 자신을 아는 지식이 함께 따르지 않고서는 하나님을 아는 명확하고도 완전한 지식을 얻을 수 없다"고 힘주어 말합니다. 말하자면, 사람을 알려면 하나님을 알아야 하고, 하나님을 알면 사람인 나 자신을 알게 된다는 것입니다. 이 두 지식은 분리할 수 없습니다. 신학은 하나님에 대한 인문과학적 학문이고, 신앙은 하나님을 우러러 앙망하는 것이지만, 신학이나 신앙의 주체는 나 자신이기 때문입니다. 따라서 사람이 무엇인지 모르고서 하나님을 온전히 알 수 없습니다. 또한 하나님을 모르면서 사람을 온전히 안다고 말할 수 있겠습니까? 이 장에서는 사람에 대해 살펴보려고 합니다.

정직하게 창조된 사람

첫째, 사람은 하나님이 정직하게 창조하신 존재입니다(29절). 하나님은 사람을 정직하고 선하게 지으셨습니다. 벨직 신앙고백서 14항 첫 문장을 보겠습니다. "우리는 하나님이 땅의 흙으로 사람을 창조하시고, 그분의 형상과 모양에 따라 사람을 선하고 의롭고 거룩하게 하여 모든 일에서 하나님의 뜻을 수행할 수 있는 존재로 만들고 조성하셨음을 믿습니다."

여기서 우리가 가장 먼저 강조해야 할 것은, 사람은 하나님이 창조하신 피조물임을 인정하고 믿어야 한다는 것입니다. 이것을 믿지 않는 사람들이 있습니까? 적어도 진정한 신자는 이 사실을 믿을 것입니다. 그럼에도 불구하고 이것을 '인정하고 믿자'는 말이 무슨 의미일까요? '사람은 하나님의 피조물'이라는 것을 지식적으로는 알고 동의하며 이해하지만 삶에서는 그 믿음을 증거하지 않는 사람들이 종종 있습니다. 그들의 삶, 즉 열매를 보면 나무를 아는 법입니다. 그러므로 지식적으로만 믿을 것이 아니라 삶의 모든 영역에서 우리가 하나님이 자기 영광을 위해 지으신 피조물임을 인식하며 하나님을 위해 살아가는 훈련을 해야 합니다.

이런 의미에서 하나님은 사람을 정직하고 선하게 지으셨습니다. 벨직 신앙고백서 14항은 하나님의 형상과 모양에 따라 사람이 지음받았다고 진술합니다. 그리고 이것을 모호하지 않게 하기 위해, 하나님이 사람을 선하고 의롭고 거룩하게 지으셨다는 말을 덧붙입니다. 사람은 본래 선하고 의롭고 거룩한 존재입니다. 그래서 하나님이 보시기에 좋았던 것입니다. 그 결과가 무엇입니까? 벨직 신앙고백서는 "사람은 모든 일에서 하나님의 뜻을 수행할 수 있는 존재"라고 진술합니다. 말하자면, 사람의 인격은 하나님을 닮아 선했고, 생각이 의로웠으며, 삶이 거룩했습니다. 하나님은 창조를 통해 그분의 선하심과 의로우심과 거룩하심을 드러내기 원하셨습니다. 즉 하나님의 영광을 드러내기 원하셨습니다.

이것이 창세기 1장 26-28절의 의미입니다. "하나님이 이르시되 우리의 형상을 따라 우리의 모양대로 우리가 사람을 만들고 그들로 바다의 물고기와 하늘의 새와 가축과 온 땅과 땅에 기는 모든 것을 다스리게 하자 하시고 하나님이 자기 형상 곧 하나님의 형상대로 사람을 창조하시되 남자와 여자를 창조하시고 하나님이 그들에게 복을 주시며 하나님이 그들에게 이르시되 생육하고 번성하여 땅에 충만하라, 땅을 정복하라, 바다의 물고기와 하늘의 새와 땅에 움직이는 모든 생물을 다스리라 하시니라." 만물이 하나님의 영광을 드러내도록 통치를 위임받아 다스리는 것이 정직하게 창조된 사람의 의무입니다.

그러므로 사람이 된다는 것은 하나님의 형상을 갖는다는 것입니다. 이것은 생각과 말과 행동에서 늘 하나님의 형상을 드러내는 것을 말합니다. 성경은 그렇게 살지 않는 사람을 죄인이라 말합니다. 더 나아가 그렇게 살지도 않고 도리어 피조물의 지위를 떠나 적극적으로 교만하게 악을 행하며 산다면, 금수만도 못한 사람이라는 평가를 받을 것입니다.

과연 우리의 생각과 말과 행동에서 선과 의와 거룩함이 드러나고 있습니까? 그로 말미암아 교만이 허물어지고 겸손이 드러나며, "하나님이 보시기에 좋았더라"는 사랑이 증진되고 있습니까? 우리는 하나님이 정직하게 지으신 피조물로서 자신을 속이지 않고 진실되게 생각하며 행동하고 있습니까? 우리가 하나님 앞에 피조물 된 자신의 위치를 생각하며 살아간다면 이 세상의 많은 문제들이 해결될 것입니다. 하나님이 나를 정직하게 창조하셨음을 믿고 하나님의 선하심과 의로우심과 거룩함을 드러내기 바랍니다.

자기 꾀에 빠져 정직을 잃어버린 사람

둘째, 사람은 자기 꾀에 빠져 정직을 잃어버렸습니다(29절). 본문은 7장 15절에서부터 시작합니다. "참된 지혜가 어디 있는가?"에 대한 질문입니다. 전도자는 모든 것을 살펴보았고, 모든 것을 경험했다고 말합니다. 의로움이 생명을 보장하지 못하고 도리어 멸망하게 하며, 악행이 생명을 막지도 않는다고 말합니다(15절). 그는 지나치게 의인이 되지도 말며, 지나치게 지혜자도 되지 말라고 말합니다(16절). 인생이란 한 치 앞을 내다볼 수 없으며, 지혜를 구하지만 지혜를 얻을 수 없기 때문이라 말합니다. 그러고는 본문이 말하는 의와 악을 구체적으로 설명하지 않은 채, 의롭다고 해서 잘 사는 것이 아니라는 다소 모순적인 말을 합니다.

이 말은 악과 어리석음이 반드시 심판을 당하고 멸망하듯이, 지나치게 극단적인 의 역시 자멸을 초래할 수 있다는 경고입니다. 말하자면, 사람들은 각기 자신이 의롭다고 생각하며, 자신의 생각을 내세웁니다. 그러나 참된 지혜자는 자신의 연약함을 인정하고 하나님을 경외하는 자입니다. 여기서 벗어나 자신이 재판관 노릇을 하려는 것은 죄입니다.

전도서 기자는 29절에서 "사람이 많은 꾀들을 낸 것이니라"고 말합니다. 여기서 '많은 꾀들'은 '종류를 셀 수 없는 사람의 지혜', '어떤 사람들의 발명품', 창세기 3장 5절에서 사탄이 말한 '눈이 밝아짐' 등을 뜻합니다. 어리석은 사람은 하나님이 없다고 하며, 하나님보다 자신이 더 지혜롭다고 생각합니다. 자신의 생각이 하나님이 지으신 정직보다 더 낫다고 여깁니다. 즉 교만합니다. 사람은 이것이 지혜와 명철인 줄 알았습니다. 그러나 전도자는 이것이 "마음은 올무와 그물 같고 손은 포승 같은 여인"이라고 고백합니다(26절).

자신은 지혜롭고 명철하다고 생각하지만, 실상은 지나치게 극단적인 의와 악은 자신을 얽어매는 족쇄라는 것입니다. 우리는 신앙과 인생의 선배가 들려주는 조언에 귀를 기울여야 합니다. 사람은 왜 자기 꾀에 빠져 정직과 겸손을 잃어버렸습니까? 죄에 빠졌기 때문입니다. 벨직 신앙고백서는 그 이유를 이렇게 말합니다. "하지만 사람은 이런 영예를 이해하지 못하고 그 탁월함을 알지도 못하여 마귀의 말에 귀를 기울이고 자신을 죄에 굴복시킴으로 죽음과 저주에 이르게 되었습니다."

이것이 우리에게 시사하는 바가 무엇입니까? 교만입니다. 하나님이 정해 놓으신 피조물의 자리, 하나님의 형상으로 지음받은 영광스러운 자리를 버리고 자기 생각이 하나님의 생각보다 더 뛰어나다고 여기는 교만이 자리한 것입니다. 사람은 감사하지 않았고 자신의 탁월함을 소중히 여기지 않았습니다. 그 결과 "사람은 참된 생명이신 하나님으로부터 분리되어 그의 본성 전체가 부패해졌습니다. 이로 말미암아 사람은 육적이고 영적인 죽음에 처하게 되었습니다. 또한 사람은 모든 행실에 있어서 악하고 뒤틀리고 부패해져서 자신이 하나님으로부터 받은 탁월한 은사들을 모두 잃어버렸습니다."

다윗은 이렇게 말합니다. "여호와여 주께서 죄악을 지켜보실진대 주여 누가 서리이까"(시 130:3). 바울은 "깨닫는 자도 없고 하나님을 찾는 자도 없고 다 치우쳐 함께 무익하게 되고 선을 행하는 자는 없나니 하나도 없도다 그들의 목구멍은 열린 무덤이요 그 혀로는 속임을 일삼으며 그 입술에는 독사의 독이 있고 그 입에는 저주와 악독이 가득하고"라고 한탄합니다(롬 3:11-14).

우리는 여전히 지혜롭고 명철하다고 생각하지만, 사람은 모든 면에서 뒤틀리고 부패해졌습니다. 사람은 자기 꾀가 좋고 아름다우며 옳다고 생각하지만 종종 그 꾀에 빠집니다. 우리가 극단적인 의인이 되지 않고 겸손히 하나님을 경외하며 섬겨야 할 이유가 바로 이것입니다. 하나님의 말씀 앞에서 자신을 돌아보고 다른 사람이 아닌 자신의 마음을 지켜야 합니다. 우리는 시편 기자가 고백한 대로 "하나님이여 내 속에 정한 마음을 창조하시고 내 안에 정직한 영을 새롭게 하소서"(시 51:10) 라고 늘 기도해야 합니다. 나는 하나님이 정직하게 지으신 피조물임을 늘 인식하며 감사와 겸손으로 하나님께 마음을 토해 내기를 바랍니다.

사람이 정직을 회복하는 길

셋째, 사람이 다시 정직해지는 것은 오직 하나님의 은혜뿐입니다(29절). 이제 우리는 하나님이 사람을 정직하게 지으셨다는 말씀으로 돌아가야 합니다. 하나님은 사람이 많은 꾀를 내어 교만해지는 것을 원하지 않으십니다. 하나님의 말씀에 불순종한 죄인은 어두워지고 비참해졌습니다. 그런 사람을 하나님은 그냥 버려 두지 않으십니다. 하나님은 "다시 하나님을 경외하고 그 명령을 지키게 하시려고" 사람에게 정직한 마음을 회복시켜 주십니다.

그렇게 하기 위해 하나님은 독생자 예수 그리스도를 보내 주셨습니다. 사람은 스스로 영광을 회복할 수 없습니다. 하나님의 형상을 잃어버린 타락한 죄인은 스스로 선과 의와 거룩함을 만들어 낼 수 없습니다. 하나님이 특별한 섭리로 돕지 않으신다면, 그저 사람은 악을 행할 뿐입니다. 우리가 선하고 지혜롭고 명철하다고 생각하며 행하는 것도 자칫 극단적으로 치우치면 또 다른 교만을 낳을 뿐입니다. 그러므로 신자는 하나님이 보내 주신 진리가 충만하신 독생자 예수 그리스도 안에서 항상 은혜의 지배를 받아야 합니다.

하나님의 은혜가 아니고서는 누가 감히 스스로 하나님을 찾아오겠습니까? 예수님은 "나를 보내신 아버지께서 이끌지 아니하시면 아무도 내게 올 수 없으니"라고 말씀하십니다(요 6:44). 즉 우리가 예수님 앞에 나오게 된 것은 하나님 아버지의 크신 은혜임을 분명히 말씀하시는 것입니다. 하나님 아버지는 죄와 허물로 죽었던 우리에게 은혜를 베푸시고 다시 살리셨습니다. 그리고 우리 안에 하나님의 뜻을 두고 행하게 하시는 그분의 자녀로 삼아 주셨습니다. 우리는 이것을 하나님의 구원의 은혜라고 부릅니다. "너희는 그 은혜에 의하여 믿음으로 말미암아 구원을 받았으니 이것은 너희에게서 난 것이 아니요 하나님의 선물이라 행위에서 난 것이 아니니 이는 누구든지 자랑하지 못하게 함이라"(엡 2:8-9).

바울은 고린도 교회에 편지하면서 "육에 속한 사람은 하나님의 성령의 일들을 받지 아니하나니"(고전 2:14)라고 말한 바 있습니다. 육에 속한 사람은 하나님의 말씀을 깨닫고 자신의 죄를 회개하며 예수님을 온전히 영접하지 않습니다. 자신의 가슴을 치며 죄를 죽이려 하지 않습니다. 육에 속한 사람은 신령과 진정으로 예배하지 않습니다. 하나님께 진심으로 헌금하지 않습니다. 육에 속한 사람은 겸손하지 않고 정직하지 않습니다. 그러나 성령에 속한 사람은 자신의 죄를 미워하고 자신의 자유로운 의지를 기꺼이 성령님께 복종시킵니다.

우리가 정직하고 겸손하며, 진심으로 하나님을 경외하고 예배한다면, 그것은 하나님의 은혜입니다. 우리가 성령의 아홉 가지 열매를 맺으며, 다른 사람이 아닌 자신의 가슴을 치며 은혜의 열매를 맺으려 노력한다면, 그것은 하나님의 은혜입니다. 우리는 하나님의 은혜가 늘 필요합니다. 회복시키시는 하나님의 은혜 안에서 하나님의 형상과 모양인 선과 의와 거룩함을 추구합시다.

사람은 하나님의 정직한 피조물이므로 늘 하나님 앞에서 겸손해야 합니다. 하지만 사람은 많은 꾀를 내어 교만한 범죄자가 되었습니다. 사람은 잃어버린 하나님의 형상과 모양인 선과 의와 거룩을 회복해야 합니다. 또한 그것을 넘어 하나님의 영원한 나라에서 완전해질 새로운 삶을 소망하며 그리스도 안에서 믿음으로 하루하루를 살아가야 합니다.

지혜의 왕 솔로몬의 조언에 귀를 기울이십시오. 솔로몬은 지나치게 의인이 되지 말며, 겸손히 하나님을 경외하고 그 명령을 지키라고 권면합니다. 아무 낙이 없다고 할 해들이 가깝기 전에 창조자를 기억하라고 명령합니다(전 12:1). 이것이 사람의 의무라고 말합니다. 평생 동안 하나님을 경외하고 그분의 명령을 지키는 성도가 되기를 바랍니다.

○ 칼뱅, 『기독교 강요』, 2.1.1

우리 자신을 아는 지식은 첫째로, 창조 시에 우리에게 주어진 바를 생각하고 또한 하나님이 얼마나 자비롭게 우리를 계속 보살피시는가를 생각하는 데 있다. 그런 것들을 생각함으로써 우리는 본래 우리가 부여받은 상태대로 흠 없이 남아 있었더라면 우리의 탁월함이 얼마나 위대하겠는가를 알고, 동시에 우리가 지니고 있는 것 가운데 우리 자신의 것은 하나도 없고 모든 것이 하나님이 베풀어 주신 것이며, 우리는 그것을 누리는 것뿐이고, 따라서 우리는 언제나 하나님께 의존하고 있는 것이라는 점을 명심해야 한다. 둘째로, 아담의 타락 이후에 우리의 비참한 처지를 생각하는 데 있다.

■ 핵심용어

창조, 하나님의 형상, 타락, (영적, 육적, 영원한) 죽음

■ 생각해 볼 문제

1. 창조란 무엇입니까? 특별히 인간의 창조는 다른 창조와 어떻게 구별됩니까?
2. 하나님의 형상이란 무엇입니까?
3. 하나님을 아는 지식과 인간을 아는 지식은 서로 연결되어 있습니다. 왜 그러한지 생각해 봅시다.
4. 사람이 정직하게 창조되었다는 말은 어떤 의미입니까? 이것이 우리에게 어떤 위로와 권면을 주는지 나누어 봅시다.
5. 인간은 타락하여 정직을 잃어버렸습니다. 타락의 원인은 무엇입니까? 이것이 우

리에게 시사하는 바가 무엇인지 함께 나누어 봅시다.
6. 죽음은 무엇입니까? 세 가지 상태의 죽음에 대해 각각 그 의미를 생각해 봅시다. 타락과 죽음의 의미를 분명히 이해하는 것이야말로 은혜를 바르고 깊게 이해하는 일입니다. 왜 그렇습니까?
7. 사람이 사람답게 살기 위해서 가장 필요한 것은 무엇이라고 생각합니까?

16장
원죄와 부패 그리고 전가

¹²그러므로 한 사람으로 말미암아 죄가 세상에 들어오고 죄로 말미암아 사망이 들어왔나니 이와 같이 모든 사람이 죄를 지었으므로 사망이 모든 사람에게 이르렀느니라 ¹³죄가 율법 있기 전에도 세상에 있었으나 율법이 없었을 때에는 죄를 죄로 여기지 아니하였느니라 ¹⁴그러나 아담으로부터 모세까지 아담의 범죄와 같은 죄를 짓지 아니한 자들까지도 사망이 왕 노릇 하였나니 아담은 오실 자의 모형이라 ¹⁵그러나 이 은사는 그 범죄와 같지 아니하니 곧 한 사람의 범죄를 인하여 많은 사람이 죽었은즉 더욱 하나님의 은혜와 또한 한 사람 예수 그리스도의 은혜로 말미암은 선물은 많은 사람에게 넘쳤느니라 ¹⁶또 이 선물은 범죄한 한 사람으로 말미암은 것과 같지 아니하니 심판은 한 사람으로 말미암아 정죄에 이르렀으나 은사는 많은 범죄로 말미암아 의롭다 하심에 이름이니라 ¹⁷한 사람의 범죄로 말미암아 사망이 그 한 사람을 통하여 왕 노릇 하였은즉 더욱 은혜와 의의 선물을 넘치게 받는 자들은 한 분 예수 그리스도를 통하여 생명 안에서 왕 노릇 하리로다. 롬 5:12-17

15항 원죄

우리는 아담의 불순종으로 말미암아 원죄가 모든 인류에게 퍼졌음을 믿습니다(롬 5:12-14, 19). 원죄는 죄의 **뿌리로서** 인간 안에 있어 인간 본성의 전적인 타락과(롬 3:10) 심지어 유아들조차 모태에 있을 때 부모를 통해 감염되어 물려받은 유전적인 악으로서(욥 14:4; 시 51:5; 요 3:6) 모든 종류의 죄를 만들어 냅니다. 따라서 원죄는 하나님이 보시기에 악하고 가증하기 때문에 모든 인류를 정죄하기에 충분합니다(엡 2:3). 마치 물이 샘에서 솟아 나오는 것처럼 죄가 이 비참한 근원으로부

> 터 솟구쳐 흘러나오기 때문에 원죄는 심지어 세례나 그 어떤 다른 방편이나 수단으로도 없애거나 근절할 수 없습니다(롬 7:18-19).
> 그럼에도 불구하고 하나님의 자녀들에게는 원죄가 전가되지 않아 정죄에 이르지 않게 하며, 오히려 그들은 하나님의 은혜와 긍휼로 용서하심을 받았습니다(엡 2:4-5). 이 말은 하나님의 자녀들이 죄 가운데 평안하게 안주해도 된다는 말이 아니라, 이 타락에 대한 인식으로 말미암아 신자들이 종종 신음하고 이 죽을 사망의 몸에서 구원받기를 간절히 원한다는 것을 의미합니다. 바로 이런 점에서 우리는 죄가 단지 모방에 의해 일어나는 것이라고 주장하는 펠라기우스주의자들의 오류를 배격합니다.

웨스트민스터 신학자들과 목회자들이 함께 모여 만든 소요리문답 13문답은 이렇게 질문하고 대답합니다.

> 문: 우리의 첫 조상은 그들이 창조된 그 상태에 그대로 머물렀는가?
> 답: 우리의 첫 조상은 자기 마음대로 자유를 행사하여 죄를 범함으로 창조함을 받은 본래의 상태에서 타락했습니다.

14문답은 이렇게 질문하고 대답합니다.

> 문: 죄란 무엇입니까?
> 답: 죄란 하나님의 법을 순종함에 부족한 것이나 어기는 것입니다.

소요리문답 13문답과 14문답에서 다루는 것이 로마서 5장 12절 이하의 본문입니다. 그리고 벨직 신앙고백서 15항은 우리의 첫 조상이 범한 원죄를 다루고 있습니다.

　하나님은 아담과 하와를 창조하시고 그들에게 동산에 있는 모든 것을 사용할 수 있는 권한과 자유를 주시면서 동시에 동산 중앙에 있는 나무의 실과는 먹지 말라는 명령을 주셨습니다. 이것을 신학적 용어로 '시험적 명령'(reprobate commandment)이라 부릅니다. 이 명령의 준행 여부는 최초의 조상인 아담과 하와뿐 아니라 그 후손들에게까지 영향을 미치는 것이었습니다. 그런데 인류의 첫 조상은 그들에게 주신 자유 의지로 이 시험적 명령을 어겼습니다. 하나님을 대적하고 범죄하며 타락했습니다. 그 결과, 그들은 오염되고 부패했습니다. 하나님의 진노 아래 놓여 마침내 죽게 되는 사망의 정죄를 당하고 말았습니다. 이것이 우리가 살펴볼 원죄에 관한 내용입니다.

인간 본성의 전적인 타락이자 악인 원죄

　첫째, 원죄란 인간 본성의 전적인 타락이며 악입니다. 본문 12-13절을 보겠습니다. "그러므로 한 사람으로 말미암아 죄가 세상에 들어오고 죄로 말미암아 사망이 들어왔나니 이와 같이 모든 사람이 죄를 지었으므로 사망이 모든 사람에게 이르렀느니라 죄가 율법 있기 전에도 세상에 있었으나 율법이 없었을 때에는 죄를 죄로 여기지 아니하였느니라."

　벨직 신앙고백서 15항 첫 두 문장을 보겠습니다. "우리는 아담의 불순종으로 말미암아 원죄가 모든 인류에게 퍼졌음을 믿습니다. 원죄는 죄의 뿌리로서 인간 안에 있어 인간 본성의 전적인 타락과 심지어 유아들조차 모태에 있을 때 부모를 통해 감염되어 물려받은 유전적인 악으로서 모든 종류의 죄를 만들어 냅니다."

로마서 5장 12-13절과 벨직 신앙고백서 15항에 따르면, 죄란 무엇입니까? 성경과 벨직 신앙고백서가 정의하는 죄란 단순히 악한 일을 생각하거나 행동으로 옮기는 것만을 의미하지 않습니다. 죄란 관계를 깨뜨리는 것입니다. 하나님이 사람과 맺으신 관계, 즉 약속 또는 언약이라 불리는 것을 깨뜨리는 것입니다. 더 적극적으로 말하면, 하나님이 명령하신 뜻을 적극적으로 어기는 불순종입니다.

하나님이 아담을 두신 자리, 아담에게 명한 계명, 아담과 맺은 관계를 모두 어기고 지키지 않은 것입니다. 벨직 신앙고백서는 이것을 가리켜 "인간 본성의 전적인 타락"이라 표현합니다. 타락이란 부패, 오염, 평가절하, 낮아짐, 수치, 악, 죄 등을 포함하는 단어입니다. 전적으로 부패하고 오염되고 수치스럽게 되고 죄악적으로 변한 것입니다.

이 원죄가 아담 한 사람의 죄로 그치지 않았다는 데 문제가 있습니다. 벨직 신앙고백서에 따르면, 이 하나의 범죄가 온 인류에게 퍼졌다고 말합니다. 부모를 통해 물려받았다고 말합니다. 타락한 부모로부터 그 후손에게 원죄가 전가되었음을 밝힙니다. 바울은 한 사람으로 말미암아 죄가 세상에 들어왔고 그 결과로 사망이 왔다고 밝히면서 모든 사람이 죄를 지었고 모든 사람이 죽는다고 선언합니다. 그 결과로, 바울이 로마서 5장에서 말한, 그리스도로 말미암아 하나님과 화평을 누리게 되는 은혜가 산산조각이 난 것입니다. 예수 그리스도가 이 땅에 오신 이유는 하나님과 죄인을 화목하게 하기 위해서입니다.

이처럼 원죄는 참혹합니다. 바울은 "그리스도 예수 안에 있는 자에게는 결코 정죄함이 없나니"라고 말합니다(롬 8:1). 그러나 아담 안에 있는 자에게는 정죄와 심판과 사망만 있을 뿐입니다. 원죄로부터 도망칠 수 있는 능력자는 단 한 사람도 없습니다. 원죄의 정죄와 심판을 회복시킬 수 있는 죄인은 단 한 사람도 없습니다. 그래서 바울이 법적으로나 심리적으로나 경험적으로나 "의인은 없나니 하나도 없으며"라고 선언한 것입니다(롬 3:10).

눈물의 선지자 예레미야는 이스라엘의 죄악을 이렇게 선언합니다. "너 하늘아 이 일로 말미암아 놀랄지어다 심히 떨지어다 두려워할지어다 여호와의 말씀이니라 내 백성이 두 가지 악을 행하였나니 곧 그들이 생수의 근원 되는 나를 버린 것과 스스로 웅덩이를 판 것인데 그것은 그 물을 가두지 못할 터진 웅덩이들이니라"(렘 2:12-13).

이스라엘이 범죄한 이유는, 아담의 죄가 전가되어 그들도 죄를 지을 수밖에 없는 상태가 되었기 때문입니다. 예레미야는 이 책임이 이스라엘에게 있다고 말합니다. 이스라엘 각 백성에게 있다고 말합니다. 다윗은 "내가 죄악 중에서 출생하였음이여 어머니가 죄 중에서 나를 잉태하였나이다"라고 고백합니다(시 51:5).

아담의 죄가 온 인류에게 전가된 것입니다. 이런 의미에서 아담은 혈통적으로 인류의 대표일 뿐만 아니라 언약적으로도 인류의 대표입니다. 아담의 일이 나의 일이 되는 것입니다. 그 결과가 무엇입니까? 내가 죄 가운데 출생하고, 출생한 내가 죄를 짓고 있다는 것입니다. 언약적으로 볼 때, 그 죄는 내 죄이며 그 책임도 내게 있습니다. 아담 이후로 모든 인류는 죄를 물려받을 뿐만 아니라 죄책도 물려받습니다. 그래서 모든 인류는 하나님의 정죄 아래 있습니다.

바울은 이렇게 말합니다. "그러면 어떠하냐 우리는 나으냐 결코 아니라 유대인이나 헬라인이나 다 죄 아래에 있다고 우리가 이미 선언하였느니라"(롬 3:9). 하나님은 정죄를 받은 모든 사람, 영적 사망에 빠진 모든 사람을 구원하실 아무런 책임이 없으십니다. 그럼에도 불구하고 하나님은 범죄하여 타락한 사람들 가운데 일부를 구원하기로 작정하셨습니다. 독생자 예수 그리스도를 선물로 보내 많은 사람들이 그리스도로 말미암아 생명 안에서 왕 노릇 하도록 섭리하셨습니다. 참혹한 원죄 가운데서도 우리를 구원하신 하나님의 은혜에 늘 감격하고 감사하며 하루하루를 살아갑시다.

전 인류를 오염시킨 원죄

둘째, 원죄로 말미암아 전 인류가 오염되었습니다(12, 14-15절). 본문 12절을 보겠습니다. "그러므로 한 사람으로 말미암아 죄가 세상에 들어오고 죄로 말미암아 사망이 들어왔나니 이와 같이 모든 사람이 죄를 지었으므로 사망이 모든 사람에게 이르렀느니라." 한 사람으로 말미암아 죄가 세상에 들어왔습니다. 그러나 그 결과는 너무 참혹합니다. 사망이 온 인류에게 이르렀기 때문입니다.

벨직 신앙고백서 15항은 이렇게 말합니다. "원죄는 죄의 뿌리로서 인간 안에 있어 인간 본성의 전적인 타락과 심지어 유아들조차 모태에 있을 때 부모를 통해 감염되어 물려받은 유전적인 악으로서 모든 종류의 죄를 만들어 냅니다. 따라서 원죄는 하나님이 보시기에 악하고 가증하기 때문에 모든 인류를 정죄하기에 충분합니다. 마치 물이 샘에서 솟아 나오는 것처럼 죄가 이 비참한 근원으로부터 솟구쳐 흘러나오기 때문에 원죄는 심지어 세례나 그 어떤 다른 방편이나 수단으로도 없애거나 근절할 수 없습니다."

1) 원죄로 인한 오염은 인간 타락의 근원으로서 중대한 문제다

타락의 개념을 다음과 같이 범위, 본질, 내용, 결과로 정리할 수 있습니다.

- 타락의 범위　온 인류
- 타락의 본질　악, 교만, 불순종
- 타락의 내용　생각, 마음, 행동(지, 정, 의)
- 타락의 결과　정죄, 심판, 죽음

　타락의 내용에서 이것은 지성, 감정, 의지 가운데 하나만 오염되고 나머지는 괜찮은 정도를 의미하지 않습니다. 전부 오염된 것입니다. 그래서 인간 본성의 '전적인 타락'이라고 말하는 것입니다. 캐나다 개혁교회의 칼 쇼올스 목사는 벨직 신앙고백서 15항을 설교하면서 이렇게 말합니다. "부모에게 물려받는 유전적 질병은 몸의 한 부분에만 영향을 끼칩니다. 예를 들면, 귀가 들리지 않거나 눈이 보이지 않는 것, 즉 몸의 한 기관이 영향을 받지만 나머지 기관은 아주 건강합니다. 하지만 … 원죄란 한 부분의 상실이나 한 기능의 결핍이 아닙니다. 이것은 존재 자체가 전적으로 부패한 것으로, 마치 사과나 배가 다 썩어 버린 것을 뜻합니다."

　성경은 우리의 타락이 얼마나 심각하고 무서운 일인지에 대해 말합니다. "누가 깨끗한 것을 더러운 것 가운데에서 낼 수 있으리이까 하나도 없나이다"(욥 14:4). "여호와께서 사람의 죄악이 세상에 가득함과 그의 마음으로 생각하는 모든 계획이 항상 악할 뿐임을 보시고"(창 6:5). "만물보다 거짓되고 심히 부패한 것은 마음이라 누가 능히 이를 알리요마는"(렘 17:9). "여호와께서 미워하시는 것 곧 그의 마음에 싫어하시는 것이 예닐곱 가지이니 곧 교만한 눈과 거짓된 혀와 무죄한 자의 피를 흘리는 손과 악한 계

교를 꾀하는 마음과 빨리 악으로 달려가는 발과 거짓을 말하는 망령된 증인과 및 형제 사이를 이간하는 자이니라"(잠 6:16-19).

2) 원죄로 인한 오염은 회복이 불가능하다

어떤 종교 의식(세례)으로도 이것을 근절할 수 없습니다. 율법을 지키는 것으로나 어떤 선행으로도 불가능합니다. 왜 회복이 불가능합니까? 이것이 그 뿌리에서 기원되기 때문입니다. 마치 터져 버린 웅덩이에서 끊임없이 솟아 나오는 물처럼 계속 죄가 흘러나옵니다. 하나를 막으면 다른 하나가, 하루를 막으면 다른 하루가 터져 나옵니다. 따라서 근본적인 치료를 하지 않고 그저 미봉책으로 증상만 치료한다면, 상황은 더욱 악화될 것입니다. 결과적으로, 이것은 우리로 하여금 결국 죄를 지을 수밖에 없는 상태로 만들었습니다.

17세기에 태어나 18세기 초반을 살았던 영국 청교도 토머스 보스턴은 자신의 역작『인간 본성의 4중 상태』(Human nature in its fourfold state)에서 인간 본성에 대해 자세히 설명합니다. 그는 ① 죄를 지을 수 있는 상태(무죄의 상태), ② 죄를 지을 수밖에 없는 상태(타락한 죄인의 상태), ③ 죄를 짓지 않을 수 있는 상태(은혜의 상태), ④ 죄를 지을 수 없는 상태(영광의 상태)로 나누어 설명합니다.

원죄로 말미암아 전 인류가 오염된 상태는, 죄를 지을 수밖에 없는 상태로 인류를 정죄와 심판과 죽음의 위험에 처하게 만들었습니다. 그러므로 우리는, 단지 죄가 모방에 의해 일어나는 것이라고 주장하는 펠라기우스주의자들의 잘못을 배격할 수밖에 없습니다. 펠라기우스는 주후 4세기경 아우구스티누스와 충돌한 영국의 수도사요 신학자입니다. 그는 하나님이 인간에게 자유 의지를 주셨고 인간이 구원을 얻을 수 있을지 없을지는 자신이 결정한다고 주장했습니다. 또한 죄는 그저 잘못을 모방하는 것이며, 인간은 선한 의지로 잘못을 극복하고 인간이 진정으로 원한다면 선행을 할 수 있다고 주장했습니다. 펠라기우스에 따르면, 인간의 원죄는 없으며, 그리스도의 속죄도, 하나님의 선물인 은혜도 필요하지 않게 됩니다.

하지만 바울은 로마서 5장에서 원죄로 말미암아 온 인류가 오염되었고, 이 오염으로 온 인류가 정죄를 받고 죽었다고 선언합니다. 바울 신학에 따르면, 펠라기우스주의는 이단이 아닐 수 없습니다. 펠라기우스는 예루살렘 회의(415년)와 카르타고 회의(417, 418년)에서 이단으로 정죄되었습니다. 그리고 1100여 년이 지나, 벨직 신앙고백서 15항이 이것을 다시 확인해 줍니다. 전적인 타락으로 인한 오염은 결코 우리의 능력이나 지혜나 선행이나 공로로는 제거될 수 없음을 깨닫고, 하나님의 은사와 선물을 더욱 추구하기 바랍니다.

예수 그리스도를 통해 제거되는 원죄

셋째, 원죄는 오직 예수 그리스도를 통해 제거됩니다(15-16절). 본문 15-16절을 보겠습니다. "그러나 이 은사는 그 범죄와 같지 아니하니 곧 한 사람의 범죄를 인하여 많은 사람이 죽었은즉 더욱 하나님의 은혜와 또한 한 사람 예수 그리스도의 은혜로 말미암은 선물은 많은 사람에게 넘쳤느니라 또 이 선물은 범죄한 한 사람으로 말미암은 것과 같지 아니하니 심판은 한 사람으로 말미암아 정죄에 이르렀으나 은사는 많은 범죄로 말미암아 의롭다 하심에 이름이니라."

바울은 하나님의 선물에 대해 말하며, 이 선물을 아담의 범죄와 대조시킵니다. 아담의 범죄가 전적인 타락과 악이라면, 하나님의 선물은 그리스도의 전적인 순종과 선함입니다. 아담의 범죄로 인해 많은 사람이 정죄를 당했다면, 그리스도 예수의 순종과 의로 말미암아 많은 사람이 의롭다 하심을 받습니다. 아담의 범죄로 많은 사람이 죽었다면, 그리스도의 순종과 의의 결과로 많은 사람이 생명에 이릅니다. 아담으로 말미암아 사망이 왕 노릇 했다면, 그리스도로 말미암아 생명이 왕 노릇 합니다.

이는 의롭다 함을 받은, 즉 원죄를 제거받은 우리에게 도덕률을 폐기시키고 방종하며 살게 하시기 위함이 아니라 하나님의 구원받은 자녀답게 살게 하시려는 목적입니다. 그래서 벨직 신앙고백서 15항은 우리에게 이렇게 말합니다. "그럼에도 불구하고 하나님의 자녀들에게는 원죄가 전가되지 않아 정죄에 이르지 않게 하며, 오히려 그들은 하나님의 은혜와 긍휼로 용서하심을 받았습니다. 이 말은 하나님의 자녀들이 죄 가운데 평안하게 안주해도 된다는 말이 아니라, 이 타락에 대한 인식으로 말미암아 신자들이 종종 신음하고 이 죽을 사망의 몸에서 구원받기를 간절히 원한다는 것을 의미합니다."

참된 신자는 죄의 결과인 죽을 몸에서 구원받기를 간절히 기다립니다. 그리고 타락으로 말미암은 연약함과 죄로 인해 탄식하며, 죄와 싸우고, 선을 행하고자 노력합니다. 주님은 우리에게 선을 행할 수 있는 생명을 주셨습니다. 왜 그렇습니까? 우리가 죄를 용서받고 법적으로 의인이 되었지만, 아직 온전함에 이르지는 않았기 때문입니다. 주님의 용서와 주님이 주신 생명은 완전하지만 우리는 죄를 지을 수 없는 상태에 아직 진입하지 못했습니다. 그렇기 때문에 끊임없이 경건과 선행을 연습해야 합니다. 바울이 로마서 5장과 8장 사이에 있는 6-7장에서 '죄의 종과 의의 종', '마음의 법과 육신의 법'을 대조시키며 죄와 강력하게 싸울 것을 권면하는 이유도 여기에 있습니다.

베드로 사도는 이렇게 말합니다. "너희가 전에는 백성이 아니더니 이제는 하나님의 백성이요 전에는 긍휼을 얻지 못하였더니 이제는 긍휼을 얻은 자니라 사랑하는 자들아 거류민과 나그네 같은 너희를 권하노니 영혼을 거슬러 싸우는 육체의 정욕을 제어하라"(벧전 2:10-11). 하나님이 우리에게 성경을 주신 이유는 바울이 디모데에게 보낸 편지에 쓴 것처럼 "모든 선한 일을 행할 능력을 갖추게 하려 함"입니다(딤후 3:17).

아담의 원죄는 우리에게 죄와 악과 부패와 오염을 전가했지만, 예수 그리스도의 순종과 십자가 죽음은 우리에게 의와 생명과 거룩함을 전가했습니다. 그 결과, 우리는 하나님의 선한 일을 할 수 있는 그분의 백성이 되었습니다. 바울은 이렇게 말합니다. "그가 우리를 대신하여 자신을 주심은 모든 불법에서 우리를 속량하시고 우리를 깨끗하게 하사 선한 일을 열심히 하는 자기 백성이 되게 하려 하심이라"(딛 2:14).

우리의 죄를 사하시고, 우리를 의롭다 하시며, 우리로 하여금 선한 일을 하도록 하나님의 자녀로 삼아 주신 은혜에 감사하며 그리스도 안에서 의와 거룩함에 정진합시다.

진실한 신자는 죄와 싸우며 살아야 합니다. 신자는 그리스도 안에 있는 하나님의 특별한 은혜로 말미암아 원죄로부터 완전히 회심했기 때문입니다. 신자는 그리스도 안에서 평안을 누리며 안식합니다. 그렇기 때문에 그는 죄에서 돌아서며 죄를 미워하고 죄에서 떠납니다. 또한 그리스도 예수 안에서 우리에게 베푸신 모든 은혜와 사랑을 통해 하나님이 주신 법을 기쁨으로 지켜 나갑니다. 그는 타락한 인간 육체의 본성이 아니라 하나님의 뜻에 따라 살기를 갈망하고, 그것을 어겼을 때 심히 슬퍼하고 분노하며 회개합니다.

하나님이 그리스도 예수 안에서 우리를 원죄와 그 죄책에서 구원하시고, 생명의 은혜를 베푸신 사랑에 감사하며 오늘도 내일도 은혜의 방편을 부지런히 사용하여 죄의 오염과 부패를 씻어 내고 거룩한 성화를 이루어 갑시다.

○ **칼뱅, 『기독교 강요』, 3.11.23**
이로써 또 분명해지는 것은, 우리가 하나님 앞에서 의롭다 하심을 얻는 것이 오직 그리스도의 의의 중보로 말미암는 일이라는 사실이다. 이것은 사람이 스스로 의로운 것이 아니라 그리스도의 의가 전가(轉嫁)되어 그에게 전달되었기 때문에 그가 의로운 것이라는 말과 같다. … 우리의 의는 우리 안에 있는 것이 아니라 그리스도 안에 있다. 우리가 그 의를 소유하는 것은 오직 우리가 그리스도 안에 참여한 자들이기 때문이다. 그리스도와 함께 그 모든 풍성한 것들을 우리가 소유하고 있다.

■ 핵심용어

원죄(죄책, 오염), 대표성의 원리(언약적 대표성), 전적인 타락, 펠라기우스주의, 반(半)펠라기우스주의, 전가

■ 생각해 볼 문제

1. 원죄란 무엇입니까? 원죄에 대한 벨직 신앙고백서 15항의 설명에서 죄책과 오염

에 대한 부분이 어떻게 묘사되고 있습니까?

2. 대표성의 원리(언약적 대표성)란 무엇입니까? 이것이 우리에게 '전적인 타락'과 '그리스도를 통한 회복'이라는 상반된 두 가지를 어떻게 동시에 설명합니까?

3. 타락에 대한 네 가지 내용을 살펴봅시다. 더불어 죄가 우리의 삶에서 얼마나 강력한 영향을 끼치고 있는지도 나누어 봅시다.

4. 펠라기우스주의란 무엇입니까? 이것이 왜 복음과 정반대가 되고 이단으로 정죄되었는지 살펴봅시다.

5. 반(半)펠라기우스주의는 펠라기우스주의와 이신칭의 교리의 중간 정도의 의미를 가집니다. 이는 어떤 주장일지 함께 생각해 본 후, 자료를 찾아 정확한 의미를 알아봅시다. 우리 주변과 우리 안에 펠라기우스주의 혹은 반펠라기우스주의로 보이는 태도나 생각들을 함께 나누고 회개합시다.

6. 전가 교리란 무엇입니까? 이는 앞서 살펴본 대표성의 원리와 어떤 관계가 있습니까? 전가 교리가 복음인 이유는 무엇입니까? 우리가 그리스도의 의를 받았음에도 불구하고 살아가는 동안 끊임없이 죄와 싸우고 선을 행하기 위해 노력해야 하는 이유는 무엇입니까?

예수 그리스도에 대하여

THE BELGIC CONFESSION

17장
하나님의 영원한 선택

¹여호와께서 말라기를 통하여 이스라엘에게 말씀하신 경고라 ²여호와께서 이르시되 내가 너희를 사랑하였노라 하나 너희는 이르기를 주께서 어떻게 우리를 사랑하셨나이까 하는도다 나 여호와가 말하노라 에서는 야곱의 형이 아니냐 그러나 내가 야곱을 사랑하였고 ³에서는 미워하였으며 그의 산들을 황폐하게 하였고 그의 산업을 광야의 이리들에게 넘겼느니라. 말 1:1-3

16항 하나님의 선택

우리는 아담의 모든 후손들이 첫 조상의 죄로 말미암아 파멸과 멸망에 떨어졌음을 믿으며(롬 3:12), 그 후에 하나님이 자신을 나타내 보이셨는데 그분의 속성대로 자비로우시고 공의로우신 분으로 나타내셨음을 믿습니다. 하나님은 그분의 영원하고 불변하는 경륜에 따라(요 6:37, 44, 10:29, 17:2, 9, 18:9) 그들의 행위를 전혀 고려하지 않으시고(말 1:2-3; 롬 9:11-13; 딤후 1:9; 딛 3:4-5), 오직 자신의 선하심으로 인해 예수 그리스도 우리 주 안에서(요 15:16, 19; 롬 8:29; 엡 1:4-5) 선택하신 (삼상 12:22; 시 65:4; 행 13:48; 롬 9:16, 11:5; 딛 1:1) 모든 자들을 구원하고 보존하시기 때문에 자비로우십니다. 또한 하나님은 다른 사람들을 그들이 스스로 빠져든 타락과 멸망 가운데 내버려 두심으로 공의로우십니다(롬 9:19-22; 벧전 2:8).

우리는 성경의 신비 중의 신비를 접하고 있습니다. 바로 하나님의 선택에 관한 것입니다. 말라기 선지자는 에서와 야곱의 관계에 대해 "나 여호와가 말하노라 … 내가 야곱을 사랑하였고 에서는 미워하였으며"라고 말합니다(2절). 우리는 곧바로 이런 질문이 생길 것입니다. "하나님은 왜 야곱을 사랑하고 에서는 미워하셨는가? 에서가 구원받지 못한 원인과 책임은 하나님께 있는 것 아닌가? 그렇다면, 하나님이 에서를 허물하시는 것은 부당한 것 아닌가?" 이런 질문은 하나님의 선택과 관련된 질문입니다. 그리고 이런 질문은 비단 오늘날 우리만 던진 것이 아닙니다.

벨직 신앙고백서를 작성하던 당시 사람들도 들었던 질문이며, 바울이 활동하던 신약 시대에도 있었던 질문입니다. 하나님이 에서를 미워하셨기 때문에 에서의 불신앙에 대해 책망할 수 없다면, 오늘날 세계 도처에서 벌어지는 불신앙과 죄와 악도 하나님께 책임이 있다고 말할 수 있을 것입니다. 우리가 하나님의 선택에 대해 어떻게 생각하느냐에 따라 많은 것이 달라질 것입니다. 하지만 그럼에도 불구하고 우리가 이 교리를 완전히 이해할 수 있다고 말해서는 안 됩니다. 역사적으로나 신학적으로 이 문제는 많은 석학들의 연구 대상이 되었음에도 여전히 신비로 남아 있는 주제이기 때문입니다. 우리는 겸손한 마음으로 신앙의 선배들이 설명해 놓은 신앙고백과 교리문답서들을 통해 성경이 선언하는 하나님의 선택에 대해 선언된 그대로 믿으려 하는 자세를 견지해야 합니다.

하나님의 선택은 영원한 선택

첫째, 하나님의 선택은 영원한 선택입니다(2절). 본문 2절을 보겠습니다.

"여호와께서 이르시되 내가 너희를 사랑하였노라 하나 너희는 이르기를 주께서 어떻게 우리를 사랑하셨나이까 하는도다 나 여호와가 말하노라 에서는 야곱의 형이 아니냐 그러나 내가 야곱을 사랑하였고."

벨직 신앙고백서 16항 첫 번째 문장을 보겠습니다. "우리는 아담의 모든 후손들이 첫 조상의 죄로 말미암아 파멸과 멸망에 떨어졌음을 믿으며, 그 후에 하나님이 자신을 나타내 보이셨는데 그분의 속성대로 자비로우시고 공의로우신 분으로 나타내셨음을 믿습니다."

본문과 벨직 신앙고백서 16항만 놓고 보면, 하나님이 야곱을 언제 선택하셨는지 분명하지 않습니다. 하지만 로마서 9장과 에베소서 1장을 보면 명확해집니다. 로마서 9장에서 바울은 이렇게 말합니다. "그 자식들이 아직 나지도 아니하고 무슨 선이나 악을 행하지 아니한 때에 택하심을 따라 되는 하나님의 뜻이 행위로 말미암지 않고 오직 부르시는 이로 말미암아 서게 하려 하사 리브가에게 이르시되 큰 자가 어린 자를 섬기리라 하셨나니 기록된 바 내가 야곱은 사랑하고 에서는 미워하였다 하심과 같으니라"(롬 9:11-13).

하나님의 선택은 에서와 야곱의 행위 이전에, 심지어 그들이 태어나기도 전에 결정된 사항입니다. 에베소서 1장에서 바울은 이렇게 말합니다. "찬송하리로다 하나님 곧 우리 주 예수 그리스도의 아버지께서 그리스도 안에서 하늘에 속한 모든 신령한 복을 우리에게 주시되 곧 창세전에 그리스도 안에서 우리를 택하사 우리로 사랑 안에서 그 앞에 거룩하고 흠이 없게 하시려고 그 기쁘신 뜻대로 우리를 예정하사 예수 그리스도로 말미암아 자기의 아들들이 되게 하셨으니"(엡 1:3-5).

하나님의 선택은 창세전에 이루어진 일입니다. 그런데 성경의 이런 선언은 상식적으로 모순되어 보입니다. 만일 우리가 태어나기도 전에 누가 구원을 받고 누가 버림을 당할 것인지가 결정되어 있다면, 그 책임은 내게 있지 않고 하나님께 있는 것이 아닌가 하는 문제가 제기되기 때문입니다. 이런 이유 때문에 '예정' 또는 '선택 교리'는 많은 사람들에게 거치는 돌이 되었습니다. 그래서 이런 문제를 타개하기 위해 만든 교리가 '타락 후 선택설'입니다.

예정은 신학적으로 '타락 전 선택설'과 '타락 후 선택설'로 나뉩니다. 타락 전 선택설은 역사적, 시간적으로 타락이 발생하기 전에 하나님이 선택과 유기를 결정하셨다는 교리입니다. 타락 후 선택설은 하나님의 선택과 유기가 역사적 타락 이후에 결정되었다는 이론입니다. 타락 전 선택설과 타락 후 선택설 모두 성경구절에 호소하고 있으며, 나름대로 장단점을 가지고 있습니다. 타락 전 선택설은 하나님의 절대하신 주권을 선언합니다. 반면, 타락 후 선택설은 타락한 세상과 더불어 하나님의 자비와 공의를 강조합니다. 그러나 개혁신학자 헤르만 바빙크가 잘 설명하듯이, 양쪽 다 죄와 타락이 하나님의 절대적인 계획과 작정에 포함되어 있지만 하나님이 죄의 조성자가 아니라는 것을 인정합니다. 타락 후 선택설은 작정의 역사적 인과 순서를 고수하는 한편, 타락 전 선택설은 목적론적 순서를 가집니다.

하지만 이 두 가지 선택설은 성경의 신비를 완전히 설명하지는 못합니다. 또한 우리 지성의 좁은 한계를 고려할 때 완전히 납득할 수도 없습니다. 신자는 이 모든 것을 다 이해한다고 주장할 수 없습니다. 그저 성경이 선언하는 것을 믿을 뿐입니다. 성경의 선언은 벨직 신앙고백서가 주장하는 대로 "모든 인류가 첫 사람의 범죄로 영원한 죽음과 파멸로 던져졌고, 하나님은 그 가운데 일부를 구원하시기로 결정"하셨다는 것입니다. 성경이 조화시키지 않는 것을 우리가 억지로 조화시켜서는 안 됩니다.

첫 조상 아담을 통해 태어난 모든 인류는 한 사람도 예외 없이 죄와 저주와 파멸에 던져졌습니다. 이것은 하나님의 주권과 작정 속에 포함된 일이지만, 죄의 원인이나 조성자는 하나님이 아니라 의지의 자유를 사용해 하나님을 선택하지 않고 도리어 불순종이라는 죄와 악을 선택한 죄인에게 있습니다. 이것이 어떻게 이렇게 되는지 우리는 다 알 수 없습니다. 바로 이 지점에서 하나님의 선택의 사랑이 빛을 발합니다. 선택은 하나님의 측량할 수 없는 은혜입니다. 우리는 하나님의 선택 교리를 성경 그대로 받아들여야 합니다. 그렇지 않으면, 하나님을 죄의 조성자로 여기거나, 인간이 타락할 줄 모르셨다가 타락한 후에야 작정하는 전지전능하지 못한 하나님으로 만들게 될 것입니다.

하나님의 선택은 인간이 접근하거나 완전히 이해할 수 없는 신비임을 깨닫고, 그럼에도 죄와 허물로 죽은 우리를 선택하신 하나님의 사랑에 감사합시다.

사랑에 근거한 자비로우신 선택

둘째, 하나님의 선택은 사랑에 근거한 자비로우신 선택입니다(2절). 본문 2절을 다시 한 번 보겠습니다. "여호와께서 이르시되 내가 너희를 사랑하였노라 하나 너희는 이르기를 주께서 어떻게 우리를 사랑하셨나이까 하는도다 나 여호와가 말하노라 에서는 야곱의 형이 아니냐 그러나 내가 야곱을 사랑하였고."

벨직 신앙고백서 16항 두 번째 문장을 보겠습니다. "하나님은 그분의 영원하고 불변하는 경륜에 따라 그들의 행위를 전혀 고려하지 않으시고, 오직 자신의 선하심으로 인해 예수 그리스도 우리 주 안에서 선택하신 모든 자들을 구원하고 보존하시기 때문에 자비로우십니다."

여기서 강조점은, 하나님이 야곱을 사랑하시는 이유가 야곱의 행위에 있지 않다는 것입니다. 이는 벨직 신앙고백서도 강조하는 바입니다. 이 사랑은 오직 하나님의 선한 즐거움으로 예수 그리스도 안에서 선택하신 사랑입니다.

하나님의 사랑을 받을 자격이 에서나 야곱이나 없습니다. 야곱에게 무슨 선함이 있습니까? 에서에 비해 야곱이 잘한 것이 무엇이란 말입니까? 모두 다 허물과 죄로 죽은 자들입니다. 다 치우쳐 함께 무익하게 되고 선을 행하지 않고 악을 행했습니다(롬 3:12). 야곱이나 에서나 하나님의 진노와 징벌의 대상이 될 뿐이었습니다. 그러나 야곱을 사랑하시는 하나님의 선한 즐거움으로 인해 야곱은 회복될 것입니다. 야곱은 바벨론 제국의 포로로 끌려간 이후에라도 회복될 것입니다. 그러나 에서와 에돔의 후손은 그렇지 못할 것입니다. 하나님이 야곱과 언약을 맺으시고 야곱을 사랑하셨기 때문입니다. 그래서 바울이 "너희는 그 은혜에 의하여 믿음으로 말미암아 구원을 받았으니 이것은 너희에게서 난 것이 아니요 하나님의 선물이라"고 말한 것입니다(엡 2:8).

이 사랑은 무조건적이며 주권적인 사랑입니다. 어느 누구도 이 사랑을 강요하거나 이 사랑에 영향을 끼칠 수 없습니다. 이 사랑의 대상은 택함을 받은 야곱뿐입니다. 하나님은 아담과 언약을 맺으신 것처럼 아브라함과도 언약을 맺으셨습니다. 우리가 '아브라함과 이삭과 야곱의 하나님'이라고 말할 때는 '언약의 하나님'을 뜻합니다. 예레미야 선지자는 이렇게 말합니다. "옛적에 여호와께서 나에게 나타나사 내가 영원한 사랑으로 너를 사랑하기에 인자함으로 너를 이끌었다 하였노라"(렘 31:3). 하나님의 사랑의 언약은 아브라함과 이삭과 야곱과 다윗을 통해 구약에서 계속 확증되고 발전되었습니다.

시편 기자들의 기도와 노래에도 야곱을 향한 하나님의 사랑이 잘 드러나 있습니다. "환난 날에 여호와께서 네게 응답하시고 야곱의 하나님의 이름이 너를 높이 드시며"(시 20:1). "만군의 여호와께서 우리와 함께하시니 야곱의 하나님은 우리의 피난처시로다"(시 46:7). 그들은 아브라함과 이삭과 야곱과 언약을 맺으신 하나님께 기도했습니다.

우리는 복음성가 가사처럼 '사랑받기 위해 태어났지만' 사랑을 받을 만한 가치나 자격이 없습니다. 다 치우쳐 함께 무익하게 되고 악을 행하고 죄에 빠졌기 때문입니다. 우리는 허물과 죄로 완전히 죽어 버려서 선을 행할 수 없게 되었습니다. 구원이 우리에게 달려 있다면, 아무 희망이 없었을 것입니다. 하나님은 우리의 행위를 고려하지 않으시고 순전히 하나님 안에 있는 즐거움으로 우리를 사랑하셔서 죄에서 구원하시고 영원한 죽음에서 구해 주셨습니다. 주님은 요한복음 10장에서 "나는 선한 목자라 나는 내 양을 알고 양도 나를 안다"고 하시며(14절), "내 양은 내 음성을 듣는다"고 하십니다(27절). 바로 이것이 하나님의 자비입니다. 그러므로 하나님의 영원한 선택은 자비하심에 근거한 사랑의 선택입니다. 아무런 가치나 공로나 자격이 없는 나를 순전히 자비하심으로 구원해 주신 하나님의 은혜에 평생 감사하며 살아갑시다.

심판에 근거한 공의로우신 선택

셋째, 하나님의 선택은 심판에 근거한 공의로우신 선택입니다(3절). 벨직 신앙고백서 16항 세 번째 문장입니다. "또한 하나님은 다른 사람들을 그들이 스스로 빠져든 타락과 멸망 가운데 내버려 두심으로 공의로우십니다." 하나님의 자비하신 선택은 필연적으로 하나님의 공의로우신 심판을 동반합니다. 그 심판은 스스로 빠져든 타락과 영원한 죽음에 내버려 두시는 것입니다.

에서는 야곱의 형이지만 하나님은 에서를 미워했고 도리어 야곱을 사랑했습니다. '에서를 미워했다'는 정확한 번역은 '에서를 죄악적인 모습 그대로 놓아두었다'일 것입니다. 이것은 야곱보다 덜 사랑했다는 소극적인 표현이 아니라, 적극적인 거부를 뜻합니다. 죄인과 죄에 대한 하나님의 불쾌함을 여실히 드러내는 표현입니다. 야곱과 이스라엘은 권징과 징계를 통해 회복되겠지만, 에서와 에돔 족속은 결코 회복되지 않고 광야의 이리들로 인해 황폐하게 될 것입니다.

그 이유는 무엇입니까? 하나님이 에서를 미워했기 때문입니다. 앞서 말했듯이, 이것은 야곱보다 덜 사랑했다거나 감정적으로 에서를 혐오했다는 뜻이 아니라 하나님이 야곱을 향한 사랑을 에서에게는 주지 않으셨다는 뜻입니다. 말하자면, 창세전에 계획하신 하나님의 구속적 사랑의 부재입니다. 에서에게 없는 것이 야곱에게는 있었는데, 그것은 바로 하나님의 사랑입니다. 물론 야곱과 마찬가지로 에서에게도 선한 것이 없었고 하나님의 진노와 형벌을 받아 마땅했습니다. 그렇기 때문에 하나님이 미워하시는 것이 당연합니다.

그래서 벨직 신앙고백서 16항은 선택받은 자를 제외한 "다른 사람들을 그들이 스스로 빠져든 타락과 멸망 가운데 내버려 두신" 것이라고 표현합니다. 사도 바울도 이와 동일하게 표현합니다. "또한 그들이 마음에 하나님 두기를 싫어하매 하나님께서 그들을 그 상실한 마음대로 내버려 두사 합당하지 못한 일을 하게 하셨으니"(롬 1:28). 그냥 내버려 두는 것만큼이나 치명적인 심판도 없습니다.

 자녀가 잘못 행동해도 그냥 내버려 둔다면, 그것은 자녀가 아니라고 여기는 것과 같습니다. 그것은 결코 사랑이 아닙니다. 미움입니다. 이 차이를 다시 설명해 보겠습니다. 하나님의 사랑이 야곱에게는 임했지만 에서에게는 임하지 않았습니다. 성경은 그것이 공의롭다고 선언합니다. 본래 우리가 모두 허물과 죄로 죽었고, 거룩하고 영광스러운 하나님의 영원한 심판을 받아 마땅한 존재이기 때문입니다.

 우리를 사랑하셔서 구원의 선택과 은총을 베푸신 하나님의 자비로우심만큼이나 죄인을 죄 가운데 내버려 두사 심판하시는 하나님의 절대적인 공의로우심을 인정하며 우리를 내버려 두지 않으시는 하나님께 감사와 찬양과 영광을 돌립시다.

하나님의 영원한 선택의 교리가 우리에게 주는 교훈은 무엇입니까? 두 가지입니다. 첫째, 우리가 받은 구원의 안전성입니다. 우리의 구원은 안전하고 영원합니다. 우리를 선택하고 구원하신 하나님이 오늘이나 내일이나 영원토록 변하지 않으시는 분이기 때문입니다.

 둘째, 아무 자격이 없음에도 불구하고 하나님의 선택적 사랑을 받은 우리의 삶은 하나님의 말씀을 따라 경건해야 합니다. 하나님이 우리를 선택하셨으므로 우리도 매사에 하나님의 편을 선택하고, 하나님의 말씀을 선택하고, 하나님의 선을 선택해야 합니다. 우리가 거짓을 버리고 게으름을 버려야 할 이유가 여기에 있습니다. 신앙생활은 그저 입술로만 되지 않습니다. 진정으로 하나님의 사랑을 경험하고 하나님의 사랑을 받았다고 고백한다면, 하나님의 사랑을 받은 자답게 경건하게 살아야 합니다. 하나님의 영원한 선택 교리가 우리의 거룩한 성화의 삶을 촉진시키므로, 우리는 하나님을 기쁘시게 하는 삶을 살아야 합니다.

○ 칼뱅, 『기독교 강요』, 3.21.1
먼저 기억해야 할 것은, 예정에 대해 탐구하는 일은 하나님의 지혜의 신성한 경내(境內)를 침범하는 일이라는 사실이다. 어느 누구라도 몰지각한 확신을 갖고서 이곳을 침범한다면, 자기의 호기심을 만족시킬 수도 없을 뿐만 아니라 미궁(迷宮) 속에 빠져서 도저히 헤어나지 못하게 될 것이다. 주께서 친히 자신 속에 감추어 두신 일들을 사람이 무절제하게 마구 찾아 헤매고, 지극히 숭고한 지혜를 영원 전부터 밝히려는 것은 절대로 옳지 않은 일이다. 하나님은 우리가 그 지혜를 이해하기를 바라시는 것이 아니라 그 지혜를 기리고 높이 받들기를 바라신다. 그리하여 우리 안이 경이와 놀라움으로 가득 차기를 바라신다.

■ 핵심용어

예정, 선택, 유기(遺棄), 타락 전 선택설, 타락 후 선택설, 하나님의 공의

■ 생각해 볼 문제

1. 선택 교리가 어렵고 신비로운 이유가 무엇인지 생각해 봅시다.
2. 작정과 예정은 어떤 관계입니까? 예정은 무엇입니까? 예정의 두 부분은 무엇입니까?
3. 타락 전 선택설과 타락 후 선택설을 살펴보고, 차이점과 장단점에 대해 함께 생각

해 봅시다.

4. 신자에게 선택 교리가 무한한 신뢰와 안정감을 주는 이유는 무엇입니까?

5. 유기(遺棄) 교리가 무엇인지 다시 살펴봅시다. 이 교리는 때때로 하나님을 불공평하고 무시무시한 존재로 오해하게 합니다. 이것이 왜 잘못되었고, 이 교리가 신자에게 주는 유익은 무엇인지 함께 나누어 봅시다.

6. 도르트 신경 강해로 유명한 코르넬리스 프롱크 목사는 어린이들에게 일찍부터 예정 교리나 도르트 신경을 가르치지 말라고 한 바 있습니다. 그 이유가 무엇일지 논의해 봅시다.

18장
타락한 사람의 구속

⁸그들이 그날 바람이 불 때 동산에 거니시는 여호와 하나님의 소리를 듣고 아담과 그의 아내가 여호와 하나님의 낯을 피하여 동산 나무 사이에 숨은지라 ⁹여호와 하나님이 아담을 부르시며 그에게 이르시되 네가 어디 있느냐 ¹⁰이르되 내가 동산에서 하나님의 소리를 듣고 내가 벗었으므로 두려워하여 숨었나이다 ¹¹이르시되 누가 너의 벗었음을 네게 알렸느냐 내가 네게 먹지 말라 명한 그 나무 열매를 네가 먹었느냐 ¹²아담이 이르되 하나님이 주셔서 나와 함께 있게 하신 여자 그가 그 나무 열매를 내게 주므로 내가 먹었나이다 ¹³여호와 하나님이 여자에게 이르시되 네가 어찌하여 이렇게 하였느냐 여자가 이르되 뱀이 나를 꾀므로 내가 먹었나이다 ¹⁴여호와 하나님이 뱀에게 이르시되 네가 이렇게 하였으니 네가 모든 가축과 들의 모든 짐승보다 더욱 저주를 받아 배로 다니고 살아 있는 동안 흙을 먹을지니라 ¹⁵내가 너로 여자와 원수가 되게 하고 네 후손도 여자의 후손과 원수가 되게 하리니 여자의 후손은 네 머리를 상하게 할 것이요 너는 그의 발꿈치를 상하게 할 것이니라 하시고. 창 3:8-15

17항 타락한 사람의 회복

우리는 사람이 스스로 육체적이고 영적인 죽음에 자신을 던져서 전적으로 비참하게 되어 두려움에 떨면서 하나님의 임재로부터 도망칠 때, 은혜로우신 하나님이 놀라운 지혜와 선하심으로 그를 찾아오시고(창 3:9), 그에게 여자에게서 태어나 뱀의 머리를 상하게 하고 그를 복되게 할 하나님의 아들을 주겠다고 약속하심으로 위로하기를 기뻐하셨음을 믿습니다(창 22:18; 사 7:14; 요 1:14, 5:46, 7:42; 행 13:32-33; 롬 1:2-3; 갈 3:16).

앞 장에서 우리는 성경의 신비 중의 신비인 하나님의 영원한 선택에 대해 살펴보았습니다. 우리는 이 교리를 완전히 이해할 수 있다고 말해서는 안 됩니다. 이 교리는 인간의 제한된 이성으로는 완벽히 이해할 수 없는 신비로 남아 있기 때문입니다. 따라서 진실한 신자는 성경이 선언하는 하나님의 선택에 대해 그대로 믿는 자세를 견지해야 합니다. 영원 전에 하나님의 사랑에 근거한 자비롭고 공의로우신 선택을 믿는 신자는 그 은혜에 감사하고 그 공의에 두려워 떨 줄 알아야 합니다.

이 장에서는 하나님의 자비하심에 근거하여 시행된 타락한 사람의 구속에 대해 창세기 3장 8-15절과 벨직 신앙고백서 17항을 함께 살펴보겠습니다.

타락하여 비참해진 사람을 보신 하나님

첫째, 하나님은 타락하여 비참하게 된 사람을 보셨습니다(8절). 본문 8절을 보겠습니다. "그들이 그날 바람이 불 때 동산에 거니시는 여호와 하나님의 소리를 듣고 아담과 그의 아내가 여호와 하나님의 낯을 피하여 동산 나무 사이에 숨은지라."

벨직 신앙고백서 17항을 보겠습니다. "우리는 사람이 스스로 육체적이고 영적인 죽음에 자신을 던져서 전적으로 비참하게 되어 두려움에 떨면서 하나님의 임재로부터 도망칠 때, 은혜로우신 하나님이 놀라운 지혜와 선하심으로 그를 찾아오시고, 그에게 여자에게서 태어나 뱀의 머리를 상하게 하고 그를 복되게 할 하나님의 아들을 주겠다고 약속하심으로 위로하기를 기뻐하셨음을 믿습니다."

창세기 3장 15절은 원시 복음, 즉 본래적 복음, 최초의 복음에 관한 말씀입니다. 아마도 원시 복음에 대해 들어 보았을 것입니다. 우리가 이 말씀을 읽을 때, 타락한 인류를 구속하시는 원시 복음이 여기에 있다고 말하는 것으로만 끝내서는 안 됩니다. 우리는 성경의 지식만 배우는 것이 아니라, 성경의 지식과 정보를 통해 하나님의 의도와 감정과 목적과 뜻을 찾아야 합니다.

하나님은 범죄한 아담과 하와를 보셨습니다. 벨직 신앙고백서 17항의 표현대로 하면, "사람이 스스로 육체적이고 영적인 죽음에 자신을 던져서 전적으로 비참하게 되어" 버린 것을 보셨습니다. 하나님이 무엇을 보셨습니까? 사람이 스스로 빠져든 비참함입니다. 육체적이고 영적인 죽음에 빠진 비참함입니다. 육체적이고 영적인 죽음에 빠진 비참함이 어떻게 나타났습니까? 그들은 하나님을 피했습니다. 동산에 거니시는 여호와 하나님의 소리를 듣고 피했습니다. 그들은 두려워 숨었습니다. 이유가 무엇입니까?

하나님의 자녀인 아담과 하와가 왜 하나님을 피하게 된 것입니까? 스스로 빠져든 죄와 타락 때문입니다. 친밀하고 사랑스러운 음성이, 이제는 무섭고 고통스러운 음성이 되어 버린 것입니다. 아담과 하와는 여전히 숨쉬며 먹고 마시고 살아가지만 하나님의 음성이 불편해지기 시작한 것입니다. 에덴동산에서 하나님 아버지와 누렸던 교제의 친밀함을 상실한 것입니다. 이것이 바로 타락의 결과로 우리에게 온 비참함입니다. 실로 그렇지 않습니까? 사람이 살아가면서 맺는 모든 관계가 정상적이지 않을 때, 그들이 서로에게 하는 말은 친밀하고 사랑스러운 말이 되지 못합니다.

최초의 인류 아담과 하와는 하나님이 조성해 놓으신 장소에서 그분이 주신 시간을 통해 완전한 질서와 조화를 이룰 능력을 가지고 있었습니다.

또한 그것을 보존하고 지킬 지혜와 의지도 가지고 있었습니다. 하지만 그들은 관계를 깨뜨리고 조화와 질서를 무너뜨리는 데 그 능력을 사용했습니다. 창세기 1장 26절의 명령에 대한 계속적인 순종으로 하나님께 영광을 돌리는 것이 그들의 즐거움이 되어야 했습니다. "하나님이 이르시되 우리의 형상을 따라 우리의 모양대로 우리가 사람을 만들고 그들로 바다의 물고기와 하늘의 새와 가축과 온 땅과 땅에 기는 모든 것을 다스리게 하자 하시고"(창 1:26).

그러나 그들은 이 일에 실패했고, 스스로 육체적이고 영적인 죽음에 빠져들었습니다. 그 결과 온 인류가 그 안에서 정죄를 당했고, 동일한 죄와 비참함에 빠져 버렸습니다. 범죄한 죄인에게는 더 이상 소망이 없습니다. 스스로 이 상태를 회복하거나 고칠 능력이 없습니다.

그러나 하나님이 우리를 그런 비참함에 내버려 두지 않으셨다는 데 소망이 있습니다. 하나님은 타락하여 비참하게 된 사람을 보시고 즉시 지혜와 선하심으로 찾아오셨습니다. 이것이 죄인 된 저와 여러분의 유일한 소망입니다. 하나님은 범죄한 자녀를 그냥 내버려 두지 않으십니다. 그분의 지혜와 선하심을 동원해 찾으십니다. 우리 주님도 이스라엘의 잃어버린 자를 찾으러 오셨습니다(마 15:24). 타락하여 비참하게 된 우리를 보시고 찾아오신 하나님의 은혜와 선하심에 항상 감사합시다.

두려워 떨고 있는 사람을 찾아오신 하나님

둘째, 하나님은 두려워 떨고 있는 사람을 찾아오셨습니다(9-10절). 본문 9-10절을 보겠습니다. "여호와 하나님이 아담을 부르시며 그에게 이르시되 네가 어디 있느냐 이르되 내가 동산에서 하나님의 소리를 듣고 내가 벗었으므로 두려워하여 숨었나이다."

벨직 신앙고백서 17항을 보겠습니다. "우리는 사람이 스스로 육체적이고 영적인 죽음에 자신을 던져서 전적으로 비참하게 되어 두려움에 떨면서 하나님의 임재로부터 도망칠 때, 은혜로우신 하나님이 놀라운 지혜와 선하심으로 그를 찾아오시고, 그에게 여자에게서 태어나 뱀의 머리를 상하게 하고 그를 복되게 할 하나님의 아들을 주겠다고 약속하심으로 위로하기를 기뻐하셨음을 믿습니다."

하나님은 스스로 빠져든 비참함의 늪에 허우적거리는 죄인을 보시고 그를 찾아오셨습니다. 이것은 마치 수영을 못하는 사람이 물에 빠져 거의 죽어 갈 때, 구조선이 그를 찾아 구명정을 던져 주어 건져 올리는 것과 같습니다. 그러나 하나님의 구원은 단지 구명정을 던져 주는 것으로 끝나지 않습니다.

하나님이 스스로 돌이킬 수 없는 절망에 빠진 죄인을 찾아오셨다는 것은 소망 중의 소망이 아닐 수 없습니다. 그러나 하나님이 그저 보기만 하시고 아무런 행동을 취하지 않으신다면, 무슨 유익이 있겠습니까? 죄인을 보신 하나님은 찾아오셔서 말씀하십니다. "아담아 네가 어디 있느냐?"(9절) 이 말씀을 통해 하나님은 아담의 처소를 확인시키십니다. "네가 어디 있느냐?"는 히브리어로 '아예카'입니다. '아예'는 '어디'라는 장소를 뜻하고 '카'는 '너'라는 인칭대명사입니다. '너 어디니?'라는 뜻입니다. 아주 단순한 한마디지만, 범죄한 인간을 향한 가장 심오한 질문입니다. 하나님은 이렇게 말씀하시는 것입니다. "네가 지금 어디에 있는 거냐? 내가 너에게 명한 처소에 있지 않고, 지금 어디에 있는 거냐? 너는 그 장소(place)에 있을 존재가 아니지 않느냐? 내가 너를 거기에 있으라고 지은 것이 아니지 않느냐?"

이 질문을 통해 하나님은 아담의 본래 자리와 그곳에서 이탈한 죄의 자리를 동시에 확인시키십니다. 여기에서 하나님의 사랑과 은혜가 극명하게 드러납니다. 범죄한 죄인은 하나님의 낯을 피하여 도망가고 숨지만, 선하신 하나님은 그를 찾아오십니다. 인간이 두려워 떨며 도망칠 때, 하나님은 그를 돕고 구원하시기 위해 찾아오십니다. 이 찾아오심은 하나님의 놀라운 지혜와 선하심으로부터 기원합니다. 하나님은 있어야 할 자리를 벗어난 죄인을 본래 있어야 할 자리로 회복시키시기 위해 찾아오십니다. 하나님의 찾아오심은 죄인에게 소망이요 은혜입니다. 하나님이 우리를 찾아오실 때 피하지 말고 기꺼이 그분을 맞이해야 합니다. 하나님의 낯을 피하여 숨을 곳은 그 어디에도 없습니다.

시편 기자는 이렇게 고백합니다. "내가 주의 영을 떠나 어디로 가며 주의 앞에서 어디로 피하리이까 내가 하늘에 올라갈지라도 거기 계시며 스올에 내 자리를 펼지라도 거기 계시니이다 내가 새벽 날개를 치며 바다 끝에 가서 거주할지라도 거기서도 주의 손이 나를 인도하시며 주의 오른손이 나를 붙드시리이다"(시 139:7-10).

성경은 하나님을 찾아오시고 말씀하시는 분으로 말합니다. 하나님은 우리를 찾아오셔서 죄와 은혜, 타락과 회복에 대해 말씀하십니다. 죄의 자리에서 나오라고 말씀하십니다. "또 내가 들으니 하늘로부터 다른 음성이 나서 이르되 내 백성아, 거기서 나와 그의 죄에 참여하지 말고 그가 받을 재앙들을 받지 말라"(계 18:4). 하나님은 끊임없이 죄인을 찾아오셔서 그들을 구원하시는 분입니다. 하나님이 범죄한 죄인을 보고 찾아오셔서 구원의 음성을 발하실 때, 곧 회개하고 그 음성 듣기를 기뻐하고 즐거워합시다.

타락한 사람을 약속의 말씀으로 구속하신 하나님

셋째, 하나님은 약속의 말씀으로 타락한 사람을 구속해 주셨습니다(14-15절). 본문 14-15절을 보겠습니다. "여호와 하나님이 뱀에게 이르시되 네가 이렇게 하였으니 네가 모든 가축과 들의 모든 짐승보다 더욱 저주를 받아 배로 다니고 살아 있는 동안 흙을 먹을지니라 내가 너로 여자와 원수가 되게 하고 네 후손도 여자의 후손과 원수가 되게 하리니 여자의 후손은 네 머리를 상하게 할 것이요 너는 그의 발꿈치를 상하게 할 것이니라 하시고."

벨직 신앙고백서 17항을 보겠습니다. "…그에게 여자에게서 태어나 뱀의 머리를 상하게 하고 그를 복되게 할 하나님의 아들을 주겠다고 약속하심으로 위로하기를 기뻐하셨음을 믿습니다."

벨직 신앙고백서 17항이 묘사하는 하나님은 위로와 자비의 하나님입니다. 죄악 된 관계에 빠진 아담과 하와를 구원하시는 하나님입니다. 관계의 회복은 나쁜 관계를 깨뜨리는 것에서부터 시작됩니다. 하나님이 하와와 뱀의 관계를 깨뜨리시는 것이 그 시작입니다. 그 시작은 창세기 3장 15절의 약속입니다. "내가 너로 여자와 원수가 되게 하고 네 후손도 여자의 후손과 원수가 되게 하리니 여자의 후손은 네 머리를 상하게 할 것이요 너는 그의 발꿈치를 상하게 할 것이니라 하시고."

죄인은 스스로 죄를 끊어 낼 수 없습니다. 바울은 이렇게 말합니다. "우리가 알거니와 우리의 옛 사람이 예수와 함께 십자가에 못 박힌 것은 죄의 몸이 죽어 다시는 우리가 죄에게 종 노릇 하지 아니하려 함이니"(롬 6:6). 죄인은 죄에게 종 노릇 하는 자입니다. 죄의 노예입니다. 죄가 조종하는 대로 순종합니다. 타락은 전 인격을 오염시켜서 마치 약물에 중독된 것처럼 죄 짓는 것이 자연스럽고 죄 짓는 것을 좋아하게 만들었습니다. 우리가 겸손히 하나님의 은혜를 구해야 할 이유가 여기에 있습니다. 원시 복음인 창세기 3장 15절이 그것을 선언하고 있습니다.

창세기 3장 15절에서 하나님은 최초의 인류를 유혹한 뱀을 저주하십니다. 그리고 여자의 후손과 뱀의 후손이 전 역사를 통해 서로 싸울 것이며, 뱀의 후손이 여자의 후손의 발꿈치를 상하게 할 것이고 여자의 후손은 뱀의 머리를 상하게 할 것이라고 예언하십니다. 이것은 하나님의 약속입니다. 벨직 신앙고백서 17항이 말하듯이, 우리에게 위로를 주는 약속입니다. 창세기 3장 15절은 언약의 약속입니다. 하나님은 범죄한 우리를 보시고 찾아오실 뿐만 아니라 구원하시겠다고 확실하게 약속하셨습니다. 하나님의 약속은 사람의 약속과는 달리 폐기될 수 없고 좌절될 수 없습니다. 반드시 성취될 약속입니다. 구약을 통해 이 약속이 예언되었고, 신약을 통해 이 약속이 완전히 성취되었습니다.

이사야 선지자는 이렇게 말합니다. "그러므로 주께서 친히 징조를 너희에게 주실 것이라 보라 처녀가 잉태하여 아들을 낳을 것이요"(사 7:14). 바울은 이 약속이 성취되었음을 밝힙니다. "때가 차매 하나님이 그 아들을 보내사 여자에게서 나게 하시고"(갈 4:4). 사도들은 이렇게 말합니다. "우리도 조상들에게 주신 약속을 너희에게 전파하노니 곧 하나님이 예수를 일으키사 우리 자녀들에게 이 약속을 이루게 하셨다"(행 13:32-33). 구약과 신약에 기록되고 이루어진 모든 언약은 바로 이 약속의 점진적 발전이요 성취입니다.

그러면 창세기 3장 15절이 우리에게 시사하는 바는 무엇입니까? 하나님이 우리를 약속의 말씀으로 구원하신다는 것입니다. 말하자면, 약속의 말씀은 구원의 방편입니다. 그리고 이 말씀은 예수 그리스도 안에서 십자가 죽음과 부활로 성취되었습니다. 우리가 예수님에 대한 말씀을 듣고 믿어야 할 이유가 바로 여기에 있습니다. 베드로 사도는 이렇게 말합니다. "너희가 회개하여 각각 예수 그리스도의 이름으로 세례를 받고 죄 사함을 받으라 그리하면 성령의 선물을 받으리니 이 약속은 너희와 너희 자녀와 모든 먼 데 사람 곧 주 우리 하나님이 얼마든지 부르시는 자들에게 하신 것이라"(행 2:38-39).

하나님은 지금도 말씀을 통해 죄인들을 찾고 부르십니다. 문 밖에 서서 두드리십니다. 누구든지 그 음성을 듣고 문을 열고 말씀을 듣고 믿으면 구원을 얻을 것입니다(계 3:20). 그러므로 우리는 구원에 대해서는 그리스도의 약속의 말씀을 신뢰해야 합니다. 구원을 자기 신앙의 행위에 두는 사람은 그 행위의 불충분성과 불결함으로 인해 끊임없이 절망할 것입니다. 아무리 기도를 많이 하고 아무리 성경을 많이 읽는다 해도 그 행위가 우리를 구원하지 못합니다. 우리를 구원하는 것은 오직 주 예수 그리스도와 그분이 하신 약속의 말씀입니다. 신자는 그리스도의 약속의 말씀을 듣고 그 안에서 안식해야 합니다. 구원 얻는 믿음은 들음에서 나며 들음은 그리스도의 말씀으로 말미암습니다(롬 10:17). 바울은 이렇게 말합니다. "하나님의 약속은 얼마든지 그리스도 안에서 예가 되니 그런즉 그로 말미암아 우리가 아멘 하여 하나님께 영광을 돌리게 되느니라"(고후 1:20).

하나님이 우리를 보고 찾아오셔서 말씀으로 약속해 주실 때 그리스도 안에서 아멘으로 화답하며 하나님께 영광을 돌립시다.

통일찬송가 319장 3절은 이렇게 노래합니다. "주님이 부르는 음성 널 받아 주시나니 죄 버린 네게 임하시사 끝까지 널 도우시네 피하지 말라 피하지 말라 우리가 곁길로 피해도 맘 속에 오시리."

신자는 하나님이 보고 찾아오셔서 구원을 약속하시고 회복시켜 주셨다면, 하나님이 부르실 때 피해서는 안 되며, 또다시 죄와 악의 장소로 돌아가서는 안 된다는 것을 마음에 새겨야 합니다. 신자는 죄를 미워해야 합니다. 하나님이 깨뜨리신 뱀과의 관계를 다시 쌓아서는 안 됩니다. 하나님은 여자의 후손과 뱀의 후손이 서로 원수가 되게 하셨습니다. 신자는 사탄과 죄와 악을 원수 대하듯 해야 합니다.

누구든지 주의 이름을 부르는 자는 구원을 받을 것입니다(롬 10:13; 행 2:21). 이 약속은 모든 사람들에게 공개된 은혜로운 약속입니다. 우리가 이 약속을 믿지 않을 이유가 없습니다. 벨직 신앙고백서 17항은 타락한 죄인을 회복시키는 구속의 교리입니다. 저와 여러분을 항상 보고 찾아오셔서 말씀으로 약속해 주시는 하나님과의 깊은 교제 안에서 즐거워하며, 죄와 악에서 떠나 하나님 나라를 위해 살아갑시다.

○ **칼뱅,『기독교 강요』, 2.6.1**
인류 전체가 아담 안에서 망했다. 그리하여 앞에서 이미 살펴본 대로, 우리가 최초에 부여받은 탁월함과 고귀함이 우리에게 아무런 유익이 되지 못하고 오히려 크나큰 수치가 되어 버렸다. 그러나 하나님은 죄로 말미암아 타락하고 부패한 사람들을 자기의 지으신 것으로 인정하지 않으시고, 그분의 독생자를 통하여 구속주(救贖主)로 나타나셨다. 우리가 생명에서 사망으로 타락했으므로, 믿음이 뒤따라 와서 그리스도 안에서 성부 하나님을 우리에게 제시해 주기 전에는, 우리가 앞에서 논의한 바 있는 창조주 하나님을 아는 지식 전체가 쓸모없게 되어 버렸다.

■ 핵심용어

원시 복음, 구속, 약속(언약), 언약의 점진성

■ 생각해 볼 문제

1. 창세기 3장 15절을 원시 복음이라고 부르는 이유는 무엇입니까?
2. 하나님이 보신 아담과 하와의 비참한 모습은 무엇입니까? 그들의 비참한 상황은 어떤 행동으로 나타났습니까? 우리 삶의 모습에 비추어 현재 영적 상태를 함께 나누어 봅시다.
3. "네가 어디 있느냐(아예카)"라는 하나님의 물음을 통해, 죄란 무엇인지 생각해 봅시다.
4. 창세기 3장 15절은 반드시 성취될 하나님의 약속(언약)입니다. 하나님이 어떤 분이신지 다시 한번 생각해 보고(1-3장 참조), 이 약속이 우리에게 얼마나 큰 위로와 확신을 주는지 함께 나누어 봅시다.
5. 하나님의 언약은 성경 전체에 걸쳐 나타나 있습니다. 이 장의 내용과 다른 책들을 참조하여 성경에 나타난 여러 언약의 말씀들을 찾아봅시다. 그리고 언약이 어떻게 점진적으로 구체화되고 성취되었는지 생각해 봅시다.
6. 구속이라는 말의 의미는 무엇입니까? 이 용어가 옛 노예제도와 관련하여 사용되었다는 점에서 생각해 봅시다. 우리가 누리는 구속의 은혜를 값없이 얻었다고 함부로 말할 수 없는 이유는 무엇입니까? 구속의 의미를 깊이 생각하며, 우리가 누리는 은혜가 얼마나 값지고 귀한 것인지 생각해 봅시다.
7. 하나님은 아담을 찾아오시고 말씀하셨습니다. 오늘날 하나님은 우리를 어떻게 찾아오시고 말씀하십니까? 그럴 때 우리는 어떤 자세를 견지해야 합니까?

19장
하나님 아들의 사람 되심

⁴때가 차매 하나님이 그 아들을 보내사 여자에게서 나게 하시고 율법 아래에 나게 하신 것은 ⁵율법 아래에 있는 자들을 속량하시고 우리로 아들의 명분을 얻게 하려 하심이라 ⁶너희가 아들이므로 하나님이 그 아들의 영을 우리 마음 가운데 보내사 아빠 아버지라 부르게 하셨느니라. 갈 4:4-6

18항 예수 그리스도의 성육신

그러므로 우리는 하나님이 정하신 때에(갈 4:4) 그분의 독생자이시고 영원하신 아들을 세상에 보내셨을 때, 그분의 거룩한 선지자들의 입을 통해 조상들과 맺으신 약속을 성취하셨음을 고백합니다(창 26:4; 삼하 7:12-16; 시 132:11; 눅 1:55; 행 13:23). 이 아들은 성령의 능력으로 남자라는 수단 없이 복된 동정녀 마리아의 모태에서 잉태되어(마 1:23; 눅 1:35) 종의 형체를 취하시고 사람과 같이 되셨으며, 참된 인성을 취하셨으나(딤전 2:5, 3:16; 히 2:14) 죄는 없으십니다(고후 5:21; 히 7:26; 벧전 2:22). 이 아들은 참 사람이 되기 위해 몸에 대해서만 인성을 취하신 것이 아니라 참된 인간의 영혼도 취하셨습니다. 인간이 육신뿐만 아니라 영혼까지도 잃어버린 바 되었기 때문에 이 아들은 몸과 영혼 둘 다를 구원하시기 위해 둘 다를 취하셔야 했습니다.

그러므로 우리는 (그리스도께서 그분의 어머니로부터 인간의 몸을 취하셨다는 사실을 부인하는 재세례파 이단 사상에 반대하여) 그리스도께서 자녀의 혈육에 함께 속한 분이 되

> 셨음을 고백합니다. 우리는 그리스도께서 육신을 따라 다윗의 허리에서 나오셨으며, 육신을 따라 다윗의 후손으로 나셨고, 동정녀 마리아의 태에서 나셨으며, 여인에게서 나셨고, 다윗의 가지이시며, 이새의 뿌리에서 나신 가지이시고, 유다 지파에서 나셨으며, 육신으로는 유대인의 후손이시고, 아브라함의 씨를 취하심으로 아브라함의 후손이시며(갈 3:16), 매사에 자기 형제들과 같이 되셨으나 죄는 없으신 분이심을 고백합니다. 따라서 우리는 그리스도께서 진실로 우리의 임마누엘, 즉 우리와 함께하시는 하나님이심을 고백합니다.

우리는 앞 장에서 타락한 죄인을 보고 찾아오셔서 그의 이름을 부르시는 하나님의 은혜에 대해 살펴보았습니다. 그것은 범죄하여 타락한 죄인에게 은혜를 베풀어 구원하고자 하시는 하나님의 사랑의 표현이자 행동이었습니다. 이 장에서 살펴볼 예수 그리스도의 성육신은 하나님 아들의 사람 되심에 관한 내용입니다. 그리스도의 성육신은 하나님의 사랑의 표현이자 죄인을 구원하시는 하나님의 지혜요 하나님의 방법이라는 사실을 먼저 명심해야 합니다.

그리스도의 성육신은 구약성경의 주제이자 신약성경의 성취입니다. 또한 하나님 아들의 사람 되심을 믿는 것은 교회와 신자의 신앙 핵심입니다. 그 누구도 성육신을 믿지 않고서 구원을 말할 수 없고, 그리스도의 성육신을 인정하지 않고서 신앙생활을 논할 수 없습니다. 신자는 예수 그리스도의 성육신을 믿는 사람입니다. 사도 요한은 "예수를 시인하지 아니하는 영마다 하나님께 속한 것이 아니니 이것이 곧 적그리스도의 영이니라"고 말합니다(요일 4:3).

그리스도의 성육신은 기독교 신앙의 중대한 교리 가운데 하나입니다. 이제 하나님 아들의 사람 되신 성육신 교리에 대해 살펴보겠습니다.

성부 하나님의 사랑의 섭리

첫째, 그리스도의 성육신은 죄인을 구원하시려는 성부 하나님의 사랑의 섭리입니다(4절). 본문 4절을 보겠습니다. "때가 차매 하나님이 그 아들을 보내사 여자에게서 나게 하시고 율법 아래에 나게 하신 것은."

벨직 신앙고백서 18항 첫 두 문장을 보겠습니다. "그러므로 우리는 하나님이 정하신 때에 그분의 독생자이고 영원하신 아들을 세상에 보내셨을 때, 그분의 거룩한 선지자들의 입을 통해 조상들과 맺으신 약속을 성취하셨음을 고백합니다. 이 아들은 성령의 능력으로 남자라는 수단 없이 복된 동정녀 마리아의 모태에서 잉태되어 종의 형체를 취하시고 사람과 같이 되셨으며, 참된 인성을 취하셨으나 죄는 없으십니다."

이것은 창세기 3장 15절의 성취이기도 합니다. 주 예수 그리스도는 뱀의 후손의 머리를 상하게 하실 여자의 후손으로 약속되었습니다. 그리고 때가 차매, 그리스도는 여자에게서 나셨습니다. 바울은 이 일을 하나님이 하셨다고 선언합니다. 하나님은 타락한 죄인을 보고 찾아오셔서 말씀으로 약속하시는 분입니다. 그리고 그 약속을 준비하시고 때를 기다리시며 결국 하나님의 아들을 보내심으로 그 약속을 성취하셨습니다. 이 모든 것이 하나님의 사랑입니다.

사도 요한은 이렇게 말합니다. "하나님의 사랑이 우리에게 이렇게 나타난 바 되었으니 하나님이 자기의 독생자를 세상에 보내심은 그로 말미암아 우리를 살리려 하심이라"(요일 4:9). 이 일은 하나님이 하신 일입니다. 하나님이 세상을 이처럼 사랑하셔서 독생자를 주셨습니다. 누구든지 예수님을 믿으면 멸망하지 않고 영생을 얻게 하시기 위함입니다. 이것이 하나님의 사랑입니다. 하나님 아버지는 이 일을 위해 가장 사랑하고 아끼시는 아들을 내어 주신 것입니다. 따라서 그리스도의 성육신은 하나님의 위대하신 사랑의 표현입니다. 또한 이 일은 가장 정확하고 합당한 때에 하나님이 하신 일입니다. 하나님의 지혜가 사람의 지혜보다 큽니다. 하나님의 뜻은 사람의 뜻과 다릅니다. 그러므로 진실한 신자는 그리스도의 성육신을 통해 사람의 뜻이 아니라 하나님의 뜻을 찾을 줄 알아야 합니다.

불신자들은 하나님 아들의 사람 되심을 결코 이해하지 못합니다. 구주의 성탄을 역사적 사실이 아니라 그저 즐겨야 할 축제 정도로 생각합니다. 그래서 십자가 죽음이나 부활 승천을 믿을 수 없습니다. 상식적으로 이해가 안 되기 때문입니다. 자연인은 자신의 경험과 지식의 이해를 초월하면 말이 안 된다고 생각합니다. 성경의 진술 가운데 상식적으로 말이 안 되는 일들이 있습니다. 그리스도의 성육신이 그 대표적인 경우입니다.

신자는 성령님의 도우심으로 이것을 믿습니다. 그리스도의 성육신을 믿는 신자는 그분의 고난과 죽음, 부활과 승천, 재림을 믿습니다. 신자는 이 모든 것이 하나님의 사랑의 섭리임을 믿으며, 모든 영광을 하나님께 돌립니다. 죄인을 구원하시는 성부 하나님의 사랑의 섭리에 항상 감사하며 오직 하나님께만 영광을 돌리기 바랍니다.

성자 예수님이 여자와 율법 아래에 나심

둘째, 성자 예수 그리스도께서 죄인을 구원하시려고 여자와 율법 아래에 나신 것입니다(4-5절). 본문 4-5절을 보겠습니다. "때가 차매 하나님이 그 아들을 보내사 여자에게서 나게 하시고 율법 아래에 나게 하신 것은 율법 아래에 있는 자들을 속량하시고 우리로 아들의 명분을 얻게 하려 하심이라."

벨직 신앙고백서 18항 첫 두 문장을 다시 한 번 보겠습니다. "그러므로 우리는 하나님이 정하신 때에 그분의 독생자이고 영원하신 아들을 세상에 보내셨을 때, 그분의 거룩한 선지자들의 입을 통해 조상들과 맺으신 약속을 성취하셨음을 고백합니다. 이 아들은 성령의 능력으로 남자라는 수단 없이 복된 동정녀 마리아의 모태에서 잉태되어 종의 형체를 취하시고 사람과 같이 되셨으며, 참된 인성을 취하셨으나 죄는 없으십니다."

벨직 신앙고백서 18항은 갈라디아서 4장 4-5절을 잘 설명하고 있습니다. 그리스도는 여자에게서 나셨고 율법 아래에 나셨습니다.

첫째, 하나님의 아들이 여자에게서 났다는 것은 무엇을 뜻합니까? 사람에게서 났다는 뜻입니다. 유대인의 후손, 아브라함의 후손으로 났다는 말입니다. 사람의 영육의 본성을 취하셨다는 말입니다. 낮아지셨다는 말입니다. 신학적인 용어로, '그리스도의 낮아지심' 또는 '비하'라고 부릅니다. 결론적으로 그리스도께서 사람이 되셨다는 말입니다. 이것은 말씀드린 바와 같이 하나님의 원시 약속(복음)의 성취입니다.

둘째, 하나님의 아들이 율법 아래에 났다는 것은 무엇을 뜻합니까? 율법의 저주 아래 처하게 되었다는 말입니다. 이는 갈라디아서 3장 10-14절에 기록되어 있습니다. 또한 이 말씀은 율법을 모두 성취해야 할 의무를 지녔다는 뜻입니다.

그리스도는 모든 율법에 순종하셨습니다. 그리스도의 완전한 순종은 우리가 의롭다고 선언되는 칭의의 근거와 기초가 됩니다. 그러므로 그리스도의 성육신은 단지 율법의 저주 아래에 처하게 된 것뿐 아니라, 의와 생명을 얻기 위해 필요한 율법의 모든 요구를 성취하기 위해 필요한 구속사적 사건입니다. 그 결과, 하나님은 우리가 아들이라는 이름으로 불리게 될 명분을 확보하신 것입니다. 잃어버린 하나님의 장자가 되는 명분을 법적으로나 실제적으로 확보하신 것입니다.

이 모든 일들, 즉 여자에게서 나고 율법의 저주 아래에 처하고 율법에 모두 순종해야 하는 일을 죄 없으신 주님이 하셨습니다. 이 일이 실패하면 모든 저주와 형벌을 죄인들이 받아야 합니다. 그런데 죄 없으신 주님이 이 일을 하셨습니다. 죄 없으신 주님이 종의 형체를 취하시고 사람의 모양으로 태어나셨습니다. 바울은 이렇게 말합니다. "그는 근본 하나님의 본체시나 하나님과 동등 됨을 취할 것으로 여기지 아니하시고 오히려 자기를 비워 종의 형체를 가지사 사람들과 같이 되셨고 사람의 모양으로 나타나사 자기를 낮추시고 죽기까지 복종하셨으니 곧 십자가에 죽으심이라"(빌 2:6-8). 신성의 영광으로 충만하신 하나님의 아들 독생자 예수 그리스도께서 비천하기 짝이 없는 사람의 몸을 취하셨습니다. 사람으로서 생각하고 먹고 마시며 33년을 사셨습니다.

그 이유가 무엇입니까? 바울은 갈라디아서 4장 5절에서 그 이유를 밝힙니다. 율법 아래에 있는 우리를 속량하시기 위해서입니다. 속량이란 값을 치르고 사는 것을 말합니다. 주님은 십자가 희생의 값을 치르시고 우리를 죄와 죄책과 형벌 가운데서 구원해 주셨습니다. 마가는 이렇게 말합니다. "인자가 온 것은 섬김을 받으려 함이 아니라 도리어 섬기려 하고 자기 목숨을 많은 사람의 대속물로 주려 함이니라"(막 10:45).

놀라운 사실은, 바로 이 일을 창세전에 성부와 성자와 성령이 구속의 협약(언약)을 통해 약속하셨고, 그리스도께서 친히 사람이 되기로 자원하셨다는 것입니다. 이것이 바로 예수 그리스도의 사랑입니다. 따라서 성육신 사건, 즉 하나님 아들의 사람 되심에는 성부 하나님의 위대한 사랑과 성자 예수 그리스도의 희생적 사랑이 모두 밝히 드러나 있습니다.

이것이 바로 복음입니다. 영접하는 자 곧 그 이름을 믿는 자들에게는 하나님의 자녀가 되는 권세를 주는 복음입니다(요 1:12). 우리를 죄와 죽음에서 구원하시기 위해 여자에게서 나시고, 율법의 저주 아래에 나셔서, 우리를 속량해 주신 예수 그리스도의 자발적 사랑에 압도되어 우리도 어떤 모양으로든 그 사랑을 실천합시다.

성령 하나님의 역사하심

셋째, 구속의 언약을 죄인에게 적용하시기 위해 성령 하나님이 역사하십니다(6절). 본문 6절을 보겠습니다. "너희가 아들이므로 하나님이 그 아들의 영을 우리 마음 가운데 보내사 아빠 아버지라 부르게 하셨느니라."

벨직 신앙고백서 18항은 이렇게 말합니다. "이 아들은 성령의 능력으로 남자라는 수단 없이 복된 동정녀 마리아의 모태에서 잉태되어 종의 형체를 취하시고 사람과 같이 되셨으며, 참된 인성을 취하셨으나 죄는 없으십니다. 이 아들은 참 사람이 되기 위해 몸에 대해서만 인성을 취하신 것이 아니라 참된 인간의 영혼도 취하셨습니다. 인간이 육신뿐만 아니라 영혼까지도 잃어버린 바 되었기 때문에 이 아들은 몸과 영혼 둘 다를 구원하시기 위해 둘 다를 취하셔야 했습니다."

하나님의 아들이신 그리스도의 성육신은 사람의 행동이 아니라 성령의 능력으로 된 것입니다. 그리스도의 성육신 사역에는 성령의 능력이 개입되어 있습니다. 그리스도께서 참 사람이 되셨음에도 죄의 영향과 세력에 압도되지 않는 것은 성령으로 잉태되셨기 때문입니다. 성령은 마리아의 태에서 예수 그리스도의 몸과 인성을 준비하셨습니다. 그리스도께서 보통의 출생법으로 태어나실 때 죄에 오염되지 않도록 섭리하셨습니다. 이것은 신비입니다. 어떻게 그렇게 되었는지 우리는 정확히 알 수 없습니다.

그러나 성경은 그 사실을 분명히 선포합니다. 히브리서 기자는 이렇게 말합니다. "우리에게 있는 대제사장은 우리의 연약함을 동정하지 못하실 이가 아니요 모든 일에 우리와 똑같이 시험을 받으신 이로되 죄는 없으시니라"(히 4:15). 그분의 특징은 죄가 없다는 것입니다. 성령님이 그리스도의 출생을 섭리하시고 역사하시고 보존하셨기 때문입니다. 이 말은 바꾸어 말하면, 남자와 여자의 연합 없이 된 일이라는 말입니다. 이것 역시 인간의 이해와 지성과 과학을 뛰어넘는 일입니다.

벨직 신앙고백서 18항은 주님의 출생에 대해 "복된 동정녀 마리아의 모태"라고 말합니다. '복되다'는 것은 그리스도의 구속적인 출생의 방편이 되었다는 것이고, '동정녀'는 남자를 알지 못하는 처녀를 말합니다. 그래서 마리아가 천사에게 이렇게 말한 것입니다. "나는 남자를 알지 못하니 어찌 이 일이 있으리이까"(눅 1:34).

성령의 잉태는 우리의 지성과 이해의 범주를 초월하는 신비입니다. 성령님이 우리로 하여금 이 사실을 믿고 고백하게 하십니다. 우리가 하나님의 입양된 자녀라면 예수 그리스도를 구주로 고백할 것입니다. 우리가 그리스도를 구주로 고백하면 아빠 아버지의 영이 함께하십니다. 이 영은 아들의 영이시기도 합니다. 성령님은 영원토록 하나님의 영이시며 그리스도의 영이십니다.

중요한 사실은 성령님이 우리 안에 오셔서 우리로 하여금 하나님을 아버지로, 예수님을 구주로 고백하고 부르게 한다는 것입니다. 바울 사도는 이렇게 말합니다. "성령으로 아니하고는 누구든지 예수를 주시라 할 수 없느니라"(고전 12:3). 비신자와 신자의 가장 극명한 차이점이 이것입니다. 신자는 하나님을 아빠 아버지로 부르지만, 비신자는 결코 하나님을 아빠 아버지라고 부르지 못합니다. 부르지 않는 것이 아니라 부르지 못합니다. 그들에게는 양자의 영이 없기 때문입니다. 그러므로 그리스도의 성육신은 단지 성육신과 십자가와 부활로 끝나지 않습니다. 그 놀라운 구속의 성취를 죄인에게 적용하시는 성령 하나님의 능력과 권세를 전제하고 있습니다.

성령 하나님은 그리스도의 성육신과 그 구속 사건을 우리에게 적용시키시고 우리 안에 죽어 버린 영적 생명을 다시 살리십니다. 그리스도의 신체를 준비시키신 성령님이 이제 우리 안에서 영적 생명을 재창조하십니다. 이 생명을 받은 신자들은 그리스도의 성육신을 고백할 뿐만 아니라 그분이 나를 위해 죽으셨기에 자신도 기꺼이 그분을 위해 죽을 줄 아는 자세를 견지하게 됩니다. 그것이 신앙입니다. 나를 위해 죽으신 그리스도의 생명을 내게 적용하셔서 내 안에 새로운 생명을 창조하시는 성령 하나님의 능력 안에서 늘 새로운 삶을 살아갑시다.

바울은 이렇게 말합니다. "그런즉 누구든지 그리스도 안에 있으면 새로운 피조물이라 이전 것은 지나갔으니 보라 새 것이 되었도다"(고후 5:17). 그리스도의 성육신 사건은 우리를 새롭게 하시는 기초입니다. 아버지 하나님은 독생자 예수 그리스도를 보내시는 사랑의 약속을 지키셨습니다. 아들 예수 그리스도는 친히 죽기까지 낮아지셔서 고난을 당하셨습니다. 성령님은 우리 안에서 하나님의 사랑과 예수 그리스도의 성취된 구속을 근거로 새로운 생명을 창조하십니다. 그리스도의 성육신은 성부, 성자, 성령 하나님의 구속의 협약이며, 위대한 삼위일체 하나님의 사랑의 구현입니다. 이것이 바로 우리가 믿는 바입니다. 우리의 유일한 반응은 우리가 믿는 바대로 살아가는 것입니다. 하나님의 아들이 사람 되신 그리스도의 성육신을 굳게 믿고 오직 이 안에 생명이 있음을 확신하며 예수 그리스도의 복음을 말과 삶으로 전도하며 살아갑시다.

○ 칼뱅, 『기독교 강요』, 2.12.3
요컨대, 하나님만으로는 죽음을 느끼실 수 없고, 사람만으로는 죽음을 이기실 수 없으므로, 그분은 신성과 인성을 동시에 취하셔서, 속죄를 위해 자기 인성의 연약함을 죽음에 굴복시키고 또한 신성의 권능으로 죽음과 싸우셔서 우리를 위해 승리를 얻고자 하신 것이다. 그러므로 그리스도의 신성이나 인성 가운데 어느 하나라도 탈취해 버리는 사람들이 있다면, 그들은 그분의 위엄과 영광을 약화시키며, 그분의 선하심을 흐리게 만드는 자들이다. 뿐만 아니라 그들은 사람들의 믿음도 약하게 하고 뒤집어엎어서 그들에게 굉장한 해악을 끼치게 된다. 이러한 토대 위에 서 있지 않으면, 그 믿음이 올바로 설 수 없기 때문이다.

■ 핵심용어

성육신, 섭리(사랑의 섭리), 구속 언약(구속의 협약), 동정녀 탄생, 양자(양자의 영)

■ 생각해 볼 문제

1. 그리스도의 성육신이란 무엇입니까? 왜 이것이 기독교 신앙에서 가장 중요한 교리 가운데 하나인지 함께 생각해 봅시다.
2. 14장에서 살펴본 섭리에 대한 내용을 다시 한 번 떠올려 봅시다. 왜 그리스도의

성육신을 '사랑의 섭리'라고 표현했는지 생각해 봅시다.

3. 갈라디아서 4장 4절에 나오는 "여자에게서 나게 하시고", "율법 아래에 나게 하신 것"은 각각 어떤 의미입니까? 이 두 의미가 그리스도께서 사람으로 나신 이유입니다. 그리스도께서 사람으로 나신 이유는 우리를 속량하시기 위해서인데(5절), 여기서 속량이란 어떤 의미입니까?

4. 그리스도의 낮아지심(비하)과 높아지심(승귀)이란 무엇입니까? 웨스트민스터 소요리문답 27-28문답과 대요리문답 46-56문답을 통해 자세히 살펴봅시다.

5. 구속 언약(구속의 협약)이란 무엇입니까? 이것이 우리에게 어떤 위로와 확신을 주는지 함께 나누어 봅시다.

6. 동정녀 탄생에 성령님이 하신 일은 무엇입니까? 우리를 향한 구속 사역이 삼위 하나님의 협력임을 고백하고 이것이 우리에게 주는 은혜를 나누어 봅시다.

20장
그리스도의 신성과 인성

말씀이 육신이 되어 우리 가운데 거하시매 우리가 그의 영광을 보니 아버지의 독생자의 영광이요 은혜와 진리가 충만하더라. 요 1:14

19항 그리스도의 인격 안에 있는 두 본성의 연합과 구분

우리는 이 잉태가 하나님의 아들의 인격이 인성과 분리될 수 없이 연합되고 연결되어 있기에(요 1:14, 10:30; 롬 9:5; 빌 2:6-7), 하나님의 두 아들이 있거나 두 인격이 있는 것이 아니라, 두 본성이 한 인격 안에 연합되어 있음을 믿습니다. 그럼에도 각 본성은 고유의 독특한 속성을 유지하고 있습니다. 즉 그리스도의 신성은 하늘과 땅에 충만하고, 창조되지 않았으며, 시작된 날도 없고 생명의 끝도 없이 계속 남아 있습니다(마 28:20). 그리스도의 인성 역시 자체의 속성을 상실하지 않고, 창조된 상태로 남아 있으며, 시작된 날이 있고, 유한한 본성을 지녔으며, 참된 몸의 모든 속성들을 지니고 있습니다(딤전 2:5). 비록 그리스도께서 부활로 말미암아 인성에 불멸성을 부여하셨음에도 불구하고 인성의 실체를 변화시키지 않으셨는데(마 26:11; 눅 24:39; 요 20:25; 행 1:3, 11, 3:21; 히 2:9), 이는 우리의 구원과 부활이 모두 그분 몸의 실체에 달려 있기 때문입니다(고전 15:21; 빌 3:21).

그러나 이 두 본성이 한 인격 안에 긴밀하게 연합되어 있기 때문에 그분의 죽음으로도 분리되지 않았습니다. 그러므로 그리스도께서 죽으실 때 아버지의 손에 부탁하신 것은 그분의 몸에서 분리된 참된 인간의 영이었습니다(마 27:50). 그리스

> 도의 신성은 언제나 그분의 인성과 연합되어 있었고, 무덤에 있는 동안에도 그랬습니다(롬 1:4). 그리스도의 신성은—비록 아주 잠시 동안 확연하게 드러나지 않았을지라도—갓난아이였을 때도 그분 안에 계셨던 것처럼 항상 있었습니다. 그러므로 우리는 그분이 참 하나님이요 참 사람이라고 고백합니다. 우리는 그분이 자신의 능력으로 죽음을 정복하신 참 하나님이요, 자기 육신의 연약함을 따라 우리를 대신하여 죽으신 참 사람이라고 고백합니다.

앞 장에서 예수 그리스도의 성육신이 구약성경의 주제라고 말씀드렸습니다. 그리고 신약성경은 그리스도의 성육신 예언의 성취이며 재림의 약속이기도 합니다.

구약의 메시지, 특히 소선지서와 대선지서의 핵심 메시지는 무엇입니까? 그것은 죄에 대한 하나님의 진노와 심판, 그리고 회복입니다. 하나님은 진노와 심판으로부터의 회복을 그리스도의 성육신을 통해 이루십니다.

요한복음 1장 14절을 통해 살펴볼 주제는 '성육신하신 예수 그리스도의 본성'에 관한 것입니다. 이것을 신학적으로 '그리스도의 양성 교리'라고 부릅니다. 두 가지 본성이 한 분 그리스도 안에서 인격적으로 통합되고 연합되어 있는 것을 말합니다. 요한복음은 이것을 "말씀이 육신이 되어"라고 표현하고 있습니다. 말씀이 육신이 된 것이 우리에게 무슨 의미가 있습니까? 이것을 벨직 신앙고백서 19항에 담긴 그리스도의 신성과 인성에 대해 살펴보면서 알아봅시다.

한 인격 안에 두 본성을 지니신 그리스도

첫째, 예수 그리스도는 한 인격 안에 두 본성, 즉 신성과 인성을 지니셨습니다(14절). 본문 14절을 보겠습니다. "말씀이 육신이 되어 우리 가운데 거하시매 우리가 그의 영광을 보니 아버지의 독생자의 영광이요 은혜와 진리가 충만하더라."

벨직 신앙고백서 19항 첫 번째 문장을 보겠습니다. "우리는 이 잉태가 하나님의 아들의 인격이 인성과 분리될 수 없이 연합되고 연결되어 있기에, 하나님의 두 아들이 있거나 두 인격이 있는 것이 아니라, 두 본성이 한 인격 안에 연합되어 있음을 믿습니다."

요한은 "말씀이 육신이 되어"라고 말합니다(14절). '말씀'은 창세전에 선재하신 그리스도 예수의 또 다른 호칭입니다. '말씀'은 하나님의 아들 독생자 그리스도 예수이십니다. '말씀'은 그리스도의 신성을 웅변적으로 선포하는 단어입니다. 요한은 복음서를 시작하면서 "태초에 말씀이 계시니라"고 말합니다(요 1:1). 즉 말씀이 하늘과 땅이 생기기도 전에 존재하셨음을 증언합니다. 이어서 "이 말씀이 하나님과 함께 계셨으니 이 말씀은 곧 하나님이시니라"고 선언합니다(요 1:1). 우리는 예수 그리스도의 신성에 대해서는 이미 벨직 신앙고백서 10항에서 살펴보았습니다. 복음서에 나오는 그리스도의 모든 이적과 표적이 그리스도의 신성을 증거합니다.

'말씀이 육신이 되어'는 신이 인간이 되는 본질의 변화를 뜻하지 않습니다. 신적 속성은 그대로 있습니다. 동시에 육신의 속성은 그대로 신체적 속성을 가지고 있습니다. 하나님이신 그리스도께서 신성을 버리거나 파괴하고 신체적인 존재로 바뀌었음을 뜻하지 않습니다.

이것이 바로 신성이 인성을 취하셨다는 뜻입니다. 신성이 인성을 입으셨다고 표현해도 무방할 것입니다. 그런데 그 방식이 완전하고 친밀한 방식이어서 신성과 인성이 구분되거나 분리될 수 없습니다. 이것을 가리켜 '신성과 인성의 연합'이라고 말합니다. 그러므로 우리는 한 분 그리스도 안에 두 본성, 즉 신성과 인성이 있다고 말할 수 있습니다. 복음서를 읽다 보면, 사람의 몸을 입고 이 땅에 오신 그리스도께서 말하고 행하며 살아가신 모습에서 신적이고 인간적인 모습을 동시에 볼 수 있습니다. 예를 들면, 예수님은 행로에 곤하여 주무셨고(막 4:38), 목이 말라 사마리아 여인에게 물을 달라고 하셨습니다(요 4:7). 마귀에게 시험을 당하실 때 40일 동안 금식하여 배고픔을 느끼셨습니다(마 4:2). 또한 나사로의 죽음을 슬퍼하는 사람들을 보며 눈물을 흘리셨고(요 11:35), 타락한 예루살렘을 보고 분노를 표출하셨습니다(마 23:37).

 이런 성경구절들을 통해 우리는 몇 가지 결론을 내릴 수 있습니다. 첫째, 예수 그리스도는 두 분이 아니십니다. 둘째, 예수 그리스도는 두 인격의 소유자가 아니십니다. 셋째, 예수 그리스도는 두 본성을 지닌 한 분이십니다. 넷째, 두 본성은 긴밀하게 연합되어 있어 구분하거나 분리할 수 없습니다. 우리는 이것을 '위격의 통일'이라 부릅니다. 영혼은 육체가 아니고, 육체는 영혼이 아닙니다. 영혼과 육체는 서로 구별됩니다. 그럼에도 분리되지 않게 연합되어 있습니다. 바울은 이렇게 말합니다. "하나님은 한 분이시요 또 하나님과 사람 사이에 중보자도 한 분이시니 곧 사람이신 그리스도 예수라"(딤전 2:5). 이런 방식으로 그리스도는 죄인의 중보자가 되십니다.

 거듭 강조하는 것은, 예수님은 참 하나님이시요 참 사람이라는 사실입니다. 결론 부분에서 다시 말하겠지만, 이것이 바로 타락한 인류를 향한 가장 복된 소식입니다. 즉 복음입니다. 말씀이 육신이 되셨다는 것은 하나님 편에서는 '지극히 낮아지신 수치'이지만, 범죄하여 타락한 죄인 된 우리에게는 '지극히 복된 소식'입니다. 그리스도께서 참 하나님이시자 참 사람임을 굳게 믿고 우리를 위해 낮아지신 그리스도 예수의 성육신에 감사합시다.

성경의 증언이자 죄인이 이해할 수 없는 신비

둘째, 그리스도의 두 본성은 성경의 증언이자 죄인이 완전히 이해할 수 없는 신비입니다(14절). 본문 14절을 보겠습니다. "말씀이 육신이 되어 우리 가운데 거하시매 우리가 그의 영광을 보니 아버지의 독생자의 영광이요 은혜와 진리가 충만하더라."

벨직 신앙고백서 19항은 이렇게 말합니다. "그럼에도 각 본성은 고유의 독특한 속성을 유지하고 있습니다. 즉 그리스도의 신성은 하늘과 땅에 충만하고, 창조되지 않았으며, 시작된 날도 없고 생명의 끝도 없이 계속 남아 있습니다. 그리스도의 인성 역시 자체의 속성을 상실하지 않고, 창조된 상태로 남아 있으며, 시작된 날이 있고, 유한한 본성을 지녔으며, 참된 몸의 모든 속성들을 지니고 있습니다."

말씀이 육신이 되셨는데, 그 육신은 어디서 온 것입니까? 우리가 앞 장에서 살펴본 바와 같이, 성령 하나님이 그리스도의 육신을 동정녀 마리아의 몸 안에 준비하심으로 성령으로 잉태되었습니다. 그렇게 하실 때 죄에 오염되지 않고 부패하여 타락하지 않게 섭리하셨습니다. 즉 성부와 성령이 친히 준비하신 몸입니다. 또한 그리스도의 성육신은 선지자들이 예언한 말씀입니다.

바울은 복음의 진수가 담긴 로마서에서 이렇게 말합니다. "그의 아들에 관하여 말하면 육신으로는 다윗의 혈통에서 나셨고"(롬 1:3). 그리스도는 다윗의 후손, 즉 인류의 혈통으로 오셨다는 말입니다. 이는 성경에 예언된 사실이기도 합니다. "네 하나님 여호와께서 너희 가운데 네 형제 중에서 너를 위하여 나와 같은 선지자 하나를 일으키시리니 너희는 그의 말을 들을지니라"(신 18:15). 즉 이스라엘의 형제 가운데서 모세와 같은 선지자가 태어난다는 말입니다. "베들레헴 에브라다야 너는 유다 족속 중에 작을지라도 이스라엘을 다스릴 자가 네게서 내게로 나올 것이라 그의 근본은 상고에, 영원에 있느니라"(미 5:2). "때가 차매 하나님이 그 아들을 보내사 여자에게서 나게 하시고 율법 아래에 나게 하신 것은"(갈 4:4). "아들을 낳으리니 이름을 예수라 하라 이는 그가 자기 백성을 그들의 죄에서 구원할 자이심이라 하니라"(마 1:21).

이처럼 그리스도의 성육신과 두 본성은 성경에 예언되고 성취되었습니다. 수많은 제자들이 그리스도의 신성과 인성을 목격하고 증언했습니다. 본문에 따르면, 그분은 우리 가운데 거하셨습니다. 우리와 함께 먹고 마시며 웃고 울며 말하고 가르치셨습니다. 우리는 그분의 영광을 보았습니다. 베드로와 야고보와 요한은 변화산에서 엄청난 광채를 발하며 변하신 그리스도의 영광을 보았습니다(마 17:1-4; 막 9:1-3; 눅 9:28-33). 유대인들은 예수님을 믿지 않았고 영접하지 않았습니다. 그러나 예수님을 영접하는 자들에게는 하나님의 자녀가 되는 권세를 선물로 주십니다.

그리스도의 성육신과 두 본성 교리는 성경에 예언되고 성취되었지만 논리적으로나 지성적으로 완전히 이해할 수 없는 신비입니다. 그래서 우리에게 믿음이 필요한 것입니다. 이런 것을 억지로 풀고 해석하려다가 스스로 멸망에 빠지는 경우도 있습니다(벧후 3:16). 주후 4-5세기경에 활동했던 유티커스 이단이 대표적인 경우입니다. 유티커스는 신성과 인성이 결합되어 신성도 인성도 아닌 새로운 본성을 만들어 냈다고 주장합니다. 이것을 신학적 용어로 '제3의 본성'(Tertium Quod)이라 부릅니다. 결국 이런 방식으로 유티커스는 그리스도를 사람도 아니고 하나님도 아닌 존재로 만들어 버렸습니다.

5세기경에 활동했던 네스토리우스 이단도 있습니다. 네스토리우스는 그리스도의 양성, 즉 신성과 인성이 완전히 구분되고 분리된다고 주장합니다. 한 분 그리스도 안에 신성의 인격과 인성의 인격이 있으며, 이 둘은 연합되지 않는다고 말합니다. 결국 이런 이단은 그리스도를 두 인격 또는 다중 인격자로 만드는 어리석음을 범합니다. 그리스도의 인격은 결코 분리되어 존재하지 않습니다. 이들은 모두 에베소 공의회, 콘스탄티노플 공의회, 칼케돈 공의회에서 정죄를 당했습니다.

말씀이 육신이 되었다고 할 때, 신성이 인성에 침투하여 인성을 제어하거나 조종한 것이 아닙니다. 그리고 신성이 인성과 결합하여 신성이 변화되거나 혼합된 것도 아닙니다. 앞서 말했듯이, 예수 그리스도는 두 분이 아니시고, 두 인격의 소유자도 아니십니다. 두 본성을 지닌 한 분이시며, 이 두 본성은 긴밀하게 연합되어 있어 구분하거나 분리할 수 없습니다. 그리스도의 성육신은 우리의 구원에 전적으로 필요한 일입니다.

그리스도의 양성 교리에 대해 신자는 어떤 자세를 가져야 합니까? 성경이 선포하고 선언하며 설명하는 그대로 받아들이려는 자세를 가져야 합니다. 성경이 그리스도의 두 본성을 선포하고 있다면, 우리는 그것을 믿어야 합니다. 뿐만 아니라 이 두 본성이 한 분 안에서 완벽하게 연합되어 있다는 진리를 믿음으로 받아들여야 합니다.

그리스도의 신성과 인성이 성경에 예언되고 성취되었으며, 부활하신 참 하나님이시자 참 사람인 그리스도 예수께서 하나님 보좌 우편에서 우리를 위해 기도하고 계심을 믿고 감사와 찬양과 영광을 돌립시다.

그리스도의 두 본성은 하나님의 섭리

셋째, 그리스도의 두 본성은 타락한 죄인을 구원하시려는 하나님의 섭리입니다(14절). 본문 14절을 보겠습니다. "말씀이 육신이 되어 우리 가운데 거하시매 우리가 그의 영광을 보니 아버지의 독생자의 영광이요 은혜와 진리가 충만하더라."

벨직 신앙고백서 19항은 이렇게 말합니다. "비록 그리스도께서 부활로 말미암아 인성에 불멸성을 부여하셨음에도 불구하고 인성의 실체를 변화시키지 않으셨는데, 이는 우리의 구원과 부활이 모두 그분 몸의 실체에 달려 있기 때문입니다. 그러나 이 두 본성이 한 인격 안에 긴밀하게 연합되어 있기 때문에 그분의 죽음으로도 분리되지 않았습니다. 그러므로 그리스도께서 죽으실 때 아버지의 손에 부탁하신 것은 그분의 몸에서 분리된 참된 인간의 영이었습니다."

그리스도는 부활하신 후에도 여전히 인성을 소유하고 계셨습니다. 물론 부활하신 몸의 인성이며 영속적인 인성입니다. 그리스도의 죽음으로 그분의 신성과 인성이 바뀐 것은 없습니다. 그분은 여전히 하나님이시요, 하나님의 독생자이십니다.

요한은 "우리가 그의 영광을 보니 아버지의 독생자의 영광이요"라고 말합니다. 또한 "은혜와 진리가 충만하더라"고 선포합니다. 예수 그리스도는 인간의 능력으로는 파악할 수 없는 영광이십니다. 인간이 소유하지도 못하고 도달하지도 못하는 은혜와 진리로 충만한 분이십니다. 벨직 신앙고백서 19항은 "아버지의 독생자의 영광이요" "은혜와 진리가 충만하신" 분이 왜 낮고 낮은 사람의 몸을 입고 오셨는지를 한 문장으로 이렇게 고백합니다. "우리의 구원과 부활이 모두 그분 몸의 실체에 달려 있기 때문입니다."

즉, 그리스도의 신성과 인성이 동시에 우리의 구원과 부활의 조건이라는 말입니다. 그것이 어떻게 우리의 구원과 부활의 조건이 됩니까? 앞 장에서 이미 살펴보았듯이, 그리스도는 인간의 범죄로 말미암아 임한 저주와 진노로 죽으셔야 했습니다. 인간의 죄를 짊어지기 위해서는 참 사람이어야 했습니다. 죄의 삯인 사망의 값을 지불하여 율법의 요구를 이루어야 했기 때문입니다. 동시에 그리스도는 하나님의 엄청난 진노를 초래하는 온 인류의 죄를 짊어져야 했기에 사람이 아닌 참 하나님이셔야 했습니다. 뿐만 아니라 죄 가운데 죽으시고 사흘 만에 사망과 저주와 심판을 정복하셔야 했기에 그분은 인성을 취하신 후에도 하나님이셔야 했습니다.

한 분 그리스도 안에 있는 신성과 인성은 죄인의 구원에 치명적으로 중요한 본성입니다. 벨직 신앙고백서 19항 마지막 두 문장은 이렇게 말합니다. "그러므로 우리는 그분이 참 하나님이요 참 사람이라고 고백합니다. 우리는 그분이 자신의 능력으로 죽음을 정복하신 참 하나님이요, 자기 육신의 연약함을 따라 우리를 대신하여 죽으신 참 사람이라고 고백합니다."

그분은 죽으셨고 다시 살아나셨습니다. 사도 바울은 이렇게 말합니다. "그의 아들에 관하여 말하면 육신으로는 다윗의 혈통에서 나셨고 성결의 영으로는 죽은 자들 가운데서 부활하사 능력으로 하나님의 아들로 선포되셨으니 곧 우리 주 예수 그리스도시니라"(롬 1:3-4). 그분은 육신으로는 죽으셨고 영으로는 다시 사셨습니다. 그리스도는 나를 위해 죽으셨고, 나를 살리시기 위해 다시 살아나셨습니다. 이런 방식으로 하나님 아버지는 불의한 자를 의롭다 칭하십니다. 죄인을 의롭다 칭하신 하나님은 예수 그리스도를 의로운 분으로 나타나게 하십니다.

그러면 적그리스도는 누구입니까? 사도 요한은 이렇게 말합니다. "사랑하는 자들아 영을 다 믿지 말고 오직 영들이 하나님께 속하였나 분별하라 많은 거짓 선지자가 세상에 나왔음이라 이로써 너희가 하나님의 영을 알지니 곧 예수 그리스도께서 육체로 오신 것을 시인하는 영마다 하나님께 속한 것이요 예수를 시인하지 아니하는 영마다 하나님께 속한 것이 아니니 이것이 곧 적그리스도의 영이니라 오리라 한 말을 너희가 들었거니와 지금 벌써 세상에 있느니라"(요일 4:1-3).

하나님의 영원한 영광의 광채시요 은혜와 진리가 충만한 독생자의 성육신을 부인하는 자들이 바로 적그리스도입니다. 성육신과 그리스도의 신성과 인성이라는 두 본성이 죄인의 구원에 치명(절대)적으로 중대하기 때문입니다. 그래서 하나님은 자기 피로 교회를 사셨고(행 20:28), 영광의 주께서 십자가에 못 박히신 것입니다(고전 2:8). 참 하나님이시자 참 사람인 그리스도께서 우리를 위해 목숨을 버리신 것입니다(요일 3:16). 바로 이런 이유로 귀도 드 브레는 생명의 위협을 받으면서도 이런 치밀한 교리, 사람의 지식으로 이해할 수 없는 정밀한 교리의 구분과 설명에 정성을 기울인 것입니다.

우리 구주 예수 그리스도의 신성과 인성이 우리의 구원에 치명적으로 중대한 요소임을 깨닫고, 우리를 구원하신 하나님의 섭리와 은혜에 항상 감사하며 살아갑시다.

무엇이 복음입니까? 무엇이 우리에게 즐겁고 복된 소식입니까? 그리스도께서 참 하나님이시며 참 사람이라는 사실이 바로 복음입니다. 요한이 요한복음 1장 14절에서 목적하고 있는 유일한 것은, 신성과 인성이 한 분 안에서 통일되어 있다는 사실을 밝히는 것입니다. 그리고 이것이 복음이라는 사실을 밝히는 것입니다. 칼뱅은『기독교 강요』2권 14장 8항에서 이렇게 말합니다. "요한의 유일한 목적은 바로 두 본성이 하나의 위격을 이루었음을 밝히고자 하는 것이었다."

예수 그리스도는 참 하나님이시자 참 사람이십니다. 그리스도는 저와 여러분의 죄를 사하시고 의롭게 하시기 위해 이 세상에 오셨습니다. 이 목적 때문에 그리스도는 우리의 연약함을 체휼하시고 친히 경험하시고 죽기까지 순종하셨습니다. 그분의 은혜, 그분의 진리, 그분의 영광 안에서 안식하며 기뻐하며 즐거워합시다.

○ **칼뱅,『기독교 강요』, 2.14.1**

말씀이 육신이 되셨다(요 1:14)고 말할 때에, 우리는 말씀이 육신으로 변했다거나 육신과 뒤섞여 혼합되었다는 의미로 이해해서는 안 된다. 오히려 이 말은, 말씀이 동정녀의 몸을 자신이 거할 성전으로 선택하셨으므로, 하나님의 아들이신 그분이 사람의 아들이 되신 것이요, 이는 본질의 혼합으로 된 일이 아니고, 위격(位格)의 통일로 된 일이라는 의미다. 우리는 그리스도의 신성이 그의 인성과 하나로 연합했으되, 각 본성이 손상되지 않고 그대로 보존되었고, 그러면서도 두 본성이 한 분 그리스도를 이루었다고 단언한다.

■ 핵심용어

신성과 인성의 연합(양성 교리), 위격의 통일, 유티커스, 네스토리우스, 공의회

■ 생각해 볼 문제

1. 그리스도의 양성 교리란 무엇입니까? 신성과 인성의 연합, 위격의 통일 개념을 사용하여 설명해 봅시다.
2. 이단으로 정죄된 유티커스와 네스토리우스의 주장은 각각 무엇입니까? 이 주장들이 그리스도의 양성 교리와 어떻게 다른지 생각해 봅시다.
3. 우리 주변에 어떤 이단들이 존재하는지, 그리고 그들의 주장이 왜 잘못되었는지 함께 나누어 봅시다.
4. 그리스도의 신성과 인성은 우리의 구원과 부활의 조건입니다. 왜 그렇습니까? 그리스도의 신성과 인성에 관한 교리는 기독교의 핵심입니다. 왜 그런지 생각해 봅시다.
5. 역사적으로 중요한 논쟁의 시기마다 중요한 공의회를 통해 논란이 정리되고 바른 교리가 정립되었습니다. 본문에 언급한 공의회와 더불어 다른 중요한 공의회들에 대해 알아봅시다. 각각 어떤 중요한 논쟁들이 있었고 어떤 결과들이 나왔는지 알아봅시다. 우리가 왜 바른 교리와 더불어 교회사를 공부해야 하는지에 대해서도 같이 나누어 봅시다.

구원에 대하여

THE BELGIC CONFESSION

21장
하나님의 자비와 공의

²¹이제는 율법 외에 하나님의 한 의가 나타났으니 율법과 선지자들에게 증거를 받은 것이라 ²²곧 예수 그리스도를 믿음으로 말미암아 모든 믿는 자에게 미치는 하나님의 의니 차별이 없느니라 ²³모든 사람이 죄를 범하였으매 하나님의 영광에 이르지 못하더니 ²⁴그리스도 예수 안에 있는 속량으로 말미암아 하나님의 은혜로 값 없이 의롭다 하심을 얻은 자 되었느니라 ²⁵이 예수를 하나님이 그의 피로써 믿음으로 말미암는 화목제물로 세우셨으니 이는 하나님께서 길이 참으시는 중에 전에 지은 죄를 간과하심으로 자기의 의로우심을 나타내려 하심이니 ²⁶곧 이때에 자기의 의로우심을 나타내사 자기도 의로우시며 또한 예수 믿는 자를 의롭다 하려 하심이라. 롬 3:21-26

20항 그리스도를 통해 나타난 하나님의 공의와 자비

우리는 완전히 자비로우시며 공의로우신 하나님이 불순종을 행했던 그 인간 본성을 취하게 하시고(롬 8:3), 그 동일한 본성에 대한 속죄의 만족을 수행하게 하시며, 가장 극심한 고난과 죽음을 통해 죄의 형벌을 담당하게 하시려고 자기 아들을 보내셨음을 믿습니다(히 2:4). 그러므로 하나님은 자기 아들에게 우리의 허물을 담당하게 하실 때, 그에게 자신의 공의를 나타내시고(롬 3:25-26, 8:32), 범죄하여 저주를 받아 마땅한 우리에게는 자신의 자비와 선하심을 부어 주셨습니다. 하나님은 순전하고 완전한 사랑으로 자기 아들을 우리를 대신하여 죽도록 내어 주시고, 우리를 의롭다 하시기 위해 그를 다시 살리심으로(롬 4:25), 그를 통해 우리가 불멸과 영원한 생명을 얻게 하셨습니다.

하나님은 완전히 자비로우시며 공의로우신 분입니다. '자비'는 불쌍히 여기고 용서하시며 은혜를 베푸시는 하나님의 호의를 말합니다. '공의'는 공정한 의로서 죄인의 죄를 형벌하시고 의인의 선행에 상을 내리시는 하나님의 성품입니다. 공의는 옳은 것, 공평한 것을 뜻합니다. 그런데 하나님의 자비와 공의는 충돌하거나 모순되지 않습니다. 또한 하나님의 공의와 자비는 공평하여 그 누구도 차별하지 않습니다.

사람도 정의롭고 마음이 어질 수 있습니다. 그러나 사람의 정의와 사랑은 완전하지 못합니다. 이 세상에 불의와 불법이 난무하고, 이 세상에 인정이 없으며 매정하고 사랑이 식는 것은 사람의 정의가 온전하지 않기 때문입니다. 아끼고 위하는 마음을 가진 사람의 사랑이 완전하지 않기 때문입니다. 그럼에도 불구하고 신자는 끊임없이 정의와 사랑을 위해 노력해야 합니다. 그렇게 하려면 우리를 향하신 하나님의 공의와 자비에 대해 먼저 배워야 합니다.

하나님의 공의와 자비는 하나님이 우리의 죄악을 어떻게 처리하셨으며, 우리에게 어떤 선하심과 자비하심을 쏟아부어 주셨는지 알려 줍니다. 이 공의와 자비는 한 분 예수 그리스도, 즉 하나님의 아들을 통해 이루어졌습니다. 하나님은 한 분 예수 그리스도를 통해 공의와 자비를 보여 주십니다. 따라서 우리는 하나님의 독생자 예수 그리스도 안에서 하나님의 공의와 자비를 봅니다. 우리는 하나님이 베푸신 호의와 은총은 잘 받아들이지만, 하나님의 공의는 싫어하는 경향이 있습니다.

로마서 3장 21-26절과 벨직 신앙고백서 20항을 통해 그리스도 안에 나타난 하나님의 자비와 공의를 살펴보겠습니다.

하나님의 공의가 드러나는 방식

첫째, 하나님의 공의는 죄인의 죄와 죄책을 그리스도에게 짊어지게 하심으로 드러납니다(25-26절). 본문 25-26절을 보겠습니다. "이 예수를 하나님이 그의 피로써 믿음으로 말미암는 화목제물로 세우셨으니 이는 하나님께서 길이 참으시는 중에 전에 지은 죄를 간과하심으로 자기의 의로우심을 나타내려 하심이니 곧 이때에 자기의 의로우심을 나타내사 자기도 의로우시며 또한 예수 믿는 자를 의롭다 하려 하심이라."

벨직 신앙고백서 20항 첫 번째 문장을 보겠습니다. "우리는 완전히 자비로우시며 공의로우신 하나님이 불순종을 행했던 그 인간 본성을 취하게 하시고, 그 동일한 본성에 대한 속죄의 만족을 수행하게 하시며, 가장 극심한 고난과 죽음을 통해 죄의 형벌을 담당하게 하시려고 자기 아들을 보내셨음을 믿습니다."

죄 지은 자를 용서해 주시는 하나님이 어떻게 의로운 분이 되실 수 있습니까? 하나님은 죄 있는 자를 정죄하시고, 죄 없는 자를 의롭다 하시는 분이십니다. 따라서 죄인을 의인이라 부르시고 의인을 죄 있다 하시면, 하나님은 공의로우신 분이 아니며, 하나님이 하시는 일은 정당하지 않게 될 것입니다. 성경은 이렇게 말합니다. "여호와는 의로우사 의로운 일을 좋아하시나니 정직한 자는 그의 얼굴을 뵈오리로다"(시 11:7). "주는 하늘에서 들으시고 행하시되 주의 종들을 심판하사 악한 자의 죄를 정하여 그의 행위대로 그의 머리에 돌리시고 공의로운 자를 의롭다 하사 그 의로운 대로 갚으시옵소서"(대하 6:23). "악인을 의롭다 하고 의인을 악하다 하는 이 두 사람은 다 여호와께 미움을 받느니라"(잠 17:15).

우리 같은 죄인을 의롭다 하시는 하나님이 어떻게 의로우신 분이 되십니까? 죄에 대한 형벌을 담당하도록 자기 아들을 보내신 것을 통해 의로우신 분이 되십니다. 하나님은 자기 아들에게 우리의 허물을 담당하게 하셨습니다. 그리고 이런 방식으로 하나님이 공의를 나타내셨다고 벨직 신앙고백서 20항은 밝힙니다.

26절에서 바울은 하나님이 "자기의 의로우심을 나타내셨다"고 말합니다. 그 방법이 25절에 묘사되어 있습니다. 하나님이 예수를 화목제물로 삼으셔서 사람들이 전에 지은 죄를 간과해 주시는 것이 바로 하나님의 공의입니다. 그렇습니다. 죄를 지은 죄인을 아무런 형벌이나 죄책 없이 그냥 용서해 주신다면, 자비로우신 분이라는 평판은 얻겠지만 결코 공의로우시다는 평판은 얻지 못할 것입니다. 하나님은 우리의 죄를 무조건 아무런 대책 없이 말로만 용서하신 것이 아닙니다. 하나님은 그 아들 예수를 화목제물로 세우셨습니다.

화목제물에 해당하는 헬라어 '힐라스테리온'은 '속상', '만족', '속죄' 등을 뜻하며, 출애굽기 25장 22절에서는 하나님과 사람이 만나는 '속죄소'를 가리킵니다. 구약에서 하나님은 속죄소에서 짐승 제사의 피를 흘림으로 이스라엘의 죄를 용서하시고 은혜를 베푸셨습니다. 즉, 예수 그리스도께서 거룩하시고 공의로우신 하나님과 더러운 죄인이 만나는 속죄소가 되는 것입니다. 예수 그리스도는 십자가에서 피를 흘리심으로 하나님과 사람 사이의 속죄소가 되셨습니다. 하나님은 우리가 불순종하여 전에 지은 모든 죄와 허물, 그리고 그 결과로 우리를 죽게 한 죄악을 모두 그리스도 예수에게 담당시키셨습니다. 예수 그리스도께서 불순종한 사람의 본성을 취하시고, 모든 율법에 순종하시고, 죽기까지 복종하신 이유가 바로 이것입니다. 율법의 행위로는 하나님 앞에 의롭다 하심을 얻을 육체가 없기에 그 일을 예수 그리스도께서 행하신 것입니다.

벨직 신앙고백서 20항이 고백하는 대로, 이 일을 위해 예수님이 사람의 본성을 입으시고 가장 지독한 고통과 죽음을 맞보신 것입니다. 사도 요한은 "그는 우리 죄를 위한 화목제물이니 우리만 위할 뿐 아니요 온 세상의 죄를 위하심이라"(요일 2:2)고 말합니다. 또한 세례 요한은 예수님이 자기에게 나아오심을 보고 "보라 세상 죄를 지고 가는 하나님의 어린양이로다"라고 말합니다(요 1:29). 이사야 선지자는 이렇게 선언합니다. "우리는 다 양 같아서 그릇 행하여 각기 제 길로 갔거늘 여호와께서는 우리 모두의 죄악을 그에게 담당시키셨도다"(사 53:6). 이처럼 우리가 받은 구원은 전적인 하나님의 선물이요 은혜입니다. 하지만 저절로 되거나 값없이 된 것이 아닙니다.

우리의 구원은 율법의 요구, 즉 사망과 심판을 이루기 위해 성자 예수 그리스도의 본성과 피가 필요했습니다. 죄인이 죄인의 죄를 속할 수는 없습니다. 그러므로 죄 없으신 참 의인이신 그리스도께서 우리를 대신하여 형벌을 받으신 것입니다. 이런 의미에서 구약의 모든 제사도 그리스도께서 단번에 올려드린 위대한 제사를 향하고 있었습니다. 이것이 바로 하나님의 방식입니다. 그리스도의 십자가와 부활을 통해 하나님의 의로우심이 나타난 것입니다. 그 하나님의 의는 우리 의의 근거가 됩니다. 우리가 받은 예수 그리스도의 십자가 구원의 은혜가 하나님의 놀라운 공의로우심의 표현임을 깨달아 그 은혜의 공의 앞에 늘 감사합시다.

하나님의 자비가 드러나는 방식

둘째, 하나님의 자비는 죄인에게 죄 사함과 의로움과 영원한 생명을 주심으로 드러납니다(24절). 본문 21-24절을 보겠습니다. "이제는 율법 외에 하나님의 한 의가 나타났으니 율법과 선지자들에게 증거를 받은 것이라 곧 예수 그리스도를 믿음으로 말미암아 모든 믿는 자에게 미치는 하나님의 의니 차별이 없느니라 모든 사람이 죄를 범하였으매 하나님의 영광에 이르지 못하더니 그리스도 예수 안에 있는 속량으로 말미암아 하나님의 은혜로 값없이 의롭다 하심을 얻은 자 되었느니라."

벨직 신앙고백서 20항 두 번째와 세 번째 문장을 보겠습니다. "그러므로 하나님은 자기 아들에게 우리의 허물을 담당하게 하실 때, 그에게 자신의 공의를 나타내시고, 범죄하여 저주를 받아 마땅한 우리에게는 자신의 자비와 선하심을 부어 주셨습니다. 하나님은 순전하고 완전한 사랑으로 자기 아들을 우리를 대신하여 죽도록 내어 주시고, 우리를 의롭다 하시기 위해 그를 다시 살리심으로, 그를 통해 우리가 불멸과 영원한 생명을 얻게 하셨습니다."

하나님은 자기 아들에게 죄의 형벌을 담당하게 하실 때, 그에게 자신의 공의를 나타내셨을 뿐만 아니라 자비도 나타내셨습니다. 벨직 신앙고백서 20항은 그 자비를 세 가지로 요약합니다. 즉 죄 용서, 의롭다 하심의 선포, 영원한 생명의 수여입니다.

첫째, 하나님의 자비는 우리의 모든 죄를 용서하심에서 여실히 드러납니다. 하나님이 가인에게 말씀하신 것처럼, "선을 행하지 아니하면 죄가 문에 엎드려 있고" 죄가 우리를 원합니다(창 4:7). 아담의 원죄 이래로 인간은 살아오면서 수많은 죄를 저질렀고, 지금도 죄를 짓고 있으며, 앞으로도 죄를 지을 것입니다. 이것을 속량할 방법이 인간에게는 없습니다.

율법을 지키면 지킬수록 거룩해지는 것이 아니라 죄를 더욱 깊이 깨달을 뿐입니다. 그래서 바울은 "오호라 나는 곤고한 사람이로다 이 사망의 몸에서 누가 나를 건져내랴"고 한탄했습니다(롬 7:24). 속사람으로는 하나님의 법을 즐거워하지만 자기 속의 육체가 자신을 죄의 법으로 끌고 가기 때문입니다(롬 7:22-23). 화목제물로 오신 예수님이 죄와 죄의 세력과 죄책과 형벌과 두려움을 모두 용서하고 제거해 주셨습니다. 사람이 결코 할 수 없는 그 일을 하나님은 하십니다. 하나님이시요 사람이신 그리스도 예수께서 그 일을 하십니다. 이것이 바로 자비입니다. 바울은 로마서 8장에서 이렇게 말합니다. "율법이 육신으로 말미암아 연약하여 할 수 없는 그것을 하나님은 하시나니 곧 죄로 말미암아 자기 아들을 죄 있는 육신의 모양으로 보내어 육신에 죄를 정하사"(롬 8:3). 이 놀라운 자비하심에 우리는 그저 감사할 뿐입니다.

둘째, 하나님이 자비하신 이유는 우리의 죄를 용서하신 것에서 그치지 않으시고 우리를 의롭다 하셨기 때문입니다. 모든 사람이 죄를 범했기 때문에(23절) 의로운 사람도 없고 하나님을 존귀하게 하는 사람도 없습니다. 그러나 하나님은 그런 우리에게 그리스도 예수 안에 있는 구속으로 말미암아 은혜로 값없이 의롭다 하심을 얻게 하셨습니다.

죄 용서를 받았다고 해서 의인이 되지는 않습니다. 잘못한 것이나 나쁜 것에서 용서를 받은 상태일 뿐입니다. 하나님의 나라에 들어가려면 거룩함이 필요한데, 죄의 사면은 거룩함을 제공하지 못합니다. 하나님은 죄인의 죄를 용서하실 뿐만 아니라 죄인을 의롭다고 선언해 주십니다. 이것이 바로 칭의의 은혜입니다.

화목제물로 오신 예수 그리스도의 고난과 죽기까지 순종하심으로 말미암은 완전한 의를 마치 나의 것으로 여겨 주십니다. 그리스도의 의가 나에게 전가됨으로 말미암아 의인이라는 신분과 효력이 발생합니다. 이로 말미암아 우리는 한 분 그리스도 예수를 통해 생명 안에서 왕 노릇 하게 됩니다. 바울은 이것을 "의의 선물"이라 말합니다(롬 5:17). 값없이 받은 은혜입니다. 그것은 완전히 죄 없으신 그리스도께서 십자가 죽음으로 성취하신 의입니다.

셋째, 이런 방식으로 하나님은 그리스도를 통해 신자에게 불멸과 영원한 생명을 주셨습니다. 이것은 신자가 그리스도 예수의 죽음과 부활을 통해 얻는 유익입니다. 바울은 이렇게 선언합니다. "예수는 우리가 범죄한 것 때문에 내줌이 되고 또한 우리를 의롭다 하시기 위하여 살아나셨느니라"(롬 4:25).

예수님이 정죄를 당하심으로 우리의 죄를 용서받았습니다. 예수님이 죄인이 되심으로 우리가 의인이 되었습니다. 예수님이 죽으시고 다시 살아나심으로 우리가 영원한 생명을 얻었습니다. 하나님은 예수 그리스도를 통해 자신의 선하심과 자비하심을 한없이 쏟아부어 주십니다.

우리의 죄를 용서하시고, 우리를 의롭다 선언해 주시고, 우리에게 영원한 생명까지 주신 하나님의 선하심과 자비하심을 깨닫고 늘 은혜 안에서 기뻐하고 즐거워합시다.

구약과 신약을 율법과 은혜의 시대로 구분하고, 구약에는 은혜가 없고 신약에는 율법이 없다고 생각하는 것은 옳지 않습니다. 창세기 3장 15절의 원시 복음이 선언된 이래로 구약과 신약에 율법과 은혜가 있었습니다. 마찬가지로, 하나님의 자비와 공의는 구약과 신약에 흘러넘치는 위대한 주제입니다. 하나님은 자비로우시며 공의로우신 분이십니다.

우리는 성경의 계시를 통해 자비로우시며 공의로우신 하나님을 믿어야 합니다. 본문에서 우리가 중요하게 여겨야 할 단어는 '믿음'입니다. 우리의 죄 용서는 그것을 믿어야만 발생합니다. 우리가 의인이 되는 것도 그것을 믿어야 가능합니다. 우리가 받은 영원한 생명도 그것을 믿어야 효력이 발휘됩니다. 바울은 "율법 외에 하나님의 한 의가 나타났다"고 말합니다(21절). 그 의는 "곧 예수 그리스도를 믿음으로 말미암아 모든 믿는 자에게 미치는 하나님의 의"라고 말합니다(22절). 그리고 "곧 이때에 자기의 의로우심을 나타내사 자기도 의로우시며 또한 예수 믿는 자를 의롭다 하려 하심이라"고 말합니다(26절).

하나님의 죄 용서와 의는 오직 믿음으로만 주어집니다. 바울은 "모든 믿는 자"(22절), "예수 믿는 자"(26절)라고 표현하며, 믿음의 행위가 아니라 믿음의 대상에 집중합니다. 믿음은 예수 그리스도와 그분이 하신 일을 읽고 듣고 깨닫고 받아들이고 환영하는 것을 말합니다. 하나님은 나의 죄를 용서하시고, 나를 의롭게 하시며, 나에게 영원한 생명을 수여하시는 방편으로 믿음을 사용하십니다.

믿음은 나를 그리스도의 속죄와 만족으로 안내합니다. 나를 그리스도의 순종과 완전한 의로 안내합니다. 그리스도 안에 있는 사람은 안전합니다. 그러나 그리스도 밖에 있는 사람에게는 하나님의 공의와 무서운 심판이 있습니다. 이것은 하나님이 정하신 법칙입니다.

하나님은 언제나 자비로우시며 공의로우십니다. 하나님은 사람을 차별하지 않으십니다. 하나님의 자비와 공의는 예수 그리스도의 십자가와 부활을 통해 가장 극명하게 드러났습니다. 예수 그리스도 안에 묘사된 하나님의 자비와 공의를 늘 생각하며 우리도 하나님의 인격적 속성을 본받아 자비롭고 공의롭게 살아갑시다.

○ 칼뱅, 『기독교 강요』, 2.16.3

우리의 부패한 본성과 그에 뒤따르는 악한 삶으로 인하여, 우리는 모두 하나님을 노엽게 할 뿐 아니라 하나님이 보시기에 죄악되며, 태어날 때부터 지옥의 저주를 받은 자들이다. 그러나 주께서는 우리 안에 있는 그분의 것을 잃는 것을 원하지 않으신다. 그리하여 그분의 자비하심으로 여전히 사랑하실 무언가를 찾으신다. … 그리하여 하나님은 우리를 향하여 값없이 주시는 순결한 사랑으로 말미암아 우리를 은혜 안으로 영접하신다. … 모든 적의의 원인을 제거하고 우리를 그분과 완전히 화목시키기 위하여, 하나님은 그리스도의 죽으심으로 이루어진 속죄로 말미암아 우리 속에서 모든 악을 씻기신다. 그리하여 이전에 부정하고 불순했던 우리가 하나님 보시기에 의롭고 거룩한 자로 나타나게 하신다.

■ 핵심용어

자비, 공의, 화목제물

■ 생각해 볼 문제

1. 하나님의 공의란 무엇입니까? 이것이 그리스도를 통해 어떻게 나타났습니까?
2. 그리스도께서 우리의 화목제물이 되셨습니다. 이것이 무엇을 의미하는지 생각해 봅시다.
3. 하나님의 자비란 무엇입니까? 하나님의 자비를 세 가지로 설명해 봅시다.
4. 누군가에게 분노와 용서를 동시에 드러낸 적이 있습니까? 왜 그리스도의 속죄 사역이 하나님의 가장 위대하고 놀라운 지혜와 사랑을 드러내는 것인지 생각해 봅시다.

22장
우리를 위한 그리스도의 만족

⁵그가 찔림은 우리의 허물 때문이요 그가 상함은 우리의 죄악 때문이라 그가 징계를 받으므로 우리는 평화를 누리고 그가 채찍에 맞으므로 우리는 나음을 받았도다 ⁶우리는 다 양 같아서 그릇 행하여 각기 제 길로 갔거늘 여호와께서는 우리 모두의 죄악을 그에게 담당시키셨도다 ⁷그가 곤욕을 당하여 괴로울 때에도 그의 입을 열지 아니하였음이여 마치 도수장으로 끌려가는 어린양과 털 깎는 자 앞에서 잠잠한 양같이 그의 입을 열지 아니하였도다 ⁸그는 곤욕과 심문을 당하고 끌려갔으나 그 세대 중에 누가 생각하기를 그가 살아 있는 자들의 땅에서 끊어짐은 마땅히 형벌받을 내 백성의 허물 때문이라 하였으리요 ⁹그는 강포를 행하지 아니하였고 그의 입에 거짓이 없었으나 그의 무덤이 악인들과 함께 있었으며 그가 죽은 후에 부자와 함께 있었도다 ¹⁰여호와께서 그에게 상함을 받게 하시기를 원하사 질고를 당하게 하셨은즉 그의 영혼을 속건제물로 드리기에 이르면 그가 씨를 보게 되며 그의 날은 길 것이요 또 그의 손으로 여호와께서 기뻐하시는 뜻을 성취하리로다 ¹¹그가 자기 영혼의 수고한 것을 보고 만족하게 여길 것이라 나의 의로운 종이 자기 지식으로 많은 사람을 의롭게 하며 또 그들의 죄악을 친히 담당하리라 ¹²그러므로 내가 그에게 존귀한 자와 함께 몫을 받게 하며 강한 자와 함께 탈취한 것을 나누게 하리니 이는 그가 자기 영혼을 버려 사망에 이르게 하며 범죄자 중 하나로 헤아림을 받았음이니라 그러나 그가 많은 사람의 죄를 담당하며 범죄자를 위하여 기도하였느니라. 사 53:5-12

21항 우리의 유일한 대제사장이신 그리스도의 우리를 위한 만족

우리는 선지자들이 예언한 바와 같이(눅 24:25-27; 롬 3:21; 고전 15:3), 예수 그리스도께서 멜기세덱의 반차를 따르는 영원한 대제사장이 되리라고 맹세로 확증되신 것과(시 110:4; 히 7:15-17), 우리를 대신하여 성부 하나님 앞에 자신을 내어 주시고 십자가 위에서 자신을 드리시고(행 2:23; 빌 2:8; 딤전 1:15), 우리의 죄를 씻어 주시기 위해 보배로운 피를 흘리신(히 9:22; 벧전 1:18-19; 요일 1:7; 계 7:14) 완전한 만족(배상)으로 말미암아 하나님의 진노가 가라앉았음을 믿습니다.

성경에는 다음과 같이 기록되어 있습니다. "그가 찔림은 우리의 허물 때문이요 그가 상함은 우리의 죄악 때문이라 그가 징계를 받으므로 우리는 평화를 누리고 그가 채찍에 맞으므로 우리는 나음을 받았도다"(사 53:5). 그분은 도수장으로 끌려가는 어린양 같았고(사 53:7), 범죄자와 같은 취급을 당했습니다(사 53:12). 빌라도는 처음에 그분을 죄 없다 선언했지만(요 18:38), 결국 그분을 범죄자로 정죄했습니다. 그분은 자신이 빼앗지 않은 것도 갚아 주셨고, 의인으로서 고난당하심으로 불의한 자를 대신하셨고(롬 5:6), 자기 육신뿐만 아니라 영혼으로도 우리가 받아야 할 죄에 따른 끔찍한 형벌을 받으셨습니다(시 22:15). 이로 인해 그분의 고통은 마치 땀이 핏방울같이 될 정도였습니다. 그분은 "나의 하나님, 나의 하나님, 어찌하여 나를 버리셨나이까"라고 부르짖으셨으며, 이 모든 고난을 우리의 죄 용서를 위해 견디셨습니다.

그러므로 우리가 사도 바울과 함께 "예수 그리스도와 그가 십자가에 못 박히신 것 외에는 아무것도 알지 아니하기로 작정했다"고 말하는 것은 옳습니다. 우리는 "내 주 그리스도 예수를 아는 지식이 가장 고상하기 때문에 그를 위하여 모든 것을 잃어버리고 배설물로 여긴다"고 고백합니다. 우리는 그분의 상처에서 모든 위로를 찾습니다. 우리는 단번에 드려진 이 희생 제사 외에는 하나님과 화목하게 될 다른 수단을 찾거나 고안할 필요가 없음을 고백합니다. 신자는 이 희생제사로 말미암아 단번에 영원토록 완전하게 됩니다(히 7:26-28, 9:24-28). 바로 이것이 하나님의 천사가 그분을 "예수라 하라"고 한 이유입니다(눅 1:31). 이는 그분이 자기 백성을 죄에서 구원할 자이시기 때문입니다(행 4:12).

앞 장에서 우리는 하나님의 공의와 자비에 대해 살펴보았습니다. 하나님의 공의는 죄인의 죄와 죄책을 그리스도에게 짊어지게 하심으로 드러납니다. 또한 하나님의 자비는 죄인에게 죄 사함과 의롭다 하심과 영원한 생명을 주심으로 드러납니다. 하나님의 자비와 공의가 성립되기 위해서는 하나님 아버지께서 그리스도에게 죄와 죄책을 짊어지게 하실 때 하나님의 진노가 그리스도를 통해 진정될 정도로 충분히 만족되어야 합니다. 즉, 그리스도께서 인류의 죄와 죄책을 짊어지기에 충분한 자격을 갖추실 뿐만 아니라 기꺼이 그 일을 수행하실 의지까지 있으셔야 합니다. 그렇지 않으면, 그리스도의 속죄 사역으로 말미암아 우리에게 주어지는 은혜와 영적 유익들은 결코 완전하지 않을 것이며, 하나님의 저주와 진노가 계속 우리 위에 머무르게 될 것입니다.

이 내용이 바로 '그리스도의 만족'에 담겨 있는 의미입니다. 만족이란 무엇입니까? 마음에 흡족한 것을 뜻합니다. 부족함 없이 넉넉한 것입니다. 만족은 어려운 신학적 용어가 아니라 우리가 매일 사용하는 일상용어입니다. "이만하면 만족하냐? 그래 그만하면 만족한다. 더할 나위 없이 좋다." 즉, 충분히 채워졌다는 것입니다.

이사야 53장 5-12절과 벨직 신앙고백서 21항은 '그리스도의 만족'을 다루고 있습니다. 이 만족은 우리를 위한 것입니다. 우리를 위한 그리스도의 만족이 무엇인지 살펴보겠습니다.

대제사장과 제물이 되신 그리스도

첫째, 그리스도는 친히 대제사장과 제물로서 우리를 위한 만족이 되십니다(5-6절). 본문 5-6절을 보겠습니다. "그가 찔림은 우리의 허물 때문이요 그가 상함은 우리의 죄악 때문이라 그가 징계를 받으므로 우리는 평화를 누리고 그가 채찍에 맞으므로 우리는 나음을 받았도다 우리는 다 양 같아서 그릇 행하여 각기 제 길로 갔거늘 여호와께서는 우리 모두의 죄악을 그에게 담당시키셨도다."

벨직 신앙고백서 21항 첫 번째 문장을 보겠습니다. "우리는 선지자들이 예언한 바와 같이, 예수 그리스도께서 멜기세덱의 반차를 따르는 영원한 대제사장이 되리라고 맹세로 확증되신 것과, 우리를 대신하여 성부 하나님 앞에 자신을 내어 주시고 십자가 위에서 자신을 드리시고, 우리의 죄를 씻어 주시기 위해 보배로운 피를 흘리신 완전한 만족(배상)으로 말미암아 하나님의 진노가 가라앉았음을 믿습니다."

놀라운 사실은, 그리스도의 만족은 그리스도께서 친히 제사장이시자 제물이라는 것입니다. 즉 제사장이 스스로 자신을 제물로 드린 것입니다. 그리스도께서 어떻게 제사장이십니까? 벨직 신앙고백서 21항은 예수 그리스도께서 멜기세덱의 반차를 따르는 영원한 대제사장이 되리라고 맹세로 확증되신 것을 믿는다고 고백합니다. 멜기세덱은 창세기 14장과 히브리서 7장에 나옵니다. 히브리서 기자는 "이 멜기세덱은 살렘 왕이요 지극히 높으신 하나님의 제사장이라 여러 왕을 쳐서 죽이고 돌아오는 아브라함을 만나 복을 빈 자"라고 말합니다(히 7:1). 즉, 그리스도는 멜기세덱의 반차를 따르는 제사장이라는 말입니다.

히브리서 7장의 결론 부분인 24-28절은 대제사장 그리스도의 특징을 이렇게 묘사합니다. "예수는 영원히 계시므로 그 제사장 직분도 갈리지 아니하느니라 그러므로 자기를 힘입어 하나님께 나아가는 자들을 온전히 구원하실 수 있으니 이는 그가 항상 살아 계셔서 그들을 위하여 간구하심이라 이러한 대제사장은 우리에게 합당하니 거룩하고 악이 없고 더러움이 없고 죄인에게서 떠나 계시고 하늘보다 높이 되신 이라 그는 저 대제사장들이 먼저 자기 죄를 위하고 다음에 백성의 죄를 위하여 날마다 제사

드리는 것과 같이 할 필요가 없으니 이는 그가 단번에 자기를 드려 이루셨음이라 율법은 약점을 가진 사람들을 제사장으로 세웠거니와 율법 후에 하신 맹세의 말씀은 영원히 온전하게 되신 아들을 세우셨느니라."

이 세상에서 자신이 제물이 되는 동시에 자신을 제물로 드리는 제사장이 존재한다는 말입니다. 하나님의 아들이신 예수 그리스도 외에 누가 그 일을 할 수 있다는 말입니까? 주전 740년경에 이사야 선지자는 이것을 예언했습니다. 그리스도께서 찔리고 상하시며 징계를 받으실 것을 예언하며, 이것은 여호와께서 그리스도에게 담당시키신 일이라고 밝힙니다.

본래 제사장은 레위 족속의 후손으로 아론의 가문에서 나와야 합니다. 하지만 그리스도는 아론의 반차로 오시지 않고 멜기세덱의 반차로 오셨습니다. 말하자면, 하나님이 그리스도를 제사장으로 세우신 것입니다. 그리스도는 창세전에 이 일에 동의하고 자원하셨습니다. 그분이 찔리고 상하시며 징계를 받으신 것은 벨직 신앙고백서 21항이 밝히고 있는 대로, 자신을 드리시기 위함이었습니다. 그러므로 예수님이 제사장이 되지 않고 어떻게 자신을 드리실 수 있다는 말입니까?

그리스도 예수는 친히 제사장과 제물이 되셔서 우리를 위해 자신을 드리셨고, 지금도 제사장이 되셔서 하나님 보좌 우편에서 우리를 위해 중보하고 계십니다. 그리스도 예수의 이 놀라운 섭리에 감격하며 찬양합시다.

그리스도의 만족

둘째, 그리스도의 만족은 한편으로는 하나님을 위하고, 다른 한편으로는 우리를 위합니다(7-10절). 본문 7-10절을 보겠습니다. "그가 곤욕을 당하여 괴로울 때에도 그의 입을 열지 아니하였음이여 마치 도수장으로 끌려가는 어린양과 털 깎는 자 앞에서 잠잠한 양같이 그의 입을 열지 아니하였도다 그는 곤욕과 심문을 당하고 끌려갔으나 그 세대 중에 누가 생각하기를 그가 살아 있는 자들의 땅에서 끊어짐은 마땅히 형벌받을 내 백성의 허물 때문이라 하였으리요 그는 강포를 행하지 아니하였고 그의 입에 거짓이 없었으나 그의 무덤이 악인들과 함께 있었으며 그가 죽은 후에 부자와 함께 있었도다 여호와께서 그에게 상함을 받게 하시기를 원하사 질고를 당하게 하셨은즉 그의 영혼을 속건제물로 드리기에 이르면 그가 씨를 보게 되며 그의 날은 길 것이요 또 그의 손으로 여호와께서 기뻐하시는 뜻을 성취하리로다."

벨직 신앙고백서 21항 다섯 번째 문장을 읽겠습니다. "빌라도는 처음에 그분을 죄 없다 선언했지만, 결국 그분을 범죄자로 정죄했습니다. 그분은 자신이 빼앗지 않은 것도 갚아 주셨고, 의인으로서 고난당하심으로 불의한 자를 대신하셨고, 자기 육신뿐만 아니라 영혼으로도 우리가 받아야 할 죄에 따른 끔찍한 형벌을 받으셨습니다. 이로 인해 그분의 고통은 마치 땀이 핏방울같이 될 정도였습니다. 그분은 '나의 하나님, 나의 하나님, 어찌하여 나를 버리셨나이까'라고 부르짖으셨으며, 이 모든 고난을 우리의 죄 용서를 위해 견디셨습니다."

앞 장에서 살펴본 '하나님의 자비와 공의'가 우리를 위한 구속에 대한 하나님 편에서의 설명이라면, 이 장에서 살펴볼 '그리스도의 만족'은 우리를 위한 구원에 대한 그리스도 편에서의 설명입니다. 예수 그리스도의 십자가가 하나님 편에서는 자비와 공의의 행위라면, 동일한 십자가가 그리스도 편에서는 하나님과 죄인을 위한 만족이라는 것입니다.

이사야는 "그가 찔림은 우리의 허물 때문이고, 그가 상함은 우리의 죄악 때문이며, 그가 징계를 받으므로 우리가 평화를 누린다"고 설명합니다(5절). 또한 "그는 우리의 질고(연약)를 지고 우리의 슬픔을 당했다"고 말합니다(4절). 즉, 그리스도께서 고난과 죽음을 당하신 것은 자신 때문이 아니라 우리 때문이라는 말입니다. 하지만 그리스도는 그 일을 당하실 때 변명이나 항명을 하지 않으셨습니다. 이사야는 "그가 곤욕(압제와 고통)을 당해 괴로울 때에도 입을 열지 않으시고 마치 도수장에 끌려가는 어린양처럼 잠잠하셨다"고 말합니다(7절). 그 이유가 무엇입니까? 우리는 다 양 같아서 자기 마음대로 갔지만 여호와께서 우리 모두의 죄악을 그에게 담당시키셨기 때문입니다(6절). "여호와께서 그에게 상함을 받게 하시기를 원하사 질고를 당하게 하셨다"고 말합니다(10절). 여호와께서 원하셨다는 것은 '여호와의 뜻'이라는 말입니다.

여기서 우리는 두 가지를 배우게 됩니다. 첫째, 화목제물로서 그리스도의 십자가 죽음은 하나님의 진노와 형벌을 진정시키시려는 하나님의 뜻이라는 것입니다. 둘째, 그 결과로 죄인들을 대신하여 그리스도께서 죽으심으로 말미암아 죄인들이 구원과 의롭다 하심을 얻었다는 것입니다.

하나님의 말씀을 불순종하여 범죄한 죄인들에게 죄의 삯으로 사망이라는 율법의 요구와 저주가 임했습니다. 그들은 하나님의 진노와 심판을 받게 되었습니다. 그러나 죄인들이 받아야 할 하나님의 무시무시한 진노를 그리스도 예수께서 친히 받으셨습니다. 즉, 그리스도께서 죄인의 대속물이 되신 것입니다. 그리스도께서 나를 대신해서 죽으신 것입니다. 우리 주님은 이렇게 말씀하십니다. "인자가 온 것은 섬김을 받으려 함이 아니라 도리어 섬기려 하고 자기 목숨을 많은 사람의 대속물로 주려 함이니라"(막 10:45).

완전한 신이시자 완전한 사람이신 그리스도 예수, 흠도 없고 점도 없고 죄도 없으신 그리스도께서 친히 세상 죄를 지고 가는 하나님의 어린양으로 오셔서 모든 죄를 짊어지셨습니다. 그 결과 우리는 평화를 누리고 나음을 입게 되었습니다. 우리가 어떻게 평화를 누립니까? 그리스도께서 우리가 받을 하나님의 진노와 저주를 당하사 대신 죽으셨기 때문입니다.

그러므로 의롭다 하심을 받은 신자가 누리는 가장 큰 복락이 무엇입니까? 바울은 이에 대해 뭐라고 말합니까? "그러므로 우리가 믿음으로 의롭다 하심을 받았으니 우리 주 예수 그리스도로 말미암아 하나님과 화평을 누리자"(롬 5:1). 더 이상 하나님은 우리에게 진노하시는 무서운 분으로 오시지 않습니다. 하나님은 우리에게 사랑스러운 아버지 하나님으로 오십니다. 우리는 다시 무서워하는 종의 영을 받지 않고 양자의 영을 받았으므로 하나님을 아버지라고 부릅니다(롬 8:15). 이것은 그리스도 예수의 만족으로 말미암은 은혜의 선물입니다.

우리의 완전한 만족이신 그리스도만 구하라

셋째, 신자는 우리의 완전한 만족이신 그리스도 외에 다른 만족을 구해서는 안 됩니다(11-12절). 본문 11-12절을 보겠습니다. "그가 자기 영혼의 수고한 것을 보고 만족하게 여길 것이라 나의 의로운 종이 자기 지식으로 많은 사람을 의롭게 하며 또 그들의 죄악을 친히 담당하리로다 그러므로 내가 그에게 존귀한 자와 함께 몫을 받게 하며 강한 자와 함께 탈취한 것을 나누게 하리니 이는 그가 자기 영혼을 버려 사망에 이르게 하며 범죄자 중 하나로 헤아림을 받았음이니라 그러나 그가 많은 사람의 죄를 담당하며 범죄자를 위하여 기도하였느니라."

벨직 신앙고백서 21항 두 번째 문단을 보겠습니다. "그러므로 우리가 사도 바울과 함께 '예수 그리스도와 그가 십자가에 못 박히신 것 외에는 아무것도 알지 아니하기로 작정했다'고 말하는 것은 옳습니다. 우리는 '내 주 그리스도 예수를 아는 지식이 가장 고상하기 때문에 그를 위하여 모든 것을 잃어버리고 배설물로 여긴다'고 고백합니다. 우리는 그분의 상처에서 모든 위로를 찾습니다. 우리는 단번에 드려진 이 희생 제사 외에는 하나님과 화목하게 될 다른 수단을 찾거나 고안할 필요가 없음을 고백합니다. 신자는 이 희생제사로 말미암아 단번에 영원토록 완전하게 됩니다. 바로 이것이 하나님의 천사가 그분을 '예수라 하라'고 한 이유입니다. 이는 그분이 자기 백성을 죄에서 구원할 자이시기 때문입니다."

이사야 선지자는 고난받는 종으로 오신 메시아 예수 그리스도의 속죄적 만족에 대해 모든 설명을 마치고 이렇게 말합니다. "그가 자기 영혼의 수고한 것을 보고 만족하게 여길 것이라"(11절). 그리스도께서 자신이 행하신 일을 보고 흡족하게 여기신다는 말입니다. 즉, 하나님의 구속 계획의 뜻과 자신의 뜻이 일치함을 보여 주는 구절입니다. 그렇지 않았다면 그분은 변명하고 항의하셨을 것입니다. 죄인들에게 화를 내고 진노하셨을 것입니다. 그리고 죄인들이 마땅히 받아야 할 모든 진노와 형벌을 받게 하셨을 것입니다. 하지만 그리스도는 그렇게 하시는 대신, 잠잠하시고 입을 열지 않으셨습니다. 친히 화목제물이 되셔서 진노하신 하나님과 우리를 화목하게 하셨습니다. 이것은 그리스도의 순종으로 된 놀라운 일입니다. "한 사람이 순종하지 아니함으로 많은 사람이 죄인 된 것같이 한 사람이 순종하심으로 많은 사람이 의인이 되리라"(롬 5:19).

하나님이 그리스도 안에서 자신의 진노를 무마하시고 우리에게 자비와 은혜를 베푸사 우리를 당신 자신과 화목하게 하신 것입니다. 바울은 고린도 교회에 편지하면서 이것을 어떻게 말하고 있습니까? "곧 하나님께서 그리스도 안에 계시사 세상을 자기와 화목하게 하시며 그들의 죄를 그들에게 돌리지 아니하시고 화목하게 하는 말씀을 우리에게 부탁하셨느니라 그러므로 우리가 그리스도를 대신하여 사신이 되어 하나님이 우리를 통하여 너희를 권면하시는 것같이 그리스도를 대신하여 간청하노니 너희는 하나님과 화목하라 하나님이 죄를 알지도 못하신 이를 우리를 대신하여 죄로 삼으신 것은 우리로 하여금 그 안에서 하나님의 의가 되게 하려 하심이라"(고후 5:19-21). 이사야 선지자도 동일한 말을 하고 있지 않습니까? "나의 의로운 종이 자기 지식으로 많은 사람을 의롭게 하며 또 그들의 죄악을 친히 담당하리로다"(11절).

그리스도의 만족으로 말미암아 우리를 향한 하나님의 진노가 사라졌습니다. 우리의 죄는 용서받았고 우리는 의로운 자가 되었습니다. 이 얼마나 놀라운 사건입니까? 이에 대한 우리의 반응은 오직 감사와 기쁨밖에 없습니다. 그러므로 "우리는 단번에 드려진 이 희생 제사 외에는 하나님과 화목하게 될 다른 수단을 찾거나 고안할 필요가 없습니다." 오직 그분이 주신 화목으로 기뻐하고 즐거워하며 하나님 안에서 모든 생각과 말과 행동을 해야 합니다. 바울은 이렇게 말합니다. "우리로 화목하게 하신 우리 주 예수 그리스도로 말미암아 하나님 안에서 또한 즐거워하느니라"(롬 5:11).

죄와 허물로 죽었던 우리의 죄를 용서하시고 우리를 다시 살리시고 의롭다 하시며 우리에게 완전한 만족을 주신 그리스도 예수 외에 다른 것으로 만족하지 않기를 바랍니다.

설교자인 저는 사람들에게 다른 어떤 만족을 줄 수 없습니다. 죽음의 질병으로 괴로워하는 사람을 살릴 수도 없고, 경제적인 어려움에 처해 있는 사람을 충분히 도울 수도 없습니다. 집안의 문제를 대신 해결해 줄 수도 없고, 부부의 문제를 해결해 줄 수도 없습니다. 부모와 자녀의 문제에 대해 조언할 수는 있지만 해결할 능력은 없습니다. 그러나 저는 그리스도의 최고의 만족에 대해 설교할 수는 있습니다. 그리스도의 십자가 희생이라는 만족을 통해 우리의 구원은 완전하고 안전합니다.

우리는 그리스도 안에서 평화를 누리고, 그리스도 안에서 회복되며, 그리스도 안에서 나음을 입습니다. 우리는 그리스도 안에서 다시 살아납니다. 그래서 우리는 살아도 주를 위해 살고, 죽어도 주를 위해 죽습니다. 우리가 사나 죽으나 그리스도의 것이기 때문입니다.

바울은 고린도 교회에 편지하면서 이렇게 결론을 내립니다. "너희 몸은 너희가 하나님께로부터 받은 바 너희 가운데 계신 성령의 전인 줄을 알지 못하느냐 너희는 너희 자신의 것이 아니라 값으로 산 것이 되었으니 그런즉 너희 몸으로 하나님께 영광을 돌리라"(고전 6:19-20).

우리 모두 최고의 만족이 되시는 그리스도 예수 한 분만으로 만족하면서 하나님의 나라와 그리스도의 몸된 교회를 중심으로 살아갑시다.

○ 칼뱅, 『기독교 강요』, 2.16.19

요컨대, 모든 종류의 선이 그에게 풍성하게 구비되어 있으므로, 다른 샘을 구하지 말고 바로 이 샘에서 마음껏 마시자는 것이다. 어떤 이들은 그리스도 한 분만으로 만족하지 못하고 이런저런 소망을 갖고 이리저리 헤매기도 한다. 물론 주로 그리스도에 대해 관심을 갖기는 하지만, 생각의 일부를 다른 방향으로 돌려 올바른 정도(正道)에서 벗어난다. 그러나 사람들이 그리스도께서 주시는 축복의 풍성함을 진정으로 알고 있다면, 그런 불신이 결코 끼어들 수 없다.

■ 핵심용어

만족, 그리스도의 만족, 대제사장

■ 생각해 볼 문제

1. 만족이란 어떤 의미입니까? 우리의 어떤 행위가 상대방에게 완벽한 만족을 줄 수 있습니까? 그럴 수 있다면 혹은 그럴 수 없다면 그 이유에 대해 생각해 봅시다.
2. 그리스도의 만족이란 무엇이며, 누구를 위한 것입니까?
3. 하나님의 진노를 가라앉히신 그리스도의 만족(배상) 세 가지는 무엇입니까? 벨직 신앙고백서 21항을 참조하여 말해 봅시다.
4. 그리스도는 멜기세덱의 반차(班次, order)를 따르는 대제사장이십니다. 이 말은 어떤 의미입니까? 다른 대제사장과 구별되게 하는 그리스도의 대제사장직만이 지닌 독특한 특징은 무엇입니까?
5. 우리는 왜 그리스도 외에 다른 만족을 구해서는 안 됩니까? 21장에서 다룬 화목제물이라는 개념에 비추어 생각해 봅시다.

23장
그리스도 안에 있는 믿음

[15]이로 말미암아 주 예수 안에서 너희 믿음과 모든 성도를 향한 사랑을 나도 듣고 [16]내가 기도할 때에 기억하며 너희로 말미암아 감사하기를 그치지 아니하고 [17]우리 주 예수 그리스도의 하나님, 영광의 아버지께서 지혜와 계시의 영을 너희에게 주사 하나님을 알게 하시고 [18]너희 마음의 눈을 밝히사 그의 부르심의 소망이 무엇이며 성도 안에서 그 기업의 영광의 풍성함이 무엇이며 [19]그의 힘의 위력으로 역사하심을 따라 믿는 우리에게 베푸신 능력의 지극히 크심이 어떠한 것을 너희로 알게 하시기를 구하노라 [20]그의 능력이 그리스도 안에서 역사하사 죽은 자들 가운데서 다시 살리시고 하늘에서 자기의 오른편에 앉히사 [21]모든 통치와 권세와 능력과 주권과 이 세상뿐 아니라 오는 세상에 일컫는 모든 이름 위에 뛰어나게 하시고 [22]또 만물을 그의 발 아래에 복종하게 하시고 그를 만물 위에 교회의 머리로 삼으셨느니라. 엡 1:15-22

22항 예수 그리스도를 믿는 믿음

우리는 성령님이 이 위대한 신비에 대한 참된 지식을 얻도록 우리 마음속에 예수 그리스도를 그분의 모든 공로와 함께 영접하고, 그분을 소유하며, 그리스도 외에 다른 어떤 것도 구하지 않는 참된 믿음을 일으키는 빛을 비추어 주심을 믿습니다(요 16:14; 고전 2:12; 엡 1:17-18; 요 14:6; 행 4:12; 갈 2:21). 우리의 구원에 필요한 모든 것이 예수 그리스도 안에 있지 않든지, 아니면 모든 것이 예수 그리스도 안에 있어서 믿음으로 그분을 소유한 사람이 완전한 구원을 소유하게 되든지 어느 하나가 필연적으로 따라오기 때문입니다(시 32:1; 마 1:21; 눅 1:77; 행 13:38-39; 롬 8:1). 그러므로 그리스도만으로 충분하지 않고 그리스도 외에 다른 무언가가 필

> 요하다고 주장하는 것은 엄청난 신성모독입니다. 이런 주장은 그리스도를 반쪽
> 짜리 구주로 만드는 것이기 때문입니다.
> 그러므로 우리는 사람이 의롭다 하심을 얻는 것은 율법의 행위가 아니라 믿음으
> 로 되는 것이라고 바울과 함께 올바로 고백하게 됩니다(롬 3:19-4:8, 10:4-11; 갈
> 2:16; 빌 3:9; 딛 3:5). 하지만 좀 더 분명하게 말하면, 믿음 자체가 우리를 의롭게 하
> 는 것은 아닙니다(고전 4:7). 믿음은 우리의 의가 되시는 그리스도를 영접하는 수단
> 일 뿐입니다. 오직 그리스도만이 우리를 대신하여 그분이 행하신 모든 공로와 수
> 많은 거룩한 사역들을 우리에게 전가시키심으로 우리의 의가 되십니다(렘 23:6; 마
> 20:28; 롬 8:33; 고전 1:30-31; 고후 5:21; 요일 4:10). 믿음은 우리의 죄를 사면하고도
> 남을 만큼 충분한 그리스도의 모든 은덕이 우리의 소유가 되었을 때 그 은덕을 포
> 함하여 그리스도 안에서 교제를 계속 유지하게 해주는 수단입니다.

신자는 주 여호와 하나님을 위해 사는 사람이라고 바울은 말합니다. 신자는 살아도 주를 위해 살고 죽어도 주를 위해 죽습니다. 사나 죽으나 우리가 주의 것이기 때문입니다(롬 14:8). 바울은 "너희가 먹든지 마시든지 무엇을 하든지 다 하나님의 영광을 위하여 하라"고 말합니다(고전 10:31). 또한 "우리는 몸으로 있든지 떠나든지 주를 기쁘시게 하는 자가 되기를 힘쓰노라"고 말합니다(고후 5:9). "주를 기쁘시게 할 것이 무엇인가 시험하여 보라"고 말합니다(엡 5:10). 이 말씀들에서 알 수 있듯이, 신자는 하나님을 영화롭게 하고 주 하나님을 기쁘시게 하는 사람입니다.

우리는 어떻게 하나님을 기쁘시게 할 수 있을까요? 히브리서 11장 6절에서 그 해답을 찾을 수 있습니다. "믿음이 없이는 하나님을 기쁘시게 하지 못하나니 하나님께 나아가는 자는 반드시 그가 계신 것과 또한 그가 자기를 찾는 자들에게 상 주시는 이심을 믿어야 할지니라." 믿음이 하나님을 기쁘시게 하는 방편이라면, 우리는 믿음에 대해 잘 알아야 할 것입니

다. 믿음이란 무엇입니까? 믿음은 어디서 오는 것입니까? 믿음의 역할은 무엇입니까? 내가 믿음을 소유했는지 어떻게 알 수 있습니까? 다른 사람에게 믿음이 있는지 어떻게 알 수 있습니까? 이것이 바로 우리가 벨직 신앙고백서 22항을 통해 살펴볼 중요한 내용입니다. 에베소서 1장 15-22절과 벨직 신앙고백서 22항을 중심으로 '그리스도 안에 있는 믿음'이 무엇인지 살펴보겠습니다.

성령님이 역사하시는 구원적 믿음

첫째, 그리스도 안에 있는 믿음은 성령님이 역사하시는 구원적 믿음입니다(15-17절). 본문 15-17절을 보겠습니다. "이로 말미암아 주 예수 안에서 너희 믿음과 모든 성도를 향한 사랑을 나도 듣고 내가 기도할 때에 기억하며 너희로 말미암아 감사하기를 그치지 아니하고 우리 주 예수 그리스도의 하나님, 영광의 아버지께서 지혜와 계시의 영을 너희에게 주사 하나님을 알게 하시고."

벨직 신앙고백서 22항 첫 번째 문장을 보겠습니다. "우리는 성령님이 이 위대한 신비에 대한 참된 지식을 얻도록 우리 마음속에 예수 그리스도를 그분의 모든 공로와 함께 영접하고, 그분을 소유하며, 그리스도 외에 다른 어떤 것도 구하지 않는 참된 믿음을 일으키는 빛을 비추어 주심을 믿습니다."

구원적 믿음은 그저 생각이나 느낌이나 감정적인 믿음이 아닙니다. 구원적 믿음은 신앙의 척도나 교회생활의 열매를 가늠하는 믿음이 아닙니다. 구원적 믿음은 문자 그대로 구원하는 믿음을 말합니다.

바울은 에베소 교인들을 위해 기도하면서 그들의 눈을 열어 보게 하고 알게 해달라고 간구합니다. 여기서 강조되는 것은 수동성입니다. 믿음은 무언가를 하는 것이 아니라 받는 것입니다. 우리의 눈이 열려야 하고, 보아야 하고, 깨달음을 통해 알아야 합니다.

바울은 17절에서 "지혜와 계시의 영을 너희에게 주사 하나님을 알게 하시고"라고 간구하고, 18절에서 "너희 마음의 눈을 밝히사"라고 간구하며, 19절에서 "믿는 우리에게 베푸신 능력의 지극히 크심이 어떠한 것을 너희로 알게 하시기를 구하노라"고 간구합니다.

웨스트민스터 신앙고백서 14장은 구원적 믿음에 대해 이렇게 말합니다. "택함을 받은 자들이 그들의 영혼의 구원에 이르도록 믿을 수 있게 된 믿음의 은혜는 그들의 마음속에 계시는 그리스도의 영의 역사이다."

따라서 구원적 믿음은 은혜입니다. 이것은 보통 말씀의 사역으로부터 시작됩니다. 말씀의 씨앗이 뿌려질 때, 신자들이 이 말씀을 믿는 것은 믿음의 은혜가 성령님께로부터 주어졌기 때문입니다. 이 믿음의 은혜를 통해 신자는 성경에 계시된 것은 참되고 진실한 하나님의 말씀이라고 믿게 됩니다.

히브리서 11장에서 우리는 소위 믿음의 영웅들의 이름을 보게 됩니다. 아벨, 노아, 아브라함 등입니다. 그들의 공통된 특징이 무엇입니까? 그들은 하나같이 행동했습니다. 아벨은 제사를 드렸고, 노아는 방주를 만들었고, 아브라함은 갈 바를 알지 못하고 갔습니다. 어떻게 말입니까? '믿음으로' 말입니다. 믿음은 행동하게 만듭니다. 눈이 열려서 보았고, 그것을 붙잡고 믿었기 때문입니다. 따라서 믿음 자체가 행함은 아니지만, 행함으로 이끌어 갑니다. 히브리서 기자가 표현한 것처럼, "믿음은 바라는 것들의 실상이요 보이지 않는 것들의 증거"입니다(히 11:1). 즉 보이지 않는 것을 보는 것입니다. 그것이 믿음이 하는 일이고, 바울이 한 기도의 핵심입니다.

그러므로 우리도 바울을 본받아 지혜와 계시의 영을 주사 하나님을 알게 하시고 우리의 부르심의 소망이 무엇인지, 부활의 능력이 무엇인지 풍성하게 알게 해달라고 기도해야 합니다.

그리스도를 완전히 받아들이게 하는 믿음

둘째, 그리스도 안에 있는 구원적 믿음은 나로 하여금 그리스도를 완전히 받아들이게 합니다(17-19절). 본문 17-19절을 보겠습니다. "우리 주 예수 그리스도의 하나님, 영광의 아버지께서 지혜와 계시의 영을 너희에게 주사 하나님을 알게 하시고 너희 마음의 눈을 밝히사 그의 부르심의 소망이 무엇이며 성도 안에서 그 기업의 영광의 풍성함이 무엇이며 그의 힘의 위력으로 역사하심을 따라 믿는 우리에게 베푸신 능력의 지극히 크심이 어떠한 것을 너희로 알게 하시기를 구하노라."

벨직 신앙고백서 22항 첫 번째 문장을 다시 보겠습니다. "우리는 성령님이 이 위대한 신비에 대한 참된 지식을 얻도록 우리 마음속에 예수 그리스도를 그분의 모든 공로와 함께 영접하고, 그분을 소유하며, 그리스도 외에 다른 어떤 것도 구하지 않는 참된 믿음을 일으키는 빛을 비추어 주심을 믿습니다."

'영접한다'(받아들인다)는 것은 무엇을 의미할까요? 벨직 신앙고백서 22항은 이렇게 설명합니다. "우리의 구원에 필요한 모든 것이 예수 그리스도 안에 있어서 믿음으로 그분을 소유한 사람이 완전한 구원을 소유하는 것"입니다. 그리고 "그리스도만으로 충분하지 않고 그리스도 외에 다른 무언가가 필요하다고 주장하는 것은 엄청난 신성모독"임을 인정하는 것입니다.

우리가 앞에서 구원적 믿음의 정의를 살펴보았고, 지금은 구원적 믿음의 실체에 대해 살펴보고 있습니다. 즉 믿음의 내용을 살펴보고 있습니다. 벨직 신앙고백서 22항은 믿음의 실체가 그리스도 안에 있다고 말합니다. 나를 대신하여 친히 제물과 제사장이 되어 나의 죄를 용서하시고 나를 의롭다 해주신 그리스도의 완전한 만족입니다. 그리스도의 완전한 속죄 사역은 저절로 내 것이 되지 않습니다. 오직 믿음으로만 내 것이 됩니다.

바울이 기도하는 내용도 이와 같습니다. 지혜와 계시의 영을 주셔서 우리 마음의 눈을 밝혀 우리가 봐야 할 것이 무엇입니까? 구원을 계획하고 시행하시는 하나님, 우리를 부르신 부르심의 소망, 성도가 받을 기업의 영광, 그리스도의 능력, 죽음에서 부활하신 그리스도, 승천, 그리스도의 세상 만물의 통치입니다. 18-22절에서 언급하는 모든 것들이 바로 믿음의 대상이요 실체입니다. 우리가 구원적 믿음을 은혜로 받기 전에는 이것들이 보이지 않지만, 구원적 믿음을 은혜로 받으면 보입니다.

그러면 믿음은 무슨 역할을 합니까? 이것을 우리에게 보여 주는 유리창 역할을 합니다. 벽으로 가로막혀 보이지 않던 주님을 벽에 창문을 내어 보게 만들어 줍니다. 이것을 벨직 신앙고백서 22항은 이렇게 묘사합니다. "믿음은 우리의 죄를 사면하고도 남을 만큼 충분한 그리스도의 모든 은덕이 우리의 소유가 되었을 때 그 은덕을 포함하여 그리스도 안에서 교제를 계속 유지하게 해주는 수단입니다."

믿음은 우리를 그리스도 앞으로 데려가 그분을 보게 하고, 서로 말하고 함께 먹고 마시며 사귀게 만들어 줍니다. 그러나 여전히 믿음 자체가 실체는 아닙니다. 믿음의 실체는 우리의 의가 되시는 예수 그리스도이십니다. 믿음으로 예수 그리스도는 나의 죄를 위한 완벽한 만족과 나의 영생을 위한 완벽한 의가 되십니다.

히브리서 기자는 이렇게 말합니다. "믿음의 주요 또 온전하게 하시는 이인 예수를 바라보자 그는 그 앞에 있는 기쁨을 위하여 십자가를 참으사 부끄러움을 개의치 아니하시더니 하나님 보좌 우편에 앉으셨느니라"(히 12:2). 예수 그리스도는 우리 믿음의 주요, 우리 믿음의 시작과 마지막이십니다.

나에게 믿음의 은혜를 주셔서 이 타락한 세상에서 그리스도를 온전히 받아들여 그리스도 안에 있게 하심으로 놀라운 구원과 부활의 능력을 체험하게 하신 하나님의 은혜에 감사하고 찬송합시다.

구원을 얻게 하는 방편인 구원적 믿음

셋째, 신자의 구원적 믿음은 구원 자체가 아니라, 구원을 얻게 하는 방편입니다(18-19절). 본문 18-19절을 보겠습니다. "너희 마음의 눈을 밝히사 그의 부르심의 소망이 무엇이며 성도 안에서 그 기업의 영광의 풍성함이 무엇이며 그의 힘의 위력으로 역사하심을 따라 믿는 우리에게 베푸신 능력의 지극히 크심이 어떠한 것을 너희로 알게 하시기를 구하노라."

벨직 신앙고백서 22항 두 번째 문단을 보겠습니다. "그러므로 우리는 사람이 의롭다 하심을 얻는 것은 율법의 행위가 아니라 믿음으로 되는 것이라고 바울과 함께 올바로 고백하게 됩니다. 하지만 좀 더 분명하게 말하면, 믿음 자체가 우리를 의롭게 하는 것은 아닙니다. 믿음은 우리의 의가 되시는 그리스도를 영접하는 수단일 뿐입니다. 오직 그리스도만이 우리를 대신하여 그분이 행하신 모든 공로와 수많은 거룩한 사역들을 우리에게 전가시키심으로 우리의 의가 되십니다. 믿음은 우리의 죄를 사면하고도 남을 만큼 충분한 그리스도의 모든 은덕이 우리의 소유가 되었을 때 그 은덕을 포함하여 그리스도 안에서 교제를 계속 유지하게 해주는 수단입니다."

그러므로 우리는 이것을 분명히 해야 합니다. 내가 처음으로 복음의 말씀, 구원의 말씀을 듣고 믿었을 때, 그것은 나의 공로가 아니라 주님의 영의 은혜라는 사실을 말입니다. 나를 구원하는 믿음은 믿음 자체에 있지 않고, 믿음으로 말미암는 것입니다. 즉 믿음을 통해 이루어집니다. 나를 구원하는 것은, 즉 믿음의 실체는 믿음 자체가 아니라 내가 믿음으로 붙잡는 예수 그리스도와 그분의 완전한 만족이십니다. 나를 구원하는 것은 믿음 자체가 아니라 내가 믿음으로 붙잡는 하나님의 말씀입니다.

바울이 에베소서 1장에서 말하듯이, 부르심의 소망, 성도의 기업, 영광의 풍성함, 그리스도의 힘의 위력과 그 안에서 역사하는 능력이 나를 구원합니다. 믿음은 이것을 붙잡는 것입니다. 그래서 바울은 지혜와 계시의 영을 주셔서 우리 마음의 눈을 밝혀서 이것들을 깨달아 알게 해달라고 기도한 것입니다. 칼뱅은 '믿음'을 '영혼의 손'이라 표현했고, 청교도들은 '믿음'을 '거지의 빈손'이라고 표현했습니다.

믿음이란 하나님의 선물을 받는 것입니다. 그런데 우리 손에 무언가를 잔뜩 쥐고서는 하나님이 주시는 것을 받을 수 없습니다. 하나님이 주시는 선물을 받으려면 내가 움켜쥔 것들을 버려야 합니다. 놓아야 합니다. 내 손에 움켜쥔 것도 내가 가지고, 하나님이 주시는 것도 받으려는 것은 탐욕입니다. 벨직 신앙고백서 22항이 우리에게 경고하는 것이 무엇입니까? "그리스도만으로 충분하지 않고 그리스도 외에 다른 무언가가 필요하다"

고 주장하는 것입니다. 이것은 그리스도를 반쪽짜리 구주로 만드는 불경한 행위입니다. 그러므로 손에 쥐고 있는 것을 버리십시오. 빈손 들고 주님 앞에 와서 십자가를 붙드십시오. 주님이 충만한 은혜를 주실 것입니다.

여기서 한 가지 생각해야 할 것은, 우리를 구원하시는 그리스도는 완전하시지만 그분을 받아들이는 우리의 믿음은 각각 차이가 있다는 것입니다. 웨스트민스터 신앙고백서 14장 3항은 이렇게 말합니다. "이 믿음은 정도의 차이가 있어 약하기도 하고 강하기도 하며 여러 가지 시련을 자주 당하여 약화될 수 있으나 끝내 승리를 얻는다. 많은 경우에 우리 믿음의 조성자이자 완성자이신 그리스도를 통하여 넘치는 확신에 이르기까지 믿음은 자라난다."

따라서 우리가 믿음의 성장을 위해 분투하고 기도해야 하지만 여전히 믿음은 방편에 불과합니다. 중요한 사실은, 믿음의 정도에 있지 않고 믿음의 주체이신 그리스도를 붙잡는 데 있다는 것입니다. 어떤 경우에는 내가 믿음의 행동을 하는 것 같습니다. 또 어떤 경우에는 죄만 짓는 내 모습을 발견하기도 합니다. 그럴 때 신자는 좌절하고 넘어집니다. 그 틈을 타서 마귀가 신자를 유혹합니다. 참된 신자는 그럴 때 작은 믿음으로 그리스도를 붙잡아야 합니다. 우리를 위한 위대한 만족이 되시는 그리스도만이 우리 죄를 사하시고 우리를 의롭다 하실 수 있는 모든 은덕이 충만하시기 때문입니다.

우리가 오직 그리스도만을 바라보고 그리스도만으로 만족해야 할 이유는 그분이 우리의 구원과 행위를 성취해 주신 유일무이한 구주이시기 때문입니다. 따라서 그리스도 외에 다른 것을 의지하거나 추구하는 것은 벨직 신앙고백서 22항이 말하는 바와 같이 불경하고 신성모독적인 것입니다.

예수님을 믿는다 고백하면서도 예수님 밖에 있으면 안 됩니다. 참된 신자는 그리스도 밖이 아니라 그리스도 안에 있는 자입니다. 바울은 이렇게 말합니다. "그러므로 이제 그리스도 예수 안에 있는 자에게는 결코 정죄함이 없나니 이는 그리스도 예수 안에 있는 생명의 성령의 법이 죄와 사망의 법에서 너를 해방하였음이라"(롬 8:1-2).

범죄한 다윗이 자신의 죄를 회개하면서 뭐라고 고백합니까? "허물의 사함을 받고 자신의 죄가 가려진 자는 복이 있도다 마음에 간사함이 없고 여호와께 정죄를 당하지 아니하는 자는 복이 있도다"(시 32:1-2). 우리는 여호와의 정죄를 어떻게 피할 수 있습니까? 우리를 대신하여 정죄를 당하신 그리스도 예수의 완전한 순종과 의 안에 피할 때만 가능합니다.

○ 칼뱅, 『기독교 강요』, 3.2.19

아무리 작은 믿음이라 할지라도, 그 믿음이 우리 마음속에 떨어지는 즉시, 우리를 향하신 하나님의 평화롭고 고요하며 은혜로우신 얼굴을 바라보기 시작한다. 물론 멀리서 그분을 바라보는 것이다. 하지만 그분을 분명히 바라보기 때문에 우리가 절대로 속임을 당하는 것이 아님을 안다. 그러고 나서 계속 전진하며 꾸준히 성장할수록 하나님을 더 가깝고 더 확실하게 바라보게 된다. … 아직 무지한 부분이나 분별이 다소 희미한 부분도 있지만, 그렇다고 해서 자신을 향한 하나님의 사랑을 아는 분명한 지식을 누리는 데 방해를 받지는 않는다. 그 사랑을 아는 것이야말로, 믿음에 있어서 첫째가는 부분이기 때문이다.

■ 핵심용어

믿음(구원적 믿음), 구원의 방편

■ 생각해 볼 문제

1. 하나님은 언제 기뻐하십니까? 우리가 하나님을 어떻게 기쁘시게 할 수 있는지 함께 나누어 봅시다.

2. 믿음이란 무엇입니까? 믿음은 어디서 오는 것입니까? 웨스트민스터 신앙고백서 14장에 따르면, 믿음은 누구의 역사입니까?

3. 우리는 구체적으로 무엇을 믿습니까? 그 내용을 잘 알고 믿어야 함에도 이 믿음은 실체가 아니라 방편에 불과합니다. 우리가 진정 바라보아야 할 믿음의 실체는 무엇입니까?

4. 우리는 믿음을 자랑해서도 함부로 무시해서도 안 됩니다. 믿음을 발휘하는 것이 우리의 공로가 될 수 없는 이유는 무엇입니까? 앞의 질문들을 참조하여 함께 생각해 봅시다.

5. 칼뱅과 청교도들이 믿음을 각각 '영혼의 손', '거지의 빈손'이라고 표현한 이유가 무엇일지 생각해 봅시다.

6. '믿음은 구원 자체가 아니라 구원의 방편이다'는 말이 무엇을 뜻하는지 함께 나누어 봅시다.

7. 웨스트민스터 신앙고백서 14장 3항과 『기독교 강요』 3권 2장의 내용에서 우리는 무엇을 알 수 있습니까? 우리가 지체들의 믿음을 함부로 판단해서는 안 되며, 서로의 믿음을 독려해야 하는 이유가 무엇인지 나누어 봅시다.

24장
믿음으로 말미암는 칭의

⁴일하는 자에게는 그 삯이 은혜로 여겨지지 아니하고 보수로 여겨지거니와 ⁵일을 아니할지라도 경건하지 아니한 자를 의롭다 하시는 이를 믿는 자에게는 그의 믿음을 의로 여기시나니 ⁶일한 것이 없이 하나님께 의로 여기심을 받는 사람의 복에 대하여 다윗이 말한 바 ⁷불법이 사함을 받고 죄가 가리어짐을 받는 사람들은 복이 있고 ⁸주께서 그 죄를 인정하지 아니하실 사람은 복이 있도다 함과 같으니라. 롬 4:4-8

23항 믿음으로 말미암는 칭의

우리는 우리의 구원이 예수 그리스도로 말미암은 우리 죄의 용서에 있고, 그 죄 사함으로 인해 하나님 앞에서 우리가 의롭다 함을 받음을 믿습니다(요일 2:1). 다윗과 바울이 우리에게 가르치는 것처럼, 이것이 인간의 복이라고 선언할 때 하나님이 인간의 행위와 관계없이 그에게 의를 전가시켜 주십니다. 사도 바울은 우리가 그리스도 예수 안에 있는 속량으로 말미암아 하나님의 은혜로 값없이 의롭다 함을 받았다고 말합니다(고후 5:18-19; 엡 2:8; 딤전 2:6).

그러므로 우리는 항상 모든 영광을 하나님께 돌리고(시 115:1; 계 7:10-12), 하나님 앞에서 자신을 겸손히 낮추며, 우리 자신을 있는 모습 그대로 인정하고, 우리 안의 어떤 것이나 어떤 공로도 신뢰하지 않으며(고전 4:4; 약 2:10), 우리가 그리스도를 믿을 때 우리 것이 되는(롬 4:23-25), 오직 십자가에 못 박히신 그리스도의 순종만 신뢰하고 의지하며 이 근거를 붙듭니다(행 4:12; 히 10:20).

이 근거는 우리의 모든 죄악을 가려 주고, 우리로 하여금 하나님께 가까이 나아갈

> 수 있는 확신을 줍니다. 두려워 떨면서 무화과나무 잎으로 자신을 가리려 했던 우리의 첫 조상 아담의 예를 따르지 않도록 두려움과 공포와 불안에서 우리의 양심을 해방시켜 줍니다(창 3:7; 슥 3:10; 히 4:16; 요일 4:17-19). 그리고 진실로 우리가 자신이나 다른 피조물을 의지하여 하나님 앞에 나아가려고 한다면, 그것이 아무리 사소한 것이라 할지라도 우리에게 화가 임할 것입니다(눅 16:15; 빌 3:4-9). 그러므로 우리 각 사람은 다윗과 함께 이렇게 기도해야 합니다. "여호와여, 주의 종에게 심판을 행하지 마소서. 주의 눈앞에는 의로운 인생이 하나도 없나이다."

마틴 로이드 존스 박사는, 산상설교를 통해서 자신이 이제까지 들은 말 가운데 가장 심중을 파고드는 심오한 진술이 있다고 말합니다. 그것은 바로 다음과 같습니다. "우리 많은 그리스도인들의 문제는 우리가 주 예수 그리스도에 관해서 믿을 뿐, 그분 자체를 믿지 않는 것이다."

참으로 날카롭고 통렬한 말이 아닐 수 없습니다. 무엇에 관해 믿는 것과 그 자체를 믿는 것은 대단한 차이가 있습니다. 이제 우리는 '믿음으로 말미암는 칭의'에 대해 살펴보려고 합니다. 여기서 말하는 믿음은 무엇에 관해서가 아니라 믿음이 받아들이는 대상 자체를 믿는 것입니다.

"일을 아니할지라도 경건하지 아니한 자를 의롭다 하시는 이를 믿는 자에게는 그의 믿음을 의로 여기시나니"(5절)라는 구절에서 '믿음'은 무엇에 관한 것이 아니라 무엇 자체를 뜻합니다. 여기서 강조점은, 수단과 방편이라는 믿음에 있지 않고 "경건하지 아니한 자를 의롭다 하시는 이", 즉 하나님께 있습니다. 말하자면, 주 예수 그리스도를 믿는 믿음은 나의 의가 아닙니다. 그것은 수단이요 방편입니다. 믿음은 의를 받아들이는 하나님이 나를 의롭다 칭해 주시는 통로입니다. 믿음이 나를 인격적으로나 신분적으로 의롭게 만들어 주지 않습니다. 우리를 의롭다 칭해 주는 것은 오직 우리가 믿는 주 예수 그리스도의 의입니다.

이제 로마서 4장 4-8절과 벨직 신앙고백서 23항을 중심으로, 믿음으로 말미암는 칭의에 대해 살펴보겠습니다.

죄 용서와 칭의

첫째, 우리의 복은 죄 용서와 칭의에 있습니다(6-8절). 본문 6-8절을 보겠습니다. "일한 것이 없이 하나님께 의로 여기심을 받는 사람의 복에 대하여 다윗이 말한 바 불법이 사함을 받고 죄가 가리어짐을 받는 사람들은 복이 있고 주께서 그 죄를 인정하지 아니하실 사람은 복이 있도다 함과 같으니라."

벨직 신앙고백서 23장 첫 문단을 보겠습니다. "우리는 우리의 구원이 예수 그리스도로 말미암은 우리 죄의 용서에 있고, 그 죄 사함으로 인해 하나님 앞에서 우리가 의롭다 함을 받음을 믿습니다. 다윗과 바울이 우리에게 가르치는 것처럼, 이것이 인간의 복이라고 선언할 때 하나님이 인간의 행위와 관계없이 그에게 의를 전가시켜 주십니다. 사도 바울은 우리가 그리스도 예수 안에 있는 속량으로 말미암아 하나님의 은혜로 값없이 의롭다 함을 받았다고 말합니다."

벨직 신앙고백서는 신자의 복이 그리스도로 말미암아 주어진다고 선언합니다. 이것은 무엇을 의미할까요? 진정한 복은 그리스도만 주실 수 있다는 뜻입니다. 로마서 4장에 따르면, 믿는 자에게 주시는 하나님의 은혜를 의미합니다. 신자의 진정한 복은 자신이 무언가를 열심히 해서 얻는 것이 아니라는 뜻입니다. 그런 것은 세상의 법칙입니다. 많이 일하면 많이 벌고, 적게 일하면 적게 버는 것 말입니다.

"성경에도 각 사람이 일한 대로 상을 받을 것이라는 말씀이 있지 않습니까?"라고 말하는 사람이 있을지도 모르겠습니다. 네, 그렇습니다. 그러나 그 말씀은 믿음의 일함에 대한 것입니다. 이미 복을 받은 사람이 그 복 위에서 건설하는 믿음의 삶에 대한 것입니다. 지금 여기서 말하는 복은 그런 종류의 복이 아닙니다. 여기서 말하는 신자의 복은 죄와 죽음과 심판으로부터 구원을 얻는 것입니다. 즉, 나의 죄가 없어지도록 용서를 받아야 하고, 나의 불의함이 사라지고 내가 의로운 자가 되는 복을 말합니다. 이것이 신자의 진정한 복입니다. 이것을 모른다면, 아직 진정한 신자의 신앙에 입문한 것이 아닙니다.

이것은 다윗의 고백이자 바울의 선언이기도 합니다. 다윗은 일한 것이 없이 하나님께 의로 여기심을 받는 사람은 복이 있다고 말합니다(6절). 불법이 사함을 받고 죄가 가리어짐을 받는 의가 사람을 복되게 한다고 말합니다(7절). 여기서 우리는 복의 조건에 대해 생각해 봐야 합니다. 사람은 진정 무엇으로 복될까요? 사람이 천하를 얻고 세상의 모든 돈을 가져 평생 쓰고도 남을 만큼 풍성하다 해도 그가 불법과 편법을 저질러서 재판을 받고 감옥에 갇힌다면 진정 복되겠습니까? 하나님 앞에 범죄하고 타락한 죄인이 이와 같습니다. 아무리 화려하고 멋진 인생이라 할지라도 죄의 노예가 되어 하나님의 진노와 심판을 받는 죄인이라면 그는 결코 복되지 않을 것입니다.

신자의 복이 바로 여기에 있습니다. 일한 것이 없고, 아무 공로나 자격도 없지만, 무한하신 하나님의 사랑의 은혜로 죄를 가려 주시고 의인이라고 칭해 주신 이 놀라운 사실이 신자의 복입니다. 그러므로 우리에게 무언가가 부족하고 결핍되어 있다 하더라도, 죄를 용서받고 의인이 되었다는 사실에 감사하고 즐거워합시다. 그런데 문제는 내가 죄 용서와 칭의를 받은 것을 어떻게 아느냐는 것입니다.

그리스도의 순종을 믿을 때

둘째, 죄 용서와 칭의는 오직 그리스도의 순종을 믿을 때 내 것이 됩니다(4-5절). 본문 4-5절을 보겠습니다. "일하는 자에게는 그 삯이 은혜로 여겨지지 아니하고 보수로 여겨지거니와 일을 아니할지라도 경건하지 아니한 자를 의롭다 하시는 이를 믿는 자에게는 그의 믿음을 의로 여기시나니."

벨직 신앙고백서 23항 두 번째 문단을 보겠습니다. "그러므로 우리는 항상 모든 영광을 하나님께 돌리고, 하나님 앞에서 자신을 겸손히 낮추며, 우리 자신을 있는 모습 그대로 인정하고, 우리 안의 어떤 것이나 어떤 공로도 신뢰하지 않으며, 우리가 그리스도를 믿을 때 우리 것이 되는, 오직 십자가에 못 박히신 그리스도의 순종만 신뢰하고 의지하며, 이 근거를 붙듭니다. 이 근거는 우리의 모든 죄악을 가려 주고, 우리로 하여금 하나님께 가까이 나아갈 수 있는 확신을 줍니다. 두려워 떨면서 무화과나무 잎으로 자신을 가리려 했던 우리의 첫 조상 아담의 예를 따르지 않도록 두려움과 공포와 불안에서 우리의 양심을 해방시켜 줍니다."

5절에서도 "경건하지 아니한 자를 의롭다 하시는 이를 믿는 자에게는 그의 믿음을 의로 여기시나니"라고 하면서 믿음을 강조합니다. 우리는 앞 장에서 믿음에 대해 충분히 강조했습니다. 이 장에서는 믿음이 환영하고 받아들이는 분이 주시는 결과에 초점을 맞추겠습니다. 예수 그리스도의 십자가 죽음과 부활을 통해 죄 용서와 칭의가 이루어집니다.

예수 그리스도는 십자가 죽음과 부활로 말미암아 우리의 죄를 용서하시고, 우리를 의롭다 하실 자격과 능력을 갖추시고 이 일을 성취하셨습니다. 어떻게 말입니까? 죽기까지 순종하심으로 이루셨습니다. 바울은 이렇게 말합니다. "그는 근본 하나님의 본체시나 하나님과 동등 됨을 취할 것으로 여기지 아니하시고 오히려 자기를 비워 종의 형체를 가지사 사람들과 같이 되셨고 사람의 모양으로 나타나사 자기를 낮추시고 죽기까지 복종하셨으니 곧 십자가에 죽으심이라"(빌 2:6-8). 즉 우리 죄의 사면과 칭의를 선포하는 근거는 그리스도의 순종이라는 말입니다. 우리가 그리스도를 믿을 때, 죽기까지 복종하신 그리스도의 순종이 우리에게 믿음으로 전가되어 우리 것이 됩니다. 그래서 바울이 이렇게 말한 것입니다. "예수는 우리가 범죄한 것 때문에 내줌이 되고 또한 우리를 의롭다 하시기 위하여 살아나셨느니라"(롬 4:25).

그렇지 않다면, 도대체 공의로우신 하나님이 어떻게 범죄한 죄인의 죄를 용서하시고 불의한 죄인을 의롭다고 칭해 주실 수 있겠습니까? 그리스도의 순종이 바로 그 일을 합니다. 그리스도의 순종이 우리의 허물을 가려 주고, 우리로 하여금 하나님께 가까이 나아갈 수 있게 합니다. 두려워 떨면서 하나님을 만나는 것을 무서워했던 아담처럼 행동하지 않도록 우리 양심을 해방시켜 줍니다. 믿음으로 우리 것이 되는 그리스도의 순종이 이 놀라운 일을 합니다.

우리의 죄 용서와 우리를 의롭다 하시기 위해 죽기까지 순종하신 그리스도를 바라보며, 그분을 믿고 굳게 붙잡기를 바랍니다. 그렇다면 이제 예수 그리스도의 순종을 믿음으로 말미암아 죄를 용서받고 의롭다 하심을 받은 신자들은 어떻게 살아야 합니까?

그리스도의 순종을 의지하라

셋째, 믿음으로 의롭다 하심을 받은 신자는 더욱 그리스도의 순종을 의지해야 합니다(4-5절). 본문 4-5절을 보겠습니다. "일하는 자에게는 그 삯이 은혜로 여겨지지 아니하고 보수로 여겨지거니와 일을 아니할지라도 경건하지 아니한 자를 의롭다 하시는 이를 믿는 자에게는 그의 믿음을 의로 여기시나니."

벨직 신앙고백서 22항 두 번째 문단을 다시 한 번 보겠습니다. "그러므로 우리는 항상 모든 영광을 하나님께 돌리고, 하나님 앞에서 자신을 겸손히 낮추며, 우리 자신을 있는 모습 그대로 인정하고, 우리 안의 어떤 것이나 어떤 공로도 신뢰하지 않으며, 우리가 그리스도를 믿을 때 우리 것이 되는, 오직 십자가에 못 박히신 그리스도의 순종만 신뢰하고 의지하며, 이 근거를 붙듭니다."

놀랍게도 벨직 신앙고백서 22항은 죄 용서를 받고 의롭다 하심을 받았으니 이제 최선을 다해 착하게 살아라, 선행을 많이 해라, 율법을 지켜라, 도덕적으로 살아라, 소금과 빛의 삶을 살아 내라고 하지 않습니다. 율법적, 도덕적 명령을 하지 않습니다. 도리어 벨직 신앙고백서 22항이 요구하는 한 가지는, 이 확고한 근거를 붙들어야 한다는 것입니다. 즉 우리 구원의 근거이자 기초이자 근원이자 전부이신 그리스도 예수를 계속 믿고 의지하라는 것입니다.

바울도 "일하는 자에게는 그 삯이 은혜로 여겨지지 아니하고 보수로 여겨지거니와 일을 아니할지라도 경건하지 아니한 자를 의롭다 하시는 이를 믿는 자에게는 그의 믿음을 의로 여기시나니"라고 말합니다(4-5절). 이 말은 일하지 말라는 것이 아니라 일을 구원의 공로나 구원의 자랑이나 구원의 근거로 여기지 말라는 뜻입니다. 구원은 일함으로 얻는 것이 아닙니다. 로마서의 표현대로 하면, "사람이 의롭다 하심을 얻는 것은 율법의 행위에 있지 않고 믿음으로" 되는 것입니다(롬 3:28).

그러므로 신자는 은혜로 시작했다가 육체로 마쳐서는 안 됩니다. 우리는 최선을 다해 계명과 율법을 지키고 도덕적, 윤리적으로 살아야 합니다. 하지만 그것을 우리의 구원, 즉 죄 용서와 칭의의 근거나 공로로 여겨서는 안 됩니다. 우리는 최선을 다해 하나님의 나라와 교회를 위해 헌신하고 봉사해야 합니다. 하지만 그것을 하나님 앞에 일한 것으로 자랑해서는 안 됩니다. 신자에게 있는 모든 것이 하나님의 은혜입니다. 그래서 사도 베드로가 이렇게 말한 것입니다. "만일 누가 말하려면 하나님의 말씀을 하는 것같이 하고 누가 봉사하려면 하나님이 공급하시는 힘으로 하는 것같이 하라 이는 범사에 예수 그리스도로 말미암아 하나님이 영광을 받으시게 하려 함이니"(벧전 4:11).

그리고 나서 우리는 할 수만 있으면, 다시 이 확고한 근거로 돌아가야 합니다. 나는 자주 실패했고 계속 실패할 것이지만, 그리스도의 순종은 실패하지 않는 완전한 순종이기 때문입니다. 우리가 무언가 순종할 수 있다면, 그리스도의 순종이 있기 때문에 가능한 것입니다. 그리스도께서 친히 먼저 하나님 아버지 앞에서 율법과 계명과 구원과 행위에 필요한 모든 것에 순종하셨기 때문입니다. 그러므로 우리는 기쁘고 자유롭게 능동적으로 순종할 수 있습니다. 순종하다가 조금 실수하고 실패해도 괜찮습니다. 다시 그리스도의 순종으로 항상 돌아갈 수 있기 때문입니다.

바로 이 순종 때문에 우리가 하나님께 모든 영광을 돌리는 것입니다. 하나님께 영광을 돌리는 것이란 하나님을 영예롭게 하는 것, 하나님의 영예를 높이는 것, 하나님의 거룩하신 이름에 손상이 가지 않게 하는 것, 나아가 하나님의 영광을 높이고 밝히 드러내는 것을 뜻합니다.

그리스도의 순종 때문에 우리는 스스로 겸손해집니다. 가장 비천한 사람이든 가장 교만한 사람이든 이 순종 앞에서 겸손하게 자기를 낮출 수밖에 없지 않겠습니까? 그것은 우리가 어떤 존재인지를 깨닫는 자기 인식으로부터 출발하고, 그 결과 그리스도를 붙잡기 때문입니다. 그래서 자신의 처절한 무능력을 발견하고 자신에게 어떤 선함이나 능력이 없음을 깨닫는 자는 자기 공로를 주장하지 않습니다. 오직 십자가에 못 박히신 그리스도의 순종만을 의지하고 신뢰합니다. 믿음으로 의롭다 하심을 받은 신자로서 오직 그리스도의 순종만을 의지하고 신뢰하기 바랍니다.

그리스도의 순종을 우리가 믿음으로 받아들일 때, 그리스도의 순종은 우리에게 확신과 위로를 제공합니다. 이것은 삶과 죽음을 지탱해 주는 확신과 위로입니다.

20세기 초반, 미국 웨스트민스터 신학교의 학장을 역임했던 존 그레샴 메이첸 박사는 세상을 떠나기 직전 자신의 동료 존 머리 교수에게 보내는 전보에 이렇게 썼습니다. "나는 그리스도의 능동적인 순종에 너무나 감사합니다. 그것이 없었다면 내게는 아무런 소망이 없었을 것입니다." 세상과 작별하는 죽음 앞에서 내가 이룬 그 모든 것이 무슨 유익이 있겠습니까? 그리스도의 완전한 순종과 공로 외에 하나님 아버지 앞에 내가 내세울 공로가 무엇이겠습니까? 그러므로 살아도 주를 위해 살고 죽어도 주를 위해 죽는 우리는 오직 믿음으로 그리스도의 순종을 더욱 의지하고 순종합시다.

○ 칼뱅,『기독교 강요』, 3.11.2

그러므로 칭의란 한마디로 말해서, 하나님이 우리를 의인으로 인정하시고 그분의 사랑 안으로 받아들이시는 것이라고 말할 수 있다. 또한 칭의는 죄를 씻는 일(the remission of sins)과 그리스도의 의를 우리에게 전가시키는 일(the imputation of Christ's righteousness)에 있다고 말할 수 있다.

■ 핵심용어

칭의, 그리스도의 능동적 순종, 그리스도의 수동적 순종, 의의 전가

■ 생각해 볼 문제

1. 서두에 나오는 마틴 로이드 존스 목사의 일침에 동의합니까? 동의한다면 혹은 동의하지 않는다면, 그 이유에 대해 함께 나누어 봅시다. 믿음에 대해 다룬 23장의 내용을 다시 떠올려 봅시다. 믿음은 구원에 어떤 역할을 합니까?
2. 벨직 신앙고백서에 따르면 우리의 복은 무엇에 달려 있습니까? 우리가 일상적으로 원하는 복의 조건과 본문이 말하는 복이 어떻게 다른지 나누어 봅시다.
3. 2번 문제에서 언급한 두 가지 복은 그리스도께서 행하신 어떤 일을 통해 이루어지며, 우리의 무엇을 통해 얻게 됩니까?
4. 그리스도의 능동적 순종이란 인간으로 나서서 율법 아래에 사시는 동안 그 율법에 온전히 순종하신 것을 말합니다. 이것이 우리의 '칭의'와 어떤 관계가 있습니까?
5. 4번 문제를 토대로 우리의 '죄 사함'과 관계된 그리스도의 수동적 순종에 대해 함께 생각해 봅시다.
6. 칭의란 무엇인지 앞서 인용한 『기독교 강요』를 통해 다시 정리해 봅시다. 우리가

언제 어떻게 하나님의 의롭다 하심을 경험했는지, 그리고 이 교리가 우리에게 어떤 위로와 은혜가 되는지 함께 나누어 봅시다.

25장
성화와 선행

⁴그러므로 우리가 그의 죽으심과 합하여 세례를 받음으로 그와 함께 장사되었나니 이는 아버지의 영광으로 말미암아 그리스도를 죽은 자 가운데서 살리심과 같이 우리로 또한 새 생명 가운데서 행하게 하려 함이라 ⁵만일 우리가 그의 죽으심과 같은 모양으로 연합한 자가 되었으면 또한 그의 부활과 같은 모양으로 연합한 자도 되리라 ⁶우리가 알거니와 우리의 옛 사람이 예수와 함께 십자가에 못 박힌 것은 죄의 몸이 죽어 다시는 우리가 죄에게 종 노릇 하지 아니하려 함이니 ⁷이는 죽은 자가 죄에서 벗어나 의롭다 하심을 얻었음이라. 롬 6:4-7

24항 인간의 성화와 선행

우리는 하나님의 말씀을 들음과 성령님의 역사하심으로 말미암아(행 16:14; 롬 10:17; 고전 12:3), 사람 안에 생기는 이 참된 믿음이 그를 중생하게 하여 새사람으로 만들어(겔 36:26-27; 요 1:12-13, 3:5; 엡 2:4-6; 딛 3:5; 벧전 1:23), 새로운 삶을 살게 하며 죄의 종 된 삶으로부터 자유롭게 해준다는 것을 믿습니다(요 5:24, 8:36; 롬 6:4-6; 요일 3:9). 따라서 의롭다 하는 이 믿음이 사람으로 하여금 경건하고 거룩한 삶을 사는 데 태만하게 만든다는 것은 전혀 사실이 아닙니다(갈 5:22-23; 딛 2:12). 오히려 이 믿음 없이는 사람은 어떤 것도 하나님을 향한 사랑으로 행하지 않으며(요 15:5; 롬 14:23; 딤전 1:5; 히 11:4, 6), 단지 이기적인 사랑이나 그저 멸망에 대한 두려움으로 행하게 될 것입니다. 그러므로 이 거룩한 믿음이 사람 안에서 열매를 맺지 못한다는 것은 불가능한 일입니다. 우리는 헛된 믿음이 아니라 성경이 "사랑으로 역사하는 믿음"이라 부르는 믿음에 대해 말하고 있기 때문입니다.

이 믿음은 사람으로 하여금 하나님이 말씀을 통해 명령하신 일들을 실천에 옮기도록 격려하고 자극합니다. 믿음의 선한 뿌리에서 나오는 이 행위들은 모두 하나님의 은혜로 거룩해지기 때문에 하나님이 보시기에 선하고 받으실 만합니다. 그럼에도 불구하고 이 행위들은 우리의 칭의에 아무런 소용이 없습니다. 우리가 어떤 행위를 하기 전에 그리스도 안에서 믿음으로 말미암아 의롭다 하심을 받기 때문입니다. 그렇지 않으면 그 행위들은 선한 행위가 될 수 없습니다(롬 4:5). 나무 자체가 좋지 않고서는 그 열매가 나무보다 더 좋을 수 없기 때문입니다(마 7:17). 그러므로 우리는 선한 행위를 하지만 어떤 공로를 쌓기 위해 하지 않습니다. 우리가 도대체 어떤 공로를 쌓을 수 있겠습니까? 하나님이 우리에게 선한 행위를 빚지고 있는 것이 아니라 우리가 하나님께 빚지고 있습니다(고전 1:30-31, 4:7; 엡 2:10). 우리 안에서 자기의 기쁘신 뜻을 위하여 우리에게 소원을 두고 행하게 하시는 분이 바로 하나님이시기 때문입니다. 그러므로 우리는 기록된 이 말씀을 마음에 새겨야 합니다. "이와 같이 너희도 명령 받은 것을 다 행한 후에 이르기를 우리는 무익한 종이라 우리가 하여야 할 일을 한 것뿐이라 할지니라."

이와 동시에 우리는 하나님이 선행에 상급을 주신다는 사실을 부정하지 않습니다(롬 2:6-7; 고전 3:14; 요이 1:8; 계 2:23). 하지만 그것은 하나님이 자기의 선물을 은혜로 주시는 것입니다. 심지어 우리가 선을 행한다 할지라도 우리 구원의 근거를 그 위에 두지 않습니다. 우리가 하는 행위라는 것이 우리 육체로 오염되었고 따라서 형벌을 받기에 마땅한 행위 외에 다른 행위를 하지 않기 때문입니다(롬 7:21). 더구나 우리가 비록 선한 행위를 한다고 해도, 단 한 가지 죄의 흔적만으로도 하나님이 그런 선행을 거부하시기에 충분하기 때문입니다(약 2:10). 그러므로 우리가 구주의 고난과 죽음의 공로를 의지하지 않는다면, 우리는 어떤 확신도 없이 항상 의심하고 좌우로 흔들리며 방황하게 될 것이고, 우리의 가련한 양심은 계속해서 고통을 받게 될 것입니다(합 2:4; 마 11:28; 롬 10:1).

만약 하나님이 우리의 거룩함의 정도에 따라 구원하신다면, 우리는 어느 정도 거룩해야 구원을 받을 수 있을까요? 과연 우리가 구원을 받을 수 있을까요? 아니면 이런 질문은 어떻습니까? 만약 하나님이 우리가 선행을 하는 정도에 따라 구원하신다면, 도대체 얼마나 선행을 해야 할까요?

평생 이 문제로 걱정하고 근심하며 두려워했던 사람이 마르틴 루터입니다. 그는 결국 선행으로 구원을 이루지 못했고, 오직 하나님의 은혜로 그리스도 예수 안에 있는 믿음으로 구원을 받고 안식을 누렸습니다.

그렇다면 신자에게 성화와 선행은 무엇입니까? 성경과 벨직 신앙고백서는 성화와 선행에 대해 무엇이라 말하고 있습니까? 앞 장에서 우리는 '믿음으로 말미암는 칭의'에 대해 살펴보았고, 이 장에서는 '성화와 선행'에 대해 살펴보겠습니다.

중생을 통한 거룩한 생활

첫째, 성화는 믿음으로 말미암은 중생을 통해 시작되는 거룩한 생활입니다(4절). 본문 4절을 보겠습니다. "그러므로 우리가 그의 죽으심과 합하여 세례를 받음으로 그와 함께 장사되었나니 이는 아버지의 영광으로 말미암아 그리스도를 죽은 자 가운데서 살리심과 같이 우리로 또한 새 생명 가운데서 행하게 하려 함이라."

벨직 신앙고백서 24항 첫 문단을 보겠습니다. "우리는 하나님의 말씀을 들음과 성령님의 역사하심으로 말미암아, 사람 안에 생기는 이 참된 믿음이 그를 중생하게 하여 새사람으로 만들고, 새로운 삶을 살게 하며 죄의 종 된 삶으로부터 자유롭게 해준다는 것을 믿습니다. 따라서 의롭다 하는 이 믿음이 사람으로 하여금 경건하고 거룩한 삶을 사는 데 태만하게 만든다는 것은 전혀 사실이 아닙니다. 오히려 이 믿음 없이는 사람은 어떤 것도 하나님을 향한 사랑으로 행하지 않으며, 단지 이기적인 사랑이나 그저 멸망에 대한 두려움으로 행하게 될 것입니다. 그러므로 이 거룩한 믿음이 사람 안에서 열매를 맺지 못한다는 것은 불가능한 일입니다. 우리는 헛된 믿음이 아니라 성경이 '사랑으로 역사하는 믿음'이라 부르는 믿음에 대해 말하고 있기 때문입니다."

결론부터 말씀드리면, 죄인을 의롭다 하시는 칭의의 믿음은 반드시 죄인을 새사람으로 만드는 성화와 선행의 믿음이라는 것입니다. 즉 하나님은 죄인을 의롭다 하시는 구원적 믿음을 통해 신분적으로 의롭다고 선언할 뿐만 아니라 거기서 더 나아가십니다. 하나님은 의롭다 함을 받은 죄인 안에서 그를 정결하게 하시는 역사를 수행하십니다. 이것이 바로 우리가 하나님의 은혜로 수행하는 성화와 선행입니다.

이 성화와 선행은 믿음으로 말미암아 시작됩니다. 벨직 신앙고백서 24항은 이 믿음이 사람을 중생하게 하여 새사람으로 만든다고 말합니다. 그 수단은 두 가지입니다. 즉 하나님의 말씀을 들음과 성령님의 역사하심입니다. 죄인이 하나님의 말씀을 들을 때 성령님이 그의 마음을 여시고 말씀을 받아들일 믿음을 주시고 그의 영혼을 거듭나게 하십니다. 그로 하여금 죄를 회개하게 하시고 구주이신 그리스도를 영접하게 합니다. 이것이 바로 중생입니다.

중생으로부터 시작되는 것이 성화와 선행입니다. 믿음으로 말미암아 중생하게 된 죄인은 과거에 살았던 죄의 종 된 삶을 혐오하고 싫어하며 거기서 떠나 자유롭게 됩니다. 동시에 믿음으로 말미암아 중생하여 의롭게 된 사람은 선하고 거룩한 삶에 지대한 관심을 갖게 됩니다. 이것이 4절이 의미하는 바입니다. 바울은 우리가 그리스도와 함께 죽었고 그리스도 안에서 새 생명을 얻어 그 가운데서 행한다고 말합니다.

하나님은 죄인을 의롭다 하시고 죄인을 거룩하게 하시는 분입니다. 하나님은 믿음으로 말미암아 죄인을 의롭다 하시고 동일한 믿음으로 말미암아 죄인을 거룩하게 하십니다. 칭의와 거룩함의 주인은 하나님이십니다. 그러므로 죄의 종 된 삶에서 자유하게 되어 의롭게 된 사람이 거룩한 삶을 추구하지 않아도 된다고 말하는 것은 전적으로 옳지 않습니다(갈 5:22-23; 딛 2:12). 신약 시대에 그런 사람들이 많았고 오늘날에도 이 교리를 오용하는 사람들이 많지만, 성경을 참되고 진실하게 읽는다면 믿는 사람이 마땅히 거룩함을 행하고 선행을 하는 것은 당연하고 자연스러운 일입니다. 우리를 구원하는 믿음은 사랑으로 역사하는 믿음이기 때문입니다(갈 5:6). 즉 사랑의 실천을 하게 만드는 생명력 있는 믿음입니다.

웨스트민스터 신앙고백서는 이런 성화의 특징을 13장 1항에서 이렇게 말합니다. "온 몸을 주관하는 죄의 권세가 파괴되고 줄어들며, 점차 구원하는 은혜 안에서 활기를 되찾아 강건하게 되어 참된 거룩의 생활을 하게 된다. 이런 거룩한 생활 없이는 아무도 주님을 보지 못할 것이다." 즉, 성화는 죄를 죽이고 거룩함을 추구하는 생활입니다.

바울은 갈라디아 교회에 편지하면서 이렇게 말합니다. "오직 성령의 열매는 사랑과 희락과 화평과 오래 참음과 자비와 양선과 충성과 온유와 절제니 이 같은 것을 금지할 법이 없느니라"(갈 5:22-23). 또한 디도에게 편지하면서 이렇게 말합니다. "모든 사람에게 구원을 주시는 하나님의 은혜가 나타나 우리를 양육하시되 경건하지 않은 것과 이 세상 정욕을 다 버리고 신중함과 의로움과 경건함으로 이 세상에 살고"(딛 2:11-12).

참된 신자는 의인이 된 신분과 지위를 이런 방식으로 웅변적으로 증거해야 합니다. 성화와 선행은 우리가 죄에 대해서는 죽고 하나님을 향해서는 살고 있다는 표지요 열매가 됩니다. 저와 여러분에게 참된 믿음이 있다면, 반드시 참된 행함이 있어야 합니다. 이것은 의로움과 경건함으로 살고자 하는 참된 신자의 거룩한 욕망입니다. 우리의 믿음과 중생이 참되고 진실하다는 것을 성화와 선행으로 드러냅시다.

이어서 벨직 신앙고백서 24항은 성화와 선행과 칭의의 관계에 대해 분명히 말합니다. 성화와 선행은 칭의의 근거나 원인이 아니라 열매요 결과입니다.

칭의의 열매인 성화와 선행

둘째, 성화와 선행은 칭의의 근거가 아니라 열매입니다(5-7절). 본문 5-7절을 보겠습니다. "만일 우리가 그의 죽으심과 같은 모양으로 연합한 자가 되었으면 또한 그의 부활과 같은 모양으로 연합한 자도 되리라 우리가 알거니와 우리의 옛 사람이 예수와 함께 십자가에 못 박힌 것은 죄의 몸이 죽어 다시는 우리가 죄에게 종 노릇 하지 아니하려 함이니 이는 죽은 자가 죄에서 벗어나 의롭다 하심을 얻었음이라."

벨직 신앙고백서 24항 두 번째 문단부터 보겠습니다. "믿음의 선한 뿌리에서 나오는 이 행위들은 모두 하나님의 은혜로 거룩해지기 때문에 하나님이 보시기에 선하고 받으실 만합니다. 그럼에도 불구하고 이 행위들은 우리의 칭의에 아무런 소용이 없습니다. 우리가 어떤 행위를 하기 전에 그리스도 안에서 믿음으로 말미암아 의롭다 하심을 받기 때문입니다. 그렇지 않으면 그 행위들은 선한 행위가 될 수 없습니다. 나무 자체가 좋지 않고서는 그 열매가 나무보다 더 좋을 수 없기 때문입니다. 그러므로 우리는 선한 행위를 하지만 어떤 공로를 쌓기 위해 하지 않습니다. 우리가 도대체 어떤 공로를 쌓을 수 있겠습니까? 하나님이 우리에게 선한 행위를 빚지고 있는 것이 아니라 우리가 하나님께 빚지고 있습니다. 우리 안에서 자기의 기쁘신 뜻을 위하여 우리에게 소원을 두고 행하게 하시는 분이 바로 하나님이시기 때문입니다."

벨직 신앙고백서 24항은 우리가 의롭게 되려고 거룩함을 추구하고 선한 행위를 추구하려는 모든 시도를 완전히 막아 줍니다. 바울이 5-7절에서 거듭하여 죽음과 부활의 연합을 강조하는 이유도 이것 때문입니다. 우리는 그리스도와 연합함으로 죄 가운데서 죽었기에 죄에게 종 노릇 하지 않고 그리스도와 연합함으로 의롭다 함을 얻었습니다. 이것은 내가 죄에서 떠나 거룩하고 경건하게 살려고 노력하며 하나님의 영광을 추구하고 교회를 섬기며 봉사하는 모든 활동이 나를 구원에 이르게 하거나 내가 과거에 저지른 죄를 상쇄하는 효력이나 공로가 되지 않는다는 말입니다.

성화나 선행이 그렇게 작용한다면 율법주의가 됩니다. 왜 그렇습니까? 우리가 어떤 선행을 하기 전에, 아니 선행을 하려는 생각을 하기 전에, 이미 그리스도를 믿는 믿음을 통해 우리가 의롭게 되었기 때문입니다. 우리가 의롭게 되지 않았다면, 우리는 어떤 선한 행실도 할 수 없었을 것입니다. 따라서 우리가 성화를 추구하고 선행을 하는 것은, 의롭다 함을 받은 결과이지 원인이 아닙니다.

그렇다면 그 반대는 어떻습니까? 즉, 의롭다 함을 받은 이후에 추구하는 성화와 선행 말입니다. 우리는 종종 이런 생각을 합니다. '내가 하나님의 은혜로 죄 용서를 받고 의롭다 함을 얻었으니 이제 거룩함을 추구하고 변화되고 선행을 해야지!' '내가 이 정도는 해야 구원받은 사람답게 살아가는 거 아닌가?' '내가 이것도 못하면서 구원받은 자라고 말할 수 있을까?' 이런 생각 역시 당연한 것 같지만 어떤 의미에서는 바람직하지 않습니다.

우리가 얼마나 거룩하고 얼마나 선행을 해야 하나님이 의롭다 하신 구원의 은혜에 보답하는 것이 되겠습니까? '이 정도는 되어야 구원받을 만한 믿음을 나타내는 거 아닌가?'라고 생각하는 것이 있습니까? 우리가 받은 구원, 우리가 받은 칭의는 그 정도가 아닙니다. 그 이상입니다. 아니, 전부입니다. 그러므로 의롭다 함을 받기 전에 한 선행이나 그 이후에 추구한 성화를 구원의 공로나 원인으로 만드는 것은 율법주의입니다.

바울은 "죽은 자가 죄에서 벗어나 의롭다 하심을 얻었음이라"고 선언합니다(7절). 성화와 선행은 우리를 구원하시고 의롭다 해주셨기 때문에 우리가 주님께 무언가를 갚아야 하는 보은이 아닙니다. 성화와 선행은 우리를 구원하시고 의롭다 해주셨기 때문에 자연적으로 변화되는 본성이요 그 본성에서 맺히는 열매입니다.

우리가 우리의 성화와 선행을 구원의 공로나 신앙의 공로로 내세우지 말아야 할 이유가 무엇입니까? 벨직 신앙고백서 24항이 말하고 있듯이 "우리가 하는 행위라는 것이 우리 육체로 오염되었고 따라서 형벌을 받기에 마땅한 행위 외에 다른 행위를 하지 않기 때문입니다. 더구나 우리가 비록 선한 행위를 한다고 해도, 단 한 가지 죄의 흔적만으로도 하나님이 그런 선행을 거부하시기에 충분하기 때문입니다." 따라서 성도는 그리스도의 죽으심과 부활을 본받아 그 안에 연합되어 있어야 합니다. 그렇지 않고 거룩함이나 선행으로 구원을 얻으려 한다면 끊임없는 양심의 가책만 느끼게 될 것입니다. 그러므로 성화와 선행의 문제에 대해서는 그리스도 안에서 의롭다 하심을 받은 자유를 누리십시오. 그리스도께서 나를 위해 모든 율법에 순종하셨고 의를 성취하셨습니다. 그러므로 구원에 대해서는 오직 그리스도의 순종과 십자가 구속의 공로만 의지합시다.

그렇다면, 성화와 선행의 진정한 가치와 목적은 무엇입니까? 우리는 성화와 선행이 구원의 공로나 근거는 아니지만 구원받은 이후에 성화와 선행의 가치에 대해 결코 무시하거나 과소평가하지 않습니다.

신자에게 상급을 베푸시는 하나님의 은혜

셋째, 성화와 선행은 신자에게 상급을 베푸시는 하나님의 은혜입니다(8-11절). 본문 8-11절을 보겠습니다. "만일 우리가 그리스도와 함께 죽었으면 또한 그와 함께 살 줄을 믿노니 이는 그리스도께서 죽은 자 가운데서 살아나셨으매 다시 죽지 아니하시고 사망이 다시 그를 주장하지 못할 줄을 앎이로라 그가 죽으심은 죄에 대하여 단번에 죽으심이요 그가 살아 계심은 하나님께 대하여 살아 계심이니 이와 같이 너희도 너희 자신을 죄에 대하여는 죽은 자요 그리스도 예수 안에서 하나님께 대하여는 살아 있는 자로 여길지어다."

벨직 신앙고백서 24항 마지막 문단을 보겠습니다. "이와 동시에 우리는 하나님이 선행에 상급을 주신다는 사실을 부정하지 않습니다. 하지만 그것은 하나님이 자기의 선물을 은혜로 주시는 것입니다. 심지어 우리가 선을 행한다 할지라도 우리 구원의 근거를 그 위에 두지 않습니다. 우리가 하는 행위라는 것이 우리 육체로 오염되었고 따라서 형벌을 받기에 마땅한 행위 외에 다른 행위를 하지 않기 때문입니다. 더구나 우리가 비록 선한 행위를 한다고 해도, 단 한 가지 죄의 흔적만으로도 하나님이 그런 선행을 거부하시기에 충분하기 때문입니다. 그러므로 우리가 구주의 고난과 죽음의 공로를 의지하지 않는다면, 우리는 어떤 확신도 없이 항상 의심하고 좌우로 흔들리며 방황하게 될 것이고, 우리의 가련한 양심은 계속해서 고통을 받게 될 것입니다."

벨직 신앙고백서 24항은 선행의 가치, 목적, 구원과의 관계를 분명히 제시합니다. 선행의 가치는 하나님이 우리의 선행을 보상하신다는 점에 있습니다. 우리는 칭의를 지나치게 강조한 나머지, 성화나 선행을 소홀히 여기는 오류를 저질러서는 안 됩니다. 의롭다 함을 받아서 구원은 따 놓은 당상이라며 자기 마음대로 살아서는 안 됩니다. 그것은 율법폐기론주의입니다. 우리는 율법주의라는 괴물과도 맞서 싸워야 하지만 율법폐기론주의라는 맹수와도 맞서 싸워야 합니다. 율법폐기론주의는 도덕법으로서 율법이 지닌 기능을 인정하지 않고 은혜의 복음을 값싼 것으로 만들어 버립니다.

선행이란 무엇입니까? 선행이라고 하면 어떤 생각이 듭니까? 착한 일, 구걸하는 사람에게 지폐 몇 장을 주는 일 등이 떠오릅니까? 웨스트민스터 신앙고백서 16장 1항은 선행을 "하나님께서 단지 그의 거룩하신 말씀으로 명령하신 것들"이라고 말합니다. 미가 선지자는 선행에 대해 이렇게 말합니다. "사람아 주께서 선한 것이 무엇임을 네게 보이셨나니 여호와께서 네게 구하시는 것은 오직 정의를 행하며 인자를 사랑하며 겸손하게 네 하나님과 함께 행하는 것이 아니냐"(미 6:8). 여호와께서 우리에게 원하시는 것은 정의를 행하고, 인자를 사랑하며, 겸손하게 하나님과 함께 행하는 것입니다. 이것이 무엇입니까? 십계명이며, 신약에서 하나님 사랑과 이웃 사랑으로 요약되는 새 계명입니다.

그래서 웨스트민스터 신앙고백서 16장 2항이 "하나님의 계명에 순종함으로써 이루어지는 선행은 참되고 살아 있는 믿음의 열매들이요 증거"라고 말하는 것입니다. 이런 선행을 통해 신자들은 그들의 감사함을 표하며, 확신을 견고하게 하고, 형제에게 덕을 세우며, 복음에 대한 신앙고백을 돋보이게 하고, 대적들의 입을 막으며, 결국 하나님께 영광을 돌립니다. 이것이 우리가 그리스도 예수 안에서 선한 일을 위해 지음을 받은 이유입니다(엡 2:10).

바울이 로마서 6장 12-23절에서 우리로 하여금 자신을 의의 무기로 드리며 순종과 선행을 장려하는 이유도 여기에 있습니다. 그러나 순종하고 선을 행할 수 있는 능력은 우리에게서 나오지 않고 전적으로 그리스도의 영으로부터 나옵니다. 바울은 빌립보 교회에 편지하면서 이렇게 말합니다. "두렵고 떨림으로 너희 구원을 이루라 너희 안에서 행하시는 이는 하나님이시니 자기의 기쁘신 뜻을 위하여 너희에게 소원을 두고 행하게 하시나니"(빌 2:12-13). 우리 안에서 소원을 두고 성령의 감화로 선행을 하게 하시는 분은 하나님이십니다. 따라서 우리는 나태에 빠져서는 안 되며 우리 안에 있는 하나님의 은혜를 따라 힘써 일해야 합니다.

놀라운 사실은, 이런 신자의 선행에 하나님이 보상하신다는 것입니다. 성경은 이것에 대해 분명히 말합니다. 적게 심는 자는 적게 거두고 많이 심는 자는 많이 거둡니다(고후 9:6). 바울은 고린도 교회에서 불타지 않는 공적에 대해 말한 바 있습니다(고전 3:12-15). 요한은 "보라 내가 속히 오리니 내가 줄 상이 내게 있어 각 사람에게 그가 행한 대로 갚아 주리라"는 주님의 음성을 기록했습니다(계 22:12).

마지막 순간에 십자가에서 회개한 강도, 그리고 평생 동안 설교자와 선교사로 살면서 복음을 전하고 헌신한 바울은 의롭다 함을 얻고 구원을 받았습니다. 하지만 이 두 사람의 선행에 대한 보상은 각각 다를 것입니다.

그 상급은 하나님의 나라에서 차등적으로 보이거나 차등적으로 느껴지지 않을 것입니다. 가장 큰 상급은 영생의 면류관이며, 주님과 함께 거하는 것입니다. 주님과 함께 거하는 것보다 더 큰 보상이 무엇이겠습니까? 그러므로 칭의도 은혜요, 구원도 은혜요, 선행도 은혜요, 상급도 은혜입니다. 우리가 주를 위해 많은 일을 했다면, 그것은 바로 하나님의 은혜입니다. 우리는 하나님께 더 감사할 것이 많은 자들임을 겸손하게 인정해야 합니다. 할 수만 있으면 우리에게 선행을 하도록 은혜를 베푸신 그리스도를 바라보며 최선을 다해 선한 일을 하는 하나님의 친 백성이 됩시다.

마틴 로이드 존스 박사는 요한복음 17장을 강해하면서 선행에 대해 이렇게 말합니다. "여러분은 아마도 평생 선한 행위를 하면서 살아왔을지도 모릅니다. 하지만 그렇다고 해서 이 세상의 가장 방탕한 부랑자보다 더 영생을 얻을 권리를 가지는 것은 아닙니다." 그렇습니다. 구원은 믿음으로 말미암아 은혜로 받습니다. 성화와 선행도 믿음으로 말미암아 은혜로 이루어지는 능력이요 열매입니다. 우리는 자랑할 것이 하나도 없습니다. 자랑할 것이 있다면, 오직 주 안에서 자랑할 것밖에 없습니다. 예수님을 알고 믿음으로써 그 은혜로 구원을 얻고 하나님의 선한 일에 열심인 참 백성이 되었다면, 그 은혜에 감사하며 더욱 그리스도 예수 안에 머무르기 바랍니다.

○ **칼뱅, 『기독교 강요』, 3.6.5**
그러나 육체를 입고 있는 동안에는 어느 누구도 끊임없는 열심으로 계속 전진할 만한 힘이 없고, 대부분이 연약함에 눌려서 머뭇거리고 뒷걸음질

하며, 심지어 넘어지기까지 하고, 아주 느릿느릿 나아가는 것이 사실이다. 그러므로 우리가 가진 미약한 힘으로라도 할 수 있는 만큼 최선을 다해, 기왕 시작한 나그네의 여정(旅程)을 끝까지 마쳐야 한다. 아무리 연약한 그리스도인이라 할지라도, 매일매일의 여정에서 조금씩은 전진하는 법이다. 그러므로 절대로 포기하지 말고 날마다 주의 길을 걸으며 전진하자. 자꾸 실패한다고 해도 결코 좌절하지 말자.

■ 핵심용어

성화, 선행, 중생, 표지, 열매, 율법주의, 율법폐기론주의

■ 생각해 볼 문제

1. 무엇과 무엇을 통해 발생하는 참된 믿음이 우리를 거듭나게(중생하게) 합니까? 이 두 가지 수단이 우리 삶에서 얼마나 지속되고 유지되어 왔는지 함께 나누어 봅시다.
2. 우리가 참된 신자라는 표지와 열매는 무엇을 통해 나타납니까? 중생을 통해 우리는 어떤 삶을 시작하게 됩니까?
3. 성화와 선행은 우리의 칭의에 아무런 영향을 주지 못합니다. 왜 그렇습니까? 성화와 선행은 칭의의 열매라는 말이 어떤 의미인지 생각해 봅시다.
4. 율법주의와 율법폐기론주의가 지닌 양극단의 폐해에 대해 함께 나누어 봅시다. 성화와 선행에 대한 바른 이해가 이 폐해를 극복하는 데 어떤 도움이 되는지도 생각해 봅시다.
5. 우리의 선행은 우리의 구원에 전혀 영향을 끼치지 못합니다. 이 사실이 우리에게

크나큰 위로와 격려가 되고 오히려 선행을 독려하는데, 그 이유가 무엇인지 나누어 봅시다.

6. 왜 우리는 더욱 선한 삶에 열심을 내야 합니까? 그 이유에 대해 생각해 보고, 각자가 구체적으로 어떤 삶을 살고자 하는지 함께 나누며 서로를 격려합시다.

7. 6번 질문에 대한 답이야말로 신자에게만 주어지는 하늘의 소망과 영원한 위로의 확실한 근거입니다. 이것이 현재 나의 일상의 삶과 내세에 대한 소망에 어떤 근거가 되는지 자신의 말로 고백해 봅시다.

26장
그리스도와 율법

¹⁷내가 율법이나 선지자를 폐하러 온 줄로 생각하지 말라 폐하러 온 것이 아니요 완전하게 하려 함이라 ¹⁸진실로 너희에게 이르노니 천지가 없어지기 전에는 율법의 일점일획도 결코 없어지지 아니하고 다 이루리라 ¹⁹그러므로 누구든지 이 계명 중의 지극히 작은 것 하나라도 버리고 또 그같이 사람을 가르치는 자는 천국에서 지극히 작다 일컬음을 받을 것이요 누구든지 이를 행하며 가르치는 자는 천국에서 크다 일컬음을 받으리라 ²⁰내가 너희에게 이르노니 너희 의가 서기관과 바리새인보다 더 낫지 못하면 결코 천국에 들어가지 못하리라. 마 5:17-20

25항 의식법의 폐지

우리는 율법의 의식들과 상징들이 그리스도의 오심과 함께 종결되었고 모든 그림자들이 성취되었으므로(마 27:51; 롬 10:4; 히 9:9-10), 그리스도인들 가운데서 이런 것들을 사용하는 일은 폐지되어야 함을 믿습니다.

그러나 율법의 진리와 본질은 그 율법을 완전히 성취하신 그리스도 안에서 우리에게 여전히 남아 있습니다(마 5:17; 갈 3:24; 골 2:17). 한편, 우리는 복음의 교리 안에서 우리를 확고하게 하기 위해, 또한 하나님의 영광을 향해 우리 삶을 모든 정직 가운데 다스리기 위해 율법과 선지자들로부터 취한 증거를 여전히 사용합니다(롬 13:8-10, 15:4; 벧후 1:19, 3:2).

사도 바울 신학의 대전제는 이것입니다. 사람이 의롭게 되는 것은 율법의 행위로 말미암는 것이 아니라 오직 하나님의 은혜인 믿음으로 말미암아 되는 것입니다. 이 점에 대해서는 신약의 사도들도 대부분 일치했습니다. 심지어 야고보 사도까지 일치했습니다. 야고보 사도는 행함을 강조하지만 칭의의 열매 혹은 결과로, 참된 믿음의 표지로서 행함을 강조합니다.

마태복음 5장 17-20절에서 주님은 "내가 율법이나 선지자를 폐하러 온 것이 아니라 완전하게 하려고 왔다"고 말씀하십니다. 벨직 신앙고백서 25항은 그리스도를 율법을 성취하신 분으로 묘사하며 율법의 의식들과 상징들은 그리스도의 오심과 함께 종결되었으므로 그것을 사용하는 일은 폐지되어야 한다고 진술합니다.

그렇다면 하나님을 믿고 사랑하는 우리에게 율법은 어떤 의미가 있습니까? 벨직 신앙고백서는 그리스도의 구원의 역사를 다루는 가운데 왜 갑자기 율법과 의식에 대해 다루는 것입니까? 그 당시, 율법과 의식에 대한 오해가 많았고, 로마 가톨릭교회가 행한 오류가 많았기 때문입니다. 우리가 신앙생활을 하면서 그리스도인과 율법의 관계를 올바로 이해하기 위해서는 먼저 그리스도와 율법의 관계를 이해해야 합니다.

결론적으로 말하면, 신자는 더 이상 종의 신분이 아니라 양자의 신분으로 율법을 지켜 행한다는 것입니다. 마태복음 5장 17-20절과 벨직 신앙고백서 25항을 중심으로 이것이 어떤 의미인지를 살펴보겠습니다.

그리스도 예수 안에서 율법이 모두 완성됨

가장 중요한 첫 번째 사실은, 그리스도 예수 안에서 율법의 일점일획이 모두 완성되었다는 것입니다(17-18절). 본문 17-18절을 보겠습니다. "내가 율법이나 선지자를 폐하러 온 줄로 생각하지 말라 폐하러 온 것이 아니요 완전하게 하려 함이라 진실로 너희에게 이르노니 천지가 없어지기 전에는 율법의 일점일획도 결코 없어지지 아니하고 다 이루리라."

벨직 신앙고백서 25항 첫 문장을 보겠습니다. "우리는 율법의 의식들과 상징들이 그리스도의 오심과 함께 종결되었고 모든 그림자들이 성취되었으므로, 그리스도인들 가운데서 이런 것들을 사용하는 일은 폐지되어야 함을 믿습니다."

17-18절의 말씀과 벨직 신앙고백서 25항의 진술은 서로 모순되지 않습니다. 둘 다 율법의 성취를 기록하고 있습니다. 주님은 율법을 완전하게 하려고 오셨으며, 율법의 일점일획조차 다 이루어질 것이라고 말씀하십니다. '완전하게 한다'는 말은 주님이 율법을 수정하거나 폐지하거나 계명의 말씀을 가치 없는 것으로 치부하지 않으신다는 것입니다. 그 결과가 일점일획도 남김없이 다 이루어진다는 것입니다. '일점'이란 헬라어 알파벳의 한 점인 이오타를 가리키고, '일획'이란 히브리어 알파벳의 단어를 구분하는 매우 작은 글자를 카리킵니다. 말하자면, 율법의 조항은 어떤 것이든지 하나도 남김없이 완벽하게 성취된다는 뜻입니다.

주님이 율법을 어떻게 성취하셨습니까? 주님이 오심으로 성취되었습니다. 즉 그리스도의 성육신이 율법의 성취입니다. 그러면 그리스도의 성육신이 어떻게 율법의 성취가 됩니까? 그리스도께서 오셔야 했던 이유가 무엇입니까? 하나님을 대적하여 타락한 죄인이 율법의 요구를 감당할 수 없기 때문에 그리스도께서 오셔야 했습니다. 바울은 로마서 8장에서 그리스도 예수 안에 있는 신자들에게는 더 이상 정죄함이 없다고 선언하며 그 이유를 3절에서 밝힙니다. "율법이 육신으로 말미암아 연약하여 할 수 없는 그것을 하나님은 하시나니 곧 죄로 말미암아 자기 아들을 죄 있는 육신의 모양으로 보내어 육신에 죄를 정하사."

율법은 우리에게 범죄의 삯을 달라고 소리칩니다. 범죄의 삯은 사망입니다. 죽음입니다. 허물과 죄로 인해 영적으로 죽었던 우리는 율법의 요구를 이룰 수 없습니다. 죄인은 율법에 순종하여 의를 이룰 능력도 없고 의지도 없습니다. 그런 우리를 불쌍히 여기신 하나님이 그리스도 예수를 때가 차매 여자에게서 나게 하시고, 고난을 당하게 하십니다. 그리스도는 하나님 아버지의 뜻에 온전히 순종하여 십자가에서 죽으심으로 의를 획득하십니다. 그래서 바울이 "그리스도는 모든 믿는 자에게 의를 이루기 위하여 율법의 마침이 되시니라"고 말한 것입니다(롬 10:4).

구약의 율법과 제사 의식들이 그리스도의 오심으로 폐지된 이유가 여기에 있는 것입니다. 구약의 율법과 제사 의식들은 그리스도께서 오실 것을 보여 주는 그림자요 모형에 불과합니다. 실체가 오면 그림자는 사라지는 법입니다. 그리스도께서 친히 율법과 의식을 십자가 죽음과 부활을 통해 완전하게 하셨고 하나도 남김없이 다 이루셨기 때문입니다.

히브리서 기자는 이렇게 말합니다. "이 장막은 현재까지의 비유니 이에 따라 드리는 예물과 제사는 섬기는 자를 그 양심상 온전하게 할 수 없나니 이런 것은 먹고 마시는 것과 여러 가지 씻는 것과 함께 육체의 예법일 뿐이며 개혁할 때까지 맡겨 둔 것이니라 그리스도께서는 장래 좋은 일의 대제사장으로 오사 손으로 짓지 아니한 것 곧 이 창조에 속하지 아니한 더 크고 온전한 장막으로 말미암아 염소와 송아지의 피로 하지 아니하고 오직 자기의 피로 영원한 속죄를 이루사 단번에 성소에 들어가셨느니라"(히 9:9-12).

그러므로 이제 우리는 구약의 율법과 제사 의식을 또다시 지킬 필요가 없습니다. 이제 우리는 짐승 제사를 드릴 필요가 없습니다. 어떤 의미에서 그렇습니까? 율법의 요구를 이루는 의미에서 그렇습니다. 죄에서 구원을 받고 사죄의 은총을 얻으며 의롭다 함을 이루기 위해서 말입니다. 그리스도 예수께서 율법의 온전한 성취를 통해 죄의 사면과 영원한 생명을 우리에게 주셨기 때문에 우리는 은혜의 보좌 앞에 담대히 나아가게 되었습니다. 예수 그리스도께서 십자가에서 죽으심으로 휘장이 위로부터 아래까지 찢어졌고, 하나님과 죄인 사이의 막힌 담을 허무셨습니다(막 15:37-38).

벨직 신앙고백서 25항이 이것을 강조하는 이유가 무엇입니까? 당시 로마 가톨릭교회가 성찬식을 은혜의 방편이 아니라 구약의 제사처럼 구원의 방편으로 행했기 때문입니다. 가톨릭교회는 미사 때 성찬성례를 통해 하늘 높이 거양된 떡과 포도주가 실제 주님의 살과 피로 변화되어, 신자들에게 사죄의 은총을 베푼다고 주장함으로서 구약의 제사 의식으로 돌아가 버렸습니다. 이것을 가톨릭의 '화체설' 또는 '성변화설'이라 부릅니다. 사실 가톨릭의 미사, 즉 예배는 구약의 제사 의식과 거의 비슷합니다. 가톨릭 예배를 한 번이라도 본 적이 있다면 이것이 무엇을 의미하는지 잘 알 것입니다. 신부와 사제들이 화려한 의복을 입고 머리에 모자를 쓰며 지팡이를 들고, 거룩하고 장엄한 노래를 부르고 행진하며, 향을 피우고 성호를 긋는 모습들은 구약의 제사를 반복하는 의식적인 예배입니다.

반면에 종교개혁자들은 가톨릭의 미사를 개혁했고, 단순한 예배 의식을 선호했습니다. 그 이유는 벨직 신앙고백서가 말하고 있듯이, 율법의 의식들과 상징들이 그리스도의 오심과 함께 종결되고 성취되었다고 선언하기 때문입니다. 주님은 율법을 완전하게 하셨고, 율법이 다 이루어질 것이라고 말씀하셨습니다. 구약의 모든 율법과 선지자들과 의식들은 그리스도를 예언하고 예표하며, 신약의 세례와 성찬은 그리스도를 선언하는 의식입니다. 그리스도 예수 안에서 모든 율법과 의식이 완전해지고 성취되었음을 굳게 믿고, 죄를 용서받고 구원을 얻기 위한 방편으로 율법을 지키지 않기를 바랍니다.

그렇다면, 이제 율법은 안 지켜도 되는 것 아닙니까? 그리스도께서 율법과 의식을 완전하게 하셨고 다 성취하셨다면, 우리가 율법을 지킬 이유가 무엇이란 말입니까? 이에 대해 우리는 그리스도인과 율법의 관계에 대해 주님이 하신 말씀에 귀를 기울여야 합니다.

그리스도 안에서 우리의 의

둘째 사실은, 그리스도 안에서 우리의 의가 바리새인의 의보다 더 나아야 한다는 것입니다(19-20절). 본문 19-20절을 보겠습니다. "그러므로 누구든지 이 계명 중의 지극히 작은 것 하나라도 버리고 또 그같이 사람을 가르치는 자는 천국에서 지극히 작다 일컬음을 받을 것이요 누구든지 이를 행하며 가르치는 자는 천국에서 크다 일컬음을 받으리라 내가 너희에게 이르노니 너희 의가 서기관과 바리새인보다 더 낫지 못하면 결코 천국에 들어가지 못하리라."

벨직 신앙고백서 25항 두 번째와 세 번째 문장을 보겠습니다. "그러나 율법의 진리와 본질은 그 율법을 완전히 성취하신 그리스도 안에서 우리에게 여전히 남아 있습니다. 한편, 우리는 복음의 교리 안에서 우리를 확고하게 하기 위해, 또한 하나님의 영광을 향해 우리의 삶을 모든 정직 가운데 다스리기 위해 율법과 선지자들로부터 취한 증거를 여전히 사용합니다."

주님이 율법을 완전하게 하셨고 일점일획이라도 다 이루실 것이기 때문에 너희가 율법을 지킬 필요가 없다고 말씀하시는 것이 아닙니다. 도리어 주님은 우리의 의가 서기관과 바리새인보다 더 낫지 못하면 천국에 들어가지 못할 것이라 말씀하십니다. 또한 계명 중의 지극히 작은 것 하나라도 버리고 올바로 가르치지 않으면 천국에서 지극히 작다 일컬음을 받게 될 것이라 경고하십니다. 이에 대해 벨직 신앙고백서는 "율법의 진리와 본질은 그 율법을 완전히 성취하신 그리스도 안에서 우리에게 여전히 남아 있습니다"라고 말하며, "한편, 우리는 복음의 교리 안에서 우리를 확고하게 하기 위해, 또한 하나님의 영광을 향해 우리의 삶을 모든 정직 가운데 다스리기 위해 율법과 선지자들로부터 취한 증거를 여전히 사용합니다"라고 말합니다.

이로 보건대, 우리는 구약의 율법과 제사의식을 신약 시대에 여전히 사용하는 오류를 범하는 로마 가톨릭도 배격해야 하지만, 구약의 율법과 의식법이 전혀 쓸모없게 되었다며 율법을 배격한 재세례파의 주장도 배격해야 합니다. 재세례파는 일반적으로 구약성경을 선호하지 않습니다. 그들은 구약의 시대가 완전히 끝났다고 주장합니다. 그렇기 때문에 교리나 신학이나 행실에 있어서 구약은 더 이상 아무런 가치가 없다고 주장합니다. 아미쉬 공동체도 이와 비슷한 주장을 합니다.

그러나 벨직 신앙고백서 25항은 이렇게 말합니다. "그러나 율법의 진리와 본질은 그 율법을 완전히 성취하신 그리스도 안에서 우리에게 여전히 남아 있습니다." 이것은 무엇을 의미합니까? 폐지된 율법은 의식법이지, 율법 전체가 아니라는 뜻입니다. 벨직 신앙고백서 25항은 율법의 의식과 상징들이 폐지되었다고 말합니다. 율법은 일반적으로 세 가지로 구분할 수 있습니다. 의식법, 시민법, 도덕법으로 구분합니다. 의식법은 제사의식과 같은 것입니다. 시민법은 십계명과 같이 지켜야 할 법입니다. 도덕법은 그리스도인으로서 지켜야 할 구약 전체에 걸친 법입니다. 여기서 폐지된 것은 의식법입니다.

이런 의미에서 구약의 율법은 그것이 의식법이든 시민법이든 도덕법이든 몇 가지 기능을 합니다. 첫째, 율법은 우리가 그것을 지킬 수 없기에 우리를 그리스도께로 인도하는 초등교사의 역할을 합니다(갈 3:24). 둘째, 일종의 사회법과 도덕법으로서 율법은 하나님의 백성이 누구인지를 규정합니다. 율법을 지키느냐에 따라 하나님께 속했는지 그렇지 않은지가 판가름이 납니다. 이런 의미에서 구약의 율법은 폐지되지 않으며, 하나님께 순종하며 영광을 돌리는 백성으로서 신자에게 순종하는 삶의 방식을 규정하는 방편입니다.

바울은 이렇게 말합니다. "무엇이든지 전에 기록된 바는 우리의 교훈을 위하여 기록된 것이니 우리로 하여금 인내로 또는 성경의 위로로 소망을 가지게 함이니라"(롬 15:4). 베드로는 이렇게 말합니다. "곧 거룩한 선지자들이 예언한 말씀과 주 되신 구주께서 너희의 사도들로 말미암아 명하신 것을 기억하게 하려 하노라"(벧후 3:2).

이런 일을 가장 잘한 사람들은 서기관들과 바리새인들이었습니다. 그렇다면 바리새인들이야말로 참으로 하나님의 백성이 아니겠습니까? 외적으로만 보면 그렇습니다. 주님은 의를 준수하려는 바리새인들 자체를 비판하지 않으셨습니다. 그렇다면 바리새인의 무엇이 문제였습니까? 그들의 문제는 그리스도를 향한 사랑과 순종의 태도 없이 그저 외식적으로 율법에 집착한 것이었습니다. 그들은 율법을 지켰지만, 율법을 주신 하나님의 진정한 목적을 잃어버렸고 동시에 그리스도를 향한 믿음과 의지와 참된 순종을 잃어버렸습니다. 바로 이것이 그들의 문제였습니다. 우리 주님은 이런 자들을 가리켜 회칠한 무덤처럼 겉은 단장하지만 속은 썩었다고 하십니다.

그렇다면 신자는 어떠해야 합니까? 주님은 신자의 의가 서기관들과 바리새인들보다 더 나아야 한다고 말씀하십니다. 우리가 바리새인들보다 더 율법에 순종할 수 있겠습니까? 결코 그럴 수 없습니다. 그러므로 우리는 더욱 그리스도 안에 있어야 합니다. 그리스도를 더욱 의지하고 믿을 때 우리는 담대하게 하나님의 율법과 계명의 말씀을 참으로 순종할 수 있습니다. 즉 우리는 의를 이루고 죄를 용서받고 구원을 얻기 위해 노예와 같이 두렵고 무서운 마음으로 율법을 준행하는 것이 아닙니다. 그리스도 안에서 하나님의 아들로 입양되어 성령의 역사하심을 통해 아버지를 존경하고 경외하는 마음으로 율법을 지켜 행하는 것입니다.

주님은 우리에게 더 깊은 순종을 요구하십니다. 예수님을 믿고 의지한다고 하면서 하나님의 자녀 된 표지를 전혀 드러내지 않고 하나님의 율법을 무시하며 계명에 순종하지 않는다면 결코 하나님 자녀가 아닙니다. 율법은 거룩하고 공의로우며 선하신 하나님의 법입니다. 율법은 하나님의 거룩한 백성들이 거룩하게 선을 행하게 하는 데 유익한 하나님의 말씀입니다. 그리스도 안에서 이미 성취된 모든 율법과 계명의 말씀을 기쁨과 즐거움과 경외함으로 지키며 살아가기를 바랍니다.

오늘날 우리는 참으로 무법한 시대를 살아가고 있습니다. 많은 사람들이 마치 법이 없는 것처럼 살고 있습니다. 주님은 산상수훈을 통해 그분과 율법의 관계를 설명하십니다. 산상수훈은 하나님의 자녀 된 백성들의 윤리입니다. 자신이 죄인임을 깨닫고 예수 그리스도를 영접하여 하나님의 자녀가 된 신자는 주님이 16절에서 말씀하신 것처럼 "이같이 너희 빛이 사람 앞에 비치게 하여 그들로 너희 착한 행실을 보고 하늘에 계신 너희 아버지께 영광을 돌리며" 살아야 할 것입니다. 산상수훈이 담긴 마태복음 5-7장은 우리가 지켜야 할 신약의 새로운 계명입니다.

    그러나 우리의 착한 행실은 언제나 그리스도 안에서 행해야 합니다. 구약의 성전은 그리스도 안에서 하나님의 성령이 거하시는 신자의 심령이 되었습니다. 구약의 동물 제사는 그리스도 안에서 성도들이 드리는 감사의 제사로 변했습니다. 구약의 왕과 선지자와 제사장의 직무가 신약의 그리스도 예수 안에서 완전히 성취되었습니다. 우리는 그리스도 예수라는 실재 안에서 성취된 율법을 봅니다. 그리고 율법을 통해 우리의 죄를 보며, 율법을 지킬 수 없는 우리의 무능력을 보고, 그리스도께로 인도함을 받는 우리를 봅니다. 그리고 이제 그리스도 안에서 우리가 하나님 백성으로서 감사함으로 지키고 순종해야 할 규칙으로써 율법을 보게 됩니다. 모든 믿는 자에게 의를 이루기 위하여 율법의 마침이 되시는 예수 그리스도 안에서 하나님의 계명을 지킵시다.

    ○ 칼뱅, 『기독교 강요』, 2.7.13
그런데 일부 무지한 사람들은 이 점을 이해하지 못하고, 경솔하게도 모세의 글 전체를 내어던지며, 율법의 두 돌판을 없애 버린다. 그들은 그리스도인들이 "죽게 하는 율법 조문의 직분"(고후 3:7 참조)을 포함하고 있는 가르침을 붙드는 것은 분명 도리에 어긋난다고 생각한 것이다. 그러나 이런 사악한 생각은 머릿속에서 제거해야 한다! 모세는, 율법이 죄인들 가운데서는 죽음 이외에 아무것도 이루어 낼 수 없지만, 성도들 가운데서는 더 낫고 탁월한 용도가 있음을 훌륭하게 가르치고 있는 것이다.

■ 핵심용어

율법, 율법의 완성과 폐지, 화체설(성변화설), 의식법, 시민법, 도덕법, 율법의 기능

■ 생각해 볼 문제

1. 율법이란 무엇입니까? 평소에 율법이란 단어를 어떻게 생각하고 느꼈는지를 나누어 봅시다.
2. "그리스도 안에서 율법이 완성되었다"는 말은 어떤 의미입니까? 신약 시대를 살고 있는 우리에게 율법은 어떤 의미가 있습니까?
3. 율법의 일반적인 세 가지 구분은 무엇이며, 그 가운데 폐지된 것은 무엇입니까?
4. 구약의 의식법이 폐지된 이유는 무엇입니까? 로마 가톨릭교회의 성찬에 대한 이해(화체설)와 함께 설명해 봅시다.
5. 본문에 나온 율법의 기능 두 가지는 무엇입니까?
6. 우리가 서기관들과 바리새인들과 같이 외식하는 자가 되지 않으려면 율법을 어떻게 행해야 합니까? 선행을 위한 우리의 노력은 무엇을 지향해야 합니까? 평소 우리의 열심이 어떤 동기에서 비롯되었고, 앞으로는 어떠해야 할지 함께 고민하고 나누어 봅시다.

27장
그리스도의 중보

³¹그런즉 이 일에 대하여 우리가 무슨 말 하리요 만일 하나님이 우리를 위하시면 누가 우리를 대적하리요 ³²자기 아들을 아끼지 아니하시고 우리 모든 사람을 위하여 내주신 이가 어찌 그 아들과 함께 모든 것을 우리에게 주시지 아니하겠느냐 ³³누가 능히 하나님께서 택하신 자들을 고발하리요 의롭다 하신 이는 하나님이시니 ³⁴누가 정죄하리요 죽으실 뿐 아니라 다시 살아나신 이는 그리스도 예수시니 그는 하나님 우편에 계신 자요 우리를 위하여 간구하시는 자시니라 ³⁵누가 우리를 그리스도의 사랑에서 끊으리요 환난이나 곤고나 박해나 기근이나 적신이나 위험이나 칼이랴 ³⁶기록된 바 우리가 종일 주를 위하여 죽임을 당하게 되며 도살 당할 양같이 여김을 받았나이다 함과 같으니라 ³⁷그러나 이 모든 일에 우리를 사랑하시는 이로 말미암아 우리가 넉넉히 이기느니라 ³⁸내가 확신하노니 사망이나 생명이나 천사들이나 권세자들이나 현재 일이나 장래 일이나 능력이나 39높음이나 깊음이나 다른 어떤 피조물이라도 우리를 우리 주 그리스도 예수 안에 있는 하나님의 사랑에서 끊을 수 없으리라. 롬 8:31-39

26항 그리스도와 중보

우리는 오직 유일한 중보자이시며(딤전 2:5) 대언자이신 의로우신 예수 그리스도를(요일 2:1) 통하지 않고서는 하나님께 나아갈 수 없음을 믿습니다. 그분은 사람들이 하나님의 위엄 앞으로 나아갈 수 있도록 한 인격 안에서 신성과 인성이 연합되어 사람이 되셨습니다(엡 3:12). 그렇지 않고서는 우리가 다른 방법으로 하나님께 나아가는 길은 모두 막혔을 것입니다. 그러나 성부 하나님이 자신과 우리 사이에 임명하신 이 중보자는 그분의 위엄으로 우리를 두렵게 하거나 우리가 공상으로 또 다른 중보자를 찾게 만들지 않으십니다. 하늘이나 땅의 어떤 피조물도 예수 그리스도보다 우리를 더 사랑할 수 없기 때문입니다(마 11:28; 요 15:13; 엡 3:19; 요일 4:10). 그리스도는 근본 하나님의 본체시나 자기를 비워 종의 형체를 가져 사람과 같이 되셨고 모든 일에 그의 형제들과 같이 되셨습니다. 그럼에도 우리가 우리를 사랑하는 또 다른 중보자를 찾는다면, 우리가 원수 되었을 때에도 우리를 위해 자기 생명을 내어 주신 그분보다 우리를 더 사랑하는 누군가를 찾을 수 있겠습니까? 또한 우리가 권세와 위엄을 가진 누군가를 찾는다면, 자기 아버지의 오른편에 앉으셔서(히 1:3, 8:1) 하늘과 땅의 모든 권세와 위엄을 다 가지신 분 외에 누가 있겠습니까? 또한 하나님이 가장 사랑하시는 아들 외에 하나님의 음성을 더욱 빨리 알아들을 수 있는 분이 누구겠습니까?(마 3:17; 요 11:42; 엡 1:6)

그러므로 성인들을 영예롭게 하기보다 불명예스럽게 만드는 관행이 도입된 것은 불신에 따른 것이었습니다. 그들의 저작에서 잘 드러나듯이 그런 관행은 그들이 행하거나 요구한 적이 없으며 도리어 그들의 마땅한 본분에 따라 늘 거부한 것이었습니다(행 10:26, 14:15). 우리는 자신의 무가치함을 내세워서는 안 됩니다. 우리는 자신의 가치가 아니라 오직 믿음으로 말미암아 그분의 의가 우리 것이 되는 주 예수 그리스도의 위엄과 탁월하심을 근거로(렘 17:5, 7; 행 4:12) 하나님께 기도해야 하기 때문입니다(고전 1:30).

그러므로 사도는 이 어리석은 두려움 ─ 더 올바르게 말하면, 우리에게서 비롯된 불신 ─ 을 제거하기 위해 예수 그리스도께서 모든 일에 형제들과 같이 되셔서 백성의 죄를 속죄하실 인애롭고 신실한 대제사장이 되셨다고 정확히 말합니다. 그분이 친히 시험을 받아 고난을 당하셨기에 시험받는 자들을 능히 도우실 수 있기 때문입니다. 또한 사도는 우리를 격려하기 위해 이렇게 덧붙입니다. "그러므로 우리에게 큰 대제사장이 계시니 승천하신 이 곧 하나님의 아들 예수시라 우리가 믿는 도리를 굳게 잡을지어다 우리에게 있는 대제사장은 우리의 연약함을 동정하지 못하실 이가 아니요 모든 일에 우리와 똑같이 시험을 받으신 이로되 죄는 없으시니라 그러므로 우리는 긍휼하심을 받고 때를 따라 돕는 은혜를 얻기 위하여 은혜의 보좌 앞에 담대히 나아갈 것이니라"(히 4:14-16; 요 10:9; 엡 2:18; 히 9:24). 또한 사도는 말합니다. "그러므로 형제들아 우리가 예수의 피를 힘입어 성소에

> 들어갈 담력을 얻었나니 … 참 마음과 온전한 믿음으로 하나님께 나아가자"(히 10:19, 22). 이와 마찬가지로, 그리스도는 불변하는 제사장직을 소유하심으로 자신을 통하여 하나님께 나아오는 자를 누구라도 구원하실 수 있으시며, 항상 살아서 그들을 위해 간구하십니다(롬 8:34).
>
> 그리스도께서 "내가 곧 길이요 진리요 생명이니 나로 말미암지 않고는 아버지께로 올 자가 없느니라"고 말씀하셨으니 무엇이 더 필요하겠습니까? 하나님이 자기 아들을 우리에게 대언자로 주시기를 기뻐하셨는데 우리가 무슨 목적으로 다른 대언자를 찾겠습니까? 따라서 우리는 다른 대언자를 취하거나 찾으려고 그분을 배반함으로써 영원히 그분을 찾지 못하는 일이 없어야 합니다. 하나님 아버지가 자기 아들을 우리에게 주셨을 때 우리가 죄인임을 잘 알고 계셨기 때문입니다.
>
> 그러므로 주님이 가르쳐 주신 기도에 잘 나타나 있듯이(마 6:9-13; 눅 11:2-4) 우리가 그분의 이름으로 아버지께 구하는 것은 무엇이든 주실 것을 확신하며(요 14:13), 그리스도의 명령에 따라 우리의 중보자가 되시는 예수 그리스도를 통하여 하늘에 계신 하나님 아버지를 부르며 기도해야 합니다(히 13:15).

이 장에서는 그리스도의 중보(intercession) 사역에 대해 살펴보려고 합니다. 중보는 어려운 말이 아닙니다. 두 사람 사이에서 어떤 일을 중재하거나 중개하는 것이 중보입니다. 중재자나 중개자는 두 사람 사이에 서 있는 사람입니다. 쉽게 예를 들어, 부동산 중개인을 생각해 볼 수 있습니다. 부동산 중개인은 매도인과 매수인 사이에서 원활히 업무를 처리합니다. 저는 그동안 수없이 이사하면서 여러 번 친절한 중개인을 만났습니다. 그러나 모든 중개인이 친절했던 것은 아닙니다. 정부는 전세입자들에게 은행을 통해 대출을 해줍니다. 전세입자들의 신용 등급에 따라 담보를 요구하기도 합니다. 어떤 임대인이나 중개인들은 이런 문제로 세입자들을 기분 나쁘게 합니다. 연봉이 얼마냐, 은행이 담보를 요구하지 않을 만큼 재산은 있느냐 등을 따져 물으면서 불필요한 질문을 합니다. 중개를 잘하면 계약이 성사되지만, 중개를 잘못하면 서로 감정만 상하는 경우도 생깁니다.

다른 예를 하나 들어 보겠습니다. 아이가 무언가 원하는 것이 있어서 엄마한테 이야기했는데, 엄마가 안 된다고 합니다. 그러면 아이는 아빠한테 도와달라고 합니다. 그러면 아빠가 엄마한테 아이의 말을 들어 달라고 부드럽고 간곡하게 부탁합니다. 이때 아빠의 말과 행동은 중보적 성격을 띱니다.

그러나 우리가 살펴볼 그리스도의 중보는 그런 차원의 중보가 아닙니다. 우리는 무언가를 요청할 자격이나 능력이나 지혜가 전무하기 때문입니다. 또한 그리스도의 중보는 우리에게 아무런 자격도 원하지 않는 무조건적인 사랑이 구현된 중보이기 때문입니다.

그리스도의 중보 사역이 우리에게 어떤 의미를 지니는지 벨직 신앙고백서 26항과 로마서 8장 31-39절을 통해 살펴보겠습니다.

우리의 유일한 중보자이신 그리스도

첫째, 그리스도는 우리와 같이 되셔서 신자를 구원하시는 유일한 중보자이십니다(31-32절). 본문 31-32절을 보겠습니다. "그런즉 이 일에 대하여 우리가 무슨 말 하리요 만일 하나님이 우리를 위하시면 누가 우리를 대적하리요 자기 아들을 아끼지 아니하시고 우리 모든 사람을 위하여 내주신 이가 어찌 그 아들과 함께 모든 것을 우리에게 주시지 아니하겠느냐."

벨직 신앙고백서 26항을 보겠습니다. "우리는 오직 유일한 중보자이시며 대언자이신 의로우신 예수 그리스도를 통하지 않고서는 하나님께 나아갈 수 없음을 믿습니다. 그분은 사람들이 하나님의 위엄 앞으로 나아갈 수 있도록 한 인격 안에서 신성과 인성이 연합되어 사람이 되셨습니다. 그렇지 않고서는 우리가 다른 방법으로 하나님께 나아가는 길은 모두 막혔을 것입니다. 그러나 성부 하나님이 자신과 우리 사이에 임명하신 이 중보자는 그분의 위엄으로 우리를 두렵게 하거나 우리가 공상으로 또 다른 중보자를 찾게 만들지 않으십니다. 하늘이나 땅의 어떤 피조물도 예수 그리스도보다 우리를 더 사랑할 수 없기 때문입니다. 그리스도는 근본 하나님의 본체시나 자기를 비워 종의 형체를 가져 사람과 같이 되셨고 모든 일에 그의 형제들과 같이 되셨습니다."

오직 그리스도만이 우리의 유일한 중보자가 되십니다. 오직 그리스도만이 우리의 죄를 속하시고 우리를 의롭다 하십니다. 벨직 신앙고백서는 "우리의 유일한 중보자이시며 대언자이신 의로우신 예수 그리스도"라고 고백합니다. 바울은 "자기 아들을 아끼지 아니하시고 우리 모든 사람을 위하여 내주신 이"라고 말합니다(32절). 우리의 유일한 중보자이신 그리스도는 하나님의 뜻에 따라 우리 죄를 속하시고 우리를 의롭다 하시기 위해 하나님이 모든 사람을 위해 내주신 분이십니다.

그리스도는 이 일을 수행하시기 위해 우리와 같이 되신 분이십니다. 바울은 이렇게 말합니다. "하나님은 한 분이시요 또 하나님과 사람 사이에 중보자도 한 분이시니 곧 사람이신 그리스도 예수라"(딤전 2:5). 벨직 신앙고백서는 그리스도께서 이런 목적으로 사람이 되셨다고 말합니다. 이런 의미에서 그리스도는 가장 유일하고 독특하며 하나밖에 없는 중보자이십니다. 바로 이것이 하나님의 사랑의 표현입니다. 히브리서 기자는 이렇게 말합니다. "그러므로 그가 범사에 형제들과 같이 되심이 마땅하도다 이는 하나님의 일에 자비하고 신실한 대제사장이 되어 백성의 죄를 속량하려 하심이라 그가 시험을 받아 고난을 당하셨은즉 시험 받는 자들을 능히 도우실 수 있느니라"(히 2:17-18).

신자는 중보자이신 그리스도를 통해 하나님 아버지께 나아갈 수 있습니다. 하나님 아버지는 중보자를 세워 놓고 우리를 위협하지 않으십니다. 우리 주변에 중개자를 세워 놓고 우리를 위협하는 사람들이 얼마나 많습니까? 그러나 하나님은 그런 분이 아니십니다. 히브리서 기자는 이 중보자를 이렇게 묘사합니다. "그러므로 우리에게 큰 대제사장이 계시니 승천하신 이 곧 하나님의 아들 예수시라 우리가 믿는 도리를 굳게 잡을지어다 우리에게 있는 대제사장은 우리의 연약함을 동정하지 못하실 이가 아니요 모든 일에 우리와 똑같이 시험을 받으신 이로되 죄는 없으시니라"(히 4:14-15).

그리스도는 근본 하나님의 본체시고, 그 영광이 하나님과 동등한 분이시지만 친히 사람의 몸을 입고 이 세상에 오시는 비천함에 순종하셨습니다. 그리고 십자가에서 죽으심으로 우리를 위한 중보를 성취하셨습니다. 그리스도의 십자가 죽음의 중보는 우리 구원의 유일한 중보입니다. 그러므로 신자는 그리스도 외에 다른 어떤 공로나 우리의 무가치함을 의지하지 않아야 합니다. 우리는 그리스도를 통해 만족하신 하나님 앞에 담대히 나아갈 수 있습니다.

하나님은 로마 가톨릭교회의 사제를 통해 우리를 만나지 않으십니다. 하나님은 유일한 중보자이신 그리스도 예수를 통해 우리와 만나는 길을 활짝 열어 주셨습니다. 신령하다고 하는 어떤 목사나 장로나 권사가 우리에게 하나님을 만나게 해줄 수 없습니다. 모든 신자는 왕 같은 제사장이 되어 그리스도 안에서 하나님께 나아갈 수 있습니다. 그리스도께서 이를 위해 우리와 같이 되셨기 때문입니다.

우리를 구원하기 위해 우리와 같은 모양과 형상으로 이 세상에 오신 유일한 중보자이신 그리스도 안에서 은혜의 보좌 앞에 담대히 나아가는 성도가 되기 바랍니다.

지금도 신자를 위해 중보하시는 그리스도

둘째, 그리스도는 지금도 신자를 위해 중보하십니다(33-34절). 본문 33-34절을 보겠습니다. "누가 능히 하나님께서 택하신 자들을 고발하리요 의롭다 하신 이는 하나님이시니 누가 정죄하리요 죽으실 뿐 아니라 다시 살아나신 이는 그리스도 예수시니 그는 하나님 우편에 계신 자요 우리를 위하여 간구하시는 자시니라."

벨직 신앙고백서 26항을 보겠습니다. "그럼에도 우리가 우리를 사랑하는 또 다른 중보자를 찾는다면, 우리가 원수 되었을 때에도 우리를 위해 자기 생명을 내어 주신 그분보다 우리를 더 사랑하는 누군가를 찾을 수 있겠습니까? 또한 우리가 권세와 위엄을 가진 누군가를 찾는다면, 자기 아버지의 오른편에 앉으셔서 하늘과 땅의 모든 권세와 위엄을 다 가지신 분 외에 누가 있겠습니까? 또한 하나님이 가장 사랑하시는 아들 외에 하나님의 음성을 더욱 빨리 알아들을 수 있는 분이 누구겠습니까?"

중보자 되신 그리스도의 두 번째 특징은 그리스도의 중보가 여전히 계속된다는 사실입니다. 그리스도는 십자가 죽음의 희생으로 신자들의 중보가 되셨습니다. 또한 부활 승천하셔서 하나님 보좌 우편에서 여전히 우리를 위해 중보하십니다. 그리스도는 죽음을 통해서도 우리의 중보자이시며, 부활을 통해서도 우리의 중보자가 되십니다. "다시 살아나신 이"(34절)

라는 구절에 주목하기 바랍니다. 그리스도는 죽으시고 다시 살아나신 분입니다.

다시 살아나신 그리스도께서 우리를 위해 어떻게 중보하십니까? 바울은 "우리를 위하여 간구"하신다고 말합니다(34절). 히브리서 기자는 이렇게 말합니다. "예수는 영원히 계시므로 그 제사장 직분도 갈리지 아니하느니라 그러므로 자기를 힘입어 하나님께 나아가는 자들을 온전히 구원하실 수 있으니 이는 그가 항상 살아 계셔서 그들을 위하여 간구하심이라"(히 7:24-25). 그분은 항상 살아 계셔서 우리를 위하여 간구하십니다. 그리스도의 중보는 과거에 끝난 것이 아니라 현재도 계속됩니다. "그가 항상 살아 계셔서 그들을 위하여 간구하심이라." 이 얼마나 힘이 되고 가슴 뛰는 말씀입니까!

우리는 이것을 '그리스도의 대언 사역'이라 부릅니다. 하나님 앞에서 그리스도는 신자의 대언자이십니다. 하나님 우편에 계신 그리스도는 우리를 위해 간구하시는 사역을 하십니다. 그리스도는 십자가 죽음으로 우리의 구원을 완성하신 것에 그치지 않으십니다. 부활하셔서 계속 구속 사역을 적용하십니다. 더욱이 그리스도는 그분의 영을 보내셔서 우리 안에 거처를 삼으시고 우리가 기도할 수 없을 때조차 말할 수 없는 탄식으로 우리를 위해 기도하십니다. "이와 같이 성령도 우리의 연약함을 도우시나니 우리는 마땅히 기도할 바를 알지 못하나 오직 성령이 말할 수 없는 탄식으로 우리를 위하여 친히 간구하시느니라"(롬 8:26).

우리의 구원은 그리스도의 십자가 죽음을 믿어 구원받는 것으로 끝나지 않습니다. 살아 계신 그리스도께서 신자를 위해 계속 기도하신다는 놀라운 사실은 그분이 지금도 구속 사역을 수행하신다는 사실을 알려 줍니다. 우리가 하나님께 예배를 드리고 죄를 용서해 주신 은총에 감사하며 의롭다 칭해 주신 칭의의 은혜에 감격하여 기도할 수 있는 것은 우리를 위해 중보하시는 예수 그리스도 때문입니다.

우리가 진노와 심판의 보좌 앞에 두렵고 무서운 마음으로 가지 않고, 은혜의 보좌 앞에 담대히 나아가는 것은 예수 그리스도께서 우리를 위해 하늘에서 간구하시기 때문입니다. 이것이야말로 그리스도 안에 있는 하나님의 사랑이 아니고 무엇이겠습니까? 벨직 신앙고백서 26항은 "우리를 위해 자기 생명을 내어 주신 그분보다 우리를 더 사랑하는 누군가를 찾을 수 있겠습니까?"라고 질문하는 동시에 "하나님이 가장 사랑하시는 아들 외에 하나님의 음성을 더욱 빨리 알아들을 수 있는 분이 누구겠습니까?"라고 말합니다.

참으로 그렇습니다. 그리스도는 지금도 우리를 위해 기도하시는 사랑의 성자 하나님이십니다. 그리고 하나님 아버지는 성자 하나님의 기도를 들으십니다. 그러므로 신자들은 다른 중보자들을 의지하지 않아야 합니다. 심지어 자기 자신도 의지하지 않아야 합니다. 나를 위해 기도해 달라는 말은 얼마든지 할 수 있습니다. 하지만 나를 대신하여 하나님께 기도해 달라는 말은 아주 조심해야 할 말입니다. 우리는 다른 사람들을 위해 기도할 수 있지만, 다른 사람을 위해 중보할 수는 없습니다. 중보란 말은 속죄와 칭의에 관계된 용어이며, 오직 그리스도에게만 적용되는 단어이기 때문입니다. 항상 살아 계셔서 나를 위하여 기도하시는 그리스도 예수 외에 다른 중보자를 찾지 않고, 오직 그리스도 안에서 만족하기 바랍니다.

신자에게 영구한 확신을 주는 그리스도의 중보

셋째, 그리스도의 중보는 신자에게 영구한 확신을 제공합니다(35-37절). 본문 35-37절을 보겠습니다. "누가 우리를 그리스도의 사랑에서 끊으리요 환난이나 곤고나 박해나 기근이나 적신이나 위험이나 칼이랴 기록된 바 우리가 종일 주를 위하여 죽임을 당하게 되며 도살 당할 양같이 여김을 받았나이다 함과 같으니라 그러나 이 모든 일에 우리를 사랑하시는 이로 말미암아 우리가 넉넉히 이기느니라."

벨직 신앙고백서 26항 마지막 문단을 보겠습니다. "그러므로 주님이 가르쳐 주신 기도에 잘 나타나 있듯이 우리가 그분의 이름으로 아버지께 구하는 것은 무엇이든 주실 것을 확신하며, 그리스도의 명령에 따라 우리의 중보자가 되시는 예수 그리스도를 통하여 하늘에 계신 하나님 아버지를 부르며 기도해야 합니다."

바울은 그리스도의 중보 사역에 대해 말하고 나서 그 결과를 35-39절에서 설명합니다. 그 누구도 그 무엇도 우리를 그리스도 예수 안에 있는 하나님의 사랑에서 끊을 수 없다는 것입니다(39절). 여러 가지 시험과 환난과 핍박 중에 곤고할지라도 우리를 사랑하시는 이로 말미암아 우리가 넉넉히 이긴다는 것입니다(37절). 말하자면, 그리스도의 과거와 현재의 중보가 미래적 구원의 원인이 된다는 뜻입니다. 이것은 그리스도의 중보 사역이 가져오는 열매입니다. 벨직 신앙고백서 26항은 마지막에 주기도문을 인용하면서 이렇게 말합니다. "그러므로 주님이 가르쳐 주신 기도에 잘 나타나 있듯이 우리가 그분의 이름으로 아버지께 구하는 것은 무엇이든 주실 것을 확신하며."

그래서 신자는 놀라운 확신을 소유할 수 있습니다. 바울도 38절에서

"내가 확신하노니"라고 말합니다. 그 어떤 것도 우리를 그리스도 예수 안에 있는 하나님의 사랑에서 끊을 수 없음을 확신한다는 말입니다. 이 확신은 그리스도의 중보로 말미암은 놀라운 영향력입니다. 신자가 여러 가지 시험 중에도 기도할 수 있는 이유는 그리스도의 중보 사역에 근거합니다. 우리는 자신의 힘으로 기도한다고 생각하지만, 실은 그리스도의 은혜와 중보로 기도할 수 있는 것입니다.

32절을 마음 깊이 묵상해 보십시오. "자기 아들을 아끼지 아니하시고 우리 모든 사람을 위하여 내주신 이가 어찌 그 아들과 함께 모든 것을 우리에게 주시지 아니하겠느냐." 이것이 바로 기독교의 메시지입니다. 하나님은 사랑이십니다. 하나님은 우리를 사랑하십니다. 그리스도 역시 사랑이십니다. 그리스도만큼 우리를 사랑하시는 분도 없습니다. 우리를 사랑하시는 하나님 아버지께서 그 아들을 아끼지 않으셨는데 다른 모든 것을 우리에게 아끼시겠습니까? 그러므로 우리는 자기 아들을 아끼지 않으신 하나님이 때를 따라 돕는 은혜를 항상 베푸실 것이라고 확신합니다.

또한 우리는 예수 그리스도의 이름으로 무엇이든 구할 수 있습니다. 우리 주님은 "내 이름으로 무엇이든지 내게 구하면 내가 행하리라"고 말씀하십니다(요 14:14). 또한 "너희가 나를 택한 것이 아니요 내가 너희를 택하여 세웠나니 이는 너희로 가서 열매를 맺게 하고 또 너희 열매가 항상 있게 하여 내 이름으로 아버지께 무엇을 구하든지 다 받게 하려 함이라"고 말씀하십니다(요 15:16). 우리는 이 세상에서 경건한 그리스도인으로 살아가기 위해 필요한 모든 은혜를 믿음으로 구할 수 있습니다. 주님은 우리가 구하는 것마다 이루어 주실 것이라고 약속하셨습니다. 그러므로 우리는 확신 가운데 기도할 수 있습니다.

우리는 무엇보다도 주님의 본을 따라 '하늘에 계신 우리 아버지의 영광을 먼저' 구해야 합니다. 먼저 그의 나라와 의를 구해야 합니다. 그러면 다른 모든 것도 주님의 때에 우리에게 주실 줄로 믿습니다. 그리스도의 중보 사역이 신자에게 영원한 확신을 제공함을 깊이 깨닫고 무엇이든지 믿음으로 하나님 아버지께 기도하기를 바랍니다.

우리는 그리스도의 중보 사역에 대해 벨직 신앙고백서 26항과 로마서 8장을 통해 살펴보았습니다. 벨직 신앙고백서 26항과 로마서 8장의 공통점은 확신과 따뜻한 위로가 넘친다는 것입니다. 오늘날 우리 신자들에게는 사랑의 중보자가 필요합니다. 귀도 드 브레는 우리를 위해 이 땅에 오셔서 피를 흘리시고 부활 승천하여 하나님 보좌 우편에서 우리를 위해 기도하시는 그리스도 예수의 모습을 벨직 신앙고백서에서 그리고 있습니다. 바울은 로마서 8장에서 그 사랑의 결과로 신자에게 주어지는 확신과 위로를 제공합니다. 이것은 우리가 하나님께 기도할 수 있는 엄청난 근거가 됩니다.

그리스도인을 향한 반대가 여기저기에서 일어날 것입니다. 사탄이 우는 사자와 같이 삼킬 자를 찾기 때문입니다. 그러나 사탄은 신자를 완전히 넘어뜨리지 못합니다. 의롭다 하신 이는 하나님이시기 때문입니다. 뿐만 아니라 주님이 우리를 위해 기도하시며, 우리를 끔찍이 사랑하시기 때문입니다. 그러므로 하나님의 나라와 주님의 교회를 섬기다가 어려운 일 당할 때, 혹은 개인적으로 경건한 신앙을 지켜 나가다가 고난을 당할 때, 우리를 위해 중보하시는 그리스도 예수를 바라보십시오. 그리스도께 피하십시오. 오직 그분 안에만 소망이 있습니다. 저와 여러분이 그리스도 예수의 완전한 중보 안에서 항상 기뻐하며 만족하기를 바랍니다.

○ 칼뱅, 『기독교 강요』, 2.15.6

결국 그리스도는 영원한 중재자이시다. 그분의 간구하심을 통해 우리는 하나님께로부터 자비하심을 얻게 된다. 바로 여기에서 기도에 대한 신뢰가 생겨나며, 경건한 양심의 평안도 생겨나게 된다. 경건한 양심은 하나님의 아버지다운 긍휼하심에 안전하게 기대어, 중보자를 통해 거룩하게 구별된 것은 무엇이든 하나님이 기뻐하신다는 사실을 확신하며, 그것을 근거로 평안을 누린다.

■ 핵심용어

중보(중보자, 중보 사역), 대언(대언자, 대언 사역), 그리스도의 삼중직(선지자, 왕, 제사장)

■ 생각해 볼 문제

1. 중보란 무엇입니까? 중보자의 역할은 무엇입니까?
2. 예수 그리스도는 우리의 유일한 중보자이십니다. 왜 그렇습니까? 19장과 20장의 내용을 다시 떠올려 봅시다.
3. 10장의 내용을 다시 떠올려 봅시다. 그리스도의 삼중직 가운데 중보자의 사역은 어느 직분에 해당합니까? 히브리서 7-10장을 참조하여 왜 이 직분은 그리스도께만 속했고, 왜 그리스도만이 감당하실 수 있는지 생각해 봅시다.
4. 그리스도의 대언 사역이란 무엇입니까?
5. 우리는 왜 중보기도라는 말을 함부로 사용해서는 안 됩니까?
6. 우리는 항상 "예수님의 이름으로 기도합니다"라는 말로 기도를 마칩니다. 왜 반드시 그래야 합니까?

7. 6번 질문에 대한 답이야말로 신자에게만 주어지는 하늘의 소망과 영원한 위로의 확실한 근거입니다. 이것이 현재 나의 일상의 삶과 내세에 대한 소망에 어떤 근거가 되는지 자신의 말로 고백해 봅시다.

교회에 대하여

THE BELGIC CONFESSION

28장
보편적 그리스도의 교회

¹그러므로 주 안에서 갇힌 내가 너희를 권하노니 너희가 부르심을 받은 일에 합당하게 행하여 ²모든 겸손과 온유로 하고 오래 참음으로 사랑 가운데서 서로 용납하고 ³평안의 매는 줄로 성령이 하나 되게 하신 것을 힘써 지키라 ⁴몸이 하나요 성령도 한 분이시니 이와 같이 너희가 부르심의 한 소망 안에서 부르심을 받았느니라 ⁵주도 한 분이시요 믿음도 하나요 세례도 하나요 ⁶하나님도 한 분이시니 곧 만유의 아버지시라 만유 위에 계시고 만유를 통일하시고 만유 가운데 계시도다 ⁷우리 각 사람에게 그리스도의 선물의 분량대로 은혜를 주셨나니 ⁸그러므로 이르기를 그가 위로 올라가실 때에 사로잡혔던 자들을 사로잡으시고 사람들에게 선물을 주셨다 하였도다 ⁹올라가셨다 하였은즉 땅 아래 낮은 곳으로 내리셨던 것이 아니면 무엇이냐 ¹⁰내리셨던 그가 곧 모든 하늘 위에 오르신 자니 이는 만물을 충만하게 하려 하심이라 ¹¹그가 어떤 사람은 사도로, 어떤 사람은 선지자로, 어떤 사람은 복음 전하는 자로, 어떤 사람은 목사와 교사로 삼으셨으니 ¹²이는 성도를 온전하게 하여 봉사의 일을 하게 하며 그리스도의 몸을 세우려 하심이라 ¹³우리가 다 하나님의 아들을 믿는 것과 아는 일에 하나가 되어 온전한 사람을 이루어 그리스도의 장성한 분량이 충만한 데까지 이르리니 ¹⁴이는 우리가 이제부터 어린아이가 되지 아니하여 사람의 속임수와 간사한 유혹에 빠져 온갖 교훈의 풍조에 밀려 요동하지 않게 하려 함이라 ¹⁵오직 사랑 안에서 참된 것을 하여 범사에 그에게까지 자랄지라 그는 머리니 곧 그리스도라 ¹⁶그에게서 온 몸이 각 마디를 통하여 도움을 받음으로 연결되고 결합되어 각 지체의 분량대로 역사하여 그 몸을 자라게 하며 사랑 안에서 스스로 세우느니라. 엡 4:1-16

27항 보편적 그리스도의 교회

우리는 그리스도 예수 안에서 그들의 구원을 기대하며(욜 2:32; 행 2:21), 그분의 피로 씻음을 받고, 성령으로 거룩하게 되고 인 치심을 받은(엡 1:13, 4:30) 참된 그리스도인들의 거룩한 회중이요(시 111:1; 요 10:14, 16; 엡 4:3-6; 히 12:22-23) 모임인 하나의 보편적 교회 또는 우주적 교회를 믿고 고백합니다(창 22:18; 사 49:6; 엡 2:17-19).

이 교회는 세상의 시작부터 있었고, 세상 끝 날까지 있을 것인데, 이는 그리스도께서 백성 없이 계실 수 없는 영원한 왕이시기 때문입니다(삼하 7:16; 시 89:36, 110:4; 마 28:18; 눅 1:32). 이 거룩한 교회를 하나님이 온 세상의 분노로부터 보존해 주십니다(시 46:5; 마 16:18). 비록 잠시 동안 아합의 폭정 시기와 같이 사람의 눈에 아주 작고 없어진 것처럼 보일 때도 있지만(사 1:9; 벧전 3:20; 계 11:7) 주님은 바알에게 무릎을 꿇지 않은 7천 명을 친히 보존하셨습니다(왕상 19:18; 롬 11:4). 또한 이 거룩한 교회는 어떤 특정한 장소나 특정한 사람들에게 국한되거나 제한되지 않고 전 세계에 퍼져 있고 산재해 있습니다(마 23:8; 요 4:21-23; 롬 10:12-13). 하지만 이 교회는 믿음의 능력으로 말미암아 한 분 동일한 성령 안에서 마음과 뜻으로 함께 결합되고 연합되어 있습니다(시 119:63; 행 4:32; 엡 4:4).

오순절 성령 강림을 통해 교회가 형성될 무렵, 초대교회와 신약 시대의 화두는 신론과 기독론에 집중되었습니다. 중세 로마 가톨릭교회 시대와 종교개혁 시대에는 구원론이 중심 주제였습니다. 오늘날의 화두는 교회입니다. 물론 시대마다 교회론이 없었던 것은 아니지만, 오늘날처럼 교회론에 집중된 시대도 없을 것입니다.

교회란 무엇일까요? 교회는 언제부터 시작되었을까요? 교회는 언제까지 존재할까요? 참된 교회가 있으면 거짓된 교회도 있을까요? 그러면 참된 교회의 특징은 무엇일까요? 교회는 누가 다스리나요? 교회의 직분자들은 무엇을 하는 사람들인가요? 교회에도 다른 조직 사회처럼 법과 질서가 있나요? 교회에서 행하는 세례와 성찬은 무엇인가요? 요즘 '가나안 교인'이라는 용어가 유행하는데, 우리는 가나안 교인 현상을 어떻게 보아야 할까요? 또한 교회에 가입(등록)하지 않고 다녀도 되나요?

이런 원론적인 문제부터 실제적인 문제에 이르기까지 교회와 관련된 모든 문제는 하나님을 섬기고 예배하는 신자들의 신앙생활에서 아주 중요합니다. 이 문제들을 벨직 신앙고백서 27-36항에서 다루고 있습니다.

우리는 그동안 벨직 신앙고백서의 기독론과 구원론을 다루었습니다. 이제부터 몇 장에 걸쳐 교회론을 다룰 것입니다. 이 장은 교회론 개론이라 할 수 있습니다. 이제 에베소서 4장을 통해 그리스도의 보편적 교회에 대해 살펴보겠습니다.

하나님의 부르심을 받은 거룩한 회중의 모임

첫째, 그리스도의 교회는 하나님의 부르심을 받은 거룩한 회중의 모임입니다(1-4절). 본문 3-4절을 보겠습니다. "평안의 매는 줄로 성령이 하나 되게 하신 것을 힘써 지키라 몸이 하나요 성령도 한 분이시니 이와 같이 너희가 부르심의 한 소망 안에서 부르심을 받았느니라."

벨직 신앙고백서 27항 첫 문단을 보겠습니다. "우리는 그리스도 예수 안에서 그들의 구원을 기대하고, 그분의 피로 씻음을 받고, 성령으로 거룩하게 되고 인 치심을 받은 참된 그리스도인들의 거룩한 회중이요 모임인 하나의 보편적 교회 또는 우주적 교회를 믿고 고백합니다."

벨직 신앙고백서 27항은 그리스도의 교회는 구원을 기대하고, 그리스도의 피로 씻음을 받고, 성령으로 거룩하게 되고 인 치심을 받은 참된 그리스도인들의 거룩한 회중이요 모임이라고 고백합니다. 그런데 교회가 어떻게 구원을 받고 그리스도의 피로 씻음을 받으며 거룩하게 되고 참된 거룩한 회중이 되는 것일까요? 교회가 어떻게 그리스도인이 되는 것일까요?

바울은 그 일이 하나님의 부르심으로 된다고 말합니다. 바울은 "부르심을 받은 일에 합당하게 행하라"고 권면합니다(1절). 그리고 "모든 겸손과 온유로 하고 오래 참음으로 사랑 가운데서 서로 용납하고"(2절), "평안의 매는 줄로 성령이 하나 되게 하신 것을 힘써 지키라"고 명령합니다(3절). 그러면서 "너희가 부르심의 한 소망 안에서 부르심을 받았느니라"고 말합니다(4절). 바울은 1-4절에서, 부르심을 받았으니 부르심에 합당하게 행동하라고 두 번이나 말합니다.

이 부르심은 복음을 통한 하나님의 부르심이며, 주권적인 은혜의 부르심입니다. 바울은 고린도 교회에 편지하면서 "형제들아 너희를 부르심을 보라"고 말합니다(고전 1:26). 이 부르심은 아무도 하나님 앞에서 자랑하지 못하게 하려고 부르신 것입니다(고전 1:29). 또한 부르심을 받은 자들은 그리스도 예수 안에 있다고 선언하며, 예수는 우리에게 지혜와 의로움과 거룩함과 구원함이 되셨다고 말합니다(고전 1:30).

교회는 하나님의 부르심으로 이루어진 하나님의 사역의 결과입니다. 더 구체적으로 말하면, 성부와 성자와 성령이 선택하시고 구속하시고 중생시키심으로 구성된 모임입니다. 이러한 교회의 특징은 거룩함과 모임입니다. 거룩함은 하나님이 부르셨기 때문에 자연적으로 발생하는 특징이고, 모임은 세상에서 부르심을 받아 함께하기 때문에 자연적으로 발생하는 특징입니다. 즉 교회는 복음의 초청을 통해 하나님의 특별한 부르심을 받은 그리스도인들의 거룩한 모임입니다.

삼위 하나님이 역사 속에서 하시는 일도 이와 같습니다. 구약에서 하나님은 자기 백성을 부르고 모으시는 분으로 묘사됩니다. 하나님은 애굽에서 자기 백성을 불러내십니다. 심지어 하나님은 "내 백성을 보내지 아니하면 내가 너와 네 신하와 네 백성과 네 집들에 파리 떼를 보내리니"라고 위협하는 분이십니다(출 8:21).

우리 주님은 "나는 이스라엘 집의 잃어버린 양 외에는 다른 데로 보내심을 받지 아니하였노라"고 말씀하십니다(마 15:24). 요한은 주님을 이렇게 묘사합니다. "양은 그의 음성을 듣나니 그가 자기 양의 이름을 각각 불러 인도하여 내느니라"(요 10:3). 바울도 "몸이 하나요 성령도 한 분이시니 이와 같이 너희가 부르심의 한 소망 안에서 부르심을 받았느니라"고 말합니다(엡 4:4). 교회는 성부와 성자와 성령의 부르심을 받아 세상에서 구별된 거룩한 그리스도인들의 모임입니다.

오늘날 세상에서 소금과 빛 된 그리스도인의 삶과 윤리를 지나치게 강조한 나머지, 교회의 본질, 즉 교회에 모이는 근본적인 일을 등한시해서는 안 됩니다. 우리는 개인적으로든 공동체적으로든 성삼위 하나님께서 불러 주셨기에 하나님의 소유된 백성임을 굳게 믿고 거룩한 회중으로 함께 모이는 일에 힘써야 합니다.

그리스도께서 세상 끝 날까지 지키시는 교회

둘째, 그리스도의 교회는 그리스도께서 왕이 되셔서 세상 끝 날까지 지키고 보호하십니다(5-10절). 본문 5-6절을 보겠습니다. "주도 한 분이시요 믿음도 하나요 세례도 하나요 하나님도 한 분이시니 곧 만유의 아버지시라 만유 위에 계시고 만유를 통일하시고 만유 가운데 계시도다."

벨직 신앙고백서 27항 두 번째 문단을 보겠습니다. "이 교회는 세상의 시작부터 있었고, 세상 끝 날까지 있을 것인데, 이는 그리스도께서 백성 없이 계실 수 없는 영원한 왕이시기 때문입니다. 이 거룩한 교회를 하나님이 온 세상의 분노로부터 보존해 주십니다. 비록 잠시 동안 아합의 폭정 시기와 같이 사람의 눈에 아주 작고 없어진 것처럼 보일 때도 있지만 주님은 바알에게 무릎을 꿇지 않은 7천 명을 친히 보존하셨습니다."

벨직 신앙고백서 27항은 교회가 세상의 시작부터 있었고 세상 끝 날까지 있을 것이라 말하면서 교회의 존재 시기를 정의합니다. 역사적으로 볼 때, 교회는 오순절 성령 강림의 결과로 생겼지만 그렇다고 해서 구약 시대에 교회가 없었던 것은 아닙니다. 벨직 신앙고백서 27항은 아합 왕의 폭정 시기에도 바알에게 무릎 꿇지 않고 여호와 신앙의 절개를 지킨 7천 명을 언급함으로써 이를 증명합니다. 그 7천 명이 교회였습니다. 엘리야 선지자가 활동하던 시대에 아합 제국의 거짓 선지자, 큰 무리의 거짓 종교들이 참 교회가 아니라 주님이 보존하신 7천 명이 참 교회라는 말입니다. 거짓 교회들이 내세우는 표지는 거대함, 수적 우위, 재력 등입니다. 그러나 참된 교회가 내세우는 표지는 하나님의 말씀과 기도와 성례와 말씀을 통한 권징입니다. 하나님은 참된 교회를 세상 끝 날까지 지키십니다. 백성이 없는 왕은 없기 때문이며, 그리스도는 교회의 왕이시기 때문입니다.

구약에서 하나님이 죄인을 구원하시기 위해 기름을 붓고 보내시는 세 직무가 있습니다. 그들은 선지자, 제사장, 왕입니다. 왕들은 하나님을 대리하여 하나님의 백성들을 통치했습니다. 왕들은 장차 오실 영원하신 왕 예수 그리스도를 상징하고 예표합니다. 예수 그리스도는 유대인의 왕으로 오셨습니다. 그리스도는 교회의 머리요 왕이십니다.

바울은 하나님도 한 분이시니 곧 만유의 아버지시요, 만유 위에 계시고, 만유를 통일하시고, 만유 가운데 계신다고 선언합니다(6절). 교회를 택정하고 부르신 이가 하나님이시요, 교회를 위해 구속을 성취하고 이끄신 이가 그리스도시요, 중생을 통해 교회 안에 거하심으로 그리스도인을 참된 성전으로 만드신 이가 성령이십니다. 하나님은 교회를 하나 되게 하여 지키시는 분입니다. 하나님의 속성 가운데 하나가 연합입니다. 여호와 하나님께서 성부, 성자, 성령 삼위로 계시지만 일체로 존재하십니다. 하나님은 한 분이십니다. 바울은 몸이 하나요, 성령도 한 분이시요, 주도 한 분이시요 하나님도 한 분이시라고 말합니다(4-6절).

교회 역시 하나입니다. 교회의 연합은 하나님이 교회를 지키고 보존하시는 강력한 무기입니다. 이 일을 위해 하나님은 구속 역사의 진행에 따라 사도와 선지자와 복음 전하는 자와 목사와 교사를 주셔서 교회를 치리하고 감독하고 다스리게 하며 봉사의 일을 하게 하여 그리스도의 몸을 세워 가십니다.

시편 기자는 이렇게 노래합니다. "하나님이 그 성 중에 계시매 성이 흔들리지 아니할 것이라 새벽에 하나님이 도우시리로다"(시 46:5). 오늘날에도 음부의 권세와 마귀의 권세가 교회를 공격하고 흔들려 하지만 왕 되신 그리스도께서 말씀으로 다스리시는 참된 교회는 결코 요동하지 않을 것입니다. 신자와 교회의 왕이신 하나님의 보호하심 안에서 기뻐하고 안심하십시오.

온 세계에 산재한 하나의 보편적 교회

셋째, 그리스도의 교회는 온 세계에 산재한 하나의 보편적 교회입니다(15-16절). 본문 15-16절을 보겠습니다. "오직 사랑 안에서 참된 것을 하여 범사에 그에게까지 자랄지라 그는 머리니 곧 그리스도라 그에게서 온 몸이 각 마디를 통하여 도움을 받음으로 연결되고 결합되어 각 지체의 분량대로 역사하여 그 몸을 자라게 하며 사랑 안에서 스스로 세우느니라."

벨직 신앙고백서 27항 세 번째 문단을 보겠습니다. "또한 이 거룩한 교회는 어떤 특정한 장소나 특정한 사람들에게 국한되거나 제한되지 않고 전 세계에 퍼져 있고 산재해 있습니다. 하지만 이 교회는 믿음의 능력으로 말미암아 한 분 동일한 성령 안에서 마음과 뜻으로 함께 결합되고 연합되어 있습니다."

마지막으로, 벨직 신앙고백서 27항 처음과 마지막 문장에 반복되어 나오는 교회의 보편성에 대해 살펴보겠습니다. 초대교회는 현재 터키 지역인 소아시아에 위치한 갈라디아, 에베소, 골로새 등과 같이 지역 교회였습니다. "예수 그리스도의 사도 베드로는 본도, 갈라디아, 갑바도기아, 아시아와 비두니아에 흩어진" 교회에 편지를 보냈습니다(벧전 1:1). 오늘날에도 교회는 여기저기에 흩어져 있습니다. 벨직 신앙고백서 27항은 이 교회들이 하나의 보편적 교회라고 말합니다. '하나'라는 단어와 '보편적' 또는 '우주적'이라는 단어가 중요합니다. 그리스도의 참된 교회는 지역적으로 여기저기 산재해 있고, 보편적으로 편만하게 흩어져 있지만, 그 모든 교회들이 실은 하나의 교회입니다. 실로 두 개의 교회가 있을 수 없습니다. 실로 두 국민이 있을 수 없습니다. 그리스도를 섬기는 백성은 오직 그리스도의 백성입니다.

우리가 하나님을 섬기면서 세상을 섬길 수 없는 이유가 바로 이것입니다. 우리는 하나님을 섬기면서 바알을 섬길 수 없습니다. 그리스도와 벨리알은 조화될 수 없고, 하나님과 재물을 겸하여 섬길 수 없습니다. 주님은 이렇게 말씀하십니다. "한 사람이 두 주인을 섬기지 못할 것이니 혹 이를 미워하고 저를 사랑하거나 혹 이를 중히 여기고 저를 경히 여김이라 너희가 하나님과 재물을 겸하여 섬기지 못하느니라"(마 6:24).

본문은 계속하여 "하나"를 강조합니다. 4-6절에서 일곱 차례나 "하나"를 강조합니다. 그리고 교회의 하나 됨의 목적은 15-16절에서 절정을 이룹니다. 그것은 그리스도의 몸을 세워 가는 것입니다. 그때까지 성도들은 계속하여 자라 갈 것입니다. 그러므로 우리는 개교회 이기주의를 극복하고, 모든 참된 교회들과 연대해야 합니다. 무엇보다도 전 세계에 하나님이 보존하고 지키시는 참된 교회들이 있다는 사실을 마음에 새기고 용기를 얻어야 합니다. 또한 각기 다양한 사람들이 모이지만 하나님의 한 가족 공동체임을 기억하고, 말씀과 기도 안에서 하나 되게 하신 것을 힘써 지켜야 합니다.

교회는 오직 하나의 힘과 권세의 원천을 가지고 있습니다. 바로 성삼위 하나님의 능력과 권세입니다. 저는 오늘날 교회의 가장 큰 위기는 교회를 교회라 부르지 않고 센터, 커뮤니티, 운동이라 부르는 것이라고 생각합니다. 교회는 사교단체도 아니고, 운동단체도 아니며, 사회복지시설도 아닙니다.

교회는 창세전에 하나님이 계획하시고, 주님이 부르시고, 성령님이 거룩하게 변화시키시는 그리스도인의 거룩한 회중이며 모임입니다. 우리 모두 하나의 부르심을 받았습니다. 하나님이 선택하셨고, 그리스도께서 받으셨으며, 성령님이 거룩하게 하셨습니다. 따라서 교회 안에 있는 모든 그리스도인들은—만일 그들이 참된 신자라면—성령이 하나 되게 하신 것을 힘써 지켜야 합니다. 그리스도 안에서 서로 용납하며 그리스도에게까지 자라 가야 합니다. 거친 말은 삼가고, 덕이 되는 말을 해야 합니다. 직분자를 통해 주시는 교훈에 따라 성도를 온전하게 하고, 봉사의 일을 하며, 그리스도의 몸을 세우는 일에 물심양면으로 협력해야 합니다.

○ 칼뱅,『기독교 강요』, 4.1.2

교회를 가리켜 "공교회"(catholic church) 혹은 "보편교회"(universal church) 라 부르는데, 이는 그리스도께서 여러 갈래로 나누어진 한두 개나 세 개의 교회가 있을 수 없기 때문이다(고전 1:13 참조). 그런 일이 어떻게 가능할 수 있단 말인가! 택한 자들은 모두 그리스도 안에서 서로 연합하여(엡 1:22-23 참조) 한 머리를 의지하고, 한 몸으로 함께 자라나며, 한 몸의 각 지체들로(롬 12:5; 고전 10:17; 12:12, 27) 서로 연결되고 결합되어 있다(엡 4:16 참조). 이들은 진정 하나로 만들어진다. 한 믿음, 한 소망, 한 사랑, 그리고 한 하나님의 성령 가운데서 함께 살기 때문이다. 이들은 동일한 영생의 기업을 향해 동일하게 부르심을 받았을 뿐 아니라 한 하나님과 그리스도 안에 함께 참여하도록 부르심을 받았다(엡 5:30).

■ 핵심용어

보편교회(공교회), 지역교회, 회중(congregation), 모임(ekklesia), 그리스도의 삼중직(선지자, 왕, 제사장)

■ 생각해 볼 문제

1. 교회란 무엇입니까? 각자가 생각하는 교회의 정의에 대해 나누어 봅시다.
2. 벨직 신앙고백서 27항은 교회를 무엇이라고 말합니까?

3. 보편교회란 무엇입니까? 지역교회는 보편교회와 어떤 차이가 있습니까? 두 교회가 공유하고 있는 특징은 무엇입니까?

4. 그리스도의 교회가 하나님의 부르심을 받은 거룩한 회중이라는 사실을 통해 알 수 있는 교회의 두 가지 특징은 무엇입니까?

5. 벨직 신앙고백서 27항이 말하는 교회의 존재 시기는 언제부터 언제까지입니까?

6. 교회가 결코 요동하지 않을 것이라는 하나님의 약속은 그리스도의 삼중직 가운데 어느 직분을 통해 확인할 수 있습니까? 교회의 존재 시기와 하나님이 교회를 지키시겠다는 약속이 우리에게 어떤 위로와 소망을 주는지 나누어 봅시다.

7. 지역교회와 보편교회는 서로 어떤 관계입니까? 우리가 보편교회의 성도라는 사실을 바르게 인식해야 하는 이유와 그로 인한 유익에 대해 생각해 봅시다.

29장
참된 교회에 가입해야 할 의무

⁴¹그 말을 받은 사람들은 세례를 받으매 이날에 신도의 수가 삼천이나 더하더라 ⁴²그들이 사도의 가르침을 받아 서로 교제하고 떡을 떼며 오로지 기도하기를 힘쓰니라 ⁴³사람마다 두려워하는데 사도들로 말미암아 기사와 표적이 많이 나타나니 ⁴⁴믿는 사람이 다 함께 있어 모든 물건을 서로 통용하고 ⁴⁵또 재산과 소유를 팔아 각 사람의 필요를 따라 나눠 주며 ⁴⁶날마다 마음을 같이하여 성전에 모이기를 힘쓰고 집에서 떡을 떼며 기쁨과 순전한 마음으로 음식을 먹고 ⁴⁷하나님을 찬미하며 또 온 백성에게 칭송을 받으니 주께서 구원받는 사람을 날마다 더하게 하시니라. 행 2:41-47

> **28항 참된 교회에 가입해야 할 모든 사람의 의무**
>
> 우리는 이 거룩한 모임이 구원받은 자들의 집회이므로, 이 모임을 벗어나서는 구원이 없으며(마 16:18-19; 행 2:47; 갈 4:26; 엡 5:25-27; 히 2:11-12; 12:23), 신분이나 지위를 막론하고 누구라도 이 모임에서 탈퇴하거나 따로 떨어져 나와 살아서는 안 된다고 믿습니다. 오히려 모든 사람들은 교회에 가입해야 하고 교회와 연합해야 할 의무가 있으며(대하 30:8; 요 17:21; 골 3:15) 교회의 하나 됨을 유지해야 합니다.
>
> 그들은 스스로 교회의 교리와 권징에 복종해야 하고(히 13:17), 예수 그리스도의 멍에를 메야 합니다(마 11:28-30). 그들은 한 몸에 속한 지체로서 하나님이 각자에게 주신 재능에 따라(고전 12:7, 27; 엡 4:16) 형제를 세우기 위해 봉사해야 합니다(엡 4:12).

> 이것을 좀 더 효과적으로 준수하려면, 하나님의 말씀에 따라 교회에 속하지 않는 자들에게서 떠나고(민 16:23-26; 사 52:11-12; 행 2:40; 롬 16:17; 계 18:4) 하나님이 교회를 세우신 곳이라면 어디든지 심지어 위정자들이나 권세자들이 칙령을 내려 반대한다고 해도 이런 참된 회중에 가입하는 것이 모든 신자의 의무입니다. 이로 인해 죽음이나 육체적 형벌을 당한다 할지라도 그렇게 해야 합니다. 그러므로 참된 교회에서 떠나거나 교회에 가입하지 않는 사람들은 모두 하나님의 법에 반대되는 행동을 하는 것입니다(시 122:1; 사 2:3; 히 10:25; 행 4:19-20).

앞 장에서 우리는 '보편적 그리스도의 교회'에 대해 살펴보았습니다. 교회는 하나님이 부르신 거룩한 회중의 모임이며, 교회의 왕은 그리스도이십니다. 온 세계에 산재해 있는 보편교회는 지역에 기반을 두고 있습니다. 그러나 그 교회들은 그리스도를 왕으로 모시는 하나의 교회입니다. 벨직 신앙고백서 28항은 "이 거룩한 모임"이라고 시작하며 지금 우리가 다루고 있는 교회가 보편적 그리스도의 교회의 연장선상에 있음을 내비치고 있습니다.

우리는 참된 교회에 가입해야 할 의무, 좀 더 구체적으로 표현하면, 참된 교회에 가입해야 할 모든 사람의 의무를 가지고 있습니다. 신자는 보편적 그리스도의 교회 회원으로 가입해야 합니다. 즉, 교회에 등록하여 신앙생활을 해야 합니다. 교회에 등록하지 않고 혼자 신앙생활을 하거나 인터넷 설교를 들으며 신앙생활을 하는 사람들이 있습니다. 하지만 이것은 교회를 통해 이루어지는 신앙생활을 결코 대체할 수 없습니다. 오늘날 교회가 여러 방면에서 공격을 당하고 비난을 받는다 할지라도, 교회에 가입해야 할 의무가 면제되는 것은 아닙니다. 이것이 신앙고백서나 교리나 신조가 우리에게 교훈하는 유익입니다. 신조는 그저 신앙의 지식적인 공식이 아니라 생활을 규정하는 공식이기도 합니다.

사도행전 2장 41-47절을 중심으로 벨직 신앙고백서 28항 '참된 교회에 가입해야 할 의무'의 세 가지 이유를 살펴보겠습니다.

교회 밖에는 구원이 없다

모든 사람이 참된 교회에 가입해야 할 첫 번째 이유는 교회 밖에는 구원이 없기 때문입니다(41-42, 47절). 본문 41-42절을 보겠습니다. "그 말을 받은 사람들은 세례를 받으매 이날에 신도의 수가 삼천이나 더하더라 그들이 사도의 가르침을 받아 서로 교제하고 떡을 떼며 오로지 기도하기를 힘쓰니라."

벨직 신앙고백서 28항 첫 번째 문단을 보겠습니다. "우리는 이 거룩한 모임이 구원받은 자들의 집회이므로, 이 모임을 벗어나서는 구원이 없으며, 신분이나 지위를 막론하고 누구라도 이 모임에서 탈퇴하거나 따로 떨어져 나와 살아서는 안 된다고 믿습니다. 오히려 모든 사람들은 교회에 가입해야 하고 교회와 연합해야 할 의무가 있으며 교회의 하나 됨을 유지해야 합니다."

이것은 교회에 가입해야 할 의무를 강하게 명령하는 표현입니다. 벨직 신앙고백서 28항은 혼자 떨어져 있는 것에 만족해서는 안 된다고 말합니다. 즉 혼자의 신앙, 어떤 의미에서 개인적인 신앙을 금합니다. 이것은 공동체에서 떠난 개인적인 신앙을 뜻합니다. 교회에서 탈퇴하는 것을 말합니다. 왜 그렇습니까? 교회 밖에는 구원이 없기 때문입니다.

교회 밖에는 구원이 없다는 것은 무슨 말입니까? 하나님은 교회 밖에서는 사람을 구원할 능력이 없으시다는 뜻입니까? 결코 아닙니다. 하나님은 전능하시며 그분의 뜻은 자유하십니다. 그렇다면 이 말은 로마 가톨릭 교회처럼 교권 체제를 확고하게 하고 교황무오설과 사제주의를 장려하는 말입니까? 결코 아닙니다. 목사는 가톨릭교회의 교황이나 신부가 아니며, 사람의 죄를 사할 권세나 능력도 없습니다.

그러면 교회 밖에는 구원이 없다는 것은 무슨 말입니까? 하나님이 교회 안에서 교회를 통해 교회로 말미암아 믿는 자들을 구원하기로 정하셨다는 말입니다. 교회는 무엇입니까? 구속받은 자들의 거룩한 모임이 교회입니다. 이것은 로마 가톨릭교회 밖에는 구원이 없다는 말이 아니라, 보편적 그리스도의 교회 밖에는 구원이 없다는 뜻입니다.

칼뱅은 "어머니 같은 교회의 품을 떠나서는 죄 사함을 받거나 구원을 바랄 수 없다"고 했습니다. 칼뱅이 말한 교회는 무엇입니까? 누가가 기록한 사도행전에 2장에 따르면, 신자의 수가 3천 명이나 늘어난 교회, 사도의 가르침을 받는 교회, 떡을 떼는 성도의 교제가 있는 교회, 말씀에 기초한 권징이 집행되는 교회에 구원이 있습니다. 그리스도의 피로 씻음을 받은 거룩한 하나님의 백성들의 모임이 교회이기 때문입니다. 교회는 사도의 가르침과 성례의 교제, 말씀에 기초한 권징을 통해 계속 자라고 강화되어야 합니다. 사도의 가르침, 즉 말씀 전파만으로는 믿음이 생기지 않습니다. 말씀이 가장 잘 선포되는 곳이 교회입니다. 누군가 구원받기를 원한다면 교회로 가야 합니다. 누군가 죄를 용서받고 변화되어 새사람이 되기 원한다면 교회로 가야 합니다.

47절에 따르면, 주께서 이런 교회에 구원받는 사람을 날마다 더해 주셨습니다. 여기서 '더한다'에 사용된 헬라어 '프로세티세이'는 '가산해 주다, 집어넣어 주다'의 뜻을 가집니다. 그러니 신학적으로 말하면, 믿는 자들은 세상 밖으로 부르심을 받아 교회 안으로 함께 가입하는 것입니다. 히브리서 기자는 "너희가 이른 곳은 시온 산과 살아 계신 하나님의 도성인 하늘의 예루살렘과 천만 천사와 하늘에 기록된 장자들의 모임과 교회와 만민의 심판자이신 하나님과 및 온전하게 된 의인의 영들"을 묘사하고 있습니다(히 12:22-23). 천상 교회는 온전하게 된 의인의 영들의 모임입니다. 바울도 그리스도는 교회의 머리이며, 교회는 그리스도의 몸이요, 성도는 그 몸의 지체라고 말합니다(엡 5:23). 몸과 지체의 비유는 바울이 가장 선호하는 교회의 유비입니다(고전 12:27). 바울은 디모데에게 보내는 첫 번째 편지에서 "이 집은 살아 계신 하나님의 교회요 진리의 기둥과 터니라"고 말하며, 이 집에서 어떻게 행해야 하는지를 알려 주었습니다(딤전 3:15-16).

성경적인 말씀이 선포되고 성례를 포함한 성도의 교제가 활력이 넘치며 말씀에 기초한 권징이 집행되는 교회 밖에는 구원이 없음을 확신하고, 교회 안에서 구원의 기쁨을 만끽하기 바랍니다.

교회의 가르침과 권징에 복종함으로 일치를 이룸

모든 사람이 참된 교회에 가입해야 할 두 번째 이유는 교회의 가르침과 권징에 복종함으로 일치를 이루어야 하기 때문입니다(42절). 본문 42절을 보겠습니다. "그들이 사도의 가르침을 받아 서로 교제하고 떡을 떼며 오로지 기도하기를 힘쓰니라."

벨직 신앙고백서 27항 두 번째 문단을 보겠습니다. "그들은 스스로 교회의 교리와 권징에 복종해야 하고, 예수 그리스도의 멍에를 메야 합니다. 그들은 한 몸에 속한 지체로서 하나님이 각자에게 주신 재능에 따라 형제를 세우기 위해 봉사해야 합니다."

참된 교회에 가입하는 것은 자연적으로 교회의 치리와 교훈에 복종해야 할 의무가 있음을 내포합니다. 벨직 신앙고백서 28항은 신자들이 자신을 교회의 교훈과 권징에 복종시켜야 한다고 진술합니다. 교회의 '교훈'으로 번역된 영어 'Doctrine'은 '가르침'을 뜻합니다. 신약성경에는 가르침이라는 단어가 셀 수 없을 정도로 많이 등장합니다. 이것은 성경의 가르침, 성경의 교훈, 성경의 선포를 의미합니다. 성경적 가르침, 성경적 교리, 성경적 신앙고백이 없는 교회는 쉽게 흔들릴 수 있습니다. 우리 교회의 교훈적 가르침은 성경에 입각한 웨스트민스터 신앙고백서와 대소요리문답이 포함된 개혁주의 신학과 정신입니다. 이런 신앙고백에 입각한 하나님의 말씀 선포, 즉 참된 설교가 교회의 교훈입니다.

또한 신자는 교회의 권징에 복종해야 합니다. 교회의 교훈과 권징은 교회의 직무를 담당하는 직분자인 목사와 장로를 통해 집례됩니다. 교회의 모든 신자들은 교회의 권징에 복종해야 합니다. 권징은 신자들 가운데 범죄한 자가 있거나 이단적 교훈에 빠지는 자가 있을 때만 시행되는 것은 아닙니다. 좀 더 일반적인 권징은 교회의 직분자들이 교회의 모든 신자들에게 주의 교양과 훈계를 따라 성경적인 생활과 도덕을 나타내기 위해 바르게 하고 책망하는 사역입니다. 신자는 자신이 신자인 것을 삶으로 나타내야 합니다. 주님은 마태복음 18장에서 3단계의 권징을 말씀하십니다. 즉 개인적 권면, 두세 증인의 권면, 교회의 권면입니다.

캐나다 개혁교회의 칼 쇼올스 목사는 이렇게 말합니다. "요점은 그리스도께서 교회의 최고 직분자시라는 것입니다. 그리스도께서 사람을 직분자로 세우셔서 자신의 권위 아래 두십니다. 그들을 통해 자비를 말씀하시고 다스리시고 시행하십니다. 만일 우리가 이것을 이해하지 못하고 교회의 직분자들이 소유한 권위를 수용하는 일에 문제를 느낀다면, 그 결과는 우리가 말씀의 권위를 수용하지 않는 것과 같습니다."

"설교가 어떻게 하나님의 말씀이냐, 사람의 말이지"라고 무지한 소리를 하는 이들이 있습니다. 이것은 개혁교회의 치리 원리를 이해하지 못하거나 인정하지 않기 때문에 하는 말입니다. 그래서 오늘날 많은 사람들이나 교회들이 설교를 대화나 토론으로 바꾸고 연극이나 영화로 대체하는 것입니다.

그러나 히브리서 기자는 이렇게 말합니다. "너희를 인도하는 자들에게 순종하고 복종하라"(히 13:17). 바울은 젊은 목회자 디모데에게 편지하면서 "잘 다스리는 장로들은 배나 존경할 자로 알되 말씀과 가르침에 수고하는 이들에게는 더욱 그리할 것이니라"고 말합니다(딤전 5:17). 또한 구약의 신명기 25장을 인용하면서 이렇게 말합니다. "성경에 일렀으되 곡식을 밟아 떠는 소의 입에 망을 씌우지 말라 하였고 또 일꾼이 그 삯을 받는 것은 마땅하다 하였느니라"(딤전 5:18). 이 말씀들은 잘 다스리는 장로와 말씀 사역에 수고하는 장로의 중요성을 언급하고 있습니다. 허순길 박사는 벨직 신앙고백서 28항의 이 부분을 해설하면서 "교회의 회원들은 그리스도께서 세우신 직분자들의 훈계와 권징에 순종하고 복종해야 한다"고 말합니다. 42절이 말하는 원리가 바로 이것입니다. 항상 말씀이 먼저 옵니다. 그리고 말씀을 통한 순종과 복종이 반드시 뒤따라와야 합니다.

야고보 사도가 "너희는 말씀을 행하는 자가 되고 듣기만 하여 자신을 속이는 자가 되지 말라"고 한 이유도 이런 맥락입니다(약 1:22). 우리는 수많은 말씀을 듣습니다. 그러나 하나님의 말씀에 순종하며 행하지 않는다면, 그것이 우리 영혼에 어떤 유익이 있다는 말입니까? 벨직 신앙고백서 28항은 "모든 사람들은 교회에 가입해야 하고 교회와 연합해야 할 의무가 있으며 교회의 하나 됨을 유지해야 합니다"라고 말합니다. 그러면 우리는 무엇으로 교회의 일치를 이루어야 합니까? 선포되는 말씀을 통해 그렇게 해야 합니다. 따라서 어떤 교회에 가입하는 것, 즉 한 교회에 등록하는 것은 심각한 의무를 전제합니다. 등록 교인은 말씀을 듣고 그 말씀에 복종하며 그 말씀을 지켜 행해야 할 의무를 가지고 있습니다.

구약의 하나님은 말씀하시는 하나님이십니다. "나 여호와의 말이니라" "가라사대" 등으로 말씀하십니다. 신약에서 주님은 말씀 자체로 오셨습니다. 사도들은 주님의 말씀을 선포했습니다. 주님이 말씀하시면 하늘과 땅이 귀를 기울입니다. 오늘날 설교에 대한 신자의 태도가 이러해야 합니다. 설교는 사람의 말이 아니라 설교자를 통해 하나님이 말씀을 해설하고 선포하시는 것이기 때문입니다.

자녀들이 마땅한 복종과 순종을 보이지 않는다면 그 가정이 얼마나 시끄러워지겠습니까? 시민들이 국가의 법을 지키지 않고 마음대로 행동한다면 그 나라는 어찌 되겠습니까? 저와 여러분은 우리의 위대한 직분자이신 그리스도의 말씀에 순종하고 복종합시다.

형제자매를 세우기 위한 봉사

모든 사람이 참된 교회에 가입해야 할 세 번째 이유는 형제자매를 세우기 위한 봉사를 수행해야 하기 때문입니다(44-46절). 본문 44-46절을 보겠습니다. "믿는 사람이 다 함께 있어 모든 물건을 서로 통용하고 또 재산과 소유를 팔아 각 사람의 필요를 따라 나눠 주며 날마다 마음을 같이하여 성전에 모이기를 힘쓰고 집에서 떡을 떼며 기쁨과 순전한 마음으로 음식을 먹고."

벨직 신앙고백서 28항 두 번째 문단을 다시 보겠습니다. "그들은 스스로 교회의 교리와 권징에 복종해야 하고, 예수 그리스도의 멍에를 메야 합니다. 그들은 한 몸에 속한 지체로서 하나님이 각자에게 주신 재능에 따라 형제를 세우기 위해 봉사해야 합니다."

이제 마지막 교훈입니다. 교회에 가입하는 이유는 일하기 위해서입니다. 어떤 일입니까? 섬기고 교제하는 일입니다. 사도의 가르침을 받은 각각의 신자들은 함께 모여 물건을 통용하고, 나누어 쓰고, 헌금하고, 필요에 따라 도와주고, 마음을 같이하여 기도하고, 하나님을 찬송했습니다. 이것이 교회의 봉사의 직무입니다.

우리는 하나님을 예배하고 동료 그리스도인들을 아끼고 사랑하며, 그들을 도와주고 섬기는 일을 해야 합니다. 하나님이 내게 주신 은사가 무엇인지 파악하여 그 은사로 형제자매를 돕고 그들의 신앙의 유익을 위해 헌신하고 봉사해야 합니다. 큰 봉사 가운데 하나가 구제입니다. 구제는 하나님이 내게 주신 물질로 지체들을 돕는 것입니다. 초대교회는 성도들의 정성 어린 귀한 헌금으로 유지되었고, 복음 전도 사역을 펼쳤으며, 선교사들을 파송했고, 가난한 사람들을 도왔습니다. 하나님이 각 사람에게 은사와 성령의 능력을 베풀어 주심은 교회를 어지럽히기 위함이 아니라 유익하게 하기 위함입니다(고전 12:7).

우리 가운데 누군가 굶주리면 그에게 먹을 것을 주고, 헐벗고 있으면 입을 것을 주어야 합니다. 누군가 범죄하거나 낙심하거나 슬퍼하면 개인적으로 권면하고 일으켜 세워 주어야 합니다. 바울은 이런 방식으로 서로 짐을 지면서 그리스도의 법을 성취하라고 권면합니다(갈 6:2).

우리 주님은 황금률을 말씀하시면서 이렇게 선언하십니다. "그러므로 무엇이든지 남에게 대접을 받고자 하는 대로 너희도 남을 대접하라 이것이 율법이요 선지자니라"(마 7:12).

교회 밖에는 구원이 없음을 확신함으로 교회에 의무적으로 가입하고, 교회의 가르침과 권징에 기꺼이 겸손하게 복종하고, 형제자매를 세우기 위해 자신의 시간과 물질을 들여 기쁘게 봉사할 때 하나님이 부흥을 교회에 선물로 주십니다.

47절은 주께서 구원받는 사람을 날마다 더해 주셨다고 말합니다. 진술한 바와 같이, 이것은 하나님이 교회에 참된 신자들을 가입시켜 주신 것을 말합니다. 그렇게 되려면 하나님을 찬미하며 세상 사람들에게 칭찬을 들어야 합니다. 도덕적으로나 사회적으로나 관계적으로 신자로서 법을 지키며 흠 잡을 것이 없는 삶을 넘어서 세상 사람들에게 그리스도인으로서 선행을 베풀어야 합니다. 우리 각 사람이 그렇게 될 때 교회는 부흥할 것입니다.

뿐만 아니라 세상의 위정자들이나 권세자들이 기독교 신앙을 핍박하고 교회를 반대한다 할지라도 심지어 죽음의 위협이나 육체적 형벌이 뒤따른다 할지라도 모든 신자들은 그렇게 살아야 합니다. 환난이나 핍박 때문에 교회로부터 떨어져 나오거나 교회에 가입하지 않는 것은 하나님의 법에 반대되는 행동입니다. 이제 우리는 스스로 질문해야 할 것입니다. "과연 나는 참된 교회의 진정한 회원인가?" "나는 참으로 교회 밖에는 구원이 없다고 믿는가?" "나는 참으로 교회의 가르침과 권징에 복종하는가?" "과연 나는 내 의를 내세우기 위해서가 아니라 진심으로 가식 없이 믿음으로 봉사하고 있는가?"

저와 여러분이 참된 교회에 가입했다면, 교회에서 선포되는 말씀에 구원이 있음을 믿고, 교회의 가르침과 권징에 복종하면서 형제자매를 세우는 봉사의 일에 물심양면으로 헌신하기를 소망합니다.

○ **칼뱅, 『기독교 강요』, 4.1.1**
하나님은 자녀들을 교회의 품속으로 모으셔서 그들이 유아와 어린아이의 상태에 있는 동안 교회의 도움과 사역을 통해 그들을 기르실 뿐 아니라, 또한 그들이 장성하여 마침내 믿음의 목표에 이르기까지 어머니와 같은 보살핌을 통해 인도하기를 기뻐하신다. "하나님이 짝지어 주신 것을 사람이 나누지 못할지니라"(막 10:9)고 말씀하셨듯이, 하나님이 아버지가 되어 주신 자들에게는 교회가 어머니가 되게 하셨다. 그리고 바울이 우리가 하늘의 새 예루살렘의 자녀들이라는 가르침을 통해 증거하고 있듯이(갈 4:26), 그것은 비단 율법 아래서만 그랬던 것이 아니고, 그리스도께서 강림하신 이후에도 그랬다.

■ 핵심용어
교회 가입, 교리, 권징, 봉사(구제)

■ 생각해 볼 문제
1. 신앙고백(신조)이 우리에게 주는 두 가지 유익은 무엇입니까?
2. 교회에 가입한다는 것은 어떤 의미입니까? 우리가 흔히 사용하는 '어느 교회에 등록한다'는 말과는 어떤 차이가 있는지 함께 생각해 봅시다.
3. '의무'라는 말에서 어떤 느낌을 받습니까? 의무는 우리에게 어떤 유익을 주는지

나누어 봅시다.

4. 참된 교회에 가입해야 하는 세 가지 이유는 무엇입니까?

5. 주변에서 보거나 접하게 되는, 교회를 떠난 신앙생활에는 어떤 것들이 있습니까? 이러한 모습은 왜 잘못된 것입니까?

6. 교리와 권징이란 무엇입니까? 28장의 내용을 근거로 함께 생각해 봅시다(권징에 대해서는 30-33장에서 상세히 설명하고 있습니다). 교리와 권징을 따르고 이에 복종하는 일이 왜 중요합니까?

7. 우리가 교회에서 봉사해야 하는 이유는 무엇입니까? 교회와 세상의 두 관점에서 살펴봅시다. 여러 봉사 가운데 이 장에서 말하는 가장 중요한 봉사는 무엇입니까? 이 봉사가 교회와 우리가 속한 세상을 어떻게 세우고 섬기는지 함께 생각해 봅시다.

8. '어머니 같은 교회'라는 칼뱅의 말을 묵상해 보고, 함께 토론해 봅시다.

30장
참된 교회 거짓된 교회

⁴¹그 말을 받은 사람들은 세례를 받으매 이날에 신도의 수가 삼천이나 더하더라 ⁴²그들이 사도의 가르침을 받아 서로 교제하고 떡을 떼며 오로지 기도하기를 힘쓰니라 ⁴³사람마다 두려워하는데 사도들로 말미암아 기사와 표적이 많이 나타나니. 행 2:41-43

29항 참된 교회와 거짓된 교회의 차이점

우리는 이 세상에 있는 모든 분파들이 스스로를 교회라는 이름으로 부르고 있기 때문에 하나님의 말씀에 따라 참된 교회가 무엇인지 신중하게 분별해야 함을 믿습니다(계 2:9). 우리는 여기서 교회 안에 선한 자들과 섞여 있지만 교회가 아닌 위선자들에 대해 말하는 것이 아닙니다(롬 9:6). 우리는 스스로를 교회라고 부르는 모든 분파들로부터 참된 교회의 몸과 교제가 구별되어야 한다는 것을 말하고 있습니다.

참된 교회임을 알 수 있는 표지들은 다음과 같습니다. 순수한 복음의 교리가 교회 안에서 설교되어야 합니다(갈 1:8; 딤전 3:15). 그리스도께서 제정하신 성례가 순수하게 집행되어야 합니다(행 19:3-5; 고전 11:20-29). 죄를 형벌하는 교회의 권징이 시행되어야 합니다(마 18:15-17; 고전 5:4-5, 13; 살후 3:6, 14; 딛 3:10). 요약하면, 모든 것을 하나님의 말씀에 따라 경영하고(요 8:47, 17:20; 행 17:11; 엡 2:20; 골 1:23; 딤전 6:3), 말씀에 반대되는 모든 것을 교정하며(살전 5:21; 딤전 6:20; 계 2:6), 오직 예수 그리스도만이 교회의 유일한 머리이심을 인정해야 합니다(요

10:14; 엡 5:23; 골 1:18). 이런 표지들을 통해 참된 교회는 확실히 알려지며, 어느 누구도 스스로를 참된 교회로부터 분리할 권리가 없습니다.

참된 교회에 속한 회원들은 그리스도인의 특징, 즉 믿음을 보고 알 수 있습니다. 그들은 그리스도를 유일하신 구주로 영접하고(요 1:12; 요일 4:2), 죄에서 떠나 의를 추구하며(롬 6:2; 빌 3:12), 좌로나 우로 치우치지 않고 참되신 하나님과 이웃을 사랑하며(요일 4:19-21), 자기 육체와 육체의 일을 십자가에 못 박습니다(갈 5:24). 비록 그들에게 연약함이 남아 있다 할지라도 남은 생애 동안 성령의 도우심으로 그 연약함과 싸웁니다(롬 7:15; 갈 5:17). 그들은 우리 주 예수 그리스도의 보혈과 죽음과 고난과 순종을 피난처로 삼으며, 그리스도 예수를 믿는 믿음을 통해 죄 용서를 받습니다(롬 7:24-25; 요일 1:7-9).

반면, 거짓된 교회는 하나님의 말씀보다 자신과 자신의 법령에 더 큰 권세와 권위를 돌리고, 그리스도의 멍에 아래 복종하지 않습니다(행 4:17-18; 딤후 4:3-4; 요이 1:9). 거짓된 교회는 그리스도께서 말씀으로 명하신 대로 성례를 집행하지 않으며, 자신의 판단에 따라 성례에 무언가를 더하거나 덜어 냅니다. 또한 그리스도보다 사람을 더 의지합니다. 하나님의 말씀에 따라 거룩하게 살면서 거짓된 교회의 오류와 탐욕과 우상숭배를 책망하는 자들을 핍박합니다(요 16:2). 이 두 교회는 쉽게 알 수 있으며, 서로 분명하게 구별됩니다.

우리는 앞 장에서 교회 밖에는 구원이 없으므로 모든 그리스도인은 참된 교회에 가입해야 할 의무가 있고, 참된 교회의 가르침과 권징에 복종함으로 일치를 이루어야 하며, 형제자매를 위한 봉사를 수행해야 한다는 것을 살펴보았습니다.

우리가 가입하여 의무를 다해야 할 참된 교회는 무엇입니까? 우리는 참된 교회를 어떻게 구별할 수 있습니까? 저마다 교회 간판을 달고 자신들이 교회라고 주장하며, 스스로 참된 교회라고 주장합니다. 심지어 이단들조차 자신들이 옳다고 주장하는 시대입니다. 이러한 때에 참된 교회를 찾아 가입하는 것은 참으로 중요합니다. 우리는 신천지나 그 밖의 다른 이단에 빠져 가정이 파괴되고 인생이 파괴되는 일들을 도처에서 목격하고 있습니다.

내가 예배드릴 수 있는 참된 교회가 있고, 참된 복음의 교리를 설교하는 목사가 있고, 함께 사랑의 교제를 나눌 형제자매들이 있다는 것만큼 인생에서 큰 축복이 없을 것입니다. 그렇다면 참된 교회는 어떤 교회일까요? 벨직 신앙고백서 29항이 우리에게 이 문제를 제기하고 있습니다. 사도행전 2장 41-43절과 벨직 신앙고백서 29항을 중심으로 참된 교회와 거짓된 교회에 대해 살펴보겠습니다.

참된 교회를 분별하라

첫째, 그리스도인은 참된 교회를 분별할 수 있어야 합니다(41-42절). 본문 41-42절을 보겠습니다. "그 말을 받은 사람들은 세례를 받으매 이날에 신도의 수가 삼천이나 더하더라 그들이 사도의 가르침을 받아 서로 교제하고 떡을 떼며 오로지 기도하기를 힘쓰니라."

벨직 신앙고백서 29항 첫 번째 문단을 보겠습니다. "우리는 이 세상에 있는 모든 분파들이 스스로를 교회라는 이름으로 부르고 있기 때문에 하나님의 말씀에 따라 참된 교회가 무엇인지 신중하게 분별해야 함을 믿습니다. 우리는 여기서 교회 안에 선한 자들과 섞여 있지만 교회가 아닌 위선자들에 대해 말하는 것이 아닙니다. 우리는 스스로를 교회라고 부르는 모든 분파들로부터 참된 교회의 몸과 교제가 구별되어야 한다는 것을 말하고 있습니다."

41절에 보면, 베드로의 설교를 듣고 3천 명의 성도들이 초대교회에 더해졌습니다. 초대교회에 '더해졌다'는 것은 초대교회에 '가입했다'는 말입니다. 그들은 초대교회에 가입하여 사도의 가르침을 받아 서로 교제하고, 떡을 떼며, 기도하는 등 교회 활동을 했습니다. 이들은 어떤 추상적인 단체나 유령단체에 가입한 것이 아니라 구체적인 유형교회에 가입한 것입니다.

그런데 문제는 어떤 교회에 가입하느냐는 것입니다. 벨직 신앙고백서 29항은 우리에게 하나님의 참된 교회가 무엇인지 분별해야 한다고 교훈합니다. 이 세상에 있는 모든 분파들, 즉 종파들, 교단들, 이단들도 스스로 교회라고 주장하기 때문입니다. 이 세상에 교회라는 간판을 달고 교회라고 주장하는 단체나 기관이 너무 많은데 그 가운데 참된 교회가 아닌 곳도 많습니다. 그러므로 진실한 신자들은 참된 교회가 무엇인지 분별해야 할 책무가 있습니다.

이것이 교회를 정하는 가장 중대한 이유가 되어야 합니다. 오늘날 사람들이 교회를 정하는 기준이 무엇입니까? 어떤 이들은 집과의 거리를 중요하게 생각합니다. 어떤 이들은 아이들 교육을 최우선으로 여깁니다. 어떤 이들은 교회 목사나 성도들의 인품이 좋은지를 따집니다. 어떤 이들은 예배당이 건축되어 있는지를 봅니다. 어떤 이들은 대형교회를 선호합니다. 어떤 이들은 작은 교회를 선호합니다. 이것들이 모두 중요한 요소이지만 가장 중요한 요소는 아닙니다. 이런 요소들이 좋은 교회를 규정할지는 몰라도 참된 교회를 규정하지는 않기 때문입니다.

포천에 가면 수많은 갈빗집이 있습니다. 저마다 간판에 '원조 갈비'라고 큼지막하게 새겨 넣습니다. 어떤 갈빗집은 TV에 나온 이력을 강조합니다. 하지만 막상 들어가서 먹어 보면 그리 맛있지 않습니다. 이쯤 되면 어느 집이 원조인지 구분하기 어렵습니다. 교회도 마찬가지입니다. 지상에 수많은 교회가 있는데 그 교회들이 다 교회는 아닙니다. 교회라는 간판을 단 이단도 있고, 유사 기독교회도 있습니다. 그러므로 하나님의 참된 교회를 구분하는 것은 아주 중요합니다.

사도 요한은 이렇게 기록하고 있습니다. "내가 네 환난과 궁핍을 알거니와 실상은 네가 부요한 자니라 자칭 유대인이라 하는 자들의 비방도 알거니와 실상은 유대인이 아니요 사탄의 회당이라"(계 2:9). 유대인들은 자신들이 하나님의 백성이라 굳게 믿었지만, 주님은 이들을 실상 '사탄의 회당'이라 규정합니다. 이것은 교회를 다니는 사람에게도 동일하게 적용됩니다. 바울은 이렇게 말합니다. "그러나 하나님의 말씀이 폐하여진 것 같지 않도다 이스라엘에게서 난 그들이 다 이스라엘이 아니요"(롬 9:6). 교회의 회원이 되었다고 해서, 교회를 다닌다고 해서 다 참된 교회의 회원은 아닙니다. 벨직 신앙고백서 29항은 교회 안에는 참된 믿음으로 하나님을 경외하고 봉사하며 섬기는 사람들이 있는가 하면, 참된 교회가 아닌 위선자들도 있다고 경고합니다. 그러므로 하나님의 참된 교회를 분별하여 그 참된 교회에 가입해야 하는 것이 신자의 의무입니다. 저와 여러분이 참된 하나님의 교회에 가입하여 항상 자신을 돌아보며, 참된 하나님의 교회를 건설해 가는 참된 성도가 되기를 바랍니다.

그렇다면, 우리는 어떤 교회가 참된 하나님의 교회임을 알 수 있습니까? 과연 우리는 참된 교회를 분별하고 참된 교회를 찾을 수 있을까요? 벨직 신앙고백서 29항은 우리가 그렇게 할 수 있다고 말합니다.

참된 교회임을 알 수 있는 표지

둘째, 참된 복음 설교와 성례의 순수한 집행, 그리고 교회의 권징 시행으로 참된 교회임을 알 수 있습니다(42-43절). 본문 42-43절을 보겠습니다. "그들이 사도의 가르침을 받아 서로 교제하고 떡을 떼며 오로지 기도하기를 힘쓰니라 사람마다 두려워하는데 사도들로 말미암아 기사와 표적이 많이 나타나니."

벨직 신앙고백서 29항 두 번째 문단을 보겠습니다. "참된 교회임을 알 수 있는 표지들은 다음과 같습니다. 순수한 복음의 교리가 교회 안에서 설교되어야 합니다. 그리스도께서 제정하신 성례가 순수하게 집행되어야 합니다. 죄를 형벌하는 교회의 권징이 시행되어야 합니다. 요약하면, 모든 것을 하나님의 말씀에 따라 경영하고, 말씀에 반대되는 모든 것을 교정하며, 오직 예수 그리스도만이 교회의 유일한 머리이심을 인정해야 합니다. 이런 표지들을 통해 참된 교회는 확실히 알려지며, 어느 누구도 스스로를 참된 교회로부터 분리할 권리가 없습니다."

42-43절은 참된 교회의 표지를 우리에게 가장 원색적으로 보여 줍니다. 첫째는 사도의 가르침을 받는 것이며, 둘째는 서로 교제하며 떡을 떼는 것이며, 셋째는 사도들로 말미암아 기사와 표적이 나타나서 사람들이 두려워하는 것입니다. 이것을 벨직 신앙고백서 29항의 표현대로 하면, 참된 복음 설교와 성례의 순수한 집행, 그리고 교회의 권징 시행입니다. 이것은 대대로 개혁신학에서 말하는 교회의 3대 표지입니다. 참된 교회를 분별할 때 이 세 가지가 신실하게 변함없이 실행되고 있는지를 보면 됩니다. 어느 교회가 이 표지를 잘 실행하고 있다면, 어느 누구도 스스로를 이런 참된 교회로부터 분리할 권리가 없습니다. 이제 참된 교회의 특징을 간

략하게 살펴보겠습니다.

첫째, 참된 말씀의 선포입니다. 이것은 참된 복음을 참되게 설교하는 것을 뜻합니다. 바울은 에베소 교인들에게 "너희는 사도들과 선지자들의 터 위에 세우심을 입은 자"라고 말합니다(엡 2:20). 바울은 디모데에게 하나님의 집에서 어떻게 행해야 할지를 교훈하면서 "이 집은 살아 계신 하나님의 교회요 진리의 기둥과 터니라"고 말합니다(딤전 3:15). 참된 교회는 하나님의 진리의 말씀에 지배를 받는 교회입니다. 모든 사람이 말씀 앞에 순종하고 복종하는 교회입니다.

어떤 교회가 참된 교회인지를 판단하는 최우선의 원리는 하나님의 진리의 말씀이 그대로 선포되고 있느냐는 것입니다. 이것은 또한 성도들이 교회에서 선포되는 설교를 올바로 바라볼 수 있어야 함을 뜻합니다. 성도들은 설교를 통해 참된 복음, 오직 그리스도의 복음, 오직 믿음의 복음, 오직 은혜의 복음을 기대해야 합니다. 복음은 모든 믿는 자에게 구원을 주시는 하나님의 능력이 되기 때문입니다. 그래서 바울은 갈라디아 교회에 편지하면서 이렇게 말합니다. "우리가 너희에게 전한 복음 외에 다른 복음을 전하면 저주를 받을지어다"(갈 1:8).

목사는 엄중한 복음 설교 사역을 위해 보통 7년 동안 신학 교육과 신학대학원 교육을 받습니다. 이 기간에 각종 신학을 섭렵하고, 특히 성경을 해석하고 설교하는 공부를 합니다. 그 이후에도 2년 동안 설교 실습을 하는 강도사 기간을 거쳐, 3년 만에 목사 안수를 받아 정식으로 설교권을 허락받습니다. 미국 장로교회는 이것을 가리켜 '엄격한 교육적 신임장'이라 표현합니다. 영혼을 교훈하고 다스리는 일이 그만큼 중대한 일이기 때문입니다. 이런 준비는 육체의 질병을 치료하는 의사들도 별반 다르지 않습니다. 엄청난 학문 연구와 수련 그리고 임상 실습을 거쳐 현장에 투입되어

환자들을 돌봅니다. 그러므로 어떤 교회가 참된 교회인지를 보려면, 그 교회의 교사로서 설교자가 합당한 교육적 신임장을 갖고 있으며, 하나님의 말씀인 성경을 신실하게 설교하는지를 보면 됩니다.

둘째, 성례의 순수한 집행입니다. 성례는 세례와 성찬으로서 둘 다 그리스도께서 세우신 교회의 거룩한 예식입니다. 따라서 성례, 즉 세례와 성찬을 집례할 때도 그리스도께서 제정하신 뜻과 방식에 따라 해야 합니다. 세례는 말씀의 봉사자로 부르심을 받은 목사에 의해 적절한 교육과 훈련을 거쳐 중생하고 구원의 확신이 있는지를 확인하고 나서 성부와 성자와 성령의 이름으로 물을 뿌려 집행합니다. 물을 뿌리거나, 물을 묻혀 안수하거나, 침례반을 만들어 물속에 잠기게 하는 등 방식의 문제는 본질적인 것이 아닙니다.

성찬 역시 마찬가지입니다. 주님의 찢긴 살과 피를 먹고 마실 때, 서서 하든, 앉아서 하든, 매주 하든, 한 달에 한 번 하든, 일 년에 네 번 하든, 교회 당회에서 협의하고 결정하여 시행하면 됩니다. 중요한 것은 떡과 포도주가 상징하는 바를 설교 시간이든, 설교 이후 시간이든 설명한 후에 집례해야 한다는 것입니다. 벨직 신앙고백서가 작성될 당시 로마 가톨릭교회가 주장한 것처럼, 떡과 포도주 자체에 무슨 효험이 있다거나 사제가 떡과 포도주를 높이 들어 기도할 때 그것이 예수님의 살과 피로 변한다고 주장하는 것은 거짓된 교회의 특징입니다. 이런 떡과 잔을 신성하게 여겨 그 앞에 무릎을 꿇고 받거나 잔을 집에 가져가 모셔 놓고 기도하는 사람들이 있는데, 그것은 이단적이고 미신적인 행위입니다.

셋째, 교회의 권징 시행입니다. 교회의 권징은 그리스도의 진리의 말씀, 즉 복음 설교를 보호하고 지키는 데 목적이 있습니다. 그리스도의 말씀에 불순종하고 반항하는 것이 큰 죄라는 것을 깨닫게 하고 완고한 자들에게 치리회의 형벌을 내림으로 회개하고 돌이킬 기회를 주는 것입니다.

그러나 치리회의 형벌을 내리기 전에, 매일 읽는 말씀과 매주 듣는 말씀을 통해 신자들에게 말씀의 권징을 시행해야 합니다. 말씀대로 살아갈 수 있도록 서로 권면해야 합니다. 이것은 "서로 돌아보아 사랑과 선행을 격려하는"(히 10:24) 것이며, "네 형제가 죄를 범하거든 가서 너와 그 사람과만 상대하여 권고하는" 것입니다(마 18:15). 주님은 "만일 들으면 네가 네 형제를 얻은 것이요"라고 말씀하십니다(마 18:15). 하이델베르크 교리문답 83문답은 "거룩한 복음의 설교가 천국 문을 열고 닫는 천국의 열쇠로서의 권징"이라고 설명합니다. 그러므로 참된 복음 설교에 바르게 응답하고 그 말씀대로 살아가는 것이 바로 참된 교회의 권징입니다.

저와 여러분이 하나님의 참된 복음 설교를 즐거워하고, 성례의 정당한 시행으로 은혜를 나누며, 서로가 부지런히 사랑과 선행을 격려하기를 바랍니다.

참된 교회의 구성원

셋째, 참된 교회는 참된 그리스도인으로 구성됩니다(43-44절). 본문 43-44절을 보겠습니다. "사람마다 두려워하는데 사도들로 말미암아 기사와 표적이 많이 나타나니 믿는 사람이 다 함께 있어 모든 물건을 서로 통용하고."

벨직 신앙고백서 29항 세 번째 문단을 보겠습니다. "참된 교회에 속한 회원들은 그리스도인의 특징, 즉 믿음을 보고 알 수 있습니다. 그들은 그리스도를 유일하신 구주로 영접하고, 죄에서 떠나 의를 추구하며, 좌로나 우로 치우치지 않고 참되신 하나님과 이웃을 사랑하며, 자기 육체와 육체의 일을 십자가에 못 박습니다. 비록 그들에게 연약함이 남아 있다 할지라도 남은 생애 동안 성령의 도우심으로 그 연약함과 싸웁니다. 그들은 우리 주 그리스도의 보혈과 죽음과 고난과 순종을 피난처로 삼으며, 그리스도 예수를 믿는 믿음을 통해 죄 용서를 받습니다."

마지막 교훈은 이것입니다. 참된 교회는 누구로 구성되는가? 참된 교회에 속한 사람은 누구입니까? 누가 사도행전 2장에서 그리스도인을 '두려워하는 자, 즉 경외하는 자, 기사와 표적을 보는 자, 믿는 자, 함께 있는 자' 등으로 정의합니다. 벨직 신앙고백서 29항은 이것을 그리스도인의 표지(특징)로 봅니다. 그 특징은 여섯 가지입니다. 이 여섯 가지 특징은 벨직 신앙고백서 27항의 첫 번째 문단의 마지막에 언급된 위선자들의 마음에는 없는 것들입니다.

첫째, 그리스도를 유일한 구주로 믿습니다. 오직 그리스도만 믿음으로 받아들이고 굳게 붙잡습니다. 그리스도를 참되게 믿으면 참된 열매가 따라옵니다. 이것이 둘째 특징입니다. 즉 죄에서 떠나 의를 추구합니다. 셋째, 좌로나 우로 치우치지 않고 하나님과 이웃을 사랑합니다. 이것이 죄를 멀리하고 의를 추구하는 방법입니다. 넷째, 자신의 육체를 십자가에 못 박습니다. 이것은 자신의 마음속에서 솟구쳐 올라오는 정욕과 죄성을 죽이고 자기를 부인하며 주님을 따르는 삶을 뜻합니다. 다섯째, 끊임없이 이런 생활을 하면서 전 생애 동안 자신의 연약함을 쳐서 복종시킵니다. 그리고 마지막으로, 실패할 때마다 자신을 보지 않고 그리스도의 완전한 순종을 바라봅니다.

그런데 벨직 신앙고백서 29항이 말하는 신자의 표지를 볼 때, '과연 내가 진정한 신자인가'라는 생각이 드는 것이 문제입니다. 나는 한없이 부족해 보입니다. 그러나 결코 그렇지 않습니다. 벨직 신앙고백서는 지상 교회는 불완전하며 지상 교회의 그리스도인도 불완전하다고 말합니다. 벨직 신앙고백서 29항은 "비록 그들에게 연약함이 남아 있다 할지라도 남은 생애 동안 성령의 도우심으로 그 연약함과 싸웁니다"라고 고백합니다. 더 정확히 번역하면, 마치 우리 안에 아무런 연약함이 없다는 것으로 이해해서는 안 되며, 그렇기 때문에 성령의 도우심으로 그 연약함과 맞서 영적 전투를 해야 한다는 것입니다.

어떤 이들은 교회가 연약해서, 위선자들이나 바리새인들이 많아서 교회에 다니기 싫다고 합니다. 그것은 참된 교회가 무엇인지 몰라서 하는 말입니다. 위선자가 있다고 해서 참된 교회가 아닌 것은 아닙니다. 이런 이유는 참된 교회에 가입해야 할 의무를 조금도 완화시키지 못합니다. 그 교회가 참된 복음을 설교하며, 성례를 정당하게 시행하고, 말씀으로 권징을 한다면 누구라도 그 교회에서 스스로 분리할 권리는 없습니다.

저와 여러분이 참 그리스도인의 표지를 잘 기억하여 우리의 연약함에도 불구하고 성령의 도우심으로 끊임없이 연약함과 죄와 싸워 이기며 주님 오실 때까지 영적 전투에서 승리하기를 바랍니다.

이제 우리가 반드시 물어야 할 질문은 다음과 같습니다. "하나님의 참된 복음의 교리가 세례와 성찬과 함께 참되게 설교되고 있는가?" 우리가 속한 교회가 그렇다면, 우리는 그 교회에서 주님이 예비하신 생명의 떡과 우리를 구원하시는 생명의 샘을 먹고 마셔야 할 것입니다. 다음 질문은 이것입니다. "하나님의 말씀으로 권면하고 경책하며 사랑과 선행을 격려하고 있는가?" 우리가 속한 교회가 진정 그렇다면, 우리는 모든 믿는 자의 목자 되시는 그리스도 예수의 말씀에 복종하고, 그 말씀으로 서로 권징하며, 사랑과 선행을 격려하는 데 힘써야 할 것입니다.

하나님이 우리에게 주신 교회 공동체가 하나님의 참된 복음의 교리를 설교하며, 세례와 성찬을 합당하게 집례하고, 권징을 시행함으로 그리스도 예수의 복음의 진리가 보호되고 주님만 영광을 받으시는 은혜가 충만한 진리의 기둥과 터가 되기를 바랍니다.

○ **칼뱅,『기독교 강요』, 4.2.1**
다시 말해서, 그 사역(말씀과 성례)이 순전하고 부패하지 않은 상태로 유지된다면, 아무리 도덕적인 결점이나 흠이 있다 할지라도 "교회"라는 이름을 지니지 못할 이유가 없다는 것이다. 둘째, 사소한 오류들로 인해 그 사역이 약화되었다 할지라도 그것 때문에 그 사역 자체를 부당하다고 여겨서는 안 된다. … 그러나 신앙의 보루(堡壘)에 거짓된 것이 끼어들고, 필수적인 교리의 요강(要綱)이 무너지고, 성례의 바른 시행이 파괴되면, 그 즉시 교회의 죽음이 이어지는 법이다. 마치 사람이 목을 찔리거나 심장에 치명적인 상처를 입으면 즉시 생명이 끝나는 것처럼 말이다.

■ 핵심용어

표지(참된 교회, 참된 그리스도인), 분별, 복음 설교(참된 말씀의 선포), 성례(세례, 성찬), 권징

■ 생각해 볼 문제

1. 우리가 교회를 정할 때 살펴보는 중요한 조건은 무엇이고, 그중 자신에게 가장 중

요한 조건은 무엇인지 함께 나누어 봅시다.
2. 분별이란 무엇입니까? 우리는 왜 참된 교회와 거짓된 교회를 분별해야 합니까?
3. 벨직 신앙고백서 29항이 말하는 참된 교회의 세 가지 표지는 무엇입니까?
4. 권징이란 단어를 들을 때 가장 먼저 드는 생각이나 느낌을 나누어 봅시다. 권징이란 무엇입니까? 권징의 중요한 목적은 무엇입니까?
5. 참된 교회의 세 가지 표지가 서로 어떤 관계인지 깊이 생각해 봅시다.
6. 벨직 신앙고백서 29항이 말하는 참된 그리스도인의 여섯 가지 표지는 무엇입니까? 여섯 가지 표지에 자신을 비추어 무엇이 부족한지 살피고 함께 나누어 봅시다.
7. 내가 교회를 판단한 기준과 이 장에서 배운 표지들 사이에 어떤 차이가 있는지 나누어 봅시다. 우리는 분별을 위한 표지들을 어떻게 여기고 사용해야 합니까?
8. 신자가 사소한 흠이나 오류들로 인해 교회를 떠나는 것이 잘못된 이유가 무엇입니까? 신자는 어떤 경우에 교회를 떠날 수 있는지 생각해 봅시다.

31장
교회의 정치와 직무

¹¹그가 어떤 사람은 사도로, 어떤 사람은 선지자로, 어떤 사람은 복음 전하는 자로, 어떤 사람은 목사와 교사로 삼으셨으니 ¹²이는 성도를 온전하게 하여 봉사의 일을 하게 하며 그리스도의 몸을 세우려 하심이라 ¹³우리가 다 하나님의 아들을 믿는 것과 아는 일에 하나가 되어 온전한 사람을 이루어 그리스도의 장성한 분량이 충만한 데까지 이르리니 ¹⁴이는 우리가 이제부터 어린아이가 되지 아니하여 사람의 속임수와 간사한 유혹에 빠져 온갖 교훈의 풍조에 밀려 요동하지 않게 하려 함이라. 엡 4:11-14

30항 교회의 정치와 직무

우리는 이 참된 교회가 우리 주님이 말씀으로 가르치신 영적 질서에 따라 다스려져야 함을 믿습니다(행 20:28; 엡 4:11-12; 딤전 3:15; 히 13:20-21). 교회에는 하나님의 말씀을 설교하고 성례를 집례하는 사역자들 또는 목사들이 있어야 합니다(눅 1:2, 10:16; 요 20:23; 롬 10:14; 고전 4:1; 고후 5:19-20; 딤후 4:2). 또한 목사들과 함께 교회의 회의를 구성하는(빌 1:1; 딤전 4:14) 장로들과(행 14:23; 딛 1:5) 집사들이(딤전 3:8-10) 있어야 합니다. 이런 방식으로 참된 신앙이 보존되고, 모든 곳에서 참된 교리가 전파되며, 죄를 범한 자들은 형벌과 제재를 받습니다. 또한 가난한 자들과 비탄에 빠진 자들이 그들의 필요에 따라 도움과 위로를 받습니다(행 6:1-4; 딛 1:7-9). 사도 바울이 디모데에게 보낸 편지에 규정해 놓은 원리에 따라(딤전 3장) 신실한 사람들을 선출한다면(고전 4:2), 이런 방식으로 교회 안의 모든 일이 정당하고 질서 있게 이루어질 것입니다.

엄밀히 말하면, 그리스도인들은 두 가지 정치체제 아래에서 살아갑니다. 하나는 세속의 정치제제이며, 다른 하나는 영적 정치체제입니다. 우리는 대한민국 시민으로서 대한민국 정치제체와 헌법에 따라 살아갑니다. 또한 우리는 교회의 시민, 더 나아가 하나님 나라의 신민으로서 하나님의 정치체제와 하나님의 말씀으로 살아갑니다.

두 가지 정치체제가 갈등을 일으킬 때가 있습니다. 본래 국가의 정치는 교회의 정치와 분리되어 있습니다. 국가의 임무는 교회를 보호하는 것이며, 교회의 임무는 국가를 위해 기도하고 하나님의 말씀을 선포하는 것입니다. 이런 방식으로 국가와 교회는 분리되어 있지만 적대적이지 않고 상호 협력적입니다.

국가와 교회의 관계는 우리가 다룰 주제는 아닙니다. 우리가 다룰 주제는 참된 교회의 정치와 직무에 대한 것입니다. 교회는 어떻게 다스려져야 하며, 교회의 모든 교인들, 특히 직분자들은 어떤 책무를 갖고 있느냐에 대한 것입니다. 오늘날 교회의 대부분의 문제는 교회론의 부재에서 생깁니다. 교회의 본질이 무엇이며, 교회의 책무가 무엇이고, 교회는 무엇을 위해 존재하며, 교회는 어떻게 다스려져야 하고, 교회의 직분자들은 누구이며, 성도들은 어떤 자세로 교회를 출입해야 하는지에 대해 아예 모르거나 막연한 생각만 가지고 있습니다.

에베소서 4장 11-14절과 벨직 신앙고백서 30항을 통해 교회의 정치와 직무를 살피면서 참된 교회 됨을 어떻게 나타내야 할지에 대해 살펴보겠습니다.

영적 질서에 따라 다스려지는 교회

첫째, 그리스도의 교회는 영적 질서에 따라 다스려집니다(11절). 본문 11절을 보겠습니다. "그가 어떤 사람은 사도로, 어떤 사람은 선지자로, 어떤 사람은 복음 전하는 자로, 어떤 사람은 목사와 교사로 삼으셨으니."

벨직 신앙고백서 30항은 이렇게 말합니다. "우리는 이 참된 교회가 우리 주님이 말씀으로 가르치신 영적 질서에 따라 다스려져야 함을 믿습니다. 교회에는 하나님의 말씀을 설교하고 성례를 집례하는 사역자들 또는 목사들이 있어야 합니다. 또한 목사들과 함께 교회의 회의를 구성하는 장로들과 집사들이 있어야 합니다. 이런 방식으로 참된 신앙이 보존되고, 모든 곳에서 참된 교리가 전파되며, 죄를 범한 자들은 형벌과 제재를 받습니다."

여기서 강조되는 것은 영적 질서(방식)입니다. 벨직 신앙고백서 30항은 참된 교회가 영적 질서에 따라 다스려져야 한다고 고백합니다. 죄를 범한 자들은 영적 방식으로 징계를 받는다고 말합니다. 직분자들을 선출할 때도 '이런 방식'으로 해야 하며, 이런 방식을 통해 모든 일이 '정당하고 질서 있게' 이루어질 것이라고 말합니다. 이 단어들은 그리스도의 참된 교회가 은혜 안에서 자유하나 무질서하지 않으며, 성령으로 충만하나 선한 질서로 충만하다는 것을 드러냅니다. 교회는 무질서한 기관이 아니라 질서 있는 기관입니다.

어떤 질서입니까? 영적 질서입니다. 그런데 '영적 질서'라고 말하면, 눈에 보이지 않는 질서 또는 구체적인 유형 없이 자기 마음대로 하는 질서라고 오해할 수 있습니다. 또는 교회는 아무런 질서가 없는 조직이라고 생각하기 쉽습니다. 그러나 벨직 신앙고백서 30항은 "참된 교회가 우리 주님이 말씀으로 가르치신 영적 질서에 따라 다스려져야 함을 믿습니다"라고 고백합니다. 이런 의미에서 교회의 질서는 개인주의적 질서도 아니고, 민주주의적 질서도 아니며, 공산주의적 질서도 아닙니다. 교회의 질서는 그리스도 중심의 질서입니다.

그리스도 중심의 질서는 그분의 말씀에 잘 드러나 있습니다. 교회의 정치는 세상의 정치와 다릅니다. 교회는 하나님의 나라에 속해 있으며, 왕이신 하나님의 통치를 받는 영적 기관이자 구속적 기관입니다. 따라서 교회 안에 범죄자가 생기더라도 영적 기관인 교회는 그에게 육체적 형벌을 내리지 않고 권면과 권고, 경책과 경고, 수찬 정지 등의 영적 징계를 내리는 것입니다.

교회론을 다루는 에베소서 4장 11-12절에서 바울은 "그가 어떤 사람은 사도로, 어떤 사람은 선지자로, 어떤 사람은 복음 전하는 자로, 어떤 사람은 목사와 교사로 삼으셨으니 이는 성도를 온전하게 하여 봉사의 일을 하게 하며 그리스도의 몸을 세우려 하심이라"고 말합니다. 바울은 교회에 이런 직분을 주신 주체를 '그'라고 말합니다. 즉, 그리스도께서 사람들을 사도로, 선지자로, 복음 전하는 자로, 목사와 교사로 세우셨다는 말입니다. 그리스도는 이들을 통해 교회를 다스리십니다. 이런 의미에서 참된 교회의 정치는 그리스도 예수께서 다스리시는 정치입니다. 우리는 벨직 신앙고백서 30항을 시작하면서 "우리는 … 믿습니다" 하고 고백합니다. 이 말은 참된 교회의 정치체제를 우리가 개발하거나 고안하거나 발명하는 것이 아니라 그리스도께서 말씀을 통해 제시하신 질서대로 다스려야 함을 믿는다는 뜻입니다.

교회란 무엇입니까? 교회는 그리스도의 몸이고 성도들은 그 몸의 지체입니다. 그리스도는 교회의 머리이십니다(골 1:18). 그러므로 머리이신 그리스도께 붙어 있는 지체인 교회는 그리스도의 정치와 다스림에 순종해야 합니다. 교회는 교인들의 기분이나 성향이나 지역에 따라 다스려지는 것이 아니라, 오직 그리스도와 그분의 말씀으로 다스려져야 합니다. 그래서 주님을 믿음으로 죄를 용서받고 의롭다 하심을 받은 신자들도 세상 방식이 아니라 오직 믿음으로 살아야 합니다. 오직 믿음으로 영적 질서에 반응하고 순종해야 합니다.

그리스도의 참된 교회에는 영적 질서가 있으며 주님이 하신 말씀으로 다스려져야 함을 굳게 믿고 그분의 통치에 믿음으로 반응하며 순종하기 바랍니다.

참된 교회의 직분자들

둘째, 참된 교회에는 참된 신앙을 보존하기 위한 직분자들, 즉 목사와 장로와 집사가 있어야 합니다(11-12절). 본문 11-12절을 보겠습니다. "그가 어떤 사람은 사도로, 어떤 사람은 선지자로, 어떤 사람은 복음 전하는 자로, 어떤 사람은 목사와 교사로 삼으셨으니 이는 성도를 온전하게 하여 봉사의 일을 하게 하며 그리스도의 몸을 세우려 하심이라."

방금 전에 살펴본 벨직 신앙고백서 30항 서두를 다시 보겠습니다. "우리는 이 참된 교회가 우리 주님이 말씀으로 가르치신 영적 질서에 따라 다스려져야 함을 믿습니다. 교회에는 하나님의 말씀을 설교하고 성례를 집례하는 사역자들 또는 목사들이 있어야 합니다. 또한 목사들과 함께 교회의 회의를 구성하는 장로들과 집사들이 있어야 합니다. 이런 방식으로 참된 신앙이 보존되고, 모든 곳에서 참된 교리가 전파되며, 죄를 범한 자들은 형벌과 제재를 받습니다."

벨직 신앙고백서 30항은 참된 교회가 주님이 말씀으로 가르치신 영적 질서에 따라 다스려져야 함을 믿는다고 말하며, 이어서 그 다스림의 구체적인 유형을 제시합니다. 그것이 바로 목사, 장로, 집사라는 직분의 임명입니다. 주님의 교회는 그리스도의 교회이며 그리스도께서 다스리십니다. 부활 승천하신 그리스도는 직분자들을 세우셔서 교회를 다스리십니다. 주님은 영적 질서에 따라 목사, 장로, 집사를 세운다고 말씀하십니다.

하나님이 교회에 이런 직분을 두신 것은 교회가 받은 축복의 선물입니다. 바울은 "우리 각 사람에게 그리스도의 선물의 분량대로 은혜를 주셨나니"라고 말합니다(엡 4:7). 즉, 이 세 직분은 엄밀히 말하면 그 기원이 신적이라는 것입니다. 사람이 필요에 따라 세운 직분이 아니라 하나님이 교회의 필요에 따라 세우신 것입니다. 직분자들은 그 세우심에 순종합니다. 주님이 이 직분자들을 세우신 이유가 무엇입니까? 참된 교회의 참된 신앙을 보호하고 보존하기 위해서입니다. 성도를 온전하게 하여 봉사의 일을 하게 하며, 그리스도의 몸을 세우기 위해서입니다.

11절에 사도, 선지자, 복음 전하는 자, 목사와 교사가 나옵니다. 사도, 선지자, 복음 전하는 자는 초대교회의 구속 역사에 필요하여 존재한 직분들이며, 이제는 더 이상 계속되지 않는 직분입니다. 그래서 이런 직분을 '일시적인 직분' 또는 '비상 직분'이라 부르기도 합니다. 목회서신은 목사와 장로와 집사를 언급하고 있습니다. 벨직 신앙고백서 30항은 이런 신약적인 원리에 따라 목사들, 장로들, 집사들을 교회의 직분자로 규정합니다. 참된 교회는 이런 직분자들을 마땅히 세워야 하고, 이들에게 다스림을 받으며 동시에 봉사해야 합니다. 이런 직분들은 통상적인 직분이요 교회를 위한 항구적인 직분입니다.

첫째, 무엇보다도 목사가 있어야 합니다. 11절에 "목사와 교사"라고 표현되어 있는데, 이는 다른 두 직분이 아니라 목사가 참된 교회의 교사 역할을 감당한다는 의미에서 동일한 직분입니다. 목사의 직분은 설교를 하고 성례를 집행하는 것입니다. 무엇보다도 목사의 직분은 말씀 선포와 가르치는 사역을 위한 것입니다. 또한 세례와 성찬을 집례하며 성도들의 영혼을 감독하고 치리합니다. 이런 의미에서 목사는 성도들의 목자입니다. 장로들도 목사를 도와 일정 부분 이런 일을 공유하고 있음은 두말할 필요가 없습니다. 그러나 설교와 세례와 성찬의 집례는 주로 가르치는 장로의 고유 사역입니다. 목사는 보이지 않는 기록된 하나님의 말씀과 보이는 말씀인 세례와 성찬을 통해 하나님의 백성들을 사역합니다. 즉, 목사는 말씀을 선포하고 세례와 성찬을 집례하며, 공적 예배를 인도하고 기도하며 권징을 시행합니다.

둘째, 장로가 있어야 합니다. 구약에서 이스라엘의 장로들은 이스라엘을 통치하는 왕으로 묘사되어 있습니다. 하지만 신약에서 장로는 교회를 감독하고 치리하고 돌보는 목자의 특징을 지닙니다. 사도 바울이 밀레도에서 에베소 장로들을 초청해서 이렇게 말합니다. "여러분은 자기를 위하여 또는 온 양 떼를 위하여 삼가라 성령이 그들 가운데 여러분을 감독자로 삼고 하나님이 자기 피로 사신 교회를 보살피게 하셨느니라"(행 20:28). 즉, 교회를 보살피는 것이 장로의 직무입니다.

성경은 우리에게 원리를 제공하지만 세세하고 구체적인 방법은 제시하지 않습니다. 그런 일을 하는 것이 헌법입니다. 헌법에서 장로는 크게 감독하는 일, 즉 목사의 설교와 치리와 교훈이 성도들에게 잘 적용되고 있는지, 말씀과 성례가 순수하게 집행되고 있는지를 성도들을 심방하며 돌아보고 다스립니다. 그리고 교회를 다스리는 일, 목사를 돕는 일 등을 수행합니다.

목사와 장로의 직무 특징은 이렇습니다. 목사의 직무는 하나님의 말씀을 선포하고 전하고 가르치는 것이며, 장로의 직무는 성도들이 그 말씀에 올바로 반응하고 순종하며 올바로 하나님을 예배하고 섬기고 있는지를 살피는 것입니다. 본래 목사도 장로 또는 감독자입니다. 그런데 시대가 지나면서 거짓 교사들이 출현하고 교회를 올바르게 목양하기 위해 말씀과 기도에 전무할 직분이 필요하게 되었습니다. 그래서 말씀에 전무하는 장로와 치리에 집중하는 장로의 구별이 생기게 된 것입니다. 바울이 디모데에게 "잘 다스리는 장로들은 배나 존경할 자로 알되 말씀과 가르침에 수고하는 이들에게는 더욱 그리할 것이니라"(딤전 5:17)고 권면한 것처럼, 가르치는 장로는 목사로 불렸고, 감독하고 살피는 장로는 그대로 장로라고 불렸습니다.

셋째, 집사가 있어야 합니다. 집사의 직분은 명확합니다. 집사는 회중 가운데 가난한 자들과 아픈 자들을 돌보는 사역, 즉 구제 사역에 전념하는 직분입니다. 이 직분의 배경은 사도행전 6장 1-6절입니다. 이것은 사랑의 봉사이기도 합니다. 사랑으로 부지런히 섬기고 대접하는 일은 모든 성도의 일이지만 특별히 집사의 일이기도 합니다. 집사는 교회 내에서 성도들 사이에 사랑으로 섬기는 일들이 잘 진행되고 있는지를 살펴야 합니다. 이것이 성도의 진정한 교제입니다. 클라렌스 다우마 교수는 장로들의 임무의 초점은 수직적인 면에 있고, 집사들의 임무의 초점은 수평적인 면에 있다고 말합니다.

하나님은 이런 방식으로 참된 신앙을 보존하기를 기뻐하십니다. 그렇다면 우리도 이런 방식의 교회 정치와 직무를 존중해야 합니다. 이 직무를 맡은 자들은 이런 의식을 가지고 직무에 임해야 합니다. 참된 교회에는 참된 목사와 장로와 집사가 있어야 함을 깨닫고, 여러분의 교회가 참되고 진실한 직분자들을 통해 그리스도의 참된 다스림을 받기를 바랍니다.

참된 신앙을 보존하는 방식

셋째, 참된 교회는 참된 교리의 전파와 징계와 구제를 통해 참된 신앙을 보존합니다(12-14절). 본문 12-14절을 보겠습니다. "이는 성도를 온전하게 하여 봉사의 일을 하게 하며 그리스도의 몸을 세우려 하심이라 우리가 다 하나님의 아들을 믿는 것과 아는 일에 하나가 되어 온전한 사람을 이루어 그리스도의 장성한 분량이 충만한 데까지 이르리니 이는 우리가 이제부터 어린아이가 되지 아니하여 사람의 속임수와 간사한 유혹에 빠져 온갖 교훈의 풍조에 밀려 요동하지 않게 하려 함이라."

벨직 신앙고백서 30항의 나머지 뒷부분을 보겠습니다. "이런 방식으로 참된 신앙이 보존되고, 모든 곳에서 참된 교리가 전파되며, 죄를 범한 자들은 형벌과 제재를 받습니다. 또한 가난한 자들과 비탄에 빠진 자들이 그들의 필요에 따라 도움과 위로를 받습니다. 사도 바울이 디모데에게 보낸 편지에 규정해 놓은 원리에 따라 신실한 사람들을 선출한다면, 이런 방식으로 교회 안의 모든 일이 정당하고 질서 있게 이루어질 것입니다."

벨직 신앙고백서 30항은 참된 신앙의 보존에 대해 말합니다. 참된 신앙은 어떻게 보존됩니까? 영적 질서의 다스림으로 보존됩니다. 목사, 장로, 집사 직분자들을 통해 보존됩니다. 이들이 하는 일이 무엇입니까? 교리를 전파하고, 징계나 권징을 하며, 가난한 자와 비탄에 빠진 자들을 위해 봉사를 합니다. 직분자들은 이런 일을 합니다. 하지만 이 모든 일을 다

하는 것은 아닙니다. 목사는 목사의 일을, 장로는 장로의 일을, 집사는 집사의 일을 합니다. 우리는 이미 두 번째 대지에서 이것을 다루었습니다. 여기서는 참된 신앙의 보존이라는 측면에서 다시 생각해 보고자 합니다.

무엇보다도 목사는 말씀의 봉사자로서 성경을 하나님의 말씀으로 굳게 믿고 설교하며 교회의 참 신앙을 보존합니다. 목사의 가장 큰 임무는 교리를 가르치는 것입니다. 교리는 하나님의 말씀에 기초한 경건 훈련을 뜻합니다. 목사는 자기 말을 하거나 자기가 좋아하는 주제를 설교하는 자가 아니라, 하나님의 말씀을 하나님의 뜻대로 전하는 메신저입니다. 마치 구약의 선지자처럼 하나님의 말씀을 받아서 대신 전하는 것입니다. 말씀이 하는 일이 무엇입니까? 죄를 회개하라고 외치며, 부패와 타락을 경고하고 책망하는 일입니다. 거기서 멈추지 않고, 자비하신 예수 그리스도의 십자가 사랑으로 위로하고 격려하며 용기를 북돋아 주는 일입니다. 이것은 대중적인 인기나 회중의 기호와 상관이 없습니다. 대중이 좋아하는 것이 아니라 해도 목사는 하나님의 말씀이라면 설교해야 합니다. 목사는 성도들의 면면을 살피고 그들의 영혼에 적합하고 알맞은 말씀을 바르게 전할 수 있도록 최선의 노력을 기울여야 합니다. 하나님은 이런 방식으로 참된 신앙을 보존하는 일을 기뻐하십니다.

장로는 목사와 함께 치리하고 다스리며 죄와 악으로부터 참된 신앙을 보존합니다. 목사와 장로는 세례와 성찬의 성례를 집례함으로 하나님의 백성들을 훈육하고, 경건을 배양하며, 신앙을 증진시킴으로 참된 신앙을 보존합니다. 필요하다면, 악한 자나 범죄한 자를 영적 방식으로 징계하여 제어함으로 그리스도의 영광과 교회의 순수성을 보호합니다. 또한 장로들은 각 가정들을 심방하며 경건이 증진되고 있는지를 살피고 돌보며 권면합니다.

집사는 주로 가난한 자들과 고통당하는 자들을 돌아보고 그들의 필요를 살펴서 그들이 도움을 받을 수 있도록 헌신함으로 교회의 참된 신앙을 보존합니다. 집사의 구제 사역을 통해 그리스도의 사랑과 자비가 삶 속에서 드러나야 합니다.

캐나다 개혁교회의 클라렌스 다우마 목사와 칼 쇼올스 목사는 "목사의 직무를 그리스도의 선지자적 직무, 장로의 직무를 그리스도의 다스리시는 왕적 직무, 집사의 직무를 그리스도의 돌보시는 자비의 사역으로서 제사장적 직무"라고 비유합니다. 허순길 박사도 "교회의 목사, 장로, 집사라는 세 직분은 예수 그리스도의 삼중직을 고려할 때 교회를 위한 삼중적 봉사의 직무임에 틀림없다"고 말합니다. 또한 "목사, 장로, 집사는 교회의 주이신 그리스도의 부름을 받은 그리스도의 종들이다. 목사는 그분의 말씀을 전함으로 그분의 선지자적 사역을, 장로는 그분의 교회를 다스리고 돌봄으로 그분의 왕적 사역을, 집사는 그분의 교회에서 자비를 베풀어 그분의 대제사장적 사역을 한다"고 말합니다. 주님은 이런 방식으로 교회와 자기 백성을 돌보십니다.

12절은 주님이 직분자들을 주신 이유는 성도를 온전하게 하여 봉사의 일을 하게 하며 결과적으로 그리스도의 몸을 세우게 하기 위함이라고 분명히 밝힙니다. 우리의 직분은 그리스도의 몸 된 교회를 세우기 위한 봉사의 직분임을 마음에 새기고, 늘 주님이 맡기신 봉사의 직분을 충성스럽고 신실하게 감당하기를 바랍니다.

우리는 교회의 정치와 직무에 대해 살펴보았습니다. 벨직 신앙고백서 30항은 "사도 바울이 디모데에게 보낸 편지에 규정해 놓은 원리에 따라 신실한 사람들을 선출한다면, 이런 방식으로 교회 안의 모든 일이 정당하고 질서 있게 이루어질 것입니다"라고 말합니다. 즉 직분자들을 통한 영적 질서에 따라 참된 신앙이 보존되고, 복음의 교리가 전파되며, 악인들이 징계를 받아 제어되며, 가난한 자들과 고통당하는 자들이 구제를 받고 위로를 받을 때, 교회는 선한 질서대로 하나님의 다스림을 받게 된다는 것입니다.

우리 하나님은 무질서의 하나님이 아니라 질서의 하나님이십니다. 하나님은 질서를 주시고 우리가 영적으로 살아갈 방식을 주십니다. 목사는 하나님의 말씀을 설교하고 가르치며 교리를 전파하고, 장로는 사랑으로 성도를 권징하고 각 가정을 심방하며 교회를 다스리고, 집사는 구제와 봉사의 사역을 성실히 수행하는 교회는 참된 교회의 표지를 드러내며, 참된 그리스도의 통치를 받는 교회가 될 것입니다.

물론 지상 교회는 불완전하기 때문에 이런 일들을 감당할 때 어려움이 있을 것입니다. 이때 성도들의 기도가 필요합니다. 우리가 직분자들의 중요성을 아무리 강조한다 해도 성도들의 기도가 없다면, 교회의 직분자들이 직무를 잘 감당하지 못할 것입니다. 교회의 일은 직분자들만 하는 일이 아닙니다. 모든 성도들이 목사와 장로와 집사들이 각각 자신의 일을 성실히 수행할 수 있도록 기도해야 합니다. 교회의 직분자들이 겸손히 각자의 직무에 충성하며, 성도들은 그들을 위해 기도함으로 그리스도의 다스리심을 받는 멋진 교회가 되기를 바랍니다.

○ **칼뱅,** 『**기독교 강요**』**, 4.3.1**
교회는 오직 주께서 다스리고 통치하셔야 하며, 그분이 최고의 자리와 권위를 차지하셔야 한다. 또한 이러한 권위는 오직 그분의 말씀으로만 시행되고 운용되어야 한다. 그러나 주님이 우리 가운데 눈에 보이는 상태로 임재하여 거하시지 않기 때문에(마 26:11), 사역자들을 일종의 대리자로 사용하여 그분의 뜻을 공개적으로 선포하게 하신다고 말한 바 있다. 그러나 그들에게 주님의 권한과 존귀를 전수하시는 것은 아니며, 다만 그들의 입술을 통해 주님이 자신의 일을 행하시는 것이다. 마치 일꾼이 도구를 사용하여 일을 하듯이 말이다.

■ 핵심용어

직분, 목사, 장로, 집사

■ 생각해 볼 문제

1. 교회는 무엇에 따라 다스려져야 합니까? 결국 교회는 누가 다스립니까? 이 원리에 따라 교회란 무엇인지, 신자는 어떠한 존재인지 생각해 봅시다.
2. 참된 교회에 직분자들이 존재하는 이유는 무엇입니까?
3. 벨직 신앙고백서 30항에 언급된 세 직분은 무엇입니까? 각 직분의 직무(역할)를 간단히 정리해 봅시다.
4. 본문 11절에 나오는 직분 가운데 현재 존재하지 않는 직분은 무엇입니까? 그 직분이 현재 존재하지 않는 이유는 무엇입니까?
5. 교회에 세워진 직분자들을 통해 일어나는 세 가지 현상은 무엇입니까? 특별히 교회 안에 어떤 일이 일어나는지 벨직 신앙고백서 30항을 참조하여 나누어 봅시다.
6. 그리스도의 삼중직과 교회에 주신 세 직분이 어떤 관계인지 생각해 봅시다.
7. 교회에 직분자들이 존재하는 이유, 즉 하나님이 교회에 직분자를 세우신 이유를 앞에서 인용한 『기독교 강요』를 통해 다시 한번 생각해 봅시다. 그리스도께서 이

땅에 오신 이유와 이것을 어떻게 연결 지을 수 있을지 생각해 봅시다.

8. 『기독교 강요』 4권 3장에서 칼뱅은, 하나님은 아무런 도움이나 도구를 사용하지 않으시고 그분 자신이나 천사들을 통해 그 일을 하실 수 있음에도 사람을 수단으로 사용하시는 몇 가지 이유를 언급합니다. 그 세 가지 이유가 무엇인지 『기독교 강요』에서 찾아 답해 봅시다.

32장
교회의 직분자

¹대제사장마다 사람 가운데서 택한 자이므로 하나님께 속한 일에 사람을 위하여 예물과 속죄하는 제사를 드리게 하나니 ²그가 무식하고 미혹된 자를 능히 용납할 수 있는 것은 자기도 연약에 휩싸여 있음이라 ³그러므로 백성을 위하여 속죄제를 드림과 같이 또한 자신을 위하여도 드리는 것이 마땅하니라 ⁴이 존귀는 아무도 스스로 취하지 못하고 오직 아론과 같이 하나님의 부르심을 받은 자라야 할 것이니라 ⁵또한 이와 같이 그리스도께서 대제사장 되심도 스스로 영광을 취하심이 아니요 오직 말씀하신 이가 그에게 이르시되 너는 내 아들이니 내가 오늘 너를 낳았다 하셨고 ⁶또한 이와 같이 다른 데서 말씀하시되 네가 영원히 멜기세덱의 반차를 따르는 제사장이라 하셨으니 ⁷그는 육체에 계실 때에 자기를 죽음에서 능히 구원하실 이에게 심한 통곡과 눈물로 간구와 소원을 올렸고 그의 경건하심으로 말미암아 들으심을 얻었느니라 ⁸그가 아들이시면서도 받으신 고난으로 순종함을 배워서 ⁹온전하게 되셨은즉 자기에게 순종하는 모든 자에게 영원한 구원의 근원이 되시고 ¹⁰하나님께 멜기세덱의 반차를 따른 대제사장이라 칭하심을 받으셨느니라. 히 5:1-10

31항 목사, 장로, 그리고 집사

우리는 하나님의 말씀 사역자들과 장로들과 집사들이 교회의 합법적인 선거를 통해 각자의 직무에 선출되어야 하며, 이 일이 하나님의 말씀이 가르치는 질서와 (행 1:23-24, 6:2-3) 주님의 이름을 부르는 기도 가운데 이루어져야 한다고 믿습니다. 그러므로 모든 사람은 부적절한 방법으로 밀고 들어오지 않도록 주의해야 합니다. 하나님이 자신을 부르심에 대한 증거를 가지고, 그 부르심을 확신할 수 있도록 하나님이 그를 부르시기를 기뻐하실 때까지 기다려야 합니다(행 13:2; 고전 12:28; 딤전 4:14, 5:22; 히 5:4).

하나님의 말씀을 맡은 사역자들은 모두 온 세상의 유일한 감독이자 교회의 유일한 머리이신(마 23:8, 10; 엡 1:22, 5:23) 그리스도께 속한 목사들이기 때문에(고후 5:20; 벧전 5:1-4) 어느 위치에 있든지 동등한 권세와 권위를 지닙니다.

우리는 거룩한 하나님의 질서가 위반되거나 무시되지 않도록, 모든 사람이 하나님의 말씀을 맡은 목사와 교회의 장로들을 그들의 사역으로 인해 특별히 존경해야 하며, 가능한 한 다툼과 논쟁 없이 그들과 화목해야 한다고 선언합니다(살전 5:12-13; 딤전 5:17; 히 13:17).

앞 장에서 우리는 교회의 정치와 직무에 대해 살펴보았습니다. 그리스도의 교회가 영적 질서에 따라 다스려져야 하며, 그 영적 질서를 위해 그리스도께서 교회에 목사와 장로와 집사와 같은 직분자들을 주셨다는 것을 살펴보았습니다. 그리스도께서 주신 목사와 장로와 집사의 직분으로 참된 교리의 전파와 권징과 구제와 봉사를 함으로써 참된 신앙을 보존하고 교회를 세워 나갑니다. 그러므로 직분자의 임명은 그리스도의 참된 교회에 아주 중대합니다. 뿐만 아니라 직분자에 대한 성도의 이해도 아주 중대합니다.

벨직 신앙고백서 30항이 직분자들의 절대적 필요성을 다루고 있다면, 31항은 직분자들의 임직 절차, 목사 및 장로와 성도들의 관계를 다루고 있습니다. 이것은 귀도 드 브레 시대에도 중요했지만 오늘날에도 매우 중요합니다. 우리는 귀도 드 브레가 이것을 어떻게 다루었는지를 역사적 배경을 통해 발견하게 될 것입니다.

하나님이 직분자들을 임명하심

첫째, 직분자들은 하나님이 부르시고, 합법적인 절차를 통해 임명하십니다(4-5절). 본문 4-5절을 보겠습니다. "이 존귀는 아무도 스스로 취하지 못하고 오직 아론과 같이 하나님의 부르심을 받은 자라야 할 것이니라 또한 이와 같이 그리스도께서 대제사장 되심도 스스로 영광을 취하심이 아니요 오직 말씀하신 이가 그에게 이르시되 너는 내 아들이니 내가 오늘 너를 낳았다 하셨고."

벨직 신앙고백서 31항 첫 번째 문단을 보겠습니다. "우리는 하나님의 말씀 사역자들과 장로들과 집사들이 교회의 합법적인 선거를 통해 각자의 직무에 선출되어야 하며, 이 일이 하나님의 말씀이 가르치는 질서와 주님의 이름을 부르는 기도 가운데 이루어져야 한다고 믿습니다. 그러므로 모든 사람은 부적절한 방법으로 밀고 들어오지 않도록 주의해야 합니다. 하나님이 자신을 부르심에 대한 증거를 가지고, 그 부르심을 확신할 수 있도록 하나님이 그를 부르시기를 기뻐하실 때까지 기다려야 합니다."

직분자들은 하나님이 세우십니다. 하나님이 교회를 위해 직분자들을 부르시고 그들을 임명하십니다. 즉, 직분자들은 교회의 필요를 위해 교회가 임명하는 것이 아닙니다. 좀 더 엄밀히 말하면, 직분자들은 회중이나 성도가 임명하는 것이 아닙니다. 바울은 1-3절에서 대제사장의 직무인 속죄 사역에 대해 말합니다. 그리고 4절에서 이 직분은 아무도 스스로 취하지 못하고 오직 하나님의 부르심을 받은 자라야 가능하다고 말합니다. 또한 5-6절에서 우리 주님이신 그리스도조차 대제사장의 영광을 스스로 취하지 않으시며, 오직 말씀하신 이, 즉 성부 하나님께서 주신 영원한 제사장의 직분이라고 말합니다. 여기서 강조되는 것은 하나님의 부르심입니다.

하지만 이 말을 오해하지 않기를 바랍니다. 하나님이 직분자들을 부르시고 임명하지만, 교회의 질서나 절차를 무시하거나 또는 회중들의 의사와 상관없이 그렇게 하지 않으십니다. 벨직 신앙고백서는 직분자 선출에 대한 두 가지 원리를 제시합니다. 첫째는 말씀에 규정된 대로, 둘째는 질서와 기도 안에서 교회의 합법적인 선거를 통해서입니다. 하나님의 말씀에 규정된 것은 무엇입니까? 대표적인 내용이 사도행전과 디모데전후서와 디도서에 나와 있습니다.

우선 사도행전 6장을 보면, 사도들이 기도하는 일과 말씀 사역에 힘쓰기 위해 성도들 가운데 일곱 명을 택하라고 말합니다(2-4절). 이 말을 들은 모든 성도들이 기뻐하여 스데반과 빌립을 포함한 일곱 명의 직분자를 택하고 사도들이 그들에게 기도하고 안수하여 구제의 직분을 맡깁니다(5-6절). 이들의 특징은 지혜와 성령이 충만하여 성도들에게 칭찬을 받는 자라는 것입니다.

직분자 선출의 첫째 원리가 둘째 원리를 이끕니다. 성경에 규정된 대로 직분자로 선택된 사람들은 성도들의 확인 절차를 거치게 됩니다. 모든 회중들이 일곱 명의 직분자를 선출하는 것을 기뻐하고, 그 일곱 명은 회중들에게 칭찬을 받았다는 것입니다. 디모데전서 3장이나 디도서 1장에 나오는 "감독", 즉 목사와 장로와 집사의 자격도 책망할 것이 없어야 하며, 교회 밖의 사람들에게도 선한 증거를 얻은 자라야 한다고 규정합니다.

하나님이 직분자를 택하시고 임명하여 세우시지만 교회나 회중과 상관없이 이 일을 하지 않으십니다. 즉, 하나님이 세우시는 직분자들은 반드시 교회 안의 합법적인 질서와 절차를 통해 그 부르심을 확증해야 합니다. 이것이 왜 중요합니까? 이런 질서와 절차를 통한 확증 없이 직분자가 되려는 자들이 교회 안으로 스스로 밀고 들어오기 때문입니다. 귀도 드 브레가 말하는 '밀고 들어오는 자들'은 교권으로 직분을 임명했던 로마 가톨릭 교회와 17세기 당시의 재세례파였습니다. 재세례파는 직분의 파괴를 주장합니다. 그러나 개혁신앙은 직분의 동등성을 주장하지 직분의 파괴를 말하지 않습니다. 재세례파는 어떤 사람이 설교자로 부르심을 받았다고 느끼면, 자유롭게 설교할 수 있다고 주장했습니다. 누군가가 하나님으로부터 직접 계시를 받았다면, 그것을 설교자나 직분자로 부르심을 받은 증거라고 생각하여 교회 안으로 밀고 들어왔습니다. 그러나 참된 교회는 그들을 설교자로 간주하지 않습니다. 참된 신앙고백과 역사적 신조 위에 서 있는 교회는 성경에 규정된 대로 직분자들의 부르심을 합법적인 선거를 통해 교회 공동체가 공인하고 확증하는 절차를 거칩니다.

하나님이 우리를 부르실 때도 이와 동일합니다. 하나님은 기계를 부르지 않으십니다. 나를 부르십니다. 그래서 직분자로 선택을 받는 모든 사람에게는 소위 '부르심'이 있습니다. 그 부르심이 참된 하나님의 부르심이 아니라 신비적이고 감정적이며 주관적인 나만의 생각일 수도 있습니다. 이것은 스스로 부르심을 받았다고 생각하는 것입니다.

그렇다면 내가 부르심을 받았는지 알 수 있는 방법은 무엇입니까? 성경은 크게 두 가지를 말합니다. 하나는 '직분을 사모하는가?'이고, 다른 하나는 '하나님의 강권하심이 있는가?'입니다. 전자에 대해 바울은 디모데에게 이렇게 말합니다. "미쁘다 이 말이여, 곧 사람이 감독의 직분을 얻으려 함은 선한 일을 사모하는 것이라 함이로다"(딤전 3:1). 후자에 대해 바울은 밀레도에서 에베소 장로들을 초청하여 이렇게 말합니다. "여러분은 자기를 위하여 또는 온 양 떼를 위하여 삼가라 성령이 그들 가운데 여러분을 감독자로 삼고 하나님이 자기 피로 사신 교회를 보살피게 하셨느니라"(행 20:28).

그러므로 목사와 장로와 집사로 부르심을 받은 자들에게는 이런 직분과 직무를 사모하는 마음과 주님의 강권하심이 있습니다. 하나님의 부르심 또는 강권하심이라는 내적 확신은 그가 성령과 지혜가 충만하고 칭찬을 받는 사람인지가 당회와 교회 회중의 피택과 선거를 통해 확증되어야 합니다. 즉, 교회의 모든 성도들은 기도하면서 교회의 질서와 절차에 따라 과연 어느 성도가 목사와 장로와 집사의 직분을 감당할 만큼 성령과 지혜가 충만하며 사람들에게 칭찬을 받는지를 고려해야 합니다. 이것은 참된 교회와 참된 신앙을 보존하기 위해 아주 중요합니다. 전자를 '내적 소명'이라 부른다면, 후자를 '외적 소명'이라 부를 수 있을 것입니다. 이런 의미에서 직분의 임명은 개인적 기호나 선호에 따라 이뤄질 수 없습니다. 그러므로 모든 성도들은 직분을 사모하는 마음을 가져야 하지만 스스로 직분을 취하거나 함부로 직분을 감당해서는 안 됩니다. 기도와 질서 안에서 교회의 합법적인 선거를 통해 선출되어야 합니다.

따라서 우리 모두가 직분을 사모하되 자신의 부르심이 하나님께로부터 온다는 것을 확신하고 하나님의 때를 기다리며 성령과 지혜가 충만하고 사람들에게 칭찬을 듣기를 바랍니다.

동일한 권위를 지니는 말씀 사역자들

둘째, 말씀 사역자들은 그들의 위치나 직함에 관계없이 동일한 권위를 지닙니다(5-6절). 본문 5-6절을 보겠습니다. "또한 이와 같이 그리스도께서 대제사장 되심도 스스로 영광을 취하심이 아니요 오직 말씀하신 이가 그에게 이르시되 너는 내 아들이니 내가 오늘 너를 낳았다 하셨고 또한 이와 같이 다른 데서 말씀하시되 네가 영원히 멜기세덱의 반차를 따르는 제사장이라 하셨으니."

벨직 신앙고백서 31항 두 번째 문단을 보겠습니다. "하나님의 말씀을 맡은 사역자들은 모두 온 세상의 유일한 감독이자 교회의 유일한 머리이신 그리스도께 속한 목사들이기 때문에 어느 위치에 있든지 동등한 권세와 권위를 지닙니다."

이 부분은 간단히 살펴보고 넘어가고자 합니다. 벨직 신앙고백서 31항은 말씀 사역자들의 동등한 권위에 대해 말합니다. 즉 교회의 직분에는 높고 낮음이 없다는 말입니다. 또한 목사라면 다 같은 목사라는 말입니다. 높은 목사가 있고 낮은 목사가 있는 것이 아닙니다. 왜 그렇습니까? 이 직분으로 부르신 분이 하나님이시기 때문입니다. 히브리서 본문도 "그리스도께서 대제사장 되심도 스스로 영광을 취하심이 아니요"라고 합니다(5절). 그리스도께서 멜기세덱의 반차를 따르는 영원한 제사장 되심도 성부 하나님의 임명입니다. 임명을 받은 자는 임명하신 분을 위해 일할 뿐입니다.

이 직분은 내가 스스로 취한 것이 아니요, 내가 노력하고 연구해서 쟁취하고 성취한 것도 아니요, 오직 하나님이 은혜로 나를 불러 주신 것입니다. 그래서 목사와 목사 사이에 계급이 없고, 장로와 장로 사이에 계급이 없으며, 집사와 집사 사이에 계급이 없습니다. 또한 목사와 장로와 집사 사이에도 계급이 없습니다. 직분자들과 일반 성도들 사이에도 계급이 없습니다. 또한 설교하고 치리하고 섬기고 봉사하는 분량에 따라 높낮이가 결정되는 것도 아닙니다.

하지만 우리가 이것을 무질서로 오해하면 안 됩니다. 교회의 모든 직분은 교회를 세우기 위한 봉사와 섬김의 직분이지만 매우 질서 있는 직분입니다. 그래서 말씀 사역자들이 어느 위치에 있든지 간에 동등한 권세와 권위를 가지는 것입니다. 어떤 권위를 말합니까? 하나님의 말씀을 선포하고 가르치고 치리하고 권징하는 권위입니다. 각 직분자들이 감당해야 할 직무가 성경에 규정되어 있습니다. 그 질서의 내용에 대해서는 우리가 앞 장에서 살펴보았기 때문에 여기서 다루지는 않겠습니다.

참된 교회는 로마 가톨릭교회와 같이 철저하게 계급적인 성직자 제도를 배격합니다. 뿐만 아니라 무질서한 재세례파의 직분 파괴도 배격합니다. 종교개혁 시대에 칼뱅이 제네바 목사회를 이끌고 사역했습니다. 131명이 모였던 제네바 목사회 의장은 칼뱅과 베자가 가장 많이 맡았습니다. 그러나 후기에 들어서는 제네바 목사회 의장은 누가 독점하지 않고 순번대로 돌아가면서 감당했습니다. 이것은 목사 사역의 권위의 동등성을 확보하고자 하는 제네바 목사회의 노력이었습니다. 그들은 모두 하나님으로부터 부르심을 받은 그리스도의 종이요, 오직 그리스도만이 교회의 유일한 머리가 되시기 때문입니다.

그러므로 모든 말씀 사역자들이 주님의 나라와 주님의 몸 된 교회를 위해 동등한 권세와 권위를 가진 자들임을 깨닫고 모든 말씀 사역자들을 동일하게 존중하기를 바랍니다.

목사와 장로를 존경하고 화목하게 지내라

마지막으로, 교회의 성도들은 모든 목사와 장로를 특별히 존경하고 그들과 화목하게 지내야 합니다(7-10절). 본문 7-10절을 보겠습니다. "그는 육체에 계실 때에 자기를 죽음에서 능히 구원하실 이에게 심한 통곡과 눈물로 간구와 소원을 올렸고 그의 경건하심으로 말미암아 들으심을 얻었느니라 그가 아들이시면서도 받으신 고난으로 순종함을 배워서 온전하게 되셨은즉 자기에게 순종하는 모든 자에게 영원한 구원의 근원이 되시고 하나님께 멜기세덱의 반차를 따른 대제사장이라 칭하심을 받으셨느니라."

벨직 신앙고백서 31항의 세 번째 문단을 보겠습니다. "우리는 거룩한 하나님의 질서가 위반되거나 무시되지 않도록, 모든 사람이 하나님의 말씀을 맡은 목사와 교회의 장로들을 그들의 사역으로 인해 특별히 존경해야 하며, 가능한 한 다툼과 논쟁 없이 그들과 화목해야 한다고 선언합니다."

우리는 왜 목사와 장로를 존경해야 합니까? 세 가지 이유가 있습니다. 첫째, 하나님의 말씀의 법에 규정되어 있기 때문입니다. 바울은 이렇게 말합니다. "형제들아 우리가 너희에게 구하노니 너희 가운데서 수고하고 주 안에서 너희를 다스리며 권하는 자들을 너희가 알고 그들의 역사로 말미암아 사랑 안에서 가장 귀히 여기며 너희끼리 화목하라"(살전 5:12-13). "잘 다스리는 장로들은 배나 존경할 자로 알되 말씀과 가르침에 수고하는 이들에게는 더욱 그리할 것이니라"(딤전 5:17).

둘째, 교회가 하나님의 부르심을 받은 자들을 합법적인 선거와 절차에 따라 확증하고 임명했기 때문입니다. 교회와 성도들은 그들을 무겁게 여기며 그들을 위해 많이 기도하고 경건한 마음으로 세웠습니다. 그렇다면 우리는 교회의 결정과 선택과 기도를 존중해야 합니다. 그것은 목사와 장로를 향한 특별한 존경으로 나타나야 합니다.

셋째, 그들이 하는 사역 때문입니다. 목사와 장로가 하는 사역은 무엇입니까? 히브리서 기자는 이렇게 말합니다. "너희를 인도하는 자들에게 순종하고 복종하라 그들은 너희 영혼을 위하여 경성하기를 자신들이 청산할 자인 것같이 하느니라 그들로 하여금 즐거움으로 이것을 하게 하고 근심으로 하게 하지 말라 그렇지 않으면 너희에게 유익이 없느니라"(히 13:17). 왜 교회의 성도들은 목사와 장로가 즐거움으로 이 부르심의 사역을 하게 하고 근심으로 하지 않게 해야 합니까? 목사와 장로가 하는 사역이 영예롭고, 또한 그들이 하는 사역이 성도들의 영혼을 위한 사역이기 때문입니다.

그러므로 모든 성도들은 가능한 한 다툼과 논쟁 없이 그들과 화목해야 합니다. 그렇지 않으면 자신의 영혼에 유익이 없을 것입니다. 목사와 장로 역시 하나님 앞에 죄인이며, 생각과 말과 행실에서 완전하지 않습니다. 완전하신 분은 오직 그리스도뿐이십니다. 그러므로 목사와 장로를 존경하고 그들과 화목하게 지내는 것이 항상 쉽지는 않습니다. 그래서 벨직 신앙고백서 31항은 그들의 사역으로 인해 존경하라고 말하는 것입니다. 인격도 중요하지만 사역이 훨씬 중요합니다. 그러나 목사와 장로가 부드러운 인격으로 하나님의 말씀의 교훈과 법도를 가지고 최선을 다해 교회를 사랑하고 성도들의 영혼을 깨우고 인도한다면, 그들을 존경하지 않을 이유가 없습니다. 그들과 다툴 이유가 무엇이란 말입니까?

우리의 영원한 목자가 되시는 주 예수 그리스도께서 우리를 푸른 초장과 쉴 만한 물가로 인도하십니다. 그런데 그 일을 직분자들을 부르시고 세워서 하십니다. 이들을 통해 신령한 영의 양식인 말씀의 덕으로 먹이고 다스리시며 구제하고 보호하십니다. 때로는 책망하시고 위로하시고 권면하십니다. 모든 직분자들을 존경하되 특별히 설교와 치리를 맡은 목사들과 장로들을 존경하고 진실하게 사랑하기를 바랍니다.

모든 교회의 성도들은 성령 하나님의 사역으로 죄를 자각하고, 주 예수 그리스도를 구주로 영접함으로 죄를 용서받고 그리스도의 의로 옷 입어 의인이 되며 영원한 생명을 선물로 받습니다. 그리고 그리스도의 학교인 교회에서 하나님의 나라에 입성할 때까지 어머니의 품 같은 교회에서 양육

받고 교훈받으며 보호받고 성장합니다. 그리고 이 일을 직분자들이 수행합니다. 그러므로 직분자들이 없는 교회는 상상할 수 없습니다.

목사와 장로가 없는 교회는 교훈과 바르게 함과 의로 교육함과 책망함이 없을 것입니다. 집사가 없는 교회는 구제하고 봉사하고 섬기는 사랑이 없을 것입니다. 직분자들이 없는 교회는 온전한 구조를 갖추지 못한 교회가 될 것입니다. 그러므로 말씀에 규정된 대로 기도와 질서 안에서 교회의 합법적인 선거를 통해 선출된 직분자들을 존귀히 여기기 바랍니다. 그리고 거룩하고 경건한 교회를 세우기 위한 이런 직분을 사모하는 선한 마음을 우리 주님이 여러분 마음속에 넘치도록 풍성히 채워 주시기를 바랍니다.

○ 칼뱅, 『기독교 강요』, 4.3.10

신성한 회(會)에서 "모든 것을 품위 있게 하고 질서 있게" 해야 하지만(고전 14:40), 다스림을 세우는 일에 있어서는 무엇보다 부지런히 질서를 지켜야 할 것이다. 무슨 일이든 무질서하게 행하는 것보다 더 큰 위험을 초래하는 것이 없기 때문이다. 그러므로 시끄럽고 문제를 일으키는 사람들이 경솔하게 스스로 나서서 가르치거나 다스리지 못하도록 막기 위해서는, 부르심을 받지 않은 상태에서 교회의 공적인 직분을 차지하는 일이 없도록 특별히 주의해야 한다. 어떤 사람이 교회의 참된 사역자로 여겨지려면, 먼저 정당하게 소명을 받아야 하며(히 5:4), 그 후에 그의 소명에 응답해야 한다. 즉, 주어진 임무를 수행해야 한다.

■ 핵심용어

부르심(내적 소명, 외적 소명), 선거(합법적인 절차), 직분의 동등성, 질서

■ 생각해 볼 문제

1. 직분자를 선출하는 기준이 되는 두 가지 원리는 무엇입니까? 두 가지 원리는 어떤 관련이 있습니까?
2. 내적 소명이란 무엇입니까? 본문 첫 번째 대지에서 말하는 내적 소명의 두 가지 요소는 무엇입니까?
3. 외적 소명이란 무엇입니까? 내적 소명과 외적 소명이 어떻게 균형을 이루며 서로 영향을 주는지 함께 생각해 봅시다.
4. 선거를 통해 공동체가 공인하고 확증한다는 직분자 선출의 원리가 시사하는 바는 무엇입니까? 우리를 창조하시고 죄인을 부르신 하나님의 관점에서 생각해 봅시다.
5. 직분의 동등성이란 무엇입니까?
6. 직분의 동등성이 긍정과 부정의 양극단으로 치우치면 어떤 결과를 낳는지 본문에서 언급한 역사적 사례를 들어 생각해 봅시다. 이 원리가 교회의 질서와 어떤 관계가 있는지도 함께 나누어 봅시다.
7. 모든 성도들이 목사와 장로를 존경하고 그들과 화목하게 지내야 하는 세 가지 이유는 무엇입니까?
8. 나는 교회를 섬기기 위해 어떤 은사를 받았는지, 그리고 어떤 직분을 사모하는지 나누어 봅시다.

33장
교회의 질서와 권징

¹⁷형제들아 내가 너희를 권하노니 너희가 배운 교훈을 거슬러 분쟁을 일으키거나 거치게 하는 자들을 살피고 그들에게서 떠나라 ¹⁸이 같은 자들은 우리 주 그리스도를 섬기지 아니하고 다만 자기들의 배만 섬기나니 교활한 말과 아첨하는 말로 순진한 자들의 마음을 미혹하느니라 ¹⁹너희의 순종함이 모든 사람에게 들리는지라 그러므로 내가 너희로 말미암아 기뻐하노니 너희가 선한 데 지혜롭고 악한 데 미련하기를 원하노라 ²⁰평강의 하나님께서 속히 사탄을 너희 발아래에서 상하게 하시리라 우리 주 예수의 은혜가 너희에게 있을지어다. 롬 16:17-20

32항 교회의 질서와 권징

이와 동시에, 우리는 교회를 다스리는 자들이 교회의 몸을 유지하기 위해 특정한 규례를 제정하고 세우는 것이 유익할지라도, 우리의 유일한 주인이신 그리스도께서 명령하신 것에서 벗어나지 않도록 신중해야 한다고 믿습니다(딤전 3:15). 따라서 우리는 하나님을 예배하는 데 어떤 방식으로든 우리 양심을 구속하고 강요하기 위해 사람들이 도입하려는 모든 인간적인 고안물과 규례들을 배격합니다(사 29:13; 마 15:9; 갈 5:1). 그러므로 우리는 화합과 일치를 유지하고 증진하며, 모든 사람으로 하여금 계속해서 하나님께 순종하게 만드는 것만 받아들입니다(고전 14:33). 바로 이런 목적을 위해 하나님의 말씀에 따라 여러 상황에서 권징과 출교가 시행되어야 합니다(마 16:19, 18:15-18; 롬 16:17; 고전 5장; 딤전 1:20).

앞 장에서 우리는 교회의 직분자들에 대해 살펴보았습니다. 하나님은 직분자들을 부르시고 합법적인 절차를 통해 임명하십니다. 또한 말씀 사역자들의 직함이나 위치에 관계없이 그들은 동일한 권위를 가집니다. 그리고 교회의 모든 성도는 목사와 장로들이 하는 사역으로 인해 그들을 존경하고 그들과 화목하게 지내야 합니다.

벨직 신앙고백서 32항은 교회의 직분자들이 주님의 몸된 교회를 유지하기 위해 질서를 세우는 것이 유익하다고 말합니다. 또한 예배에 대한 질서를 바르게 세울 때 주의할 점이 무엇인지 진술합니다. 그리고 하나님께 순종하는 신자들을 지키기 위해 하나님의 말씀에 따라 권징과 출교가 시행되어야 한다고 말합니다.

로마서 16장 17-20절과 벨직 신앙고백서 32항을 통해 '교회의 질서와 권징'에 대해 살펴보겠습니다.

특별히 예배에 대한 질서를 세우라

첫째, 교회를 다스리는 자들은 교회를 유지하기 위해 질서를 세워야 하는데, 특별히 예배에 대한 질서를 세워야 합니다(17-18절). 본문 17-18절을 보겠습니다. "형제들아 내가 너희를 권하노니 너희가 배운 교훈을 거슬러 분쟁을 일으키거나 거치게 하는 자들을 살피고 그들에게서 떠나라 이 같은 자들은 우리 주 그리스도를 섬기지 아니하고 다만 자기들의 배만 섬기나니 교활한 말과 아첨하는 말로 순진한 자들의 마음을 미혹하느니라."

벨직 신앙고백서 32항은 이렇게 말합니다. "이와 동시에, 우리는 교회를 다스리는 자들이 교회의 몸을 유지하기 위해 특정한 규례를 제정하고 세우는 것이 유익할지라도, 우리의 유일한 주인이신 그리스도께서 명령하신 것에서 벗어나지 않도록 신중해야 한다고 믿습니다. 따라서 우리는 하나님을 예배하는 데 어떤 방식으로든 우리 양심을 구속하고 강요하기 위해 사람들이 도입하려는 모든 인간적인 고안물과 규례들을 배격합니다."

벨직 신앙고백서는 교회를 다스리는 직분자들에게 질서를 세우라고 진술합니다. 이는 우리가 여러 차례 살펴본 바와 같이, 그리스도의 몸인 교회는 추상적이지 않고 정치와 직무에 따라 다스려야 할 구체적인 조직이기 때문입니다. 바울이 고린도 교인들에게 "하나님은 무질서의 하나님이 아니시요 오직 화평의 하나님이시니라"(고전 14:33)고 선포한 말씀에 그 이유가 잘 드러나 있습니다. 교회는 세상의 어떤 조직보다도 더 고상하고 아름다운 질서를 지녀야 합니다. 그것이 하나님의 속성이기 때문입니다. 하나님의 본질적 속성은 무질서가 아니라 화평입니다.

그러므로 신자는 개인적으로든 교회적으로든 항상 화평을 유지하기 위해 질서를 지켜야 합니다. 그 질서는 언제나 성경적이어야 합니다. 벨직 신앙고백서는 우리가 질서를 세울 때 우리 주인이신 그리스도께서 명령하신 것에서 벗어나지 않는지를 잘 살펴야 한다고 말합니다. 우리의 질서의 규범은 언제나 성경입니다. 교회가 성경적 질서를 따르는 것은 그리스도인뿐만 아니라 교회 공동체에도 아주 중대합니다.

바울은 로마 교회에 보내는 편지를 마치며 마지막 권면을 합니다. "형제들아 내가 너희를 권하노니 너희가 배운 교훈을 거슬러 분쟁을 일으키거나 거치게 하는 자들을 살피고 그들에게서 떠나라"(17절). 교훈을 거스르고 분쟁을 일으키는 사람들은 일반적으로 율법폐기론적인 자유주의자나 방탕주의자, 그리고 유대 열심당원을 가리킵니다. 이들은 사도들이 전해 준 복음의 교훈을 거슬러 분쟁을 일으키며 거치게 합니다. 거슬러 분쟁을 일으킨다는 것은 분열을 일으킨다는 뜻이고, 거치게 한다는 것은 장애물을 놓아 실족하게 하여 넘어지게 한다는 뜻입니다. 바울 사도는 이런 자들을 살피고 그들에게서 떠나라고 권면합니다. 이들은 무엇에 반대하는 것입니까? 사도들이 전해 준 교훈에 반대하는 것입니다. 따라서 직분자들은 이들을 분별하고 이들에게서 떠나야 합니다. 분별의 기준은 우리 주 예수님이 명령하신 하나님의 말씀입니다.

교회는 참된 질서를 세우기 위해 성경적 원리 아래에서 신앙고백과 교리를 작성했습니다. 바울은 디모데에게 보낸 편지에서 교회를 가리켜 "이 집은 살아 계신 하나님의 교회요 진리의 기둥과 터"라고 말합니다(딤전 3:15). 교회는 말씀에 기초한 참된 신앙고백과 교리에 의해 세워집니다. 또한 교회는 이에 입각해 예배에 대한 질서를 제정합니다. 예배는 아무렇게나 드리면 안 됩니다. 신령과 진리 안에서, 즉 성령의 역사하심과 성령이 증거하시는 주 예수 그리스도의 진리 안에서 드려야 합니다. 장로교 헌법의 예배모범에는 신자의 경건생활을 위한 규칙이 나와 있습니다. 신자나 직분자들이 교회 안에서 어떻게 행해야 할지에 대한 세세한 규칙이 장로교 헌법의 예배모범과 권징 조례 등에 잘 기록되어 있습니다. 또한 이런 예배의 모범은 웨스트민스터 종교회의에서 작성한 예배모범에 근거하고 있습니다.

이처럼 신앙고백이나 교리, 예배모범이나 권징 조례 등은 교회 공동체를 유지하는 데 반드시 필요합니다. 귀도 드 브레가 살던 시대에 로마 가톨릭교회의 예배, 즉 미사는 성경적으로 볼 때 타락의 극치였습니다. 대표적인 것이 고해성사, 성체성사와 같은 7성례입니다. 이것은 하나님과 신자 사이의 중보자이신 그리스도 외에 인간 중보자인 사제와 신부에게 죄를 고하는 것입니다. 또한 성찬식의 떡과 포도주가 실제로 주님의 몸과 피로 변화된다고 믿으며 그 앞에 무릎 꿇고 절하고 숭배하며, 돈을 주고 사는 면벌부와 같은 것입니다.

예배의 이런 요소들은 참된 경건을 양산하기는커녕 도리어 도덕률 폐기론주의나 율법주의자를 양산했습니다. 참된 교회는 이런 요소들이 성경적 원리를 벗어나 양심을 구속하고 강제하는 인간적인 고안물로 알고 배격합니다. 바로 이런 것들을 알려 주는 것이 교회의 질서, 특별히 예배에 대한 질서입니다. 이것은 교회를 다스리는 자들이 마땅히 해야 할 일입니다. 저와 여러분이 성령님과 진리의 말씀이라는 진정한 질서 안에서 참되게 하나님을 섬기고 예배하기를 바랍니다.

하나님의 말씀에 따라 권징과 출교를 시행하라

둘째, 교회를 다스리는 자들은 순종하는 신자들을 위해 하나님의 말씀에 따라 권징과 출교를 시행해야 합니다(20절). 본문 19-20절을 보겠습니다. "너희의 순종함이 모든 사람에게 들리는지라 그러므로 내가 너희로 말미암아 기뻐하노니 너희가 선한 데 지혜롭고 악한 데 미련하기를 원하노라 평강의 하나님께서 속히 사탄을 너희 발아래에서 상하게 하시리라 우리 주 예수의 은혜가 너희에게 있을지어다."

벨직 신앙고백서 32항은 이렇게 말합니다. "그러므로 우리는 화합과 일치를 유지하고 증진하며, 모든 사람으로 하여금 계속해서 하나님께 순종하게 만드는 것만 받아들입니다. 바로 이런 목적을 위해 하나님의 말씀에 따라 여러 상황에서 권징과 출교가 시행되어야 합니다."

이 두 번째 진술은 바로 첫 번째 진술을 위한 것입니다. 교회의 질서를 바로 세우기 위해 교회는 하나님의 말씀에 따라 권징과 출교를 시행해야 한다고 진술합니다. 권징은 본래 훈련, 단련, 규율 등을 의미합니다. 교회에 권징과 출교가 필요한 이유는 교회의 화합과 일치를 유지하고 증진시키기 위함입니다. 특히 하나님께 순종하는 모든 신자들을 지키기 위해 필요합니다.

바울은 "너희의 순종함이 모든 사람에게 들리는지라 그러므로 내가 너희로 말미암아 기뻐하노니 너희가 선한 데 지혜롭고 악한 데 미련하기를 원하노라"고 권면합니다(19절). 또한 "평강의 하나님께서 속히 사탄을 너희 발아래에서 상하게 하시리라"고 말합니다(20절). 사탄을 우리 발아래에서 상하게 하신다는 내용을 창세기 3장에서도 발견하게 됩니다. "내가 너로 여자와 원수가 되게 하고 네 후손도 여자의 후손과 원수가 되게 하리니 여자의 후손은 네 머리를 상하게 할 것이요 너는 그의 발꿈치를 상하게 할 것이니라 하시고"(창 3:15).

바울은 하나님이 사탄을 우리 발아래에서 상하게 하실 것을 기도합니다. 이 경우에 사탄은 무엇입니까? 우리가 배운 교훈을 거슬러 분쟁을 일삼거나 거치는 돌을 두는 자들을 가리킵니다(17절). 이들은 그리스도를 섬기는 것처럼 보이지만 자기 배만 섬기고 순진한 자들을 미혹합니다(18절). 사탄은 자기를 광명한 천사로 가장하는 데 선수입니다(고후 11:14). 그러므로 사탄의 일꾼들도 자기를 의의 일꾼으로 가장합니다(고후 11:15). 거짓 선지자, 거짓 교사들이 이와 같습니다. 이들의 특징은 경건의 모양은 있지만 경건의 능력은 없습니다. 바울은 이런 자들을 가리켜 "마음이 부패하여지고 진리를 잃어버려 경건을 이익의 방도로 생각하는 자들"이라고 부릅니다(딤전 6:5).

이런 자들은 결국 종말의 때에 반드시 멸망할 것입니다. 하지만 지금은 어떻게 해야 합니까? 교회는 이런 자들을 분별하여 권징과 출교를 시행해야 합니다. 바울은 이런 자들을 살피고 이들에게서 떠나라고 말합니다(17절). 살피고 이들에게서 떠나는 것, 또한 미혹하지 못하게 하는 것(18절), 다른 성도들로 하여금 순종하게 하는 것(19절), 특별히 범죄한 죄인을 구원하는 것이 권징의 목적입니다. 교회는 이런 방식으로 그리스도의 영광과 진리를 보호하며, 교회의 화합과 일치를 유지하고 증진시킵니다.

그렇다면 권징을 어떻게 시행해야 합니까? 그리스도는 마태복음 18장에서 세 단계를 제시하십니다. 첫 번째 단계는 15절입니다. "네 형제가 죄를 범하거든 가서 너와 그 사람과만 상대하여 권고하라 만일 들으면 네가 네 형제를 얻은 것이요." 두 번째 단계는 16절입니다. "만일 듣지 않거든 한두 사람을 데리고 가서 두세 증인의 입으로 말마다 확증하게 하라." 세 번째 단계는 17절입니다. "만일 그들의 말도 듣지 않거든 교회에 말하고 교회의 말도 듣지 않거든 이방인과 세리와 같이 여기라." 권징의 첫 번째 단계는 개인적 권면입니다. 두 번째 단계는 집단적, 공동적 권면입니다. 마지막 단계는 교회 치리회의 결정입니다. 교회는 대부분 첫 번째 단계와 두 번째 단계에서 문제가 해결될 수 있도록 기도해야 합니다. 사도가 전해 준 교훈의 말씀에 불순종하거나, 신앙고백과 행동이 불일치하는 것을 사랑으로 지적하고 책망하며 한두 번 훈계해도 듣지 않으면, 마지막 권징의 절차는 출교입니다. 출교는 이방인과 세리처럼 여기는 것, 즉 불신자처럼 여기는 것을 의미합니다. 그러나 이것조차도 범죄한 영혼이 회개하고 돌아와 순종하게 하려는 영적 유익을 위한 것입니다.

16세기 종교개혁 시대부터 19세기까지 교회의 권징은 비교적 잘 수행되었습니다. 칼뱅과 제네바 목사회는 타락한 제네바 교회의 교인들을 치리하고 권징했습니다. 음주와 가무를 즐기는 자들, 도박과 가정 폭력을 일삼는 자들, 남편과 아내의 의무를 다하지 않는 자들, 주일 예배에 불참하는 자들에게 수찬 정지를 내렸습니다. 심지어 가족 중에 누가 아픈데 목사와 장로를 청하여 기도를 부탁하는 의무를 저버린 자들도 권징했습니다. 그 결과, 제네바는 스코틀랜드 종교개혁자 존 낙스가 말한 것처럼 "지상에서 가장 완전한 그리스도의 학교"가 되었습니다.

물론 16세기와 21세기를 단순 비교하는 일반화의 오류를 범해서는 안 됩니다. 그러나 현대 교회에서 권징은 급속도로 사라지고 있습니다. 권징하는 교회도 찾아보기 힘들고, 권징을 받고 자신의 죄와 교만을 회개하고 인내하며 회복을 기다리는 교인들도 찾아보기 힘듭니다. 그러나 권징은 우리 주님이 교회에 주신 명령이며, 그분의 말씀을 우리의 신앙생활과 교회생활에 적용하는 것입니다. 참된 교회는 권징을 통해 범죄한 자를 교정할 뿐만 아니라 그리스도의 영광과 진리의 말씀을 보호하고, 교회의 성결을 유지하며, 성도의 순종과 화합과 일치를 도모합니다. 우리가 참된 하나님의 백성이라면 교회의 치리와 권징을 존중해야 합니다. 우리 교회가 참된 성경적 질서와 교회의 치리와 권징을 통해 아름다운 질서로 그리스도의 화평을 유지하기를 바랍니다.

벨직 신앙고백서 28항은 참된 교회에 가입해야 할 의무를 이렇게 진술합니다. "모든 사람들은 교회에 가입해야 하고 교회와 연합해야 할 의무가 있으며 교회의 하나 됨을 유지해야 합니다. 그들은 스스로 교회의 교리와 권징에 복종해야 하고, 예수 그리스도의 멍에를 메야 합니다. 그들은 한 몸에 속한 지체로서 하나님이 각자에게 주신 재능에 따라 형제를 세우기 위해 봉사해야 합니다."

그러므로 모든 성도들은 물러나 있으면 안 됩니다. 교회의 일치를 유지하기 위해 최선의 노력을 기울여야 합니다. 자신의 지식이나 감정, 의지나 생각이 아니라 교회의 공적 교훈과 권징에 자신을 복종해야 합니다. 그렇게 하기 위해 벨직 신앙고백서는 우리에게 그리스도의 멍에를 메고 순종하라고 명령합니다. 이것은 다른 성도들의 건강한 신앙생활을 위해서도 매우 필요한 일입니다. 나의 순종을 통해 다른 성도들이 유익을 얻고 그들 역시 순종하게 되기 때문입니다.

따라서 여러분이 결코 물러나 있지 말고, 참된 교회에 가입하여 그 교회와 연합하고 교회의 일치를 유지하며 교훈과 권징에 복종하고 다른 성도들을 세우기 위해 봉사하기를 바랍니다.

○ **칼뱅,『기독교 강요』, 4.12.1**
어떤 사회도, 아무리 적은 가족이라도 권징 없이는 적절한 상태를 유지할 수 없다. 가능한 한 질서를 잘 유지해야 할 교회는 더욱더 권징이 필요하다. 따라서 그리스도의 구원의 도리가 교회의 영혼이듯이, 권징은 몸의 지체들을 하나로 묶어서 제자리를 지키게 하는 근육의 역할을 한다. 그러므로 권징을 제거하기를 바라거나 아니면 권징의 회복을 방해하고자 하는 모든 사람은 —알지 못하고 하든, 고의적으로 하든 간에—궁극적으로 교회를 와해시키는 일에 일조하는 셈이다.

■ 핵심용어
권징(치리), 권면, 수찬 정지, 출교

■ 생각해 볼 문제

1. 권징이란 무엇입니까? 이 단어를 처음 들었을 때 어떤 느낌이 들었는지, 그리고 권징이 시행되는 것을 본 적이 있는지 나누어 봅시다.

2. 교회에 질서를 세워야 하는 가장 중요한 이유는 무엇입니까? 교회 질서와 관련된 하나님의 속성은 무엇입니까?

3. 귀도 드 브레가 살던 당시에 로마 가톨릭교회는 성경적 질서가 없는 타락한 예배를 드렸습니다. 그것이 성경에 어떻게 위배되었는지, 그 결과는 어땠는지 함께 생각해봅시다.

4. 권징과 출교가 시행되어야 하는 이유는 무엇입니까? 권징은 결국 누구를 위하고 보호합니까?

5. 권징의 세 단계를 설명해 봅시다. 마지막 단계에서 우리는 무엇에 유의해야 합니까?

6. 권징이 바르게 시행될 때 돌아오는 유익은 무엇입니까? 결국 권징이 우리에게 드러내 보여 주는 것은 무엇입니까?

7. 권징이 시행될 때, 그리고 권징받은 지체를 대할 때 우리는 어떤 마음과 태도를 가져야 합니까?

8. 칼뱅은 교회의 권징을 몸의 '근육'과 같다고 말합니다. 교회에 권징이 필요한 이유가 무엇인지 칼뱅의 말을 생각하며 토론해 봅시다.

34장
교회의 성례

⁹하나님이 또 아브라함에게 이르시되 그런즉 너는 내 언약을 지키고 네 후손도 대대로 지키라 ¹⁰너희 중 남자는 다 할례를 받으라 이것이 나와 너희와 너희 후손 사이에 지킬 내 언약이니라 ¹¹너희는 포피를 베어라 이것이 나와 너희 사이의 언약의 표징이니라 ¹²너희의 대대로 모든 남자는 집에서 난 자나 또는 너희 자손이 아니라 이방 사람에게서 돈으로 산 자를 막론하고 난 지 팔 일 만에 할례를 받을 것이라 ¹³너희 집에서 난 자든지 너희 돈으로 산 자든지 할례를 받아야 하리니 이에 내 언약이 너희 살에 있어 영원한 언약이 되려니와 ¹⁴할례를 받지 아니한 남자 곧 그 포피를 베지 아니한 자는 백성 중에서 끊어지리니 그가 내 언약을 배반하였음이니라. 창 17:9-14

33항 교회의 성례

우리는 우리의 은혜로우신 하나님이 우리의 연약함과 결함을 아시며, 우리에게 그분의 약속을 인 치시고, 우리를 향한 하나님의 선하신 뜻과 은혜의 보증이 되시며, 우리의 믿음을 키우고 강하게 하기 위해 우리에게 성례를 제정해 주셨음을 믿습니다(창 17:9-14; 출 12장; 롬 4:11).

하나님은 복음의 말씀에 (마 28:19; 엡 5:26) 성례를 결합시키셔서, 우리의 감각이 하나님의 말씀에 드러난 하나님의 뜻과 우리 마음에 이루시는 하나님의 일을 더 잘 깨닫게 하십니다. 이를 통해 우리에게 베푸시는 구원을 우리 안에서 확인시키고 확증하십니다. 성례는 내적이며 보이지 않는 것에 대한 가시적 표와 인이며, 하나님이 우리 안에서 성령의 능력으로 일하시는 방편입니다(롬 2:28-29; 골

> 2:11-12). 그러므로 표는 우리를 속이는 헛되거나 무의미한 것들이 아닙니다. 성례를 통해 제시되는 분은 예수 그리스도이시므로 그리스도가 없다면 성례는 아무것도 아닙니다.
> 더욱이 우리는 우리 주 그리스도께서 제정하신 두 가지 성례, 즉 세례의(마 28:19) 성례와 우리 주 예수 그리스도의 거룩한 만찬의(마 26:26-28; 고전 11:23-26) 성례에 만족합니다.

우리는 벨직 신앙고백서의 교회론에 관한 부분을 살펴보고 있습니다. 27항부터 32항까지 다루면서, 그리스도의 교회가 무엇이며, 그 교회에 왜 가입해야 하는지, 그리고 참된 교회와 거짓된 교회의 표지를 살펴보았습니다. 그리고 교회의 성경적인 정치와 직분자들, 교회의 질서, 권징을 다루었습니다.

교회론의 마지막 부분은 교회의 성례, 즉 세례의 성례와 성만찬의 성례입니다. 그동안 참된 교회가 무엇이며, 그 교회는 어떤 질서에 따라 어떻게 다스려야 하고, 직분자들은 교회에서 무슨 일을 해야 하는지를 살펴보았습니다.

앞으로 우리가 살펴볼 내용은, 교회와 성도들이 사명을 감당할 때 필요한 은혜를 제공하는 방편입니다. 성도에게 은혜의 방편은 말씀과 성례입니다. 여기에 기도를 포함시키기도 합니다. 성례, 즉 세례나 성찬은 우리가 하나님의 은혜를 받는 수단입니다. 바른 성례관은 바르게 은혜를 받는 데 절대적으로 중요합니다.

하나님이 아브라함에게 할례를 행하라고 명령하시는 창세기 17장 9-14절과 벨직 신앙고백서 33항을 통해 '교회의 성례'에 대해 살펴보겠습니다.

하나님의 언약의 표지인 성례

첫째, 성례는 우리의 연약함을 아시는, 우리를 향하신 하나님의 언약의 표지입니다(9-11절). 본문 9-11절을 보겠습니다. "하나님이 또 아브라함에게 이르시되 그런즉 너는 내 언약을 지키고 네 후손도 대대로 지키라 너희 중 남자는 다 할례를 받으라 이것이 나와 너희와 너희 후손 사이에 지킬 내 언약이니라 너희는 포피를 베어라 이것이 나와 너희 사이의 언약의 표징이니라."

벨직 신앙고백서 33항 첫 번째 문단을 보겠습니다. "우리는 우리의 은혜로우신 하나님이 우리의 연약함과 결함을 아시며, 우리에게 그분의 약속을 인 치시고, 우리를 향한 하나님의 선하신 뜻과 은혜의 보증이 되시며, 우리의 믿음을 키우고 강하게 하기 위해 우리에게 성례를 제정해 주셨음을 믿습니다."

하나님의 말씀, 언약, 율법, 계명 등은 모두 구전으로 알게 되는 것입니다. 눈에 보이는 것을 믿기 좋아하는 연약한 우리에게는 눈에 보이지 않는 이런 것이 잘 와 닿지 않을 때가 있습니다. 물론 이것은 하나님의 말씀이나 약속에 문제가 있어서가 아닙니다. 벨직 신앙고백서 33항의 표현대로, 우리의 연약함과 결함 때문입니다. 여기서 결함은 '무감각함' 또는 '우둔함'으로 번역할 수도 있습니다. 그래서 하나님이 눈에 보이는 표지를 성례로 제정하신 것입니다. 구약의 경우, 그것은 할례 의식이었습니다.

하나님은 아브라함에게 "너희 중 남자는 다 할례를 받으라"고 말씀하셨고(10절), 모든 남자는 난 지 8일 만에 할례를 받으라고 말씀하셨습니다(12절). 할례는 무엇입니까? 포피를 베는 것으로 일종의 표징입니다(11절). 이 남자는 하나님께 속한 구별된 백성이라는 표지입니다. 그래서 이스라엘 백성, 유대인들에게 할례가 중대했습니다. 내가 하나님의 자녀인 것을 어떻게 아느냐? 그 표지가 무엇이냐? 내가 선택받은 백성임을 어찌 아느냐? 할례를 받았느냐는 것으로 알 수 있습니다. 바울도 로마서 3장 1절에서 "그런즉 유대인의 나음이 무엇이며 할례의 유익이 무엇이냐"라고 물음으로 하나님의 말씀과 할례를 행한 유대인들의 유익에 대해 언급했습니다. 하나님이 할례를 명하신 것은 이스라엘 민족을 하나님의 자녀로 인 치시는 언약의 표지로 주신 것입니다. 그러므로 구약에서 할례는 하나님의 자녀라는 표지요 보증이 됩니다. 그 사실 자체가 나의 믿음을 확신하는 방편이 됩니다.

　신약의 성례는 세례와 성만찬입니다. 구약에서 할례를 언약의 표지로 명령하셨던 하나님이 신약에서는 그리스도 예수를 통해 세례와 성찬을 눈에 보이는 언약의 표지로 주셨습니다. 세례와 성찬은 내가 하나님의 자녀인 것을 알 수 있는 표지입니다. "나는 교회의 세례를 받았는가? 나는 주님의 성만찬에 참여하는가?" 세례와 성찬 참여는 구원받은 성도에게 하나님의 자녀 됨을 확인하는 언약의 표지가 됩니다. 눈에 보이지 않는 말씀을 통한 하나님의 자녀 됨이, 눈에 보이는 세례와 성찬 예식을 통해 그림의 언어로 확인됩니다. 그렇기 때문에 세례는 아무에게나 베풀 수 없고, 성찬도 아무나 참석할 수 없습니다. 오직 신앙고백을 통한 회개와 믿음의 역사가 있는 사람들에게만 세례를 베풀며 성찬에 참여하도록 허락합니다.

구원과 믿음을 위한 하나님의 말씀의 표지인 성례

둘째, 성례는 구원과 믿음을 위한 하나님의 말씀의 표지입니다(12-14절).

본문 12-14절을 보겠습니다. "너희의 대대로 모든 남자는 집에서 난 자나 또는 너희 자손이 아니라 이방 사람에게서 돈으로 산 자를 막론하고 난 지 팔 일 만에 할례를 받을 것이라 너희 집에서 난 자든지 너희 돈으로 산 자든지 할례를 받아야 하리니 이에 내 언약이 너희 살에 있어 영원한 언약이 되려니와 할례를 받지 아니한 남자 곧 그 포피를 베지 아니한 자는 백성 중에서 끊어지리니 그가 내 언약을 배반하였음이니라."

벨직 신앙고백서 33항 두 번째 문단을 보겠습니다. "하나님은 복음의 말씀에 성례를 결합시키셔서, 우리가 하나님의 말씀에 드러난 하나님의 뜻과 우리 마음에 이루시는 하나님의 일을 더 잘 깨닫게 하십니다. 이를 통해 우리에게 베푸시는 구원을 우리 안에서 확인시키고 확증하십니다."

벨직 신앙고백서 33항은 "하나님이 복음의 말씀에 성례를 결합"시키셨다고 진술합니다. 이는 성례가 말씀과 긴밀한 관계가 있다는 뜻입니다. 성례는 "우리의 감각이 하나님의 말씀에 드러난 하나님의 뜻과 우리 마음에 이루시는 하나님의 일을 더 잘 깨닫게" 합니다.

성례는 하나님의 말씀을 나타내는 수단입니다. 앞서 말했듯이, 성도가 은혜받는 방편은 말씀과 성례입니다. 성도에게 믿음이 생기는 방편은 일차적으로 하나님의 말씀입니다. 로마서 10장 17절은 이것을 웅변적으로 증명합니다. "그러므로 믿음은 들음에서 나며 들음은 그리스도의 말씀으로 말미암았느니라." 빌립보의 자색 옷감 장사 루디아의 경우에서 잘 드러나듯이, 하나님의 말씀은 사람의 마음속에 역사하시는 성령의 능력을 통해 믿음을 불러일으킵니다(행 16:14). 그런데 성례가 말씀에 더해졌다는 말입니다. 성례의 기능은 무엇입니까? 하나님의 말씀으로 선언하시는 것과 우리 마음에 내적으로 행하신 것, 즉 하나님의 말씀의 선언과 역사하심이 우리의 외적 감각에 드러나는 것입니다. 이것을 통해 하나님이 베풀어 주신 구원을 우리에게 확증해 주십니다.

그러므로 성례는 말씀과 동떨어진 진기하고 새로운 무언가를 제공하지 않습니다. 성례, 즉 세례와 성찬은 주님이 하신 말씀을 외적으로 감각적으로 시각적으로 청각적으로 드러내며 우리가 하나님의 자녀인 것을 증거합니다. 여호와 하나님은 아브라함에게 할례를 받지 않은 남자는 백성 중에서 끊어진다고 말씀하셨습니다. 그리스도께서 우리를 대신하여 하나님의 저주와 심판을 당하셨습니다. 그러므로 구약에서 할례를 받지 않거나 신약에서 세례를 받지 않은 자는 하나님의 백성이 아니라는 엄중한 선포입니다.

그리스도는 이렇게 말씀하십니다. "그러므로 너희는 가서 모든 민족을 제자로 삼아 아버지와 아들과 성령의 이름으로 세례를 베풀고 내가 너희에게 분부한 모든 것을 가르쳐 지키게 하라 볼지어다 내가 세상 끝 날까지 너희와 항상 함께 있으리라"(마 28:19-20). 바울은 세례를 가리켜 "이는 곧 물로 씻어 말씀으로 깨끗하게 하사 거룩하게 하시고"라고 말합니다(엡 5:26). 성찬과 세례는 하나님의 명령이요, 주님이 제정하신 신약의 두 가지 성례입니다. 즉 성경이 글로 표현된 하나님의 말씀이라면, 성례는 그림으로 표현된 하나님의 말씀입니다. 성례는 하나님의 위대하신 구원, 약속, 예수 그리스도의 죽음과 피 흘리심, 죄 사함, 하나님의 자녀 됨이라는 말씀을 그림의 언어로 보여 주는 것입니다. 그러므로 바른 성례를 행하려면, 성례가 무엇인지 먼저 하나님의 말씀을 통해 밝히 설명해야 합니다. 말씀을 듣지 않고서는 세례와 성찬을 이해할 수 없습니다.

바울은 "주의 몸을 분별하지 못하고 먹고 마시는 자는 자기의 죄를 먹고 마시는 것이니라"고 말합니다(고전 11:29). 그렇기 때문에 하나님의 말씀, 즉 설교를 먼저 하고 나서 성찬 예식과 세례 예식을 거행해야 합니다.

설교, 즉 말씀 선포가 없는 세례식과 성찬식을 상상할 수 없습니다. 설교는 하나님의 말씀을 우리에게 전달하는 것입니다. 성례는 그 말씀을 우리에게 인 치고 확증하는 역할을 합니다. 그러므로 우리는 세례식이나 성찬 예식을 믿음의 눈으로 보면서 그 안에 담긴 놀라운 구속의 말씀을 받아먹어야 합니다. 유아세례를 받은 아이들은 아직 입교하지 않았기에 성례에 참석하지 못하지만, 보는 것을 통해서도 영적 유익을 얻을 수 있습니다. 그러므로 세례와 성찬이 집례될 때 성도들은 가능하면 그 예식을 눈으로 보고 마음으로 기도하며 은혜를 구해야 합니다. 눈을 감는다고 문제가 되는 것은 아니지만 세례의 의식과 성찬의 요소들을 보면서 예식에 참여하는 것이 바람직합니다. 성례가 우리의 믿음과 구원을 확증하기 위한 하나님의 말씀의 표지임을 믿고 성례를 통해 영적 유익을 얻기 바랍니다.

성례는 눈에 보이는 그리스도

셋째, 성례는 눈에 보이는 그리스도 예수이십니다(13-14절). 본문 13-14절을 보겠습니다. "너희 집에서 난 자든지 너희 돈으로 산 자든지 할례를 받아야 하리니 이에 내 언약이 너희 살에 있어 영원한 언약이 되려니와 할례를 받지 아니한 남자 곧 그 포피를 베지 아니한 자는 백성 중에서 끊어지리니 그가 내 언약을 배반하였음이니라."

벨직 신앙고백서 33항은 이렇게 말합니다. "성례는 내적이며 보이지 않는 것에 대한 가시적 표와 인이며, 하나님이 우리 안에서 성령의 능력으로 일하시는 방편입니다. 그러므로 표는 우리를 속이는 헛되거나 무의미한 것들이 아닙니다. 성례를 통해 제시되는 분은 예수 그리스도이시므로 그리스도가 없다면 성례는 아무것도 아닙니다."

구약에서는 하나님의 언약이 할례의 표지로 인간의 몸, 즉 살에 있었습니다. 그러나 신약에서는 언약이 우리 안에, 즉 영혼에 역사합니다. 성례는 그 표와 인입니다. 표라는 것은 눈에 보이는, 즉 가시적인 표지입니다. 어린양의 피, 무교병, 떡과 포도주 등이 표지입니다. 인이란 도장을 찍어 확증하는 것입니다. 바울은 이렇게 말합니다. "물은 예수 그리스도께서 부활하심으로 말미암아 이제 너희를 구원하는 표니 곧 세례라 이는 육체의 더러운 것을 제하여 버림이 아니요 하나님을 향한 선한 양심의 간구니라"(벧전 3:21). 바울은 아브라함이 믿음으로 의롭다 함을 받을 때 할례의 표를 받은 것은 무할례시에, 즉 할례를 받기 전에 믿음으로 된 의를 인 친 것이라고 말합니다(롬 4:11).

성례는 눈에 보이는 표지이며, 그 기능은 우리를 그리스도 예수 안에 있는 하나님의 자녀로 도장을 찍는 것입니다. 벨직 신앙고백서 33항이 말하듯이, 성례는 헛되고 무의미한 것들이 아닙니다. 성례의 대상이 그리스도이시기 때문입니다. 세례는 무엇을 상징합니까? 그리스도의 죽으심과 부활하심입니다. 성찬은 무엇을 보여 줍니까? 주님이 흘리신 피와 찢기신 살입니다. 성례는 무엇을 보여 줍니까? 처음부터 끝까지 예수 그리스도의 인격과 그분이 우리를 위해 행하신 사역입니다. 바울은 이렇게 말합니다. "또 그 안에서 너희가 손으로 하지 아니한 할례를 받았으니 곧 육의 몸을 벗는 것이요 그리스도의 할례니라 너희가 세례로 그리스도와 함께 장사되고 또 죽은 자들 가운데서 그를 일으키신 하나님의 역사를 믿음으로 말미암아 그 안에서 함께 일으키심을 받았느니라"(골 2:11-12).

우리가 "성례는 눈에 보이는 하나님의 말씀이요, 눈에 보이는 그리스도 예수이십니다"라고 말할 때, 그것은 성례 자체가 그리스도라는 말이 아닙니다. 성례가 상징하는 분이 그리스도요, 성례라는 방편(수단)으로 그리스도의 은혜가 임한다는 것을 의미합니다. 그러므로 세례를 받을 때 뿌리는 물이나, 성찬에 임할 때 받아서 마시는 포도주나 먹는 떡에는 아무 효력이 없습니다. 오직 성령의 능력으로 성례라는 방편이 우리 마음속에 은혜를 불러일으키는 것입니다.

그러므로 여러분이 세례를 받거나 또는 세례식이나 성찬식에 참여할 때 우리를 위해 죽으시고 부활하신 그리스도 예수를 깊이 생각함으로 충만한 은혜를 받기 바랍니다.

로마 가톨릭교회는 성례 자체에 효력이 있다고 주장합니다. 성례를 행하는 미사 없이는 은혜가 없다고 주장합니다. 사제나 신부는 은혜를 공급해 주는 전달자입니다. 그들은 세례와 성찬이라는 두 가지 성례 외에, 견진성사, 신품성사, 혼인성사, 고해성사, 병자성사를 더합니다. 그러나 개혁교회는 오직 주님이 제정하신 두 가지 성례, 즉 세례와 성찬만 성경적인 것으로 받아들입니다. 우리 주님은 십자가에서 자신의 몸을 죽음으로 희생하실 때 성찬식을 제정해 주셨습니다. 그리고 부활하여 승천하시기 전에 교회의 복음 전파와 유익을 위해 세례식을 제정하셨습니다. 오고 오는 모든 참된 교회들은 세례와 성찬 예식을 주님이 제정하신 참된 성례로 믿고 고백하며 시행합니다.

신자들이 은혜를 충만히 받고 구원의 기쁨을 누리며 신앙생활을 할 수 있는 방편은 무엇입니까? 첫째는 하나님의 말씀인 성경이요, 둘째는 세례와 성찬입니다. 따라서 우리는 주님이 제정하신 성례를 홀대하거나 무시해서는 안 되며, 동시에 로마 가톨릭교회처럼 여러 가지 성례를 더하는 어리석음을 범해서도 안 됩니다. 참된 신자는 하나님의 말씀 듣기를 거절하거나 싫어해서는 안 되며, 부지런히 하나님의 말씀을 읽고 들어야 합니다. 고의적으로 예배에 불참하거나 성례 예식에 불참하는 어리석음을 범해서는 안 됩니다. 하나님이 그 예배에, 그 예식에 우리에게 주실 은혜를 예비하셨기 때문입니다. 또한 기도와 더불어 성례라는 은혜의 방편을 부지런히 사용해야 합니다. 하나님이 우리 믿음을 양육하기 위해 주신 은혜의 방편을 소중히 여기고 부지런히 사용하기 바랍니다.

○ 칼뱅, 『기독교 강요』, 4.14.1
… 성례를 간단하고 적절하게 정의하면, 그것은 주께서 우리의 연약한 믿음을 지탱시켜 주시기 위해 우리를 향하신 그분의 선하신 약속을 우리의 양심에 인 치시는 하나의 외형적인 표지(sign)이며, 또한 우리 편에서는 주와 그분의 천사들과 사람들 앞에서 그분을 향한 우리의 경건을 인증하는 표지라 할 수 있다. 좀 더 간단히 정의하면, 우리를 향하신 신적 은혜에 대한 증거를 외형적인 증표로써 확증하는 것이요, 그에 따라서 주님을 향한 우리의 경건을 인증하는 것이라고 말할 수 있다.

■ 핵심용어

은혜의 방편, 성례, 세례, 성찬, 표(標), 인(印), 할례, 7성례(영세-세례, 성체성사-성찬, 견진성사-입교, 고해성사, 결혼성사-혼인, 성품성사-신품, 종부성사-병자성사)

■ 생각해 볼 문제

1. 은혜의 방편이란 하나님께 은혜를 받기 위한 수단을 말합니다. 본문이 말하는 은혜의 세 가지 방편은 무엇입니까? 이 세 가지를 바르게 알고 사용하는 것이 왜 중요합니까?
2. 성경이 말하는 성례는 무엇입니까? 로마 가톨릭교회의 7성례와 비교해 봅시다.
3. 성례를 제정하신 이유는 무엇입니까? 이것은 구약과 신약에서 각각 무엇으로 나타납니까?
4. 성례를 표(標)와 인(印)이라고 할 때, 표와 인은 각각 어떤 의미입니까? 성례를 표와 인으로 묘사하는 이유는 무엇입니까? 아우구스티누스가 성례를 '보이는 말씀'이라고 부른 이유는 무엇이고, 이를 통해 알 수 있는 성례의 중요한 특징에 대해 함께 생각해 봅시다.
5. 성례를 통해 우리가 궁극적으로 바라봐야 할 대상은 누구입니까?
6. 제도와 의식은 그것이 제정된 이유와 본래의 의미, 그것이 실제로 가리키는 것이 무엇인지를 파악하는 것이 중요합니다. 앞서 성례를 통해 살펴본 바와 같이, 우리가 28장부터 다룬 교회의 정치, 직분, 질서와 권징이 제정된 이유와 본래의 의미, 그것이 실제로 가리키는 것이 무엇인지 함께 생각해 봅시다.
7. 하나님이 우리에게 주신 은혜의 방편 가운데 중요한 것은 무엇입니까? 성례는 말씀과 어떤 관계에 있습니까? 성례를 인식하는 잘못된 양극단의 태도는 무엇이고, 우리는 그 사이에서 어떻게 균형을 잡아야 할지 함께 생각해 봅시다.

35장
거룩한 세례의 성례 (1)

⁶그러므로 너희가 그리스도 예수를 주로 받았으니 그 안에서 행하되 ⁷그 안에 뿌리를 박으며 세움을 받아 교훈을 받은 대로 믿음에 굳게 서서 감사함을 넘치게 하라 ⁸누가 철학과 헛된 속임수로 너희를 사로잡을까 주의하라 이것은 사람의 전통과 세상의 초등학문을 따름이요 그리스도를 따름이 아니니라 ⁹그 안에는 신성의 모든 충만이 육체로 거하시고 ¹⁰너희도 그 안에서 충만하여졌으니 그는 모든 통치자와 권세의 머리시라 ¹¹또 그 안에서 너희가 손으로 하지 아니한 할례를 받았으니 곧 육의 몸을 벗는 것이요 그리스도의 할례니라 ¹²너희가 세례로 그리스도와 함께 장사되고 또 죽은 자들 가운데서 그를 일으키신 하나님의 역사를 믿음으로 말미암아 그 안에서 함께 일으키심을 받았느니라 ¹³또 범죄와 육체의 무할례로 죽었던 너희를 하나님이 그와 함께 살리시고 우리의 모든 죄를 사하시고 ¹⁴우리를 거스르고 불리하게 하는 법조문으로 쓴 증서를 지우시고 제하여 버리사 십자가에 못 박으시고 ¹⁵통치자들과 권세들을 무력화하여 드러내어 구경거리로 삼으시고 십자가로 그들을 이기셨느니라. 골 2:6-15

34항 거룩한 세례

우리는 율법의 마침이 되신 예수 그리스도께서 그분의 피를 흘리심으로써 사람들이 죄를 속상(贖償, 보상)하거나 만족하게 하기 위해 드렸던 모든 피 흘림을 끝내셨다는 것을 믿고 고백합니다. 또한 우리는 그리스도께서 피로 행한 할례를 폐하시고 그 대신 세례의 성례를 제정하셨음을 믿습니다(골 2:11). 우리는 세례로 인해 하나님의 교회에 받아들여졌고, 다른 모든 사람들과 이방 종교들로부터 구별되어 전적으로 그분께 속하여 그분의 깃발과 상징을 갖게 되었습니다(출 12:48;

벧전 2:9). 세례는 그분이 영원히 우리의 은혜로우신 아버지가 되신다는 사실을 증거합니다.

그러므로 그분은 자신에게 속한 모든 자들이 "아버지와 아들과 성령의 이름으로" 정결한 물로 세례를 받아야 한다고 명령하셨습니다. 따라서 물이 우리 몸 위에 부어질 때 육체의 더러움을 씻어내듯이, 그리스도의 피가 성령의 능력으로 우리 영혼에 내적으로 뿌려질 때, 우리를 죄에서 깨끗하게 하고 진노의 자녀에서 하나님의 자녀로 중생하게 합니다(마 3:11; 고전 12:13; 행 22:16; 히 9:14; 요일 1:7; 계 1:5; 딛 3:5). 이는 물에 의해서가 아니라(벧전 3:21) 하나님 아들의 보혈을 뿌림으로 그 효과를 발휘하는 것입니다(롬 6:3; 벧전 1:2, 2:24). 그분은 우리가 마귀, 즉 바로의 압제에서 벗어나 영적 가나안 땅으로 들어가기 위해 통과해야 하는 홍해입니다(고전 10:1-4).

그러므로 목회자들은 눈에 보이는 성례를 시행하는 것이지만, 우리 주님은 그 성례가 상징하는 눈에 보이지 않는 은사와 은혜를 주십니다. 그분은 모든 더러움과 불의에서 우리 영혼을 씻기시고 깨끗하게 하십니다(고전 6:11; 엡 5:26). 우리 마음을 새롭게 하시고, 모든 위로로 채워 주십니다. 그분의 아버지의 선하심에 대한 참된 확신을 주십니다. 우리에게 새사람을 입혀 주시고, 옛 사람을 그 모든 행위와 함께 벗기십니다(롬 6:4; 갈 3:27).

그러므로 우리는 영생을 열망하는 사람은 동일한 세례를 반복하지 않고, 단 한 번만 세례를 받아야 한다고 믿습니다(마 28:19; 엡 4:5). 우리가 두 번 태어날 수 없기 때문입니다. 이 세례는 그 물이 우리에게 부어지고 우리가 세례를 받는 순간만이 아니라 우리의 전 생애에 걸쳐 효력을 끼칩니다.

그러므로 우리는 단 한 번의 세례에 만족하지 않고, 더 나아가 유아들의 세례를 정죄하는 재세례파의 오류를 배격합니다. 우리는 이스라엘의 자녀들이 할례를 받았던 것처럼 우리 자녀들도 동일한 약속에 근거하여 세례를 받고 언약의 표로 인 치심을 받아야 한다고 믿습니다(창 17:10-12; 마 19:14; 행 2:39). 그리고 실제로 그리스도는 어른들을 위해 피를 흘리신 것과 마찬가지로 신실한 신자의 자녀들을 위해서도 피를 흘리셨습니다(고전 7:14). 그러므로 그들은 그리스도께서 그들을 위해 하신 일에 대한 표와 성례를 받아야 합니다. 이는 주님이 율법을 통해

> 예수 그리스도의 성례였던 어린양을 드리라고 명령하신 것처럼 그들이 태어난 지 얼마 되지 않아 그리스도의 고난과 죽음의 성례에 참여해야 한다고 명령하신 바와 같습니다(레 12:6). 더욱이 유대인들이 받은 할례는 우리 자녀들이 받는 세례와 같습니다. 이런 이유로 바울이 세례를 그리스도의 할례라고 부른 것입니다.

웨스트민스터 신앙고백서 28장 1항은 세례를 가리켜 이렇게 말합니다. "세례란 예수 그리스도께서 제정하신 신약의 성례로서 세례 받은 당사자를 유형 교회에 엄숙하게 가입시키는 것을 뜻할 뿐만 아니라 그 당사자에게는 은혜 언약의 표와 인이 된다." 웨스트민스터 소요리문답 94문답은 이렇게 말합니다. "세례는 성부와 성자와 성령의 이름 안으로 연합시키는 물로 씻는 성례입니다. 세례는 우리가 그리스도에게 접붙여짐과 은혜 언약의 유익에 참여함과 주님의 것이 되기로 약속함을 표시하고 인 칩니다." 종합해 보면, 세례는 교회의 거룩한 성례이며, 신자는 세례를 통해 유형 교회에 가입하고, 그리스도와 연합되어 받을 은혜 언약의 유익에 참여하며, 주님의 것이 되기로 약속하는 증명서와 같습니다.

우리가 돈을 주고 물건을 사면 물건과 함께 영수증을 받습니다. 그 물건이 내 것임을 영수증이 증명합니다. 또는 집을 사거나 땅을 사면 등기를 하여 집이나 땅이 내 소유임을 증명하는 등본을 받습니다. 마찬가지로, 세례는 내가 하나님의 소유이므로 내 마음대로 살지 않고 주님의 뜻대로 살기로 약속하는 서약서와 같습니다. 우리가 세례를 통해 죄에 대해 죽었고 믿음과 의에 대해 다시 살아났다는 것을 확인하기 때문입니다.

골로새서 2장 6-15절과 벨직 신앙고백서 34항을 통해 '거룩한 세례의 성례'에 대해 살펴보겠습니다.

구약의 할례를 대신하는 신약의 할례

첫째, 세례의 성례는 구약의 할례를 대신하는 신약의 할례입니다(8-11절). 본문 8-11절을 보겠습니다. "누가 철학과 헛된 속임수로 너희를 사로잡을까 주의하라 이것은 사람의 전통과 세상의 초등학문을 따름이요 그리스도를 따름이 아니니라 그 안에는 신성의 모든 충만이 육체로 거하시고 너희도 그 안에서 충만하여졌으니 그는 모든 통치자와 권세의 머리시라 또 그 안에서 너희가 손으로 하지 아니한 할례를 받았으니 곧 육의 몸을 벗는 것이요 그리스도의 할례니라."

벨직 신앙고백서 34항 첫 번째 문단을 보겠습니다. "우리는 율법의 마침이 되신 예수 그리스도께서 그의 피를 흘리심으로써 사람들이 죄를 속상(贖償, 보상)하거나 만족하게 하기 위해 드렸던 모든 피 흘림을 끝내셨다는 것을 믿고 고백합니다. 또한 우리는 그리스도께서 피로 행한 할례를 폐하시고 그 대신에 세례의 성례를 제정하셨음을 믿습니다. 우리는 세례로 인해 하나님의 교회에 받아들여졌고, 다른 모든 사람들과 이방 종교들로부터 구별되어 전적으로 그분께 속하여 그분의 깃발과 상징을 갖게 되었습니다. 세례는 그분이 영원히 우리의 은혜로우신 아버지가 되신다는 사실을 증거합니다."

바울은 오늘날 터키 남동부에 위치한 소아시아 지역의 한 교회인 골로새 교회 교인들에게 "누가 철학과 헛된 속임수로 너희를 사로잡을까 주의하라"고 말합니다(8절). 당시 골로새 교회에 침투한 철학과 헛된 속임수는 '키벨레' 여신 숭배와 황소를 죽여 피 흘리는 정화 의식, 영적 황홀경의 상태와 각종 가무와 춤, 여러 종류의 예언이었습니다. 또한 거짓 교사들이 주장한 할례 의식이었습니다.

거짓 교사들은 그리스도께서 오셨음에도 하나님의 자녀가 되려면 여전히 할례를 받아야 한다고 주장했습니다. 그러나 바울은 세상 철학이나 헛된 속임수나 사람의 전통이 아니라, 그리스도의 할례를 귀히 여기라고 권면합니다. 11절을 보면, 구약의 육신적 할례가 신약의 그리스도의 할례, 즉 마음의 할례로 대치된 것을 분명히 알 수 있습니다. 바울은 "그 안에서 너희가 손으로 하지 아니한 할례를 받았으니"라고 말하면서 이것이 "그리스도의 할례"라고 말합니다. 벨직 신앙고백서 34항은 "우리는 율법의 마침이 되신 예수 그리스도께서 … 피로 행한 할례를 폐하시고 그 대신에 세례의 성례를 제정하셨습니다"라고 진술합니다.

세례의 성례는 구약의 할례를 대체하는 영적 할례입니다. 세례라는 영적 할례를 통해 구약의 할례가 폐지된 것입니다. 세례는 "죄를 보상하거나 만족하게 하기 위해", 즉 "속죄함을 얻기 위해" 드렸던 모든 피 흘림을 끝내는 것입니다. 말하자면, 세례는 구약의 동물 제사와 할례를 폐지한 것입니다. 우리는 동물 제사를 통해 죄를 속하는 대신, 세례를 받음으로 그리스도 안에서 속죄함을 얻습니다. 우리는 할례를 행하는 대신 마음의 할례인 세례를 받음으로 그리스도에게 속한 사람이 됩니다.

우리는 앞 장에서 구약의 할례가 구별의 표지라는 것을 살펴보았습니다. 신약의 세례도 구별의 표지입니다. 그리스도의 할례인 세례를 받은 사람은 하나님의 백성으로 구별됩니다. 그러므로 거룩한 세례의 성례는 세례 의식을 통해 하나님의 백성으로 구별하는 교회의 거룩한 의식입니다. 그리고 하나님의 백성으로 구별시키는 세례의 성례의 기초를 놓기 위해 그리스도는 자신의 피를 흘리심으로 제사와 할례 의식과 그 효력을 완전하게 대체하셨습니다. 그리스도께서 우리를 위해 피를 흘리셨기 때문에 동물의 피를 흘릴 필요가 없고, 우리 몸에 피를 흘려서 구별된 표식도 할 필요가 없게 되었습니다. 이런 의미에서 그리스도는 "모든 믿는 자에게 의를 이루기 위하여 율법의 마침"이 되십니다(롬 10:4).

그러므로 구약의 할례는 폐지되었지만 신약의 세례를 통해 그 의미와 상징은 여전히 남아 있습니다. 우리는 세례를 받을 때 구약의 동물 제사와 할례 의식을 떠올리며, 그리스도 예수의 보혈로 완전한 속죄를 성취해 주신 그 크고 놀라운 은혜에 감사할 수 있습니다.

하나님의 승리 선언

둘째, 세례는 그리스도와 연합하여 하나님의 자녀가 되는 하나님의 승리 선언입니다(12-15절). 본문 12-15절을 보겠습니다. "너희가 세례로 그리스도와 함께 장사되고 또 죽은 자들 가운데서 그를 일으키신 하나님의 역사를 믿음으로 말미암아 그 안에서 함께 일으키심을 받았느니라 또 범죄와 육체의 무할례로 죽었던 너희를 하나님이 그와 함께 살리시고 우리의 모든 죄를 사하시고 우리를 거스르고 불리하게 하는 법조문으로 쓴 증서를 지우시고 제하여 버리사 십자가에 못 박으시고 통치자들과 권세들을 무력화하여 드러내어 구경거리로 삼으시고 십자가로 그들을 이기셨느니라."

벨직 신앙고백서 34항은 이렇게 말합니다. "우리는 율법의 마침이 되신 예수 그리스도께서 그의 피를 흘리심으로써 사람들이 죄를 속상하거나 만족하게 하기 위해 드렸던 모든 피 흘림을 끝내셨다는 것을 믿고 고백합니다. 또한 우리는 그리스도께서 피로 행한 할례를 폐하시고 그 대신에 세례의 성례를 제정하셨음을 믿습니다. 우리는 세례로 인해 하나님의 교회에 받아들여졌고, 다른 모든 사람들과 이방 종교들로부터 구별되어 전적으로 그분께 속하여 그분의 깃발과 상징을 갖게 되었습니다. 세례는 그분이 영원히 우리의 은혜로우신 아버지가 되신다는 사실을 증거합니다. 그러므로 그분은 자신에게 속한 모든 자들이 '아버지와 아들과 성령의 이름으로' 정결한 물로 세례를 받아야 한다고 명령하셨습니다."

바울은 세례가 상징하는 것 또는 세례의 효력을 가리켜서 "그리스도와 함께 장사되고, 또 죽은 자들 가운데서 그를 일으키신 하나님의 역사를 믿음으로 말미암아 그 안에서 함께 일으키심을 받았으며, 또 죽었던 우리를 하나님이 그와 함께 살리시고 우리 모든 죄를 사하시는 것"이라고 말합니다(12-13절). 말하자면, 신자는 세례를 통해 그리스도와 함께 죽고 그리스도와 함께 다시 살며, 그 안에서 모든 죄를 용서받습니다. 그리고 바울은 15절에서 이것이 하나님이 세상을 이기시는 승리의 방식이라고 결론짓습니다. 즉, 세례는 단순히 죄 용서를 받고 하나님의 자녀가 되는 차원에 머무르지 않고 세상을 향한 승리의 선포 의식이라는 말입니다.

세례는 구약의 할례와 마찬가지로 신자가 하나님의 언약 공동체의 회원이 되는 것을 뜻합니다. 엄밀한 의미에서 신자는 교회에 등록서를 제출하는 것을 통해서가 아니라 세례 의식을 통해 참된 교회에 가입됩니다. 신자는 세례를 통해 그리스도와 연합되고, 자신은 죽고 자신 안에서 그리스도가 사시는 것을 경험함으로써 하나님의 자녀가 되었음을 확신합니다. 이 모든 일은 성령님이 우리 마음속에서 역사하고 증거하심으로 이루어집니다.

그 누구도 성령이 아니고서는 하나님을 아버지라 부르지 못합니다. 바울은 이렇게 말합니다. "무릇 하나님의 영으로 인도함을 받는 사람은 곧 하나님의 아들이라 너희는 다시 무서워하는 종의 영을 받지 아니하고 양자의 영을 받았으므로 우리가 아빠 아버지라고 부르짖느니라 성령이 친히 우리의 영과 더불어 우리가 하나님의 자녀인 것을 증언하시나니"(롬 8:14-16). "하나님의 영으로 말하는 자는 누구든지 예수를 저주할 자라 하지 아니하고 또 성령으로 아니하고는 누구든지 예수를 주시라 할 수 없느니라"(고전 12:3). 성령의 역사하심으로 예수를 주님이라고 고백하는 신자는 세례의 성례를 통해 하나님의 참된 교회에 가입하게 됩니다.

그래서 벨직 신앙고백서 34항이 "우리는 세례로 인해 하나님의 교회에 받아들여졌고, 다른 모든 사람들과 이방 종교들로부터 구별되어 전적으로 그분께 속하여 그분의 깃발과 상징을 갖게 되었습니다"라고 하는 것입니다. 우리는 세례로 인해 하나님께 속한 표지를 갖게 되었습니다. 구약 백성이 할례라는 의식을 통해 하나님의 표지를 받은 것처럼 신약 백성은 세례라는 의식을 통해 하나님의 자녀라는 아름다운 표지가 마음속에 새겨집니다.

따라서 우리가 자랑할 표지는 학력이나 지식이나 재물이나 신앙 경력이 아니라 우리 마음 안에 있는 세례의 표지입니다. 세례를 통해 내가 그리스도 예수 안에서 하나님의 교회 안에 받아들여졌고, 하나님의 자녀가 되었으며, 하나님이 나의 아버지가 되셨기 때문입니다. 또한 세례를 통해 하나님의 다른 자녀들과 함께 한 식탁에서 먹고 마실 수 있게 되었기 때문입니다. 이것은 우리가 타락한 세상에서 살아갈 큰 힘과 용기와 위로의 원동력이 됩니다. 바로 이런 이유로 하나님은 자신에게 속한 모든 사람이 아버지와 아들과 성령의 이름으로 반드시 세례를 받아야 한다고 명령하신 것입니다.

세례의 본질과 의미를 중요하게 여기기

셋째, 우리는 세례의 방식보다는 본질과 그 의미를 훨씬 중요하게 여겨야 합니다(8-11절). 본문 8-11절을 보겠습니다. "누가 철학과 헛된 속임수로 너희를 사로잡을까 주의하라 이것이 사람의 전통과 세상의 초등학문을 따름이요 그리스도를 따름이 아니니라 그 안에는 신성의 모든 충만이 육체로 거하시고 너희도 그 안에서 충만하여졌으니 그는 모든 통치자와 권세의 머리시라 또 그 안에서 너희가 손으로 하지 아니한 할례를 받았으니 곧 육의 몸을 벗는 것이요 그리스도의 할례니라."

벨직 신앙고백서 34항은 이렇게 말합니다. "따라서 물이 우리 몸 위에 부어질 때 육체의 더러움을 씻어내듯이, 그리스도의 피가 성령의 능력으로 우리 영혼에 내적으로 뿌려질 때, 우리를 죄에서 깨끗하게 하고 진노의 자녀에서 하나님의 자녀로 중생하게 합니다. 이는 물에 의해서가 아니라 하나님 아들의 보혈을 뿌림으로 그 효과를 발휘하는 것입니다. 그분은 우리가 바로, 즉 마귀의 압제에서 벗어나 영적 가나안 땅으로 들어가기 위해 통과해야 하는 홍해입니다."

골로새서 2장 본문에서 가장 중요한 단어는 무엇일까요? 바로 '안에서'라는 헬라어입니다. 6절에 두 번 나옵니다. 그리고 9, 10, 11, 12절에 각각 한 번씩 나옵니다. 세례는 그리스도 '안에서' 받는 것입니다.

우리는 세례 의식이나 세례 방식에 관심이 많습니다. 그러나 하나님의 말씀인 성경은 우리에게 세례의 본질에 대해 관심을 기울이라 합니다. 우리는 그리스도 안에서 손으로 행하지 않은 할례를 받았고(11절), 그 안에서 그리스도와 함께 죽었으며, 그 안에서 그리스도와 함께 부활한 것입니다. 물을 뿌리든, 물을 찍든, 물을 붓든, 물에 잠기게 하든, 그 방식이 중요한 것이 아니라 물로 씻는다는 본질적 의미가 중요한 것입니다.

벨직 신앙고백서 34항이 말하는 것처럼, 물로 씻는 세례 의식을 통해 그리스도 안에서 발생하는 본질이 무엇입니까? 그리스도의 피가 우리 영혼을 죄에서 정결하게 하고 하나님의 자녀로 중생하게 하는 것입니다. 히브리서 기자는 이렇게 말합니다. "염소와 황소의 피와 및 암송아지의 재를 부정한 자에게 뿌려 그 육체를 정결하게 하여 거룩하게 하거든 하물며 영원하신 성령으로 말미암아 흠 없는 자기를 하나님께 드린 그리스도의 피가 어찌 너희 양심을 죽은 행실에서 깨끗하게 하고 살아 계신 하나님을 섬기게 하지 못하겠느냐"(히 9:13-14). 믿음을 고백하는 신자에게 물을 뿌리는 것은 그리스도의 보혈을 마음에 뿌려 죄를 씻는 것을 상징합니다. 세례시에 뿌리는 물은 상징입니다. 구속의 본질을 보여 주는 표지입니다.

벨직 신앙고백서 34항은 세례시에 물을 뿌리는 것에 대해 무엇이라 말합니까? "이는 물에 의해서가 아니라 하나님 아들의 보혈을 뿌림으로 그 효과를 발휘하는 것입니다. 그분은 우리가 바로, 즉 마귀의 압제에서 벗어나 영적 가나안 땅으로 들어가기 위해 통과해야 하는 홍해입니다. 그러므로 목회자들은 눈에 보이는 성례를 시행하는 것이지만, 우리 주님은 그 성례가 상징하는 눈에 보이지 않는 은사와 은혜를 주십니다." 세례의 효력은 물에 있지 않고 성령께서 믿는 신자들의 마음에 역사하시는 그리스도의 보혈에 있습니다. 물은 그리스도의 보혈에 대한 상징이요 표지이며, 피 자체가 아닙니다. 우리 죄를 씻는 것은 우리가 믿음으로 받아들인 그리스도의 보혈입니다. 그러므로 성찬과 마찬가지로 세례에서도 오직 믿음이 중요합니다. 우리는 중생을 통한 믿음으로 그리스도를 영접하고, 세례를 받을 때 얻는 은혜와 은사도 믿음으로 받습니다.

이것은 우리가 물로 씻어야 할 더러운 존재라는 사실을 전제합니다.

우리의 더러운 몸을 물로 씻어 깨끗하게 하듯이, 그리스도의 보혈이 우리를 더러운 죄에서 깨끗하게 해주시는 것입니다. 목사는 눈에 보이는 물로 세례 의식을 행하지만, 주님은 세례 의식을 통해 눈에 보이지 않는 큰 은혜와 은사를 베풀어 주십니다. 즉 죄 사함과 정결함, 애굽에서 나와 홍해를 건넘, 마귀에게서 벗어나 가나안 땅으로 들어감 등의 선물을 주십니다. 벨직 신앙고백서 34항은 세례를 통한 놀라운 주님의 은혜와 선물을 구구절절 표현하고 있습니다. 따라서 세례는 우리가 생각하는 것보다 훨씬 더 풍성한 주님의 은혜와 은사를 상징합니다. 세례는 홍해를 건넌 것을 의미합니다. 그렇다면 이제 가나안으로 행군해야 합니다. 다시 애굽으로 돌아가거나 광야에 머무르면 안 됩니다. 철학과 헛된 속임수나 헛된 논쟁에 빠지지 말고, 가나안으로 줄기차게 행군합시다.

세례는 우리를 위하시는 하나님이 교회에 주신 선물입니다. 우리는 세례를 통해 죄 사함과 하나님의 자녀 됨이라는 하나님의 은혜와 은사를 맛보게 됩니다. 성령의 세례, 즉 중생을 통한 믿음으로 세례받은 자들은 자신의 삶에서 그 표지를 드러내고 있습니까? 세례를 통한 믿음이 우리 삶을 주장하고 있습니까? 은혜 언약의 인장과 표지인 세례가 신앙의 삶을 이끄는 기쁜 원동력이 되어야 합니다.

아직 세례를 받지 못한 사람들이 있다면, 세례를 사모하며 아버지와 아들과 성령의 이름으로 세례를 받아야 합니다. 그렇지 않으면, 은혜 언약의 저주로 말미암아 하나님의 백성에서 끊어질 것이며, 하나님과 아무 상관이 없게 될 것이기 때문입니다.

세례는 구약의 할례를 대체하는 신약의 성례입니다. 그리스도와 연합하여 하나님의 자녀가 되는 승리의 선언입니다. 그러므로 세례의 본질과 의미, 즉 죄 사함과 하나님의 자녀 됨, 교회에 가입됨을 소중히 여겨야 합니다. 여러분이 받은 세례를 소중히 여기고, 세례에 담긴 성경적 의미를 마음에 깊이 새기며, 늘 감사와 은혜로 충만한 삶을 살기 바랍니다.

○ 칼뱅, 『기독교 강요』, 4.15.1,5,6

세례는 우리의 믿음에 세 가지로 기여하는데 … 첫 번째 유익은, 세례는 우리가 깨끗이 씻음 받은 사실의 보증이요 증거라는 것이다. … 또 다른 유익은, 우리가 그리스도 안에서 죽고 그리스도 안에서 새 생명을 얻음을 보여 준다는 것이다. … 마지막 유익은, 우리가 그리스도의 죽으심과 부활에 접붙임을 받았다는 것에 대한 확실한 증거뿐 아니라, 우리가 그리스도와 연합하여 그분의 모든 복을 함께 누리는 자가 된다는 증거도 얻는 것이다.

■ 핵심용어

할례, 세례, 표, 인

■ 생각해 볼 문제

1. 세례는 무엇입니까? 웨스트민스터 신앙고백서 28장과 웨스트민스터 소요리문답 94문답을 참조하여 설명해 봅시다.
2. 구약의 할례가 신약의 세례로 바뀌게 된 계기는 무엇입니까? 이 계기가 지금까지 계속된 무엇을 끊어 냈습니까?
3. 예수님이 율법이나 선지자를 폐하러 온 것이 아니라 완전하게 하고자 오셨다는(마

5:17) 말씀은 어떤 의미입니까? 이 의미를 통해 할례와 세례의 관계를 설명해 봅시다.

4. 세례는 교회의 회원이 되고 하나님의 자녀가 된다는 표지입니다. 이 사실이 우리에게 어떤 위로가 됩니까? 자신이 세례를 받았던 때와 다른 사람의 세례식을 바라보았던 경험을 떠올려 봅시다. 우리가 세례를 얼마나 엄중히 여기고 경건한 마음으로 바라보았는지 함께 나누어 봅시다.

5. 세례의 방식에는 무엇이 있습니까? 이런 형식들보다 그 안에 담긴 의미를 중요하게 여겨야 하는 이유는 무엇입니까?

6. 세례를 받는 것 못지않게, 세례식에 경건히 참여하고 세례의 의미를 계속 묵상하는 것이 중요합니다. 이 장의 내용과 인용된 『기독교 강요』를 참조하여 그 이유를 생각해 봅시다.

36장
거룩한 세례의 성례 (2)

[10]너희도 그 안에서 충만하여졌으니 그는 모든 통치자와 권세의 머리시라 [11]또 그 안에서 너희가 손으로 하지 아니한 할례를 받았으니 곧 육의 몸을 벗는 것이요 그리스도의 할례니라 [12]너희가 세례로 그리스도와 함께 장사되고 또 죽은 자들 가운데서 그를 일으키신 하나님의 역사를 믿음으로 말미암아 그 안에서 함께 일으키심을 받았느니라 [13]또 범죄와 육체의 무할례로 죽었던 너희를 하나님이 그와 함께 살리시고 우리의 모든 죄를 사하시고 [14]우리를 거스르고 불리하게 하는 법조문으로 쓴 증서를 지우시고 제하여 버리사 십자가에 못 박으시고 [15]통치자들과 권세들을 무력화하여 드러내어 구경거리로 삼으시고 십자가로 그들을 이기셨느니라. 골 2:10-15

34항 거룩한 세례

우리는 율법의 마침이 되신 예수 그리스도께서 그분의 피를 흘리심으로써 사람들이 죄를 속상(贖償, 보상)하거나 만족하게 하기 위해 드렸던 모든 피 흘림을 끝내셨다는 것을 믿고 고백합니다. 또한 우리는 그리스도께서 피로 행한 할례를 폐하시고 그 대신 세례의 성례를 제정하셨음을 믿습니다(골 2:11). 우리는 세례로 인해 하나님의 교회에 받아들여졌고, 다른 모든 사람들과 이방 종교들로부터 구별되어 전적으로 그분께 속하여 그분의 깃발과 상징을 갖게 되었습니다(출 12:48; 벧전 2:9). 세례는 그분이 영원히 우리의 은혜로우신 아버지가 되신다는 사실을 증거합니다. 그러므로 그분은 자신에게 속한 모든 자들이 "아버지와 아들과 성령의 이름으로" 정결한 물로 세례를 받아야 한다고 명령하셨습니다. 따라서 물이 우리 몸 위에 부어질 때 육체의 더러움을 씻어내듯이, 그리스도의 피가 성령의 능력으로 우리 영혼에 내적으로 뿌려질 때, 우리를 죄에서 깨끗하게 하고 진노의 자녀에서 하나님의 자녀로 중생하게 합니다(마 3:11; 고전 12:13; 행 22:16; 히 9:14; 요일 1:7; 계 1:5; 딛 3:5). 이는 물에 의해서가 아니라(벧전 3:21) 하나님 아들의 보혈을 뿌림으로 그 효과를 발휘하는 것입니다(롬 6:3; 벧전 1:2, 2:24). 그분은 우리가 마귀, 즉 바로의 압제에서 벗어나 영적 가나안 땅으로 들어가기 위해 통과해야 하는 홍해입니다(고전 10:1-4).

그러므로 목회자들은 눈에 보이는 성례를 시행하는 것이지만, 우리 주님은 그 성례가 상징하는 눈에 보이지 않는 은사와 은혜를 주십니다. 그분은 모든 더러움과 불의에서 우리 영혼을 씻기시고 깨끗하게 하십니다(고전 6:11; 엡 5:26). 우리 마음을 새롭게 하시고, 모든 위로로 채워 주십니다. 그분의 아버지의 선하심에 대한 참된 확신을 주십니다. 우리에게 새사람을 입혀 주시고, 옛 사람을 그 모든 행위와 함께 벗기십니다(롬 6:4; 갈 3:27).

그러므로 우리는 영생을 열망하는 사람은 동일한 세례를 반복하지 않고, 단 한 번만 세례를 받아야 한다고 믿습니다(마 28:19; 엡 4:5). 우리가 두 번 태어날 수 없기 때문입니다. 이 세례는 그 물이 우리에게 부어지고 우리가 세례를 받는 순간만이 아니라 우리의 전 생애에 걸쳐 효력을 끼칩니다.

그러므로 우리는 단 한 번의 세례에 만족하지 않고, 더 나아가 유아들의 세례를 정죄하는 재세례파의 오류를 배격합니다. 우리는 이스라엘의 자녀들이 할례를 받았던 것처럼 우리 자녀들도 동일한 약속에 근거하여 세례를 받고 언약의 표로인 치심을 받아야 한다고 믿습니다(창 17:10-12; 마 19:14; 행 2:39). 그리고 실제로 그리스도는 어른들을 위해 피를 흘리신 것과 마찬가지로 신실한 신자의 자녀들을 위해서도 피를 흘리셨습니다(고전 7:14). 그러므로 그들은 그리스도께서 그들을 위해 하신 일에 대한 표와 성례를 받아야 합니다. 이는 주님이 율법을 통해 예수 그리스도의 성례였던 어린양을 드리라고 명령하신 것처럼 그들이 태어난 지 얼마 되지 않아 그리스도의 고난과 죽음의 성례에 참여해야 한다고 명령하신 바와 같습니다(레 12:6). 더욱이 유대인들이 받은 할례는 우리 자녀들이 받는 세례와 같습니다. 이런 이유로 바울이 세례를 그리스도의 할례라고 부른 것입니다.

앞 장에서 우리는 거룩한 세례의 성례를 다루었습니다. 세례는 구약의 할례를 대신하는 신약의 할례입니다. 또한 세례란 그리스도와 연합하여 하나님의 자녀가 되는 하나님의 승리 선언이라고 했습니다. 우리는 세례의 방식보다는 세례의 본질과 그 의미를 훨씬 더 중요하게 여겨야 한다고 했습니다.

이 장에서는 이런 교훈에 근거하여 거룩한 세례의 성례에 대해 몇 가지를 더 살펴보겠습니다.

세례는 오직 한 번만 받으라

첫째, 세례는 원칙적으로 오직 한 번 받아야 합니다(12절). 본문 12절을 보겠습니다. "너희가 세례로 그리스도와 함께 장사되고 또 죽은 자들 가운데서 그를 일으키신 하나님의 역사를 믿음으로 말미암아 그 안에서 함께 일으키심을 받았느니라."

벨직 신앙고백서 34항은 이렇게 말합니다. "그러므로 목회자들은 눈에 보이는 성례를 시행하는 것이지만, 우리 주님은 그 성례가 상징하는 눈에 보이지 않는 은사와 은혜를 주십니다. 그분은 모든 더러움과 불의에서 우리 영혼을 씻기시고 깨끗하게 하십니다. 우리 마음을 새롭게 하시고, 모든 위로로 채워 주십니다. 그분의 아버지의 선하심에 대한 참된 확신을 주십니다. 우리에게 새사람을 입혀 주시고, 옛 사람을 그 모든 행위와 함께 벗기십니다. 그러므로 우리는 영생을 열망하는 사람은 동일한 세례를 반복하지 않고, 단 한 번만 세례를 받아야 한다고 믿습니다. 우리가 두 번 태어날 수 없기 때문입니다."

벨직 신앙고백서 34항은 세례의 은덕이나 세례가 주는 은혜의 유익을 부가적으로 설명합니다. 그것은 세 가지로 구분할 수 있습니다. 첫째, 죄 사함입니다. 주님은 모든 더러움과 불의에서 우리 영혼을 씻기시고 깨끗하게 하십니다. 마치 더러운 얼굴을 물로 씻듯이, 세례가 더럽고 불의한 우리 죄를 씻는 것입니다. 둘째, 참된 위로와 확신입니다. 그것은 우리 마음을 새롭게 함으로 얻는 죄 사함에 대한 위로이며, 동시에 하나님이 우리의 선하신 아버지가 되신다는 확신입니다. 셋째, 새로운 본성을 입습니다. 죄 된 옛 본성을 벗고 그리스도의 의로 옷 입는 새로운 본성을 얻는 것입니다. 이것이 바로 세례가 주는 유익입니다. 이것은 죄인의 죄를 제거하시고 그 안에 의로운 생명을 심으시는 성령 세례를 받을 때 발생합니다. 교회에서 베푸는 물세례가 그것을 상징합니다.

벨직 신앙고백서는 이런 이유 때문에 누구든지 영생을 열망하는 사람은 세례를 거부해야 할 아무런 이유가 없으며 도리어 세례 받기를 열망해야 한다고 주장합니다. 그리고 세례는 오직 한 번만 받아야 한다고 진술합니다. 왜 그렇습니까? 사람은 두 번 태어날 수 없기 때문입니다. 사람이 두 번 태어날 수 없듯이, 구원도 두 번 받는 것이 아닙니다. 바울은 12절에서 이것을 분명히 선언합니다. 신자는 세례로 그리스도와 함께 죽고, 세례로 그리스도 안에서 부활했다고 말합니다. 한 번 죽고 한 번 부활듯이, 세례도 한 번 받는 것입니다.

우리는 예수 그리스도를 한 번 믿고 구원을 얻었습니다. 우리가 또다시 범죄하여 죽었다가 또다시 예수님을 믿는 것을 계속하여 반복하는 것이 아닙니다. 신자의 죄는 연약하여 남아 있는 죄입니다. 따라서 죄는 우리가 전 생애 동안 싸워야 하고 회개해야 할 대상입니다. 만일 우리의 범죄가 그리스도의 구원을 좌절하게 만드는 것이라면, 그리스도의 구속은 완전하지 못한 것이 되고 맙니다. 신자는 그리스도와 함께 한 번 죽고, 그리스도와 함께 다시 한 번 살아납니다. 그리스도의 구속은 완전하며, 하나님의 언약의 말씀이 완전하기 때문입니다. 바울은 "몸이 하나요 성령도 한 분이시니 이와 같이 너희가 부르심의 한 소망 안에서 부르심을 받았느니라 주도 한 분이시요 믿음도 하나요 세례도 하나요"라고 말합니다(엡 4:4-5). 예수님은 "너희는 가서 모든 민족을 제자로 삼아 아버지와 아들과 성령의 이름으로 세례를 베풀[라]"고 명령하십니다(마 28:19).

우리가 삼위일체 하나님의 이름으로 세례를 받았다면, 여러 번 세례를 받을 필요가 없습니다. 단 한 번의 세례는 충분한 은혜의 방편이 됩니다. 우리는 그리스도와 함께 한 번 죽었고, 그리스도와 함께 그 안에서 다시 한 번 살리심을 받은 성도임을 마음에 깊이 새기고 하나님께 감사합시다.

유아에게도 세례 베풀기

둘째, 세례는 어른들뿐만 아니라 유아들에게도 베풀어야 합니다(10-11절). 본문 10-11절을 보겠습니다. "너희도 그 안에서 충만하여졌으니 그는 모든 통치자와 권세의 머리시라 또 그 안에서 너희가 손으로 하지 아니한 할례를 받았으니 곧 육의 몸을 벗는 것이요 그리스도의 할례니라."

벨직 신앙고백서 34항은 이렇게 말합니다. "이 세례는 그 물이 우리에게 부어지고 우리가 그것을 받는 순간만이 아니라 우리의 전 생애에 걸쳐 효력을 끼칩니다. 그러므로 우리는 단 한 번의 세례에 만족하지 않고, 더 나아가 유아들의 세례를 정죄하는 재세례파의 오류를 배격합니다. 우리는 이스라엘의 자녀들이 할례를 받았던 것처럼 우리 자녀들도 동일한 약속에 근거하여 세례를 받고 언약의 표로 인 치심을 받아야 한다고 믿습니다."

벨직 신앙고백서 34항은 세례의 횟수에 대해 언급하고 나서 자연스럽게 유아세례에 대해 말합니다. 왜 그렇습니까? 당시에 재세례파가 신자들의 유아세례를 정죄했고 유아들은 성년이 되어 다시 세례를 받아야 한다고 주장했기 때문입니다. 그러나 개혁교회와 장로교회는 유아세례를 인정하고 유아에게 세례를 베풀어 왔습니다. 16세기 종교개혁 시대에 등장한 급진적 단체인 재세례파는 성경에 유아세례에 대한 명시적 언급이 없고, 특히 신약성경에 유아가 세례를 받은 언급이 없으므로, 구원은 오직 믿음으로 받아들여야 하는데 유아는 복음을 이해할 수도 믿을 수도 없기 때문에 세례를 베풀면 안 된다고 주장했습니다.

그러나 우리가 앞서 살펴보았듯이, 신약의 세례는 구약의 할례를 대체한 것이며 언약 백성의 유아들을 향한 것이었습니다. 하나님은 아브라함에게 "내가 내 언약을 나와 너 및 네 대대 후손 사이에 세워서 영원한 언약을 삼겠다"고 약속하십니다(창 17:7). 구약의 백성들은 태어난 지 8일 만에 할례를 받았습니다. 유아가 그것을 믿고 이해해서 할례를 행한 것이 아닙니다. 그것은 하나님의 명령이자 약속입니다. 그리고 베드로는 "이 약속은 너희와 너희 자녀와 모든 먼 데 사람 곧 주 우리 하나님이 얼마든지 부르시는 자들에게 하신 것이라"고 말합니다(행 2:39).

신약성경에는 예수를 믿는 사람의 온 가족이 예수를 믿고 세례를 받았다는 표현이 종종 나옵니다. 대표적인 구절이 사도행전 16장 31-33절입니다. "이르되 주 예수를 믿으라 그리하면 너와 네 집이 구원을 받으리라 하고 주의 말씀을 그 사람과 그 집에 있는 모든 사람에게 전하더라 그 밤 그 시각에 간수가 그들을 데려다가 그 맞은 자리를 씻어 주고 자기와 그 온 가족이 다 세례를 받은 후." 참으로 그리스도는 어른들뿐 아니라 아이들의 죄를 씻기 위해서도 피를 흘리셨습니다.

벨직 신앙고백서 34항은 이렇게 말합니다. "그리고 실제로 그리스도는 어른들을 위해 피를 흘리신 것과 마찬가지로 신실한 신자의 자녀들을 위해서도 피를 흘리셨습니다. 그러므로 그들은 그리스도께서 그들을 위해 하신 일에 대한 표와 성례를 받아야 합니다. 이는 주님이 율법을 통해 예수 그리스도의 성례였던 어린양을 드리라고 명령하신 것처럼 그들이 태어난 지 얼마 되지 않아 그리스도의 고난과 죽음의 성례에 참여해야 한다고 명령하신 바와 같습니다. 더욱이 유대인들이 받은 할례는 우리 자녀들이 받는 세례와 같습니다. 이런 이유로 바울이 세례를 그리스도의 할례라고 부른 것입니다."

바울이 세례를 그리스도의 할례라고 부른 이유는 이스라엘 백성들에게 행했던 할례의 의미가 신자의 자녀들에게도 동일하기 때문입니다. 그러나 우리는 유아세례를 받는 유아가 전적으로 선택받은 자에 속해 있다거나 또는 유아세례를 받을 때 자동적으로 중생하게 된다거나 또는 유아세례를 받은 유아는 앞으로 무조건 믿게 되어 있다고 추론해서는 안 됩니다.

웨스트민스터 신앙고백서 28장 세례의 5항은 이렇게 말합니다. "이 성례를 모독하거나 소홀하게 대하는 것은 큰 죄이다. 그러나 세례 없이는 중생이나 구원을 받을 수 없다든지 또는 세례만 받으면 누구나 확실하게 중생 받게 된다고 말할 수 있을 정도로 세례에 구원이 불가분리적으로 결합되어 있지는 않다." 그러나 이어지는 6항은 이렇게 말합니다. "이 성례를 바르게 집례하면 약속된 은혜가 제공될 뿐만 아니라 약속된 은혜가 속한 사람들에게 어른이나 아이를 불문하고 하나님의 뜻의 협의를 따라 그분이 정하신 때에 성령께서 실질적으로 은혜를 나타내시고 수여하신다."

따라서 유아세례를 받은 자녀를 둔 부모의 역할이 중대합니다. 장로교 예배모범 관리지침 제21조 3번 '유아의 서약'에서 부모들은 세 가지를 서약하게 되는데 그중 두 번째가 다음과 같습니다. "여러분은 이 아이에 대한 하나님의 언약을 확신하고, 자신의 구원을 위해 진력하는 것과 마찬가지로, 이 아이도 주 예수 그리스도의 속죄를 신뢰함으로 구원을 얻을 수 있다는 사실을 인정하면서 신앙적인 양육에 힘쓸 것을 서약합니까?"

유아세례자의 부모는 두 가지를 명심해야 합니다. 하나는 하나님의 언약을 신뢰하는 것이고, 다른 하나는 자녀의 신앙 양육에 힘써야 하는 것입니다. 유아세례를 받고 입교 교육과 문답을 앞둔 자녀들이 구원의 확신을 갖고 있는지, 자신이 죄인임을 인정하고 그리스도 외에는 피할 길이 없다고 확신하는지 점검해야 합니다. 자녀들이 구원 의식과 확신에서 멀어져 있다고 낙심할 필요는 없습니다. 자녀가 유아세례를 받았다면 우리는 하나님의 언약을 굳게 신뢰하고 인내하며 기다려야 합니다. 그리고 기다리는 동안 자녀들이 그리스도를 구주로 믿고 그분만 의지하며 살도록 가르치고 권면해야 합니다. 자녀들이 마침내 성년이 되어 부모의 신앙고백과 서약을 자기 것으로 삼고 성실히 지켜 낼 수 있기를 굳게 확신하고 기도하면서 신앙 교육에 힘쓰기를 바랍니다.

세례는 전 생애에 걸쳐 큰 유익이 되는 성례

셋째, 세례는 세례받을 때만이 아니라 전 생애에 걸쳐 큰 유익이 되는 성례입니다(13-15절). 본문 13-15절을 보겠습니다. "또 범죄와 육체의 무할례로 죽었던 너희를 하나님이 그와 함께 살리시고 우리의 모든 죄를 사하시고 우리를 거스르고 불리하게 하는 법조문으로 쓴 증서를 지우시고 제하여 버리사 십자가에 못 박으시고 통치자들과 권세들을 무력화하여 드러내어 구경거리로 삼으시고 십자가로 그들을 이기셨느니라."

벨직 신앙고백서 34항은 이렇게 말합니다. "이 세례는 그 물이 우리에게 부어지고 우리가 세례를 받는 순간만이 아니라 우리의 전 생애에 걸쳐 효력을 끼칩니다."

이것은 무슨 의미일까요? 세례는 한 번 베풀지만 그 효력은 영속적이라는 말입니다. 세례는 예수님이 명령하신 대로 삼위 하나님의 이름으로 한 번 받지만 그 결과와 은덕은 영속적입니다. 바울은 그 은덕을 가리켜 "범죄와 육체의 무할례로 죽었던 너희를 하나님이 그와 함께 살리시고 우리의 모든 죄를 사하시고 우리를 거스르고 불리하게 하는 법조문으로 쓴 증서를 지우시고 제하여 버리사 십자가에 못 박으시고 통치자들과 권세들을 무력화하여 드러내어 구경거리로 삼으시고 십자가로 그들을 이기셨느니라"고 말합니다(13-15절). '법조문으로 쓴 증서'는 의문의 여지없이 죄인을 정죄하는 율법을 가리킵니다.

바울은 이렇게 말합니다. "그는 우리의 화평이신지라 둘로 하나를 만드사 원수 된 것 곧 중간에 막힌 담을 자기 육체로 허시고 법조문으로 된 계명의 율법을 폐하셨으니 이는 이 둘로 자기 안에서 한 새사람을 지어 화평하게 하시고"(엡 2:14-15). 좀 더 긍정적으로 말하면, 죄 용서와 칭의를 통한 새롭게 하심과 하나님의 양자(자녀 됨) 됨이 세례를 통해 우리에게 주어지는 유익입니다.

우리가 신자로서 이 세상을 살아갈 때, 특히 고난이나 어려움을 당할 때, 그리스도의 할례인 세례를 받았다는 것은 하나님의 언약 백성이 되었다는 뜻입니다. 이것은 하나님이 약속하신 것이므로 그 누구도 그 무엇도 우리를 그리스도 안에 있는 하나님의 사랑에서 끊을 수 없다는 확신을 줍니다. 또한 우리가 시험이나 유혹을 만났을 때, 세례는 우리가 하나님께 속한 자가 되었다는 출생증명서이기에, 죄와 악을 따르지 않고 의와 선과 생명을 택하는 제자의 삶을 살도록 상기시킵니다. 세례는 이런 방식으로 우리 전 생애에 걸쳐 유익을 줍니다.

세례는 단 한 번으로 충분합니다. 세례는 어른뿐만 아니라 어린아이에게도 베풀어야 하며, 우리가 그리스도의 제자로서 고난을 당하거나 시험과 유혹을 당했을 때 이겨 낼 수 있는 은혜의 증명서입니다. 이 모든 것은 언약의 하나님이 약속하신 것입니다. "너희가 나의 자녀가 되며, 나는 너희의 아버지가 되겠다"는 약속입니다. 우리는 세례를 통해 이 관계 안에 들어와 있습니다. 여러분이 세례를 통해 하나님과 자녀 된 관계를 맺고 있다는 사실을 마음에 깊이 새기고, 무슨 일을 만나든지 이 은혜를 생각하며 전 생애 동안 유익한 은혜의 방편으로 삼기를 바랍니다.

○ 칼뱅, 『기독교 강요』, 4.16.9
마치 인(印)을 치듯이 어린아이에게 전달되는 하나님의 표징은 경건한 부모에게 주어진 약속을 확증하는 것으로서 … 하나님의 한량없는 자비하심이 거기서 드러나거니와, 그것이 우선 사람들에게 그의 영광을 선포할 기회를 주고 또한 경건한 사람들에게 특별한 기쁨을 부어 주며, 하나님이 그들의 후손까지 그렇게 보살피심을 보고서 자비하신 아버지를 향하여 더 깊은 사랑을 갖게 되는 것이다. … 한편, 자녀들도 세례를 받음으로써 유익을 얻게 된다. 곧, 교회의 몸에 접붙임을 받음으로써 교회의 다른 지체들에게 더 큰 관심의 대상이 된다. 그리고 그들이 자란 다음에는 하나님을 예배하고자 하는 진정한 열심이 크게 일어나게 된다.

■ 핵심용어

세례의 단회성, 유아세례, 입교, 세례의(세례 효력의) 영속성

■ 생각해 볼 문제

1. 벨직 신앙고백서 34항이 말하는 세례가 주는 은혜의 유익 세 가지는 무엇입니까?
2. 세례는 오직 한 번만 받아야 합니다(세례의 단회성). 그 이유는 무엇입니까? 세례의 단회성을 부정하는 것은 무엇을 부정하는 것과 같습니까? 이는 기독교의 가장 중요한 진리를 부정하는 것입니다. 함께 생각해 봅시다.
3. 재세례파가 유아세례를 반대한 이유는 무엇이고, 벨직 신앙고백서 34항이 말하는 유아세례의 근거는 무엇입니까?
4. 웨스트민스터 신앙고백서 28장은 세례에 관한 내용을 담고 있습니다. 본문에서 언급한 5항과 6항의 내용을 참조하여 유아세례의 잘못된 양극단의 인식 사례를 설명해 봅시다. 우리가 유아세례를 어떻게 균형 있게 대하고 이에 참여해야 할지 생각해 봅시다.
5. 유아세례를 받기 전에 부모는 무엇을 준비해야 합니까? 그 후에는 자녀를 어떻게 양육해야 하는지 생각해 봅시다.
6. 세례가 우리의 전 생애에 걸쳐 큰 유익이 된다는 말은 어떤 의미이고, 실제로 어떤 유익이 됩니까? 35장의 생각해 볼 문제 4번에서 다룬, 세례식에 경건히 참여하는 일과 세례의 의미를 계속해서 묵상하는 일이 왜 중요한지 다시 한번 상기해 봅시다.

37장
주의 만찬의 성례

⁵²그러므로 유대인들이 서로 다투어 이르되 이 사람이 어찌 능히 자기 살을 우리에게 주어 먹게 하겠느냐 ⁵³예수께서 이르시되 내가 진실로 진실로 너희에게 이르노니 인자의 살을 먹지 아니하고 인자의 피를 마시지 아니하면 너희 속에 생명이 없느니라 ⁵⁴내 살을 먹고 내 피를 마시는 자는 영생을 가졌고 마지막 날에 내가 그를 다시 살리리니 ⁵⁵내 살은 참된 양식이요 내 피는 참된 음료로다 ⁵⁶내 살을 먹고 내 피를 마시는 자는 내 안에 거하고 나도 그의 안에 거하나니 ⁵⁷살아 계신 아버지께서 나를 보내시매 내가 아버지로 말미암아 사는 것같이 나를 먹는 그 사람도 나로 말미암아 살리라 ⁵⁸이것은 하늘에서 내려온 떡이니 조상들이 먹고도 죽은 그것과 같지 아니하여 이 떡을 먹는 자는 영원히 살리라 ⁵⁹이 말씀은 예수께서 가버나움 회당에서 가르치실 때에 하셨느니라. 요 6:52-59

35항 우리 주 예수 그리스도의 거룩한 성찬

우리는 우리 구주 예수 그리스도께서 이미 중생하게 하시고 그분 교회의 가족으로 받아들인 사람들을 양육하고 유지하시기 위해 거룩한 성만찬의 성례를(마 26:26-28; 막 14:22-24; 눅 22:19-20; 고전 11:23-26) 명하시고 제정하셨음을 믿고 고백합니다.

중생한 사람들 안에는 이중적 생명이 있습니다(요 3:5-6). 하나는 육체적이고 일시적인 생명으로, 그들이 첫 번째 태어날 때 받은 것이며 모든 사람에게 공통적인 것입니다. 다른 하나는 영적이고 천상적인 생명으로, 그들이 두 번째 태어날 때 받은 것이며 그리스도의 몸의 교제 안에서 복음의 말씀(요 5:25)을 통해 이루어집니다. 이 생명은 모든 사람에게 공통적이지 않고 오직 하나님의 택함받은 자들에게만 해당하는 독특한 생명입니다.

하나님은 육체적이고 세속적인 생명을 유지하도록 하기 위해 육적 생명을 유지하는 수단으로 떡을 주셨습니다. 이 떡은 모든 사람의 육적 생명에 공통적인 것입니다. 하나님은 영적이고 천상적인 생명을 유지하도록 하기 위해 신자들에게 하늘에서 내려온 살아 있는 떡이신 예수 그리스도(요 6:48-51)를 주셨습니다. 신자들이 그리스도를 먹을 때, 즉 믿음으로 그리스도를 받아들이고 영적으로 취할 때 그분은 신자들의 영적 생명(요 6:63, 10:10)에 자양분을 주시고 강하게 하십니다(요 6:40, 47).

그리스도는 하늘에 속한 이 영적 떡을 우리에게 보여 주시기 위해 지상적이고 가시적인 떡을 그분 몸의 성례로, 포도주를 그분 피의 성례로 정하셨습니다(요 6:55; 고전 10:16). 이는 이 성례를 우리 손으로 받아들고 우리 입으로 먹고 마실 때 우리 육체의 생명이 영양을 공급받듯이, 우리의 영적 생명을 유지하기 위해 우리의 믿음으로 (우리 영혼의 손과 입이 되는) 우리의 유일한 구주이신 그리스도의 참된 살과 피를 확실히 받는다는 사실을 증거하시기 위함입니다(엡 3:17).

이제, 예수 그리스도께서 그분의 성례를 우리에게 헛되이 명령하신 것이 아니라는 사실이 의심의 여지없이 분명하고 확실합니다. 비록 성령이 역사하시는 방식이 감추어져 있고 이해할 수 없기 때문에 우리의 이해를 초월하고 우리의 지각을 뛰어넘는다 해도(요 3:8), 그리스도는 이런 거룩한 표지들을 통해 우리에게 나타내신 것을 우리 안에서 이루십니다. 그동안 우리가 먹고 마시는 것이 그리스도의 참된 몸과 피라고 말한 것은 잘못된 것이 아닙니다. 하지만 우리가 그 몸과 피에 참여하는 방식은 입을 통해서가 아니라 믿음을 통해 영으로 취하는 방식입니다.

그러므로 지금 그리스도는 하늘에 계신 하나님 우편에 앉아 계시지만(막 16:19; 행 3:21), 우리를 믿음으로 그분에게 참여시키는 일을 멈추지 않으십니다. 이 잔치는 그리스도께서 그분과 그분의 모든 은덕을 우리에게 전해 주시고, 그분의 고난과 죽음의 공로를 우리에게 주셔서 즐거워하게 하며, 그분의 살을 먹이셔서 우리에게 영양을 공급하시고 강하게 하시며, 우리의 가련하고 위로 없는 영혼을 위로하시며, 그분의 피를 마시게 함으로 우리를 새롭게 하시는 영적 식탁입니다(롬 8:32; 고전 10:3-4).

또한 성례는 그것이 상징하는 것들과 연결되어 있지만, 모든 사람이 이 두 가지를 받는 것은 아닙니다(고전 2:14). 불경건한 자들은 실제로 성례를 받지만 이를 통해 정죄를 당하며 성례의 진리를 받지 못합니다. 유다와 마술사 시몬은 성례를 받았지만 그 성례가 상징하는 그리스도를 받지는 못했습니다(눅 22:21-22; 행 8:13, 21). 오직 신자들만 그리스도를 받을 수 있습니다(요 3:36).

마지막으로 우리는 하나님의 백성들 모임 가운데서 감사함으로 우리 구주 그리스도의 죽음을 계속 기리고, 기독교 신앙에 대한 우리 믿음을 고백하면서(행 2:46; 고전 11:26) 겸손과 경외감으로 이 거룩한 성례를 받습니다(행 2:42, 20:7). 그러므로 그 누구도 자신을 살피지 않고 이 식탁에 나와서는 안 됩니다. 자신을 살피지 않고 이 식탁에 나와 이 떡을 먹고 이 잔을 마신다면, 그는 자신에 대한 심판을 먹고 마시는 자가 됩니다. 한마디로, 우리는 이 거룩한 성례를 사용함으로 하나님과 우리 이웃을 뜨겁게 사랑하도록 자극을 받게 됩니다.

그러므로 우리는 사람들이 성례에 무언가를 더해 혼합한 모든 혼합물과 저주받을 만한 고안물을 배격합니다. 이것들은 성찬을 모독하는 것입니다. 우리는 그리스도와 사도들이 우리에게 가르친 규례에 만족하며, 그들이 말한 것과 동일한 방식으로 말해야 한다는 것을 확증하는 바입니다.

앞 장에서 우리는 주의 거룩한 성례에 대해 살펴보았습니다. 첫째, 세례는 오직 한 번만 받아야 합니다. 둘째, 어른들뿐만 아니라 유아들에게도 세례를 베풀어야 합니다. 셋째, 세례는 받을 때만이 아니라 전 생애에 걸쳐 유익이 되는 언약의 인장입니다.

이제 성찬에 대해 살펴보겠습니다. 세례가 세상 끝 날까지 계속되어야 할 주님의 지상 대명령이라면, 성찬은 그리스도께서 잡히시던 날 밤에 그분이 제정하신 것으로 세상 끝 날까지 교회 안에서 기념해야 할 언약의 표입니다. 주님은 너희가 "이것을 행하라"(마 26:26-29; 막 14:22-25; 눅 22:17-20; 고전 11:23-26)고 말씀하심으로 성찬은 한 번이 아니라 계속 반복적으로 베풀어져야 함을 분명히 하셨습니다.

웨스트민스터 신앙고백서 29장 1항은 성찬의 목적을 이렇게 말합니다. "성찬은 주님의 희생을 영원토록 기념하고, 그것이 주는 모든 은혜들을 참 신자들에게 보증하고, 그 안에서 영적인 양식을 먹고 성장하게 하고, 그에게 마땅히 바쳐야 하는 의무들을 충성스럽게 이행케 하며, 더불어 그리스도의 몸 된 지체들로서 상호 간에 가지는 교통의 매는 줄과 보증이 되게 하는 데 있다." 이로 볼 때 성찬은 그저 종교적인 의식이 아니며, 실제적인 효력을 불러일으키는 성례입니다.

성찬은 교회를 양육하고 유지하는 성례

첫째, 성찬은 하나님의 가족으로서의 교회를 양육하고 유지하는 성례입니다(52-53절). 본문 52-53절을 보겠습니다. "그러므로 유대인들이 서로 다투어 이르되 이 사람이 어찌 능히 자기 살을 우리에게 주어 먹게 하겠느냐 예수께서 이르시되 내가 진실로 진실로 너희에게 이르노니 인자의 살을 먹지 아니하고 인자의 피를 마시지 아니하면 너희 속에 생명이 없느니라."

벨직 신앙고백서 35항은 이렇게 말합니다. "우리는 우리 구주 예수 그리스도께서 이미 중생하게 하시고 그분 교회의 가족으로 받아들인 사람들을 양육하고 유지하시기 위해 거룩한 성만찬의 성례를 명하시고 제정하셨음을 믿고 고백합니다. 중생한 사람들 안에는 이중적 생명이 있습니다. 하나는 육체적이고 일시적인 생명으로, 그들이 첫 번째 태어날 때 받은 것이며 모든 사람에게 공통적인 것입니다. 다른 하나는 영적이고 천상적인 생명으로, 그들이 두 번째 태어날 때 받은 것이며 그리스도의 몸의 교제 안에서 복음의 말씀을 통해 이루어집니다. 이 생명은 모든 사람에게 공통적이지 않고 오직 하나님의 택함받은 자들에게만 해당하는 독특한 생명입니다."

주의 만찬으로서 성찬은 본질적으로 예수 그리스도를 믿는 신자를 위한 예식입니다. 그래서 성찬식을 할 때, 오직 하나님의 자녀들, 즉 구원의 확신을 가지고 세례를 받은 자들에게만 베푸는 것입니다.

예수님은 인자의 살을 먹지 않고 인자의 피를 마시지 않으면, 즉 성찬식에 참여하지 않으면, 그들 속에 생명이 없다고 하십니다(53절). 이것은 세상에 있는 모든 사람들과 주님을 믿는 신자들을 구별시켜 주는 말씀입니다. 비록 세상의 모든 사람이 생명을 가지고 움직이며 살아가지만, 예수님의 살을 먹고 피를 마시지 않는 사람은 생명이 없다는 것입니다. 주님이 말씀하신 생명은 무엇입니까? 예수 그리스도를 믿고, 자신이 죄인임을 고백하며, 오직 구주이신 그리스도만이 나를 구원하시는 메시아라는 것을 알고 주님을 영접하는 것입니다. 이런 의미에서 신자는 이중적 생명을 가진 사람들입니다.

우리는 육신적으로 한 번 출생합니다. 이는 세상의 모든 사람이 동일합니다. 그러나 우리는 복음의 말씀을 통해 중생함으로 다시 한 번 출생합니다. 이것을 벨직 신앙고백서 35항은 "영적이고 천상적인" 출생이라 부릅니다. 신자는 이중적 출생증명서를 가집니다. 하나는 이 세상의 출생이며, 다른 하나는 영적 출생입니다. 이 영적이고 천상적인 출생을 통해 하나님 나라의 시민으로 살아가는 사람들의 생명을 유지하는 양식이 성찬입니다.

신자는 신체적 생명을 유지하기 위해 떡, 즉 음식을 먹어야 합니다. 음식을 먹지 않겠다는 것은 죽겠다는 것입니다. 단식을 하거나 금식을 하는 것은 육체적인 에너지 공급을 중단하고 죽기를 각오하겠다는 것입니다. 그래서 모든 사람은 육체적 생명을 유지하기 위해 음식을 먹고 건강해야 합니다. 그런데 신자는 한 가지 음식을 더 먹어야 합니다. 바로 영적 음식입니다. 육체적 음식이 일시적이고 지상적인 양식이라면, 영적 음식은 영원한 생명을 유지하게 하는 천상적인 양식입니다. 중요한 사실은, 주님이 이 성찬을 하나님이 가족으로 부르시고 교회로 받아들이신 자들을 양육하고 유지하시기 위해 제정하셨다는 것입니다.

성만찬은 할례 의식이 세례 의식으로 바뀐 것처럼, 구약의 유월절 식사가 신약의 성찬 식사로 바뀐 것입니다. 성찬 식사는 이런 의미에서 언약적 식사입니다. 주님이 제자들과 마지막 만찬을 나누는 내용이 마태복음 26장에 나옵니다. "그들이 먹을 때에 예수께서 떡을 가지사 축복하시고 떼어 제자들에게 주시며 이르시되 받아서 먹으라 이것은 내 몸이니라 하시고 또 잔을 가지사 감사 기도하시고 그들에게 주시며 이르시되 너희가 다 이것을 마시라 이것은 죄 사함을 얻게 하려고 많은 사람을 위하여 흘리는 바 나의 피 곧 언약의 피니라"(마 26:26-28).

바울은 "식후에 또한 그와 같이 잔을 가지시고 이르시되 이 잔은 내 피로 세운 새 언약이니 이것을 행하여 마실 때마다 나를 기념하라 하셨으니"라고 기록합니다(고전 11:25). 따라서 신약의 오고 오는 모든 교회는 이 성찬식을 언약 의식으로 행해야 합니다. 이 성찬식이야말로 우리 몸과 마음과 영혼을 새롭게 하고, 양육하며, 유지시키는 은혜의 방편이기 때문입니다.

성찬은 영적 생명을 유지시키는 영적 식탁

둘째, 성찬은 영적 생명을 유지시키는 영적 식탁입니다(54-56절). 본문 54-56절을 보겠습니다. "내 살을 먹고 내 피를 마시는 자는 영생을 가졌고 마지막 날에 내가 그를 다시 살리리니 내 살은 참된 양식이요 내 피는 참된 음료로다 내 살을 먹고 내 피를 마시는 자는 내 안에 거하고 나도 그의 안에 거하나니."

벨직 신앙고백서 35항은 이렇게 말합니다. "하나님은 영적이고 천상적인 생명을 유지하도록 하기 위해 신자들에게 하늘에서 내려온 살아 있는 떡이신 예수 그리스도를 주셨습니다. 신자들이 그리스도를 먹을 때, 즉 믿음으로 그리스도를 받아들이고 영적으로 취할 때 그분은 신자들의 영적 생명에 자양분을 주시고 강하게 하십니다. … 이 잔치는 그리스도께서 그분과 그분의 모든 은덕을 우리에게 전해 주시고, 그분의 고난과 죽음의 공로를 우리에게 주셔서 즐거워하게 하며, 그분의 살을 먹이셔서 우리에게 영양을 공급하시고 강하게 하시며, 우리의 가련하고 위로 없는 영혼을 위로하시며, 그분의 피를 마시게 함으로 우리를 새롭게 하시는 영적 식탁입니다."

바울은 고린도 교회에 편지하면서 이렇게 말합니다. "다 같은 신령한 음식을 먹으며 다 같은 신령한 음료를 마셨으니 이는 그들을 따르는 신령한 반석으로부터 마셨으매 그 반석은 곧 그리스도시라"(고전 10:3-4). 즉, 그리스도께서 우리 식탁의 내용이라는 것입니다. 주님도 55절에서 "내 살은 참된 양식이요 내 피는 참된 음료로다"라고 말씀하심으로, 우리가 성찬에서 먹고 마시는 떡과 포도주가 영적 식탁으로서 주님의 살과 피임을 분명히 하셨습니다.

그리스도께서 '우리 식탁의 내용이다', '주님의 살은 참된 양식이요 주님의 피는 참된 음료'라는 의미가 무엇입니까? 벨직 신앙고백서 35항은 그 식탁의 내용을 "그리스도의 고난과 죽음의 공로"라고 진술합니다. 참으로 그렇지 않습니까? 성찬식의 떡과 포도주는 무엇을 예표합니까? 그리스도의 십자가의 살과 피입니다. 살과 피는 무엇을 상징합니까? 그리스도의 고난과 죽음을 상징합니다. 즉, 우리는 그리스도의 고난과 죽음의 공로를 먹고 마시는 것입니다.

그러면 우리는 이 영적 식탁을, 즉 그리스도의 살과 피를 어떻게 먹습니까? 우리는 음식을 먹을 때 수저와 젓가락 같은 도구를 사용합니다. 마찬가지로 완전한 비유는 아니지만, 영적 식탁을 대할 때도 도구가 필요합니다. 그 도구는 바로 믿음입니다. 그래서 벨직 신앙고백서 35항은 성찬을 "믿음으로 받아들이고 믿음에 의해 영으로 먹는 식탁"이라고 말한 것입니다.

우리가 음식을 먹지 않거나 제대로 소화시키지 않으면 우리 육체가 에너지를 공급받지 못해 쇠약해집니다. 마찬가지로 성찬의 효력 가운데 하나는 벨직 신앙고백서 35항이 말하는 대로 "우리의 가련하고 위로 없는 영혼을 위로하시며, 자기 피를 마시게 함으로 우리를 새롭게 하신다"는 점에 있습니다. 영적 생명의 에너지는 성찬을 통해 받아야 합니다. 성찬이야말로 우리의 생명이신 그리스도 예수를 믿음으로 받아먹는 영적 식탁이기 때문입니다.

우리의 가난한 영혼은 그리스도를 깊이 생각함으로 회복되고 부요해집니다. 주님은 "내 살을 먹고 내 피를 마시는 자는 내 안에 거하고 나도 그의 안에 거하나니"라고 말씀하십니다(56절). 그리고 "나를 먹는 그 사람도 나로 말미암아 살리라"고 말씀하십니다(57절). 영적 식탁을 먹는 사람은 그리스도와 연합된 사람이고, 그리스도로부터 영적 생명, 즉 에너지를 공급받는 사람입니다. 그는 점점 더 건강하고 부요해집니다. 우리 영혼이 강건해지려면 부지런히 그리스도의 살과 피를, 즉 그분의 고난과 죽음의 공로를 믿음으로 받아먹어야 합니다.

또한 우리는 이 영적 식탁이 즐거운 식탁이라는 것을 기억해야 합니다. 보통 성찬이라고 하면 슬프고 괴로워하며 눈물을 흘려야 한다는 강박을 가지고 있습니다. 물론 그것도 성찬의 한 요소입니다. 하지만 벨직 신앙고백서 35항은 우리에게 성찬 식사가 즐겁고 기쁘다고 말합니다. 왜 그렇습니까? 이미 믿음으로 우리 것이 된 그리스도의 고난과 죽음의 공로가 성찬을 통해 다시 새롭게 우리 것으로 확인되기 때문입니다. 그래서 성찬을 즐기라고 하는 것입니다. 성찬식은 우리의 영적 생명의 활력과 강화를 위해 주님이 제정하신 은혜의 방편임을 굳게 믿고 성찬식이 집례될 때마다 주님의 고난과 죽음의 공로를 즐거워합시다.

자기를 살피고 영적 식탁에 나오라

셋째, 누구든지 조심스럽게 자기를 살피고 이 식탁에 나와야 합니다(57-59절). 본문 57-59절을 보겠습니다. "살아 계신 아버지께서 나를 보내시매 내가 아버지로 말미암아 사는 것같이 나를 먹는 그 사람도 나로 말미암아 살리라 이것은 하늘에서 내려온 떡이니 조상들이 먹고도 죽은 그것과 같지 아니하여 이 떡을 먹는 자는 영원히 살리라 이 말씀은 예수께서 가버나움 회당에서 가르치실 때에 하셨느니라."

벨직 신앙고백서 35항은 이렇게 말합니다. "마지막으로 우리는 하나님의 백성들 모임 가운데서 감사함으로 우리 구주 그리스도의 죽음을 계속 기리고, 기독교 신앙에 대한 우리 믿음을 고백하면서 겸손과 경외감으로 이 거룩한 성례를 받습니다. 그러므로 그 누구도 자신을 살피지 않고 이 식탁에 나와서는 안 됩니다. 자신을 살피지 않고 이 식탁에 나와 이 떡을 먹고 이 잔을 마신다면, 그는 자신에 대한 심판을 먹고 마시는 자가 됩니다. 한마디로, 우리는 이 거룩한 성례를 사용함으로 하나님과 우리 이웃을 뜨겁게 사랑하도록 자극을 받게 됩니다. 그러므로 우리는 사람들이 성례에 무언가를 더해 혼합한 모든 혼합물과 저주받을 만한 고안물을 배격합니다. 이것들은 성찬을 모독하는 것입니다. 우리는 그리스도와 사도들이 우리에게 가르친 규례에 만족하며, 그들이 말한 것과 동일한 방식으로 말해야 한다는 것을 확증하는 바입니다."

    이것은 성찬 예식을 대하는 우리의 자세와 태도에 대한 부분입니다. 첫째, 벨직 신앙고백서 35항은 "겸손과 경외감으로 이 거룩한 성례를 받는다"고 말합니다. 우리가 이 은혜를 받을 자격이 없기 때문입니다. 그래서 우리는 우리에게 주신 믿음과 신앙을 겸손과 경외감으로 감사하며 고백할 뿐입니다. 둘째, 벨직 신앙고백서 35항은 우리에게 "자신을 살피고 이 식탁에 나오라"고 말합니다. 바울은 "사람이 자기를 살피고 그 후에야 이 떡을 먹고 이 잔을 마실지니 주의 몸을 분별하지 못하고 먹고 마시는 자는 자기의 죄를 먹고 마시는 것이니라"고 경고한 바 있습니다(고전 11:28-29). 자신을 살핀다는 것은 무엇입니까? 그것은 "주의 몸을 분별하는 것"입니다(고전 11:29). 즉 성찬을 분별하는 것입니다. '분별'에 사용된 헬라어 '디아크리노'는 '구별하다, 구분하다, 식별하다, 인식하다'의 뜻을 가집니다. 따라서 이것은 영적 식탁으로서 성찬의 영적 의미를 인식하고, 내가 그것을 잘 이해하고 있는지를 살피며, 그리스도의 죽음을 기념하고, 기독교 신앙과 믿음을 고백하며, 겸손과 경외감으로 이 성례를 받는 일련의 행위를 가리킵니다.

　아무런 생각 없이 또는 그저 형식적으로 성찬식에 참여하는 것은 하나님의 성찬을 만홀히 여기는 것입니다. 하나님을 경홀히 대하는 것이므로 결국 심판을 먹고 마시는 것이 됩니다. 성찬은 새로 거듭난 영적 생명을 가진 사람들만 참여하는 것인데, 분별하지 않고 먹고 마시는 행위는 자신이 불신자임을 드러내는 행위가 됩니다.

　우리 주님은 58절에서 이 떡을 조상들이 광야에서 먹은 떡과 비교합니다. 광야에서 만나를 먹은 조상들은 모두 죽었지만, 이 떡을 먹는 자는 영원히 살리라고 말씀하십니다. 이 말씀은 성찬의 중요성을 강조하는 것입니다. 이런 의미에서 성찬은 마치 영원한 생명을 상징하는 창세기 3장의 생명나무와도 같습니다. 생명나무의 실과를 먹고 영원히 죽지 않듯이, 성찬을 먹고 마시는 자는 죽지 않고 영원히 살 것입니다. 칼뱅은 『기독교 강요』 4권 14장에서 "생명나무는 신약의 성례를 상징하는 표지"라고 말합니다. 성찬은 주님의 언약이 확실하며, 주님이 제정하신 세례와 마찬가지로 언약의 표지입니다. 따라서 모든 신자들은 언약의 표지인 세례와 성찬이 무엇을 의미하고 상징하는지를 분명히 분별하고 인식해야 합니다.

세례와 마찬가지로 성찬도 그 자체에 어떤 효력이 있는 것은 아닙니다. 그것은 선악을 알게 하는 나무의 실과나 생명나무의 실과에 어떤 효험이 없는 것과 마찬가지입니다. 성찬은 언약의 표지입니다. 성찬을 참되게 집례하면 성령께서 역사하셔서 귀한 은혜를 베풀어 주시는 방편이 됩니다. 참된 교회는 성찬을 참되게 집례해야 합니다.

　벨직 신앙고백서 35항은 "그러므로 우리는 사람들이 성례에 무언가를 더해 혼합한 모든 혼합물과 저주받을 만한 고안물을 배격합니다. 이것들은 성찬을 모독하는 것입니다. 우리는 그리스도와 사도들이 우리에게 가르친 규례에 만족하며, 그들이 말한 것과 동일한 방식으로 말해야 한다는 것을 확증하는 바입니다"라고 말합니다. 개혁신학은 로마 가톨릭교회의 화체설과 루터교의 공재설을 배격합니다.

참된 교회는 성만찬을 교회 공동체 내에서 집례합니다. 사적으로나 거리에서 집례할 수 없습니다. 또한 성만찬을 집례하면서 성체를 높이 거양하거나 그 자체를 신성시하거나 우상시해서도 안 됩니다. 참된 교회는 이런 모든 첨가물과 고안물을 반대합니다. 오직 그리스도와 사도들이 전한 내용과 방식대로 집례해야 합니다.

이에 대해 웨스트민스터 신앙고백서 29장 4항은 이렇게 말합니다. "성찬을 다른 사람에게서 혼자 받는다든지, 잔을 일반 회중에게는 나누어 주지 않는다든지, 떡과 포도주에 절을 한다거나 숭배할 목적으로 높이 치켜들거나 아니면 가지고 돌아다닌다거나, 겉치레의 종교적인 용도를 위해 그것들을 남겨 둔다면 이 예식의 본질과 주님이 제정하신 본래의 뜻과 어긋난다."

본래 성찬식은 교회의 형편에 맞춰 준비하되, 목사가 대표로 떡을 떼고 잔에 포도주를 부음으로 주님이 살이 찢기고 피를 흘리신 것을 나타내며 기념하는 것이 바람직합니다. 그리고 성찬식에 참여하는 모든 신자들은 자신의 죄와 비참함을 묵상하며 그에 따른 하나님의 저주를 생각하고, 이어서 우리 주 예수 그리스도께 내 모든 죄가 전가되고 그리스도의 모든 의가 내 것이 됨을 굳게 믿는지를 살펴야 합니다. 그 결과로 인해 내가 하나님의 가족들과 함께 영적 식탁에 참여하는 새로운 피조물이 되었고, 하나님을 사랑하고 이웃을 사랑하는 뜨거운 열망을 갖게 된 것에 감사해야 합니다.

나 같은 죄인을 그리스도 예수 안에서 하나님의 가족으로 입양해 주시고, 그 식탁에서 그리스도 예수와 함께 먹고 마실 수 있는 엄청난 특권을 주신 것에 감사하며 주님의 거룩한 성만찬의 성례를 즐거워하기 바랍니다.

○ 칼뱅, 『기독교 강요』, 4.17.2

경건한 심령들은 이 성례를 통해 큰 확신과 기쁨을 얻을 수 있다. 이 성례야말로 그들이 그리스도와 한 몸을 이루어 그분의 모든 것을 자기 것이라 할 정도가 되었다는 하나의 증거이기 때문이다. 그 결과로 우리는 그리스도께서 상속자이신 그 영생이 우리 것임을 감히 스스로 확신할 수 있으며, 그리스도께서 이미 들어가신 그 천국이 우리에게서 끊어질 수 없다는 것도 확신할 수 있다. 또한 그리스도께서 우리 죄를 씻으셨으므로—그분은 그 죄가 마치 자기 것인 양 그 죄를 스스로 지셨다—우리가 죄로 인해 정죄받을 수 없음을 확신할 수 있다. 이것은 그분이 측량할 수 없는 자비하심으로 우리와 행하신 놀라운 교환(交換: exchange)이다.

■ 핵심용어

성찬, 떡과 포도주, 분별, 화체설(성변화설), 공재설(실제 임재설), 기념설(상징설), 영적 임재설

■ 생각해 볼 문제

1. 성찬이란 무엇입니까? 세례와 성찬의 차이점에 대해 생각해 봅시다.

2. 성찬이 교회 공동체에 주는 유익은 무엇입니까?(첫 번째 대지 참조)

3. 우리가 평소에 음식을 먹는 것과 성찬에 참여하여 떡과 잔을 나누는 것에는 어떤 차이가 있습니까? 지속적으로 성찬에 참여해야 하는 이유는 무엇입니까?

4. 세례와 성찬은 각각 구약의 어떤 의식이 바뀐 것입니까?

5. 성찬이 신자에게 주는 유익은 무엇입니까?(두 번째 대지 참조)

6. 성찬은 영적 식탁입니다. 그 식탁의 내용은 그리스도이신데 구체적으로 어떤 내용입니까? 우리가 성찬에 참여할 때 늘 무엇을 생각하고 기리며 임해야 하는지 함께 나누어 봅시다.

7. 성찬은 우리의 영적 양식입니다. 우리가 성찬과 더불어 늘 잊지 말아야 할 은혜의 방편은 무엇입니까? 이 방편과 성찬은 어떤 관계가 있습니까?

8. "주의 몸을 분별하지 못하고 먹고 마시는 자는 자기의 죄를 먹고 마시는 것이니라"(고전 11:29)는 구절에서 '분별하다'의 의미는 무엇입니까? 우리가 어떤 마음으로 성찬에 참여해야 하는지 생각해 봅시다.

10. 우리가 성례의 보이는 형식에 집착하지 않으려면 어떻게 해야 합니까?

11. '화체설'(성변화설)은 로마 가톨릭, '공재설'(실제 임재설)은 루터, '기념설'(상징설)은 츠빙글리, '영적 임재설'은 칼뱅의 성찬에 대한 이해입니다. 각 용어의 의미를 알아보고, 우리 교회가 취하는 입장이 무엇인지 살펴봅시다. 네 견해 중 잘못된 이해가 있다면 그 이유에 대해서도 함께 생각해 봅시다.

38장
국가 정부와 교회

¹각 사람은 위에 있는 권세들에게 복종하라 권세는 하나님으로부터 나지 않음이 없나니 모든 권세는 다 하나님께서 정하신 바라 ²그러므로 권세를 거스르는 자는 하나님의 명을 거스름이니 거스르는 자들은 심판을 자취하리라 ³다스리는 자들은 선한 일에 대하여 두려움이 되지 않고 악한 일에 대하여 되나니 네가 권세를 두려워하지 아니하려느냐 선을 행하라 그리하면 그에게 칭찬을 받으리라 ⁴그는 하나님의 사역자가 되어 네게 선을 베푸는 자니라 그러나 네가 악을 행하거든 두려워하라 그가 공연히 칼을 가지지 아니하였으니 곧 하나님의 사역자가 되어 악을 행하는 자에게 진노하심을 따라 보응하는 자니라. 롬 13:1-4

36항 국가 정부

우리는 인류의 타락으로 말미암아 우리의 은혜로우신 하나님이 왕들과 군주들과 통치자들을 임명하셨다는 것을 믿습니다(잠 8:15; 단 2:21; 요 19:11; 롬 13:1; 출 18:20). 하나님은 사람의 방탕함이 억제되고, 모든 일이 선한 질서로 그들 가운데 유지되도록 세상을 특정한 법률과 정책으로 다스리기를 원하십니다(신 1:16, 16:19; 삿 21:25; 시 82편; 렘 21:12, 22:3; 벧전 2:13-14). 이런 목적으로 하나님은 악을 행하는 자들을 처벌하고, 선을 행하는 자들을 보호하라고 위정자들에게 칼을 주신 것입니다.

그들의 직무는 시민의 복지를 돌보는 것뿐만 아니라 거룩한 사역을 보호하는 것도 포함되고, 모든 우상 숭배와 거짓 예배를 없애고 방지하며, 적그리스도의 왕국이 멸망하고 그리스도의 왕국이 촉진되게 하는 것입니다. 그러므로 그들은 하나님이 말씀으로 명령하신 바와 같이, 하나님이 모든 사람에게 영광과 경배를 받으실 수 있도록 복음의 말씀을 선포하는 일을 장려해야 합니다(시 2편; 롬 13:4; 딤전 2:1-4).

더욱이 모든 사람은 자신의 신분이나 지위나 조건과 관계없이 국가 위정자들에게 복종해야 할 의무가 있습니다. 세금을 내고(마 17:27, 22:21; 롬 13:7), 그들에게 합당한 영예와 존경을 돌리고, 하나님의 말씀에 어긋나는 일이 아니라면(행 4:19, 5:29) 모든 일에 그들에게 순종해야 합니다(딛 3:1; 벧전 2:17). 또한 우리가 모든 경건과 정직함 가운데 고요하고 평화롭게 생활할 수 있도록 하나님이 그들의 모든 길을 다스리고 인도하시도록 기도해야 합니다.

따라서 우리는 재세례파들과 다른 반역하는 자들의 오류, 그리고 일반적으로 높은 권세들과 통치자들을 거부하며, 공의를 파괴하고(벧후 2:10; 유 1:8), 재산의 공유를 도입하며, 하나님이 사람들 가운데 세우신 선하고 아름다운 질서를 혼란스럽게 하는 자들을 혐오합니다.

16세기는 실로 혼돈의 시대였습니다. 특히 기독교회는 핍박과 위협의 시대였습니다. 귀도 드 브레가 살았던 시대도 예외는 아니었습니다. 당시 로마 가톨릭교회를 신봉하던 네덜란드는 개신교인들을 핍박했고, 그들을 국가에 대해 반란을 일으키는 폭도로 매도했습니다. 이에 귀도 드 브레는 벨직 신앙고백서를 작성하면서 개신교인은 반란을 일으키는 폭도가 아니라, 하나님의 말씀에 따라 순종하며 살면서 국가의 법을 신실하게 지키는 선량한 시민임을 밝히려 했습니다. 그는 이 신앙고백서를 탄원서와 함께 스페인 왕 필립 2세에게 보냈습니다. 이 탄원서에는 우리 모두가 합법적인 국가의 법에 기꺼이 복종하겠지만, 이 신앙고백서에 표현된 하나님의 말씀의 진리를 부인할 바에야 차라리 채찍에 맞고 혀가 잘리고 입에 재갈을 물리고 온 몸을 불태우도록 내어 주는 편이 더 낫다고 선언한 내용이 있습니다. 참으로 강직하고 단호한 고백이 아닐 수 없습니다. 결국 귀도 드 브레는 신앙을 지키다 1567년에 순교했습니다.

따라서 벨직 신앙고백서 36항 '국가 정부와 교회'는 추상적인 교리가 아니라 매우 현실적인 교리입니다. 당시 삶과 죽음 앞에서 선택해야 했던 중대한 고백이었습니다. 뿐만 아니라 '차별금지법' 제정이라든가 '종교인 과세'가 시작된 지 얼마 안 되는 현시점에서 국가 정부와 교회의 관계는 우리에게도 적실한 주제가 아닐 수 없습니다.

지금까지 우리는 은혜의 방편으로서 성례에 대해 살펴보았고, 이제 국가 정부와 교회의 관계, 그리고 세상의 종말에 대한 부분만 남겨 두고 있습니다. 먼저 벨직 신앙고백서가 말하는 국가와 교회의 관계에 대해 살펴보겠습니다.

하나님이 부여하신 국가 정부의 권위

첫째, 국가 정부의 권위는 원천적으로 하나님이 부여하십니다(1절). 본문 1절을 보겠습니다. "각 사람은 위에 있는 권세들에게 복종하라 권세는 하나님으로부터 나지 않음이 없나니 모든 권세는 다 하나님께서 정하신 바라." 바울은 "위에 있는 권세들에게 복종하라"고 명령하면서 권세의 기원에 대해 말합니다. 모든 권세는 하나님이 정하신 것이며 하나님으로부터 났다는 것입니다. 바울은 고대나 현대를 막론하고 오늘날 모든 국가 정부와 모든 조직의 권세는 그들 스스로 만들어 낸 산물이 아니라, 하나님이 정하신 바라고 분명히 말합니다. 바울은 정부의 위정자들을 포함한 권세자들을 "하나님의 사역자"라고 표현합니다(4절). 그렇다면 왜 국가가 필요하고, 왕들이 필요하며, 권세자들이 필요한 것일까요?

벨직 신앙고백서 36항은 이렇게 말합니다. "우리는 인류의 타락으로 말미암아 우리의 은혜로우신 하나님이 왕들과 군주들과 통치자들을 임명하셨다는 것을 믿습니다. 하나님은 사람의 방탕함이 억제되고, 모든 일이 선한 질서로 그들 가운데 유지되도록 세상을 특정한 법률과 정책으로 다스리기를 원하십니다. 이런 목적으로 하나님은 악을 행하는 자들을 처벌하고, 선을 행하는 자들을 보호하라고 위정자들에게 칼을 주신 것입니다."

벨직 신앙고백서 36항은 공직자들을 포함한 모든 권세자들을 하나님이 임명하셨으며, 그 이유는 인간의 타락 때문이라고 밝힙니다. 인간의 타락으로 말미암아 반역이 일어났고, 질서가 깨졌습니다. 그 결과 방탕함이 출현했습니다. 하나님은 범죄를 행하는 자들을 처벌하시고, 선을 행하는 자들을 보호하시기 위해 권세자들을 임명하시고 칼의 권세를 부여하신 것입니다.

구약 시대에도 이스라엘의 왕이 있었고, 신약 시대에도 국가와 통치자들이 있었습니다. 잠언 기자는 "나로 말미암아 왕들이 치리하며 방백들이 공의를 세우며 나로 말미암아 재상과 존귀한 자 곧 모든 의로운 재판관들이 다스리느니라"고 말합니다(잠 8:15-16). 여기서 '나'는 하나님의 지혜를 의미합니다. 다니엘은 "영원부터 영원까지 하나님의 이름을 찬송할 것은 지혜와 능력이 그에게 있음이로다 그는 때와 계절을 바꾸시며 왕들을 폐하시고 왕들을 세우시며 지혜자에게 지혜를 주시고 총명한 자에게 지식을 주시는도다"라고 고백합니다(단 2:20-21).

우리가 국가 정부의 법과 정책을 따르고 지켜야 할 이유는 신적 기원의 권위를 지니고 있기 때문입니다. 정부의 권세는 하나님으로부터 왔고,

하나님이 세우신 것입니다. 인간의 타락으로 말미암아 죄가 세상에 들어왔기 때문입니다. 오늘날의 국가는 그 기원을 국민에게 둡니다. 우리나라 헌법은 "국가는 국민에게 봉사해야 하는데 그 이유는 정부가 국민들로부터 나오기 때문이다"고 말합니다. 그러나 바울은 모든 권세는 사람이 아니라 하나님이 세우신 것이라고 선포합니다. 민주주의는 타락한 인간이 만든 최상의 정치체제이지만, 본래 진정한 정치는 신정정치입니다. 모든 왕 중의 왕은 하나님이십니다.

타락한 인간의 습성은 자기 위에 다른 권위를 두기 싫어합니다. 타락한 인간의 문화는 자신이 왕이 되려 하기 때문입니다. 모든 인간이 정부와 권위를 무시하고 마음대로 행한다면, 이 세상은 끊임없는 무질서와 혼란과 파괴로 넘쳐날 것입니다. 따라서 국가가 없는 죄의 억제는 생각할 수 없습니다. 말씀의 권징이 없는 교회는 생각할 수 없습니다. 부모의 훈육이 없는 가정은 생각할 수 없습니다. 우리가 국가 정부를 존중하고 공직자들의 권위를 인정하는 것은 모든 권세가 하나님으로부터 왔음을 고백하는 믿음의 행위입니다.

국가 정부의 권위는 그 기원이 하나님으로부터 왔음을 인정하고, 칼의 권세로 악을 행하는 자를 벌하고 선을 행하는 자들을 보호하는 국가를 주신 하나님께 감사하기 바랍니다.

국가는 교회를 보호해야 한다

둘째, 국가는 하나님의 구속 기관인 교회를 보호해야 합니다(3-4절). 본문 3-4절을 보겠습니다. "다스리는 자들은 선한 일에 대하여 두려움이 되지 않고 악한 일에 대하여 되나니 네가 권세를 두려워하지 아니하려느냐 선을 행하라 그리하면 그에게 칭찬을 받으리라 그는 하나님의 사역자가 되어 네게 선을 베푸는 자니라 그러나 네가 악을 행하거든 두려워하라 그가 공연히 칼을 가지지 아니하였으니 곧 하나님의 사역자가 되어 악을 행하는 자에게 진노하심을 따라 보응하는 자니라."

벨직 신앙고백서 36항은 이렇게 말합니다. "그들의 직무는 시민의 복지를 돌보는 것뿐만 아니라 거룩한 사역을 보호하는 것도 포함되고, 모든 우상 숭배와 거짓 예배를 없애고 방지하며, 적그리스도의 왕국이 멸망하고 그리스도의 왕국이 촉진되게 하는 것입니다. 그러므로 그들은 하나님이 말씀으로 명령하신 바와 같이, 하나님이 모든 사람에게 영광과 경배를 받으실 수 있도록 복음의 말씀을 선포하는 일을 장려해야 합니다."

국가 정부의 기원이 신적이며, 국가 정부는 죄를 억제하고 선을 보호하는 기능을 수행합니다. 벨직 신앙고백서 36항은 정부의 일이 공공질서에만 제한되지 않고 교회를 보호하는 일도 포함된다고 진술합니다. 직접적으로 말하면, 국가가 존재하는 이유는 교회를 보호하기 위해서라는 것입니다. 하나님이 국가 권력을 주신 이유는 법과 정책을 시행하여 하나님의 뜻에 따른 공공질서를 지키게 하기 위해서입니다. 여기에는 선을 장려하고 악을 징벌하는 일이 포함됩니다.

공공질서를 회복하는 일이 교회를 보호하는 일이기도 합니다. 교회의 사명이 하나님의 말씀에 따라 죄와 악을 억제하고 선을 보호하는 것이기 때문입니다. 교회는 복음의 말씀을 선포하며 모든 사람으로 하여금 그들이 존재하는 목적인 하나님께 영광을 돌리게 합니다. 교회는 이를 통해 진리의 말씀을 보호하며, 하나님의 영광을 최우선의 목적으로 삼습니다. 따라서 정부가 교회를 보호하는 것은 모든 사람이 하나님을 섬기고 하나님께 영광을 돌리게 하려는 하나님의 뜻에 부합하는 일입니다.

정부는 교회가 예배하고 설교하고 복음을 전하는 사명을 수행하는 데 거리낌이 없게 해야 합니다. 교회는 설교와 복음 전도를 통해 선을 장려하고 악을 억제합니다. 바울은 정부의 역할에 대해 설명하면서 계속 선의 장려와 악의 형벌을 강조합니다(3-4절). 따라서 정부는 법과 제도와 정책을 통해 선을 장려하고 악을 제재해야 합니다. 교회는 구원의 복음을 선포함으로 공중의 권세 잡은 자들에게 사로잡힌 죄인들을 구원하여 하나님 나라의 자녀가 되게 함으로 영적 세계에서 죄와 악을 심판하고 선을 장려합니다. 이런 방식으로 정부는 정부가 할 일을, 교회는 교회가 할 일을 각자 하나님이 주신 권세의 범위와 한도 내에서 수행해야 합니다. 또한 교회는 정부가 하나님이 주신 권위를 그 뜻에 맞게 수행하고 아울러 구속기관인 교회를 보호할 수 있도록 늘 기도해야 합니다.

교회와 신자는 국가의 권위에 순종해야 한다

셋째, 교회와 신자는 하나님이 부여하신 국가의 권위에 순종해야 합니다(1-2절). 본문 1-2절을 보겠습니다. "각 사람은 위에 있는 권세들에게 복종하라 권세는 하나님으로부터 나지 않음이 없나니 모든 권세는 다 하나님께서 정하신 바라 그러므로 권세를 거스르는 자는 하나님의 명을 거스름이니 거스르는 자들은 심판을 자취하리라."

벨직 신앙고백서 36항은 이렇게 말합니다. "더욱이 모든 사람은 자신의 신분이나 지위나 조건과 관계없이 국가 위정자들에게 복종해야 할 의무가 있습니다. 세금을 내고, 그들에게 합당한 영예와 존경을 돌리고, 하나님의 말씀에 어긋나는 일이 아니라면 모든 일에 그들에게 순종해야 합니다. 또한 우리가 모든 경건과 정직함 가운데 고요하고 평화롭게 생활할 수 있도록 하나님이 그들의 모든 길을 다스리고 인도하시도록 기도해야 합니다."

시민 정부에 대한 교회의 기본적인 자세는 그 법률을 순종하는 것입니다. 하나님이 부여하신 것이라 믿기 때문입니다. 바울은 모든 사람은 위에 있는 권세에 복종하라고 명령합니다. 복종은 순종을 뜻하며, 다른 사람이 가진 권위의 통치 아래 들어가는 것을 뜻합니다. 바울이 로마 제국과 황제의 통치를 받던 교회와 성도들에게 이 편지(로마서)를 쓴 이유가 무엇입니까? 당시 로마 제국과 속국의 시민인 유대인들은 적대관계였습니다. 유대인들 가운데는 독립을 꿈꾸는 자들도 있었고, 혁명당원들도 있었습니다. 따라서 모든 권위를 무시하고, 법을 지키지 않으며, 세금도 내지 않고, 권세를 거스르는 자들이 있었습니다. 이런 현상은 16세기에도 마찬가지였습니다. 당시 재세례파는 자신들이 하나님의 신민이기 때문에 세상 법을 지키지 않아도 된다는 구실을 핑계로 삼았습니다. 오늘날에도 여호와의 증인 가운데는 양심적 병역 거부를 통해 합법적이고 정당한 국가의 요구를 받아들이지 않는 사람들도 있습니다.

하지만 벨직 신앙고백서 36항은 누구든지 신분이나 지위나 조건을 막론하고 공직자들에게 복종하고 그들을 존경해야 한다고 명령합니다. 하나님의 말씀에 위배되지 않는 한, 모든 법률과 제도와 정책과 규칙에 순종해야 합니다. 그 구체적인 순종의 방법은 세금을 내는 것입니다. 우리가 내는 세금은 정부가 국가를 다스리는 자금입니다. 우리는 합당하게 세금을 내면서 한편으로는 국가의 시민으로서 의무를 다하며, 다른 한편으로는 정부가 교회를 보호하는 일에 공헌합니다.

또한 벨직 신앙고백서 36항은 공직자들을 존중하고 존경하라고 권면합니다. 어느 국가나 조직이든 공직자들을 무시한다면, 그 정부나 조직은 와해되고 말 것입니다. 오늘날 우리는 모든 국면에서 현저하게 실추된 권위를 보게 됩니다. 신자들은 하나님을 경배하는 일에 위배되지 않는 한도 내에서 공직자들과 권위자들을 존중하고 존경해야 합니다.

그러나 시민 정부가 하나님이 부여하신 권위와 목적을 저버리고 교회를 탄압하거나 하나님의 말씀에 위배되는 법률을 제정하고 시행하려고 하면 어떻게 해야 합니까? 교회와 신자들은 분연히 저항해야 합니다. 그것은 정부의 목적과 부합하지 않으며, 하나님의 뜻을 대적하는 것이기 때문입니다.

다니엘은 왕 외에 다른 신에게 나아가면 사자 굴에 넣겠다는 조서에 다리오 왕의 도장이 찍힌 것을 알고도 날마다 하나님 앞에 나아가 기도하고 감사하는 일을 멈추지 않았습니다. 그 결과 그는 사자 굴에 던져졌습니다. 일제 강점기에 일본은 자기네 조상신을 모신 신사를 세우고 우리나라 국민에게 신사를 참배하도록 강요했습니다. 많은 신자들이 이 일에 항거하다가 투옥을 당하고 목숨을 잃었습니다. 오늘날에도 불의한 정부가 악법으로 교회와 신자를 고난의 구덩이에 던져 넣을 수 있습니다. 그런 일을 당할 때 우리는 "사람보다 하나님께 순종하는 것이 마땅하니라"고 담대하게 말한 베드로처럼 하나님께 순종해야 합니다(행 5:29). 그러나 이 외에 정부의 모든 권위와 법과 제도와 사회적으로 합의된 규칙은 신실하게 지켜 나가야 합니다.

벨직 신앙고백서는 36항은 이렇게 결론짓습니다. "따라서 우리는 재세례파들과 다른 반역하는 자들의 오류, 그리고 일반적으로 높은 권세들과 통치자들을 거부하며, 공의를 파괴하고, 재산의 공유를 도입하며, 하나님이 사람들 가운데 세우신 선하고 아름다운 질서를 혼란스럽게 하는 자들을 혐오합니다."

하나님이 세우신 권세와 공직자들의 권위를 무시하고 예의범절을 혼란스럽게 하는 사람들은 비단 16세기에만 있었던 것이 아닙니다. 베드로는 이런 사람들에 대해 이렇게 말합니다. "특별히 육체를 따라 더러운 정욕 가운데서 행하며 주관하는 이를 멸시하는 자들에게는 형벌할 줄 아시느니라 이들은 당돌하고 자긍하며 떨지 않고 영광 있는 자들을 비방하거니와"(벧후 2:10). 유다도 "그러한데 꿈꾸는 이 사람들도 그와 같이 육체를 더럽히며 권위를 업신여기며 영광을 비방하는도다"라고 말합니다(유 1:8).

이런 자들은 혁명적이고, 권위를 인정하지 않으며, 하나님과 사람 앞에서 마땅히 행해야 할 의무를 수행하지 않습니다. 바로 이런 이유로 하나님은 시민 정부를 두시고, 악인을 형벌하며 의인을 장려하는 법과 제도를 시행하신 것입니다. 그런데 정부가 하나님의 말씀에 위배되고 거스르는 법을 제정하거나 정책을 시행한다면, 그리스도인들은 혁명적이고 폭력적인 방법이 아니라 온유하고 겸손한 여러 방법으로 정부에 항거해야 합니다. 정부가 하나님의 공의를 시행하고 선행을 장려한다면, 모든 신자들은 정부가 정한 법을 지지하고 마땅히 순종해야 합니다.

○ 칼뱅, 『기독교 강요』, 4.20.1, 2
육체와 영혼을, 또한 덧없이 지나가는 이 땅의 삶과 미래의 영원한 삶을 구분할 줄 아는 사람이라면 누구나 그리스도의 영적 나라와 국가의 통치 질서가 서로 별개의 것임을 쉽사리 알 것이다. 그러므로 그리스도의 나라를 이 세상의 초보적인 제도 안에 한정하고 거기서 찾으려는 생각은 유대적인 허망한 생각이다. … 그러나 이렇게 구별한다고 해서, 국가 통치의 본질이 완전히 부패한 것으로서 그리스도인과는 아무런 관계도 없는 것이라는 식으로 생각해서는 안 된다. … 국가의 통치는 우리가 사람들과 어울려 사는 동안 하나님께 드리는 외형적인 예배를 존중하고 보호하며, 경건의 건전한 도리와 교회의 지위를 변호하고, 우리의 삶을 사회에 적응시키고, 시민의 의에 맞도록 우리의 사회적 행실을 형성하고, 우리가 서로 화목하게 지내고, 또한 전체의 평화와 안정을 도모하는 등 나름대로 지정된 목표가 있는 것이다.

■ 핵심용어
국가 정부, 위정자, 순교

■ 생각해 볼 문제
1. 관심 있는 국가 정책이나 근간에 새로 제정된 법이 있다면 함께 나누어 봅시다. 그것이 우리 삶과 특히 신앙생활에 어떤 영향을 주며, 그리스도인으로서 그 정책이나 법에 어떻게 대응해야 하는지도 나누어 봅시다.
2. 귀도 드 브레가 벨직 신앙고백서를 작성한 여러 이유 가운데 하나는 무엇입니까?(본문에 나와 있습니다) 그 후 그는 어떻게 되었습니까? 당시에 신앙을 지키던 이들과 우리 삶을 비교해 봅시다. 우리는 신앙고백을 목숨과 바꿀 정도로 절대적으로 여기는지도 함께 생각해 봅시다.
3. 국가 정부의 권위는 어디에서 나옵니까? 이것이 우리나라 헌법이 말하는 바와 어

떻게 다른지 살펴봅시다.

4. 국가와 교회는 어떤 관계입니까? 국가는 교회를 위해, 교회(신자)는 국가를 위해 각각 어떻게 해야 하는지 생각해 봅시다.

5. "그런즉 가이사의 것은 가이사에게, 하나님의 것은 하나님께 바치라"(마 22:21)는 말씀은 무슨 뜻입니까? 앞선 질문들을 다시 살펴봅시다(국가 권위의 원천). 교회(신자)는 왜 국가의 권위에 순종해야 합니까?

6. 국가가 교회에 대한 의무를 저버렸을 때 우리는 분연히 맞서야 합니다. 왜 그래야 하는지 생각해 봅시다.

7. 교회를 흔드는 국가의 잘못된 탄압에 맞서야 한다는 사실을 왜곡하여 잘못 적용하는 사례들이 있습니다. 역사적인 사례와 우리 주변에서 본 사례들을 함께 생각해 보며, 국가 권위에 대한 우리의 태도를 다시 한번 돌아봅시다.

종말에 대하여

THE BELGIC CONFESSION

39장
마지막 심판

⁵¹보라 내가 너희에게 비밀을 말하노니 우리가 다 잠 잘 것이 아니요 마지막 나팔에 순식간에 홀연히 다 변화되리니 ⁵²나팔 소리가 나매 죽은 자들이 썩지 아니할 것으로 다시 살아나고 우리도 변화되리라 ⁵³이 썩을 것이 반드시 썩지 아니할 것을 입겠고 이 죽을 것이 죽지 아니함을 입으리로다 ⁵⁴이 썩을 것이 썩지 아니함을 입고 이 죽을 것이 죽지 아니함을 입을 때에는 사망을 삼키고 이기리라고 기록된 말씀이 이루어지리라 ⁵⁵사망아 너의 승리가 어디 있느냐 사망아 네가 쏘는 것이 어디 있느냐 ⁵⁶사망이 쏘는 것은 죄요 죄의 권능은 율법이라 ⁵⁷우리 주 예수 그리스도로 말미암아 우리에게 승리를 주시는 하나님께 감사하노니 ⁵⁸그러므로 내 사랑하는 형제들아 견실하며 흔들리지 말고 항상 주의 일에 더욱 힘쓰는 자들이 되라 이는 너희 수고가 주 안에서 헛되지 않은 줄 앎이라. 고전 15:51-58

37항 최후 심판

마지막으로, 우리는 하나님의 말씀에 따라, (모든 피조물에게 알려지지 않은) 주님이 정하신 때가 이르고(마 24:36, 25:13; 살전 5:1-2) 택함받은 자들의 수가 차면(히 11:39-40; 계 6:11), 우리 주 예수 그리스도께서 자신을 산 자와 죽은 자의 심판주로 선언하시고(마 25:31-46; 딤후 4:1; 벧전 4:5), 이 옛 세상을 불과 화염으로 정결하게 하시기 위해(벧후 3:10-13) 그분이 하늘로 올라가셨던 모습대로 육신을 입으시고 눈에 보이도록(계 1:7) 큰 영광과 위엄으로(마 24:30, 25:31) 하늘로부터 다시 오실 것을 믿습니다.

그때 모든 사람, 즉 이 세상의 시작부터 끝까지 살았던 남자와 여자와 아이, 모든 살아 있는 사람들이 천사장의 소리와 하나님의 나팔 소리에 소환되어 각자 위대하신 심판자 앞에 개인적으로 서게 될 것입니다(신 7:9-11; 계 20:12-13). 모든 죽은 자들이 땅에서 부활할 것이고(단 12:2; 요 5:28-29), 그들의 영혼은 전에 거했던 자신의 육체와 연합될 것입니다. 아직 살아 있는 자들은 다른 사람들처럼 죽지 않고 썩어질 것이 썩지 않을 몸으로 순식간에 변화될 것입니다(고전 15:51-52; 빌 3:20-21).

이 일이 있은 후에 책들(말하자면 양심)이 열리고 죽은 자들이 이 세상에서 선악 간에 행한 일에 따라 심판을 받을 것입니다(히 9:27; 계 22:12). 모든 사람이 자신의 모든 무익한 말들, 즉 세상에서 재미와 농담으로 한 말들에 대해 해명해야 할 것입니다. 사람들의 은밀한 일들과 위선이 모두에게 폭로되고 밝혀질 것입니다. 그러므로 이 심판에 대한 생각이 악인들과 불경건한 자들에게는 무시무시하고 두려운 일이 될 것이나(마 11:22, 23:33; 롬 2:5-6; 히 10:27; 벧후 2:9; 유 1:15; 계 14:7), 의인들과 택함받은 자들에게는 가장 큰 소망과 위로가 될 것입니다. 그때 택함받은 자들의 완전한 구속이 완성되고, 그들의 수고와 그들이 견디어 낸 고난의 열매를 받을 것이기 때문입니다(눅 14:14; 살후 1:3-10; 요일 4:17). 그들의 무죄가 모든 사람에게 알려질 것이고, 이 세상에서 그들을 잔인하게 핍박하고 억압하며 고통스럽게 했던 악인들에게 보응하시는 무시무시한 하나님의 복수를 보게 될 것입니다(계 15:4, 18:20). 악인들은 자기 양심의 증언에 의해 유죄 선고를 당할 것이며, 마귀와 그의 타락한 사자들을 위해 준비된 영원한 불 가운데서(계 20:10) 죽지 않고 계속 고통당할 것입니다(마 13:41-42; 막 9:48; 눅 16:22-28; 계 21:8).

이와 반대로 신실한 자들과 택함받은 자들은 영광과 존귀의 면류관을 쓸 것입니다. 그리고 하나님의 아들이 그의 아버지 하나님과 그의 택한 천사들 앞에서 그들의 이름을 시인하실 것입니다(계 3:5). 그들의 눈에서 모든 눈물을 씻어 주실 것입니다(사 25:8; 계 7:17). 지금은 많은 재판관들과 통치자들에 의해 이단적이며 불경하다고 정죄받고 있는 그들의 명분이 하나님의 아들을 위한 명분이었음이 알려질 것입니다. 주님은 사람이 마음에 품어 본 적이 없는 영광을 그들에게 은혜로운 상급으로 주실 것입니다(단 12:3; 마 5:12, 13:43; 고전 2:9; 계 21:9-22:5).

> 그러므로 우리는 우리 주 예수 그리스도 안에서 하나님의 약속을 충만히 누릴 수 있도록 저 위대한 날을 열렬히 소망하며 고대합니다. 아멘. "주 예수여 오시옵소서"(계 22:20).

이제 우리는 벨직 신앙고백서 강해 설교 마지막을 맞이했습니다. 언제든 시작이 있으면 끝이 있게 마련입니다. 우리가 살아가는 이 세상도 마찬가지입니다. 하나님이 지으신 이 세상은 창세전에 수립된 하나님의 영원하신 목적에 따라 진행되다가 언젠가 종말을 맞이할 것입니다. 이 세상의 종말에 하나님의 위대하신 사역은 심판입니다. 벨직 신앙고백서는 마지막 항을 마지막 심판으로 마칩니다. 성경이 선포하고 예언하는 마지막 심판은, 성경적 신앙을 지키기 위해 생명의 위협도 마다하지 않던 귀도 드 브레와 신자들에게 고난의 삶을 지탱하고 유지하게 해주는 원동력이자, 하나님이 악인을 심판하시고 의인에게는 믿음의 열매를 맺게 해주는 소망이었습니다.

히브리서 기자는 이렇게 선포합니다. "한 번 죽는 것은 사람에게 정해진 것이요 그 후에는 심판이 있으리니"(히 9:27). 사람이 태어나서 살다가 죽으면 끝난다는 '영혼 소멸론'은 성경적이지 않으며 옳지 않습니다. 마지막 심판이란 말은 문자 그대로 마지막을 뜻하고, 다시 심판이 없다는 것입니다. 따라서 최종적이고 궁극적 심판을 뜻합니다. 우리가 살고 있는 이 세상은 언젠가 종말을 고할 것이고, 그 종말의 시간에 심판을 받을 심판의 대상이 있다는 것을 뜻합니다.

종말은 일반적으로 개인적 종말과 우주적 종말로 나눕니다. 개인적 종말은 인간 개인의 영혼의 종말을, 우주적 종말은 역사와 만물의 종말을 가리킵니다. 지금 우리가 말하는 종말은 심판이라는 주제 아래 두 가지를 다 포함합니다. 이제 고린도 교회에 보내는 사도 바울의 첫 번째 편지의 한 본문을 통해 마지막 심판에 대해 살펴보겠습니다.

심판의 시기

첫째, 예수 그리스도께서 다시 오신다는 것이 마지막 심판의 전제입니다(50-52절). 본문 50-52절을 보겠습니다. "형제들아 내가 이것을 말하노니 혈과 육은 하나님 나라를 이어 받을 수 없고 또한 썩는 것은 썩지 아니하는 것을 유업으로 받지 못하느니라 보라 내가 너희에게 비밀을 말하노니 우리가 다 잠잘 것이 아니요 마지막 나팔에 순식간에 홀연히 다 변화되리니 나팔 소리가 나매 죽은 자들이 썩지 아니할 것으로 다시 살아나고 우리도 변화되리라."

벨직 신앙고백서 37항의 첫 문단을 보겠습니다. "마지막으로, 우리는 하나님의 말씀에 따라, (모든 피조물에게 알려지지 않은) 주님이 정하신 때가 이르고 택함받은 자들의 수가 차면, 우리 주 예수 그리스도께서 자신을 산 자와 죽은 자의 심판주로 선언하시고, 이 옛 세상을 불과 화염으로 정결하게 하시기 위해 그분이 하늘로 올라가셨던 모습대로 육신을 입으시고 눈에 보이도록 큰 영광과 위엄으로 하늘로부터 다시 오실 것을 믿습니다."

고린도전서 15장은 부활 장입니다. 바울은 부활을 부인하는 자들에게 부활의 역사성을 설명하면서 죽은 사람이 어떻게 다시 부활하는지를 상세히 설명합니다. 뿐만 아니라 살아 있는 사람들의 부활에 대해서도 말합니다. 본문은 부활하는 시점을 강조합니다. 51절에서 "마지막 나팔에 순식간에 홀연히 다 변화되리니"라고 합니다. 52절에서도 "나팔 소리가 나매 죽은 자들이 썩지 아니할 것으로 다시 살아나고 우리도 변화되리라"고 합니다.

'나팔 소리'는 예수님의 재림을 묘사할 때 즐겨 사용되는 용어입니다. 예수님은 종말의 징조에 대해 이렇게 말씀하십니다. "그때에 인자의 징조가 하늘에서 보이겠고 그때에 땅의 모든 족속들이 통곡하며 그들이 인자가 구름을 타고 능력과 큰 영광으로 오는 것을 보리라 그가 큰 나팔 소리와 함께 천사들을 보내리니 그들이 그의 택하신 자들을 하늘 이 끝에서 저 끝까지 사방에서 모으리라"(마 24:30-31). 바울은 "주께서 호령과 천사장의 소리와 하나님의 나팔 소리로 친히 하늘로부터 강림하시리니 그리스도 안에서 죽은 자들이 먼저 일어나고"라고 말합니다(살전 4:16). 즉, 마지막 심판의 전제로서 죽은 자의 부활은 예수 그리스도의 재림이라는 말입니다. 예수님이 승천하시고 다시 이 세상의 심판주로 오실 때 마지막 심판을 하실 것입니다.

벨직 신앙고백서 37항이 고백하는 것처럼, 주님이 정하셨지만 모든 피조물에게 알려지지 않은 그때가 이르고 택함받은 자들의 수가 차면, 우리 주 예수 그리스도께서 하늘로 올라가셨던 모습대로 육신을 입으시고 눈에 보이도록 큰 영광과 위엄으로 하늘로부터 다시 오시면 마지막 심판이 시작됩니다. 바울은 이렇게 말합니다. "그러나 우리의 시민권은 하늘에 있는지라 거기로부터 구원하는 자 곧 주 예수 그리스도를 기다리노니 그는 만물을 자기에게 복종하게 하실 수 있는 자의 역사로 우리의 낮은 몸을 자기 영광의 몸의 형체와 같이 변하게 하시리라"(빌 3:20-21).

그리스도의 재림은 심판의 재림입니다. 그럼에도 불구하고 우리는 하늘로부터 다시 오시는 그리스도의 재림을 기다립니다. 주님의 재림의 목적이 우리 몸을 영광의 몸의 형체로 바꾸어 주시는 것이기 때문입니다. 이것은 마지막 심판이 성도에게는 영광스러운 날이 되리라는 것을 시사합니다. 이것이 우리가 주님의 재림을 기다리는 이유입니다. 마지막 심판의 시기인 예수 그리스도의 재림은 자연스럽게 두 번째 질문으로 우리를 안내합니다.

심판의 대상과 내용

둘째, 그리스도께서 다시 오실 때 죽은 자와 살아 있는 자들이 모두 부활하여 하나님의 심판대 앞에 서게 됩니다(52-55절). 본문 52-55절을 보겠습니다. "나팔 소리가 나매 죽은 자들이 썩지 아니할 것으로 다시 살아나고 우리도 변화되리라 이 썩을 것이 반드시 썩지 아니할 것을 입겠고 이 죽을 것이 죽지 아니함을 입으리로다 이 썩을 것이 썩지 아니함을 입고 이 죽을 것이 죽지 아니함을 입을 때에는 사망을 삼키고 이기리라고 기록된 말씀이 이루어지리라 사망아 너의 승리가 어디 있느냐 사망아 네가 쏘는 것이 어디 있느냐."

벨직 신앙고백서 37항의 두 번째 문단을 보겠습니다. "그때 모든 사람, 즉 이 세상의 시작부터 끝까지 살았던 남자와 여자와 아이, 모든 살아 있는 사람들이 천사장의 소리와 하나님의 나팔 소리에 소환되어 각자 위대하신 심판자 앞에 개인적으로 서게 될 것입니다. 모든 죽은 자들이 땅에서 부활할 것이고, 그들의 영혼은 전에 거했던 자신의 육체와 연합될 것입니다. 아직 살아 있는 자들은 다른 사람들처럼 죽지 않고 썩어질 것이 썩지 않을 몸으로 순식간에 변화될 것입니다."

그리스도의 재림과 더불어 마지막 심판의 날에 모든 사람이 부활합니다. 산 자와 죽은 자의 부활입니다. 그리스도께서 재림할 때 존재하는 모든 사람이 부활합니다. 우선 죽은 자의 부활이 있을 것입니다. 오래전에 죽은 사람들은 주님의 재림과 더불어 심판을 받기 위해 땅에서부터 죽은 육신이 그들의 영혼과 다시 한 번 결합되어 부활체로 변화될 것입니다. 그 다음으로 살아 있는 사람들은 죽지 않고 썩지 않을 몸으로 변화될 것입니다. 이것을 우리는 '부활의 몸' 또는 '영체'(spiritual body)라고 부릅니다.

성경은 이 일이 홀연히, 즉 순식간에 일어날 것이라고 말합니다. 바울은 우리가 다 잠잘(죽을) 것이 아니고, 하나님의 마지막 나팔 소리가 울릴 때 순식간에 변화될 것이라고 말합니다(51절). 죽은 자들이 썩지 아니할 것으로 다시 살아난다고 말합니다(52절). 썩을 몸이 썩지 않을 몸으로 변화된다고 말합니다(53절). 죽을 것이 죽지 않을 몸으로 변화된다고 말합니다(53절). 벨직 신앙고백서 37항은 산 자와 죽은 자가 부활하는 이유가 마지막 심판에 있다는 것을 분명히 합니다.

벨직 신앙고백서 37항은 이렇게 말합니다. "이 일이 있은 후에 책들(말하자면 양심)이 열리고 죽은 자들이 이 세상에서 선악 간에 행한 일에 따라 심판을 받을 것입니다. 모든 사람이 자신의 모든 무익한 말들, 즉 세상에서 재미와 농담으로 한 말들에 대해 해명해야 할 것입니다. 사람들의 은밀한 일들과 위선이 모두에게 폭로되고 밝혀질 것입니다. 그러므로 이 심판에 대한 생각이 악인들과 불경건한 자들에게는 무시무시하고 두려운 일이 될 것이나, 의인들과 택함받은 자들에게는 가장 큰 소망과 위로가 될 것입니다. 그때 택함받은 자들의 완전한 구속이 완성되고, 그들의 수고와 그들이 견디어 낸 고난의 열매를 받을 것이기 때문입니다."

심판의 대상은 악인과 의인을 포함한 모든 사람입니다. 마지막 심판의 날에는 사람의 눈을 피해 속인 모든 비밀과 외식과 위선이 다 공개적으로 드러날 것입니다. 그렇기 때문에 악인들에게 이 마지막 부활의 심판은 공포와 두려움의 날이 될 것입니다. 반면에 택함받은 의로운 자들에게는 기쁨과 위로의 날이 될 것입니다. 왜 그렇습니까? 의인들이 악인들보다 더 선하고 착해서입니까? 죄를 덜 지었기 때문입니까? 인격이 잘 수련되고 선행을 많이 했기 때문입니까? 결코 그렇지 않습니다. 종말론적 심판이 의인들에게 위로와 기쁨이 되는 유일한 이유는 우리 안에서 선한 일을 시작하신 하나님이 그 일을 그리스도 예수의 날까지 이루시기 때문입니다(빌 1:6). 오직 예수 그리스도의 의와 공로를 믿음으로 말미암아 구원을 얻었기 때문입니다. 벨직 신앙고백서 37항은 이것을 "택함받은 자들의 완전한 구속이 완성되는 것"으로 묘사합니다. 그러면서 이것은 그들의 수고와 고통의 열매라고 말합니다. 즉 예수를 믿음으로 말미암아 마지막 심판을 통과하고 우리의 구속이 완전해지는데, 그것을 우리의 믿음과 봉사의 열매로 간주해 주신 것입니다.

중요한 사실은, 산 자와 죽은 자의 부활은 심판을 위한 부활이라는 것입니다. 예수님은 이 땅에 계실 때 이런 부활을 '생명의 부활과 심판의 부활'이라고 지칭하셨습니다. 그분은 베데스다 연못가에서 38년 된 병자를 고치신 후에 이렇게 말씀하십니다. "이를 놀랍게 여기지 말라 무덤 속에 있는 자가 다 그의 음성을 들을 때가 오나니 선한 일을 행한 자는 생명의 부활로, 악한 일을 행한 자는 심판의 부활로 나오리라"(요 5:28-29).

그리스도의 복음을 전하다가 붙잡힌 바울 일행이 벨릭스 총독에게 심문을 받을 때 바울은 하나님께 향한 소망을 말하면서 이 부활을 "의인의 부활과 악인의 부활"이라 말합니다. "그들이 기다리는 바 하나님께 향한 소망을 나도 가졌으니 곧 의인과 악인의 부활이 있으리라 함이니이다"(행

24:15).

악인의 부활은 죽음과 죄를 이기지 못하는 부활이지만, 의인의 부활은 죽음과 죄를 이기고 정복하는 부활입니다. 예수 그리스도의 재림 때 모든 사람이 부활하여 심판을 받지만 신자들은 예수 그리스도의 공로로 말미암아 영원한 생명으로 부활할 것을 굳게 믿고 더욱 두렵고 떨림으로 우리에게 베푸신 구원을 이루어 가야 합니다.

심판의 적용

셋째, 마지막 심판은 신자로 하여금 더욱 주의 일에 힘쓰게 합니다(56-58절). 본문 56-58절을 보겠습니다. "사망이 쏘는 것은 죄요 죄의 권능은 율법이라 우리 주 예수 그리스도로 말미암아 우리에게 승리를 주시는 하나님께 감사하노니 그러므로 내 사랑하는 형제들아 견실하며 흔들리지 말고 항상 주의 일에 더욱 힘쓰는 자들이 되라 이는 너희 수고가 주 안에서 헛되지 않은 줄 앎이라."

벨직 신앙고백서 37항은 이렇게 말합니다. "이와 반대로 신실한 자들과 택함받은 자들은 영광과 존귀의 면류관을 쓸 것입니다. 그리고 하나님의 아들이 그의 아버지 하나님과 그의 택한 천사들 앞에서 그들의 이름을 시인하실 것입니다. 그들의 눈에서 모든 눈물을 씻어 주실 것입니다. 지금은 많은 재판관들과 통치자들에 의해 이단적이며 불경하다고 정죄받고 있는 그들의 명분이 하나님의 아들을 위한 명분이었음이 알려질 것입니다. 주님은 사람이 마음에 품어 본 적이 없는 영광을 그들에게 은혜로운 상급으로 주실 것입니다. 그러므로 우리는 우리 주 예수 그리스도 안에서 하나님의 약속을 충만히 누릴 수 있도록 저 위대한 날을 열렬히 소망하며 고대합니다. 아멘. '주 예수여 오시옵소서'(계 22:20)."

벨직 신앙고백서 37항은 요한계시록 마지막 장의 마지막 고백인 "마라나타"로 끝을 맺습니다. '마라나타'는 '주 예수여 오시옵소서!'라는 뜻을 가진 아람 방언입니다. 귀도 드 브레와 그의 신앙의 동지들처럼 우리도 마라나타의 고백을 올려드려야 합니다. 주님의 재림이야말로 이 땅의 모든 수고와 고난을 끝내고, 우리의 구속이 완성되며, 우리 신앙의 봉사와 섬김이 열매를 맺는 위대한 날이기 때문입니다. 따라서 주의 재림과 마지막 심판은 우리의 시민권이 하늘에 있음을 생각하게 하며, 강력한 위로와 소망과 열망을 품게 합니다.

최근 두 분의 후배 교수들과 식사하며 교제를 나눌 기회가 있었습니다. 우리는 불안정하고 급변하는 국제 정세와 국내 정치와 어려운 경제, 사회, 문화 그리고 교계 전반에 대해 이야기하면서 오직 주님의 재림만이 유일한 소망이라고 말했습니다. 그러자 한 후배 교수가 "이 식사를 마칠 때 주님이 오시면 좋겠다"고 말했습니다. 그는 "이 세상에 미련이 없다"고 말했습니다. 그의 말이 가벼운 농담이 아니라 진심임을 그의 눈빛에서 읽을 수 있었습니다. 아직 젊고 유능하며, 사랑스런 아내의 남편이자 귀여운 두 아이의 아버지인 그는 전도유망한 분입니다. 그럼에도 그는 주와 함께 거하는 것이 훨씬 더 좋다고 여긴 것입니다. 이런 교수가 후학들을 가르친다고 하니 마음속 깊이 흐뭇한 미소를 감출 수가 없었습니다.

그러므로 마라나타의 고백은, 살아 있는 동안 신자로 하여금 주의 일에 더욱 힘쓰게 하는 원동력이 되기도 합니다. 주님이 우리에게 그렇게 명하셨고, 선지자와 사도들이 그렇게 권면하기 때문입니다. 바울은 사망을 향해 자신만만하게 승리를 선포하면서(55절), 우리에게 승리를 주시는 하나님께 감사한다고 고백합니다(57절). 주님의 재림과 마지막 심판은 우리를 강하게 하고 우리에게 승리를 주시는 하나님께 깊은 감사와 경외감을 품게 합니다. 바로 이런 이유 때문에 주님의 재림과 마지막 심판은 신자로 하여금 견고하며 흔들리지 않으며 항상 주의 일에 더욱 힘쓰는 자가 되도록 용기를 줍니다. 우리의 수고가 주 안에서 헛되지 않을 줄 알기 때문입니다.

주님의 재림은 하나님의 약속입니다. 마지막 심판은 분명한 하나님의 경고입니다. 악한 일을 행한 자, 즉 그리스도의 복음을 거부하고 자기 마음대로 살며 무익한 말을 내뱉고 썩을 양식만을 위해 산 자들은 영원한 형벌을 받기 위해 부활할 것입니다. 그러나 선한 일을 행한 자, 즉 그리스도 예수의 복음을 듣고 마음으로 믿고 입으로 시인하며, 평생 하나님의 나라와 주님의 몸 된 교회를 위해 겪은 수고와 고통은 영생의 부활로 그 열매를 맺을 것입니다. 하나님의 영광을 위해 오직 믿음으로 살기 위해 흘린 눈물을 우리 주님이 씻어 주시고 우리 머리에 영광과 존귀의 면류관을 씌워 주실 것입니다.

사람에게 영광을 얻으려는 사람은 이미 상을 다 받아서 하나님의 나라에는 상급이 없을 것입니다. 세상을 사랑하는 사람들은 눈에 보이는 이곳에서 잠시 쾌락을 누리고 행복을 누리겠지만 하늘에 계신 아버지로부터 상을 받지 못할 것입니다. 잠시 후면 사라질 안개와 같은 이 세상에서의 삶은 장차 우리에게 나타날 영광과 족히 비교할 수 없습니다(롬 8:18). 우리의 본향과 시민권이 하늘에 있음을 분명히 알고, 주님의 재림을 대망하면서 살아갑시다.

○ 칼뱅, 『기독교 강요』, 3.25.1

주변의 온갖 비참한 현실이 우리를 압도할 뿐 아니라 불경건한 자들까지 조롱하며 우리를 공격한다. 이 세상의 유익한 것을 덧없는 그림자처럼 여겨 기꺼이 물리치고 감추어진 복을 향해 달려 나갈 때 그들은 조롱하며 우리를 괴롭힌다. 그리고 온 사방에서 격렬한 유혹이 우리에게 밀려들기 때문에, 우리의 마음이 세상 것에서 자유하며 멀리 보이는 하늘 생명에 붙잡혀 있지 않으면 도저히 이겨 나갈 수 없다. 그러므로 복된 부활을 계속 묵상하는 일이 습관으로 자리 잡은 사람만이 복음 안에서 충실히 유익을 얻었다 할 것이다.

■ 핵심용어

영혼 소멸론(멸절설), 종말(개인적 종말, 우주적 종말), 심판, 마라나타

■ 생각해 볼 문제

1. 영혼 소멸론(멸절설)이란 무엇입니까? 이것은 왜 잘못된 교리입니까?
2. 종말을 두 가지로 어떻게 나눌 수 있습니까? 우리가 늘 간과하고 있는, 궁극적으로 맞이하는 종말은 무엇입니까? 심판이라는 전제 아래 두 가지 종말이 맞이하는 심판은 각각 무엇일지 함께 생각해 봅시다.
3. 심판의 시기는 언제입니까? 그때 무슨 일이 일어납니까?
4. 심판의 대상은 누구이며, 그 내용은 무엇입니까? 이것이 신자에게 주는 위로와 소망은 무엇입니까?
5. 이 교리를 배운 우리는 어떻게 행동하며 살아가야 합니까? 함께 이 교리를 적용

해 봅시다. 개인과 공동체, 가정과 사회 등으로 구체화하여 적용해 봅시다.

6. '마라나타'의 의미는 무엇입니까? 이것이 우리 삶에 어떤 원동력을 제공합니까?

7. 38장의 생각해 볼 문제 2번에서 다룬 내용을 상기해 봅시다. 귀도 드 브레가 벨직 신앙고백서를 작성한 이유와 당시의 상황, 그리고 순교를 생각해 봅시다. 그의 마음을 떠올리며 벨직 신앙고백서 37항을 다시 한 번 천천히 읽어 봅시다. 특히 마지막 문단을 읽으며, 함께 고난을 받았던 귀도 드 브레의 신앙의 동지들을 상상해 봅시다. 느낌과 생각을 함께 나누며 서로를 격려합시다.

벨직 신앙고백서 강해

초판 1쇄 발행 | 2019년 3월 25일
초판 2쇄 발행 | 2024년 8월 25일

지은이 | 신호섭
펴낸이 | 신은철
펴낸곳 | 좋은씨앗
출판등록 제4-385호(1999. 12. 21)
주소 | (06753) 서울시 서초구 바우뫼로 156(양재동, MJ빌딩) 402호
영업부 | (02) 2057-3041 팩스 | (02) 2057-3042
이메일 | good-seed21@hanmail.net
페이스북 | www.facebook/goodseedbook

ISBN 978-89-5874-315-6 03230

ⓒ 신호섭 2019

이 책의 저작권은 저자 및 저자와 독점계약한 도서출판 좋은씨앗에 있습니다.
신저작권법에 의하여 보호받는 저작물이므로 무단 전재와 무단 복제를 금합니다.